GUIPING YEARBOOK 2016

桂平年鉴

（2016）

桂平市地方志编纂委员会 编

方志出版社
Publishing House of Local Records

图书在版编目（CIP）数据

桂平年鉴. 2016 / 桂平市地方志编纂委员会编. --
北京：方志出版社，2018.9

ISBN 978-7-5144-3245-9

Ⅰ. ①桂… Ⅱ. ①桂… Ⅲ. ①桂平—2016—年鉴
Ⅳ. ① Z526.74

中国版本图书馆 CIP 数据核字（2018）第 209448 号

桂平年鉴（2016）

编　　者：桂平市地方志编纂委员会
责任编辑：范　静

出 版 人：冀祥德
出 版 者：方志出版社
　　　　　地址　北京市朝阳区潘家园东里 9 号（国家方志馆 4 层）
　　　　　邮编　100021
　　　　　网址　http://www.fzph.org
发　　行：方志出版社图书经销中心
　　　　　电话　（010）67110500
经　　销：各地新华书店
排　　版：北京中文天地文化艺术有限公司
印　　刷：北京中科印刷有限公司

开　　本：889 × 1194　　1/16
印　　张：20.375
字　　数：546 千字
版　　次：2018 年 9 月第 1 版　2018 年 9 月第 1 次印刷

ISBN　978-7-5144-3245-9　　　　定价：220.00 元

序　一

贫困问题一直是困扰人类社会发展的重大问题。中国作为世界上最大的发展中国家，为解决贫困问题进行了长期不懈的努力。改革开放以来，特别是党的十八大以来，以习近平同志为核心的党中央把脱贫攻坚作为全面建成小康社会的底线任务和标志性指标，纳入“五位一体”总体布局和“四个全面”战略布局，以前所未有的力度推进精准扶贫、精准脱贫，扶贫开发成就举世瞩目，显著改善了贫困地区和贫困群众生产生活条件，具有重大的现实意义和深远的历史意义。身处中华民族几千年发展历史上将首次整体消除绝对贫困现象的伟大时代，如何更好地发挥地方志的存史、育人、资政的作用，是新时代全国地方志系统必须深入研究和着力解决的重大课题。

党的十八大以来，在党中央国务院的正确领导下，全国地方志系统深入学习贯彻习近平新时代中国特色社会主义思想和党的十九大精神，紧紧围绕党和国家事业发展需要，深入推进地方志改革创新发展，凝心聚力，稳扎稳打，勇于担当，主动作为，全国地方志形势和地方志工作者的精神面貌发生了深刻变化，取得了优异成绩。其中，为贯彻落实《全国地方志事业发展规划纲要（2015—2020 年）》，经中国地方志指导小组领导批准，中国地方志指导小组办公室于 2015 年、2017 年先后启动民族地区与贫困地区志书、年鉴出版资助工程（以下简称“志鉴出版资助工程”），对国家级贫困县（区、旗、县级市），中西部地区、少数民族边疆地区面临出版经费困难的志书和综合年鉴给予出版资助。实施志鉴出版资助工程是紧扣时代脉搏、坚持创新发展、传承弘扬中华优秀传统文化的一项创举，不仅有力推动了“两全目标”的实现，而且数十部资助出版的志书、年鉴及时记述了民族地区与贫困地区在全面建成小康社会伟大征程中取得的新成绩和新经验、出现的新情况和新问题、涌现的优秀人物和典型事迹，留住地方文化的“根”和“魂”，为这些地区的经济社会发展、地域文化传播、爱国主义教育、精神文明建设等提供了历史借鉴和智力支持，对全面提升民族地区与贫困地区文化建设水平、确保民族地区与贫困地区和全国其他地区同步全面建成小康社会具有重要意义。

尤为可喜的是，志鉴出版资助工程促成了一批扶贫志书的编纂出版，在文化脱贫攻坚中发挥了独特的作用。例如，《贵州省减贫志》全面系统客观记述了从 1978

年至2015年贵州省扶贫、减贫工作的历程及取得的经验，为贵州省实施大扶贫战略提供了有力的资政辅治参考，集中体现了地方志工作因时而动、顺势而为的新作为。前不久，由福建省地方志编委会和人民网共同编纂的《闽宁扶贫协作图志》，是全国首部扶贫协作图志，图文并茂、直观立体、全方位地展现闽宁扶贫协作波澜壮阔的历程，弘扬"闽宁一家亲""携手奔小康"的深厚情谊和滴水穿石、久久为功的精神，是贯彻落实习近平总书记扶贫工作重要论述精神，服务国家精准扶贫、精准脱贫战略的有力举措。希望各地以此为鉴，编纂出版更多、更好的扶贫志书、年鉴，助力国家精准扶贫、精准脱贫战略的实施，充分展现地方志的独特价值和作用。

当前，我国脱贫攻坚已进入全面决战决胜的关键时期，尚未脱贫的贫困地区集中分布在中西部深山区、极端干旱山区、高寒阴湿地区等，文化建设还比较薄弱，文化产品还不够丰富，文化精品更是少之甚少。同时，这些地区往往是民族文化、历史文化、红色文化、生态文化富集区，具有发展文化旅游、推进文化扶贫的巨大潜在优势，也是繁荣发展地方志事业的巨大文化宝库。要发挥好文化扶贫凝聚人心的优势，善于利用方志文化优势为贫困地区"赋能"，在脱贫攻坚中做出方志人应有的贡献。要发挥好中国名镇志文化工程、中国名村志文化工程的引领作用，大力加强乡镇村志编纂，让百姓记得起乡情、记得住乡愁，凝聚贫困乡镇村庄的强大民心，补齐贫困乡镇村庄的文化短板，以"扶智"的方式"扶志"，践行习近平总书记强调的"扶贫先扶智，扶贫必扶志"的重要理念。

求木之长者，必固其根本；欲流之远者，必浚其泉源。扶贫扶起的是志气骨气，传承的是家国情怀，守护的是绿水青山。扶贫既要富口袋，也要富脑袋。必须坚持文化脱贫和物质脱贫两手抓，筑牢贫困地区文化之基，补足信仰精神之钙，引领脱贫发展之舵。全国地方志系统要围绕中心、服务大局，坚决投入脱贫攻坚这场必须打赢的硬仗，积极参与脱贫攻坚战，发挥优势和特长，深入挖掘文化资源，着力补齐文化短板，努力帮助民族地区与贫困地区的文化建设实现较大的发展提升，在全面建成小康社会、实现中华民族伟大复兴中国梦的征程中贡献方志人的力量。

是为序。

中国社会科学院院长
中国地方志指导小组组长
谢伏瞻

序　二

正值党的十九大即将召开之际，在加快宜居宜业宜游新桂平建设进程中，《桂平年鉴（2016）》付梓在即。这是桂平市全市经济文化建设中的一件大事，是社会义精神文明建设和地方志事业发展中所取得的新成果，更是对桂平市作为浔州府治之地的经济文化承载和传承。

2015年，是全面深化改革的关键之年，是全面推进桂平法治建设的开局之年，也是全面完成“十二五”规划的收官之年。在这一年里，我们科学应对经济下行的严峻挑战，大力推进新型工业化、新型城镇化、旅游产业化和农业现代化，保持了稳中求进的发展总基调；集中力量推进重大项目建设，大藤峡水利枢纽工程进入了全面施工阶段，途经桂平的南广高铁常态化运营，梧贵、桂来高速公路相继通车，人民期盼已久的高铁梦、高速梦、大藤峡梦变成了现实；持续推进社会民生建设，顺利完成了贫困村、贫困户精准识别，建成城区“天网工程”和乡镇“天眼工程”，先后荣获自治区第九届城市市容环境综合整治“南珠杯”竞赛特等奖、“非粮生物质能源产业发展先进单位”、全区电子商务进农村示范县“全国电子商务进农村试点县”等多项殊荣，党建助推大藤峡项目建设、创建双拥模范城等工作经验得到了自治区以上的表扬、推广。在全市各族人民的沟通努力下，全面实现了“十二五”规划的圆满收官，为开启“十三五”规划新征程奠定了坚实的基础。光辉业绩，凡此种种，皆已经由编鉴工作者之手，收录于《桂平年鉴（2016）》。

“以铜为镜可以正衣冠，以史为镜可以知兴替，以人为镜可以明得失”。编辑年鉴是我国的优良传统，也是我们“知往鉴来”的重要依据之一，能够帮助我们从历史的观察和思考中把握社会经济发展规律，从曾经的辉煌中总结经验坚定必胜的信心，从以往的失误中汲取教训，激发继续前进的强大动力。《桂平年鉴（2016）》的成稿，是对我市政治、经济、文化、社会等方面的基本情况最系统、最客观、最真实的记录，特别是及时准确反映一年里桂平的新情况、新事物、新成就，必将成为我们开展文化交流、文化品牌宣传的重要载体，成为各级党政领导、社会各界研究过去、把握未来、科学决策的重要依据。回顾《桂平年鉴（2016）》的编撰历程，广大编鉴工作者兢兢业业、勤勤恳恳，默默付出着汗水和智慧。在此，向广大年鉴工作者和支持年鉴工作的每一位同志表示诚挚的慰问和衷心的感谢！

春暖花开，春回燕来，千帆竞发展风采；小康在望，凤舞浔州，宏伟蓝图写豪迈。当前，正是我们冲刺决胜期、打赢翻身仗、携手奔小康的关键时期，也是我们撸起袖子加油干、奋发有为谱华章的历史机遇期。我们衷心希望，广大编鉴工作者能够紧扣时代脉搏，抓住桂平经济社会迅猛发展的历史机遇，通过年鉴的修编，不仅把桂平广大党员干部群众在新时期书写的浓墨重彩的华章呈现出来，还要把《桂平年鉴》打造成自己的品牌，办出自己的特色，把优质的精神产品奉献给广大读者朋友。

愿《桂平年鉴》能资政辅治，更好地为桂平各项事业的发展服务！

桂平市地方志编纂委员会

2018 年 12 月 31 日

民族地区与贫困地区年鉴出版资助工程领导小组

组　　　长：高　翔　中国社会科学院副院长

常务副组长：冀祥德　中国地方志指导小组秘书长

中国地方志指导小组办公室主任

副　组　长：高京斋　中国地方志指导小组办公室党组书记

邱新立　中国地方志指导小组办公室副主任

民族地区与贫困地区年鉴出版资助工程领导小组办公室

主　　　任：冀祥德　中国地方志指导小组秘书长

中国地方志指导小组办公室主任

副　主　任：邱新立　中国地方志指导小组办公室副主任

成　　　员：于伟平　方志出版社总编辑

刘永强　中国地方志指导小组办公室年鉴处处长

冷晓玲　中国地方志指导小组办公室年鉴处副调研员

李　静　方志出版社地情与专业年鉴编辑部副主任

桂平市地方志编纂委员会

主　　任：陈锦秀

副 主 任：杨大东　蒙家坤　甘德权　黄文府　杨永新
　　　　　卢祖荣　黄锦彪

成　　员：全丽锦　黄　敏　廖　科　李小勇　邹卫东
　　　　　陈林才　柒均荣　文德光　黄建全　梁伟勇
　　　　　梁国能　梁植聪　胡慈光　陈丕钊　陈兆仁
　　　　　杨忠进　刘德海　甘学良　杨尧燊　陆兴明
　　　　　李琼慧

《桂平年鉴（2016）》编辑人员

主　　编：李小勇

副 主 编：李琼慧

编　　辑：梁　雄　杨昌贤　吴祖授　梁雄华　梁　雅
　　　　　杨素斌

特邀编辑：杨海峰

编辑说明

一,《桂平年鉴（2016）》的编纂，以马克思列宁主义、毛泽东思想、邓小平理论和“三个代表”重要思想、科学发展观、习近平新时代中国特色社会主义思想为指导，坚持辩证唯物主义和历史唯物主义的立场、观点和方法，与时俱进、开拓创新，客观地记载桂平市经济和社会发展的基本情况。

二,《桂平年鉴（2016）》是桂平市人民政府主办，桂平市地方志编纂委员会办公室编纂的地方综合年鉴。旨在全面、准确、及时地记述桂平市政治、经济、文化、社会等方面的情况，为各级领导决策提供可靠的参考依据，为社会各界和海外人士了解和研究桂平提供最新的信息资料，为编纂与续修新方志积累历史资料。

三，本年鉴主要记载2015年度桂平市各行各业的基本情况和主要信息，特殊情况适当上溯或下延。

四，本年鉴基本内容分为：特载、年度要闻、大事记、概貌、中共桂平市委员会、桂平市人民代表大会、桂平市人民政府、法治、军事、外事·接待、城乡规划建设与管理、旅游与环境保护、交通运输业、信息业、工业、农业·水利、财政·税务、金融、行政管理、教育·科学、文化·体育·传媒、卫生·计划生育、人力资源和社会保障、社会生活、乡镇概况、附录等类目，并设反映全市重大事件和发展成就的彩色图片专辑。

五，本年鉴采用分类编辑法，按类目、分目、条目三个层次的体例编辑，以不同字体、字号及版式设计区分不同层次，少数条目下设子目。条目为年鉴内容的基本单位，其标题统一用【 】表示，内容层次的设置，大体上按科学分类和社会分工相结合的原则归类和排列，机构、企事业单位等排序和层次一般不表示其地位和规模。

六，本年鉴的稿件，均由全市各部门、各乡镇及有关企事业单位提供，并经撰稿单位负责人审核。涉及全市国民经济和社会发展的主要数据均以统计局公布的统计数据为准，某些专业性数据由主管部门提供。

七,《桂平年鉴（2016）》的编辑出版，得到各级领导和编写人员的关心和支持，在此，编委会表示衷心的感谢。由于我们编辑水平有限，错误和疏漏之处在所难免，恳请读者批评指正。

桂平市地图

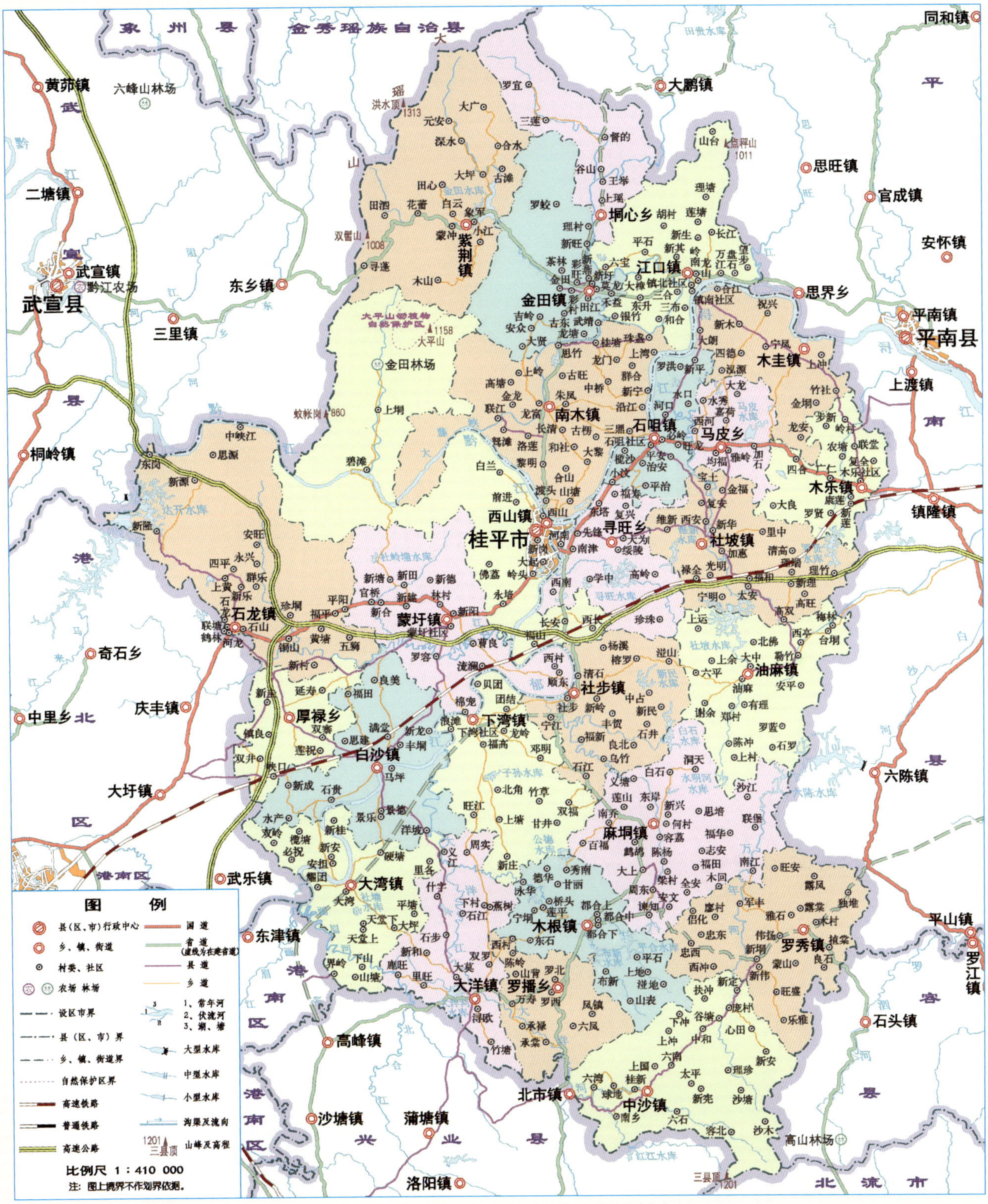

广西壮族自治区地图院编制 审号图：桂 S（2018）74 号 2018 年 7 月

2015 年 7 月 20 日，工程业主负责人向彭清华书记（左一）介绍工程建设进展情况

（市委宣传部新闻中心提供）

2015 年 8 月 6 日，自治区政协副主席刘志勇（右）一行到太平天国金田起义遗址红色旅游经典景区项目现场实地考察和听取汇报，桂平市市长陈锦秀（左三）等领导陪同

（市委宣传部新闻中心提供）

2015 年 6 月 1 日，贵港市委书记王可（左一）到桂平市检查防汛备汛工作。贵港市和桂平市等领导陪同 （市委宣传部新闻中心提供）

2015 年 11 月 4 日下午，贵港市市长李新元（左一）到桂平市木乐工业园区调研。桂平市市长陈锦秀（右二）等领导陪同调研 （市委宣传部新闻中心提供）

2015 年 2 月 5 日，桂平市市长潘汉胜（中）深入南木镇检查指导教育实践活动整改落实“回头看”工作

（市委宣传部新闻中心提供）

2015 年 6 月 13 日，人民银行广州分行长（前排中）到桂平市大藤峡水利枢纽工程施工现场考察并听取施工方领导汇报工程进展，桂平市委副书记杨大东等领导陪同

（市委宣传部新闻中心提供）

2015 年 2 月 13 日，贵港市委常委、贵港军分区司令员隆志勇（左四）到桂平市社步镇福新村慰问老党和困难党员　　（市委宣传部新闻中心提供）

2015 年 10 月 6 日，桂平市蒙圩镇棉宠作业区（新龙码头）一角，项目用地 235 亩，年吞吐能力约 328 万吨，是天然良港；两座 50 吨和 16 吨的门座式起重机已调试完毕

（市委宣传部新闻中心提供）

桂平站站前广场　　（市委宣传部新闻中心提供）

丰收的喜悦——果农采摘百香果　　（市委宣传部新闻中心提供）

桂平美丽乡村田园风光　　（市委宣传部新闻中心提供）

桂平夜景　　（市委宣传部新闻中心提供）

紫荆山风光

（紫荆镇政府提供）

桂平西山观音阁　　　　（施小红提供）

数字桂平

总面积 4073.8 平方公里

市区面积 35.6 平方公里

乡（镇）26 个

人口 199.6 万人（劳动力 68 万人）

汉族人口 182.6 万人

少数民族人口 17 万人

全市平均气温 22.4℃

全市日照时数 1265.6 小时

全市平均降雨量 2088 毫米

林业用地面积 20.9 万公顷

森林面积 19.47 万公顷（森林覆盖率 47.8%）

地区生产总值 295.49 亿元

第一产业增加值 60.13 亿元

第二产业增加值 143.94 亿元

第三产业增加值 91.43 亿元

人均地区生产总值 19026 元

全社会固定资产投资完成额 187.3 亿元

财政收入 14.71 亿元

地方一般预算收入 10.04 亿元

地方财政支出 55.14 亿元

工业化率 43.2%

城镇化水平 40.95%

耕地面积 11.7 万公顷

农田有效灌溉面积 54500 千公顷

农业机械总动力 126.1 万千瓦

粮食产量 57.03 万吨

甘蔗产量 33.67 万吨

水果产量 10.93 万吨

肉类产量 11.83 万吨

水产品产量 7.85 万吨

规模以上工业企业工业增加值 268.06 亿元

规模以上工业企业主营业务收入 321 亿元

规模以上工业企业利润总额 38.49 亿元

公路总里程 2314.7 公里（高速公路 76 公里）

内河通航里程 168 公里

水路货运周转量 91.07 亿吨 / 公里

水路客运周转量 46.1 亿人 / 公里

道路货运周转量 381536 万吨 / 公里

道路客运周转量 124527 万人 / 公里

固定电话用户 9.1 万户，电信手机 12.5 万户。

移动电话用户 77 万户（其中移动 67 万户、联通 10 万户）

内资企业 3774 家（注册资本 145.11 亿元）

个体工商户 54467 户（注册资金 28.71 亿元）

私营企业 18379 家（注册资本 302.52 亿元）非公经济企业 3537 家

进出口贸易总额 3279.86 万美元（出口 5.08 亿美元）

实际利用外资 370 万美元
国内旅游接待人数 570.32 万人次
入境旅游接待人数 3.54 万人次
社会消费品零售总额 103.1 亿元
城乡居民年末储蓄存款余额 305.7 亿元
在岗职工年平均工资 38559 元
城镇居民人均可支配收入 24164 元
城镇居民人均消费性支出 11674 元
农村居民人均纯收入 9635 元
在岗职工平均人数 4.6 万人
年末在岗职工人数 4.7 万人
城镇登记失业率 1.4%
中小学校 765 所
幼儿园 323 所
普通中学在校生 11.49 万人
小学在校生 16.63 万人
医院（含卫生院）35 个
医院病床 4635 张
艺术表演团体 42 个
文化馆 1 个
图书馆 1 个
博物馆 1 个
广播电台 1 座（广播人口综合覆盖率 96.13%）
电视台 1 座（电视人口综合覆盖率 97.6%）

目　录

特　载

市委工作报告……1
市人大常委会工作报告……7
政府工作报告……12
中国人民政治协商会议　第九届桂平市委员会
常务委员会工作报告……23

年度要闻

大事记

1 月……31
2 月……31
3 月……32
4 月……32
5 月……33
6 月……33
7 月……34
8 月……34
9 月……34
10 月……35
11 月……35
12 月……36

概　貌

地理位置
位置面积……37
区位优势……37

建置沿革
概况……38

行政区划
概况……41

资源·物产
土地资源……43
森林资源……43
植物资源……43
野生动物资源……43
水资源……44
矿产资源……44
农副产品资源……45
旅游资源……46

气候·水文
气候……46
降雨量……46

人　口

人口与民族……47

领导名录……47

中共桂平市委员会

重要会议

中国共产党桂平市第十三届代表大会第五次会议……54
桂平市十三届纪委第五次全体会议……54
全市农业产业化调研座谈会……55
工业园区建设和企业发展调研座谈会……55
全市组织工作会议……56
全市宣传思想文化工作会议……56
党建工作调研座谈会……56
全市农村工作会议……57
全市推进港产城互动融合发展暨招商引资和“四大工程”三年攻坚行动计划动员会议……57
全市党的建设工作会议……57
争创广西特色旅游名县工作推进会……58
桂平市创建“中华诗词之乡”动员会……58
桂平市 2015 年年中工作暨生态经济工作会议……58
市四家班子（扩大）会议……59
全市党的群团工作会议……59
中国共产党桂平市第十三届委员会第十六次全体会议……59

党内民主制度建设

民主决策……60
民主选干……61
民主监督……61
发展基层民主……61
民主党派参政议政……61
督促政府职能转变……62

组织工作

概况……62
干部监督……62
干部选拔使用……62
干部教育……62
人才工作……63
基层党建……63
党员干部远程教育……64
自身建设……64

宣传工作

舆论宣传……64
精神文明建设……64
未成年人思想道德建设……65
群众性精神文明创建……65

统一战线工作

制度建设……65
党外代表人士队伍建设……66
党外代表人士培训……66
拓展非公经济代表人士工作……66
促进海内外同胞联谊……66

民族宗教工作

民族工作……66
概况……66
民族政策法规宣传……66
民族团结进步创建活动……67
少数民族干部培训……67
宗教工作……67
概况……67
宗教活动场所管理……67
治理乱建宗教活动场所……67
宗教工作干部与宗教人培训……68

宗教场所建设……68
宗教场所安全工作……68

市委党校

创新教学模式……68
输送高校培训……68

史志工作

党史宣传与编纂……68
地方志编纂与利用……69

保密工作

概况……69

老干部工作

完善离休干部保障机制……69
组织学习……69
开展有益健康活动……69

机构编制

完成《桂平市机构编制志》编纂……70
完成新一轮机构改革“三定”工作……70
完成乡镇“四所合一”改革试点……70
完成事业单位分类工作……70
完成行政审批事项清理和“接、管、放”工作……70
完成推行政府部门权力清单制度等工作……71

机关党建

概况……71
制订计划，齐抓共管……71
指导部门加强组织建设……71
开展党员四项活动……72
加大对入党积极分子培养考察教育……72
严把党员入口关……72
实施“党内关爱”工程……72

桂平市人民代表大会

概况……73

重要会议

桂平市第十五届人民代表大会第五次会议……73
桂平市第十五届人民代表大会第六次会议……74
桂平市第十五届人大常委会会议……74
桂平市第十五届人大常委会主任会议……76

重要决议决定

人民代表大会决议决定……80
人大常委会决议决定……80

工作监督

预决算审查监督……80
审议专项工作报告……81
调研工作……81
法律监督……81
民生保障……81
决定重大事项……82
代表工作……82
人大宣传……85
自身建设……85
人事任免……86

桂平市人民政府

重要会议

全市性重要会议……92
常务会议……93

重大决策和重要工作部署

2015 年经济社会发展目标……96

应急管理……99

值守应急……99

信息报送……99
突发事件处置……99
应急平台建设……99
应急管理体系……99
应急演练……99
应急宣传培训……100
市经济与社会发展研究中心……100
概况……100
迎新春，免费赠送春联活动……100
送科普读物进乡村活动……100
举行老年法知识宣传活动……100
编印刊物……100
课题研究……100
政务服务……101
概况……101
推动行政审批简政放权……101
优化行政审批流程……101
加强行政审批服务监管……101
深化政务公开和政府信息公开……102
推进“一服务两公开”信息化建设……102
机关事务管理……102
水电设施维修……102
修缮补漏……102
清洁卫生……102
安全保卫……102
食堂管理……102
会务工作……102
公共节能……102
绩效管理与考评……103
概况……103
自评迎考工作……103
本市级绩效考评……103

中国人民政治协商会议桂平市委员会

概况……104
重要会议……104
政协全会……104
政协常委会……105
重要工作……107
提案工作……107
协商工作……108
考察调研……108
委员行动工程……109
扶贫助学工作……109
文史工作……109
联谊工作……110

纪检 · 监察

落实党风廉政建设责任制……110
狠抓领导干部作风建设……110
查办案件……111
开展查处“四风”专项整治……111
反腐败治本抓源头……111
开展党风廉政宣传教育活动……112
加强队伍建设……112

社会团体

桂平市总工会……113
基层工会组织建设……113
职工技术创新工程取得新成果……113
依法维权工作……113
扶贫帮困与再就业……114
提高职工队伍整体素质……114
共青团桂平市委员会……115
概况……115
基层组织建设……115
青年思想政治工作……115
青年志愿者工作……115
服务青少年健康成长……115
桂平市妇女联合会……115
概况……115

推进女性素质提升工程……115
推进巾帼创业创新工程……115
推进妇女维权工程……116
推进妇女儿童关爱工程……116
进推固本强基工程……116
桂平市残疾人联合会……116
残疾人社会保障工作……116
残疾人康复服务工作……117
残疾人就业工作……117
残疾人扶贫工作……117
残疾人维权工作……117
桂平市归国华侨联合会……117
重要会议……117
献爱心送温暖……117
捐资助学……117
海外联谊……117
侨法宣传……118
服务侨资企业……118
维护侨胞权益……118
市工商联……118
组织建设……118
服务会员企业……118
参政议政……118
光彩事业……118
市社会科学联合会……119
概况……119
学术活动……119
科普活动……119
课题研究……119
编印刊物……119
市文学艺术界联合会……120
概况……120
代表大会……120
文艺创作……120
文艺活动……120
获奖作品……121

法 治

政法委及综治
概况……122
反邪教工作……122
反恐怖工作……122
社会治安综合治理……122
社会稳定工作……123
国家安全人民防线工作……124
群众安全感和政法队伍满意度“提档进位”……124
民主法治和社会体制改革……124
政法队伍建设……124

政府法治建设
规范重大行政决策程序……125
建立政府法律顾问制度……125
加强行政执法队伍的监督管理……125
加强行政执法监督……126
行政复议和行政诉讼……126
依法行政信息报送……126
开展依法行政示范点创建活动……126

公 安
概况……127
加强警务现代化建设……127
全力保障社会大局稳定……127
全面推进平安桂平建设……127
着力提升公安机关执法公信力……128
深入推进社会公众安全感和政法队伍满意度“提档进位”工作……129
加强队伍建设……129
重大案例……130

检 察
概况……130

服务经济社会发展……130
维护社会稳定……130
查办和预防职务犯罪……131
加强法律监督……131
推进检察工作改革……131

法　院
概况……132
打击违法犯罪……132
妥善化解纠纷……132
促进依法行政……133
加强执行工作……133
强化审判管理……133
做好立案信访……133
推进队伍建设……133
自觉接受监督……134
服务发展大局……134
基础设施建设……135

司法行政
概况……135
法律服务……135
普法工作……136
人民调解……136
社区矫正和安置帮教工作……136

军　事

桂平市人武部
概况……137
思想政治建设……137
战备训练……137
国防后备力量建设……137
安全稳定工作……138
后勤装备保障建设……138
双拥共建工作……138

驻　军
92056部队……138
思想政治工作……138
从实战出发进行军事训练……138
基层建设投入……139
双拥工作……139
91241部队……139
思想政治工作……139
实战化军事训练……139
安全工作……139
武警桂平市消防大队……140
思想政治建设……140
作风建设……140
业务训练……140
消防服务执法……140
拥政爱民活动……141
完成灭火救援任务……141
武警桂平市中队……141
完成任务……141
人民防空……141
概况……141
工程建设与维护……142
通信警报……142
宣传教育……142

外事·接待

外　事
概况……143
加强对外事工作领导……143
严格对因公出国（境）管理……143
做好境外非政府组织排查……143
建立外语翻译人才信息库……143
加大与外国友好城市合作……144
为招商引资牵线搭桥……144
推选外派教师……144

建立外事服务咨询中心……144

接　待

概况……144
接待国家各部委团组……144
接待自治区领导团组……144
接待贵港市主要领导团组……145
接待部队领导团组……146
接待院校团组……146
接待华人华侨团组……146
接待港澳台团组……146
接待外宾团组……146

城乡规划建设与管理

城乡规划

概况……147
城市规划编制……147
城市基础设施建设……147
乡镇规划编制……147
农村危房改造工程……147
铁路沿线城乡风貌改造……148
建筑市场管理……148
建筑施工安全和质量管理……148
建筑节能……148
房地产管理……148
大藤峡移民安置点规划建设……149

城市管理

概况……149
重大项目建设……149
市政基础设施……149
市政公用事业……149
城区供水……150
环卫保洁……150
绿化养护……150
景区运营管理……150
市容市貌管理……150

房地产管理

概况……150
房地产业发展情况……151
房地产交易与登记管理情况……151
保障性住房管理……151
白蚁防治所工作……151

住房公积金管理

概况……151
管理业绩……151
扩大住房公积金覆盖面……152

风景园林绿化

概况……152
城市绿化管理……152
公园建设……152

旅游与环境保护

旅　游

概况……153
主要景区景点……153
创新旅游营销模式……158
创建特色旅游名县……158
完善旅游规划体系……158
旅游项目建设……158
打造旅游经典线路……159
旅游企业……160
奇石资源……160

环境保护

概况……163
环境质量……163

环境管理……164
环境治理……164
环保宣传……165

交通运输业

交通运输

概况……166
基础设施建设……166
交通运输业绩……166
交通运政管理……167
交通安全管理……167

桂平高铁站

概况……168
运营情况……168

公路管理

概况……168
公路建设……168
公路养护……168
公路绿化……168
安全生产管理……168
路政治超……169
文明建设……169

信息业

邮　政

概况……170
邮政业务……170
邮政综合管理……170
邮政基础设施建设……170

中国电信桂平分公司

概况……171
城市信息化建设……171
综合通信网络建设……171

中国移动广西桂平分公司

概况……171
网络建设……171

中国联通桂平分公司

概况……171
业务发展……171
技术特色……172

工　业

工业贸易和信息化局

概况……173
工业工作……173
商务工作……173
为企业争取扶持资金……173

市场开发服务中心

概况……173
市场设施……174
市场管理……174

招商促进局

概况……174
招商引资……174
工作亮点……174

供电公司

概况……175
电网规划建设……175
电网运行与安全生产……175
市场营销……176
人力资源管理……176

经营管理……………………………………176

市长安经济管理委员会

概况………………………………………………177
主要经济运行指标……………………………177
园区落地项目……………………………………177
园区“四大工程”三年攻坚行动
　计划项目………………………………………177
园区基础设施建设……………………………177
园区三产回建地工作…………………………178
园区规划工作……………………………………178
优化园区企业服务……………………………178

工业区

概况………………………………………………178
长安工业区………………………………………178
龙门工业区………………………………………179
造船工业…………………………………………180
木乐休闲服装生产工业园区…………………180

二轻城镇集体工业联合社

概况………………………………………………181
特色产业…………………………………………181

农业·水利

农业综述

概况………………………………………………182
现代农业示范区………………………………182
农业特色产业…………………………………182
农产品质量安全………………………………183
农村综合改革…………………………………183

粮油生产

概况………………………………………………183
工厂化集中育秧………………………………184
粮食高产示范…………………………………184
土肥技术推广…………………………………184
病虫害防治……………………………………185
超级稻推广……………………………………185
马铃薯生产……………………………………186
经济作物…………………………………………186
恢复蚕桑产业…………………………………186
水果生产…………………………………………186
蔬菜生产…………………………………………186
基层农技推广…………………………………186
农村中等专业职业人才培养…………………187

农业区划

概况………………………………………………187
农业区域成果应用……………………………187

林　业

概况………………………………………………187
造林绿化…………………………………………187
森林资源保护…………………………………187
森林防火…………………………………………188
沼气池建设……………………………………188
林业有害生物防控……………………………188
集体林权制度改革……………………………188
国营金田林场…………………………………188

水产畜牧业

概况………………………………………………189
落实强农惠农政策……………………………189
养殖业产业化建设……………………………189
畜禽标准化养殖………………………………189
水产生产…………………………………………189
渔业执法…………………………………………189
产品质量安全监管……………………………190
动物防疫…………………………………………190

农业机械化

概况……190
落实农机补贴政策……190
农机推广……190
农机培训……191
农机服务……191
农机安全……191

扶贫开发

概况……191
扶贫项目……192
精准扶贫……192

水　利

概况……192
水库除险加固……192
抗旱救灾……192
防汛抢险……193
农村饮水安全工程……193
防洪工程建设……193
中小河流治理工程……193
灌区节水配套改造工程……193
冬春水利建设……193
农村小水电增效扩容工程……193
水利项目验收年活动……194
水行政执法……194

水　文

概况……194
水情测报……194
水文测验……194
水准点大断面测量……195

水库移民

概况……195
大藤峡水利枢纽建设工程移民安置……195
水库移民新村建设……196
和谐稳定水库移民……197
实施大中型水库移民后期扶持政策……197
水库移民教育培训……197
绿化移民村屯……197

财政·税务

财　政

概况……198
财政收入……198
财政支出……198
财税改革……198
财政监督……199

国家税务

概况……201
加强税收执法管理……201
税务稽查成效明显……201
纳税服务不断优化……202

地方税务

概况……202
地税收入特色明显……202
加强重点税源监控……202
强化税收征管……202
加强纳税评估……203
推进法治建设……203
优化纳税服务……203

金　融

概况……205

主要银行金融机构

中国人民银行桂平市支行 …… 206
货币政策实施 …… 206
加强金融稳定 …… 207
社会信用体系建设 …… 207
金融消费权益保护 …… 207
中国农业发展银行桂平市支行 …… 207
概况 …… 207
中国工商银行股份有限公司桂平市支行 …… 207
概况 …… 207
桂平市农村信用合作联社 …… 208
概况 …… 208
存款业务 …… 208
贷款业务 …… 208
普惠金融 …… 208
金融扶贫 …… 209
中国银行股份公司桂平支行 …… 209
概况 …… 209
存款业务 …… 210
贷款业务 …… 210
中国建设银行股份有限公司桂平支行 …… 210
概况 …… 210
个人业务 …… 210
信贷业务 …… 210
风险防控 …… 210
广西北部湾银行股份有限公司桂平支行 …… 210
概况 …… 210
广西桂平桂银村镇银行股份有限公司 …… 210
概况 …… 210
中国邮政储蓄银行桂平市支行 …… 212
概况 …… 212
业务发展亮点 …… 212

保　险

中国人寿保险股份有限公司桂平支公司 …… 212
概况 …… 212
中国人民财产保险股份有限公司桂平支公司 …… 212
概况 …… 212
中国太平洋保险（集团）股份有限公司 …… 213
概况 …… 213

行政管理

发展和改革

概况 …… 214
编制“十三五”规划 …… 214
固定资产投资 …… 215
自治区层面统筹推进重大项目及西江经济带基础设施大会战项目 …… 215
中央预算内投资项目 …… 216
石漠化综合治理工程 …… 216
项目审批 …… 216
公车改革 …… 216
稳增长政策落实 …… 216
市国土资源局 …… 216
概况 …… 216
项目征地 …… 216
土地储备 …… 216
土地整治整理 …… 216
地籍管理 …… 217
土地利用 …… 217
国土资源执法监察 …… 217
矿政管理 …… 217
地质灾害防治 …… 217
土地权属纠纷调处 …… 217
干部队伍建设 …… 218
工商行政管理 …… 218
概况 …… 218
企业与个体私营经济登记管理 …… 218
市场主体年报工作 …… 218
非公经济党组织建设 …… 218
商标广告管理 …… 218

农资市场监管…………219
商品和服务监管…………219
“美丽桂平 · 建设乡村”活动…………219
消费者权益保护…………219
市粮食局…………219
概况…………219
粮食直补…………219
粮食销售…………219
储备粮规模…………219
应急储备…………220
仓储管理…………220
粮油统计监测…………220
军粮供应…………220
放心粮油…………220
评先表模…………220

食品药品监管
概况…………220
监管体系进一步完善…………221
监管效能进一步强化…………221
违法行为治理…………221
依法行政稳步推进…………222
加强学校食堂食品安全监管…………222
加强信息公开和宣传…………222

安全生产监督管理
概况…………222
隐患排查治理…………222
重大隐患项目整改…………223
安全生产标准化建设…………223
安全生产宣传教育…………223
应急救援演练…………223
安全事故情况…………224

审　计
概况…………224
财政审计…………224
行政事业审计…………224
固定资产投资审计…………224
经济责任审计…………224
专项资金审计…………224

统　计
概况…………224
统计服务工作…………225
改革和完善统计方法制度…………225
部门统计工作…………226
其他工作…………226

物　价
概况…………226
推行价格机制改革…………226
清理行政事业性收费项目…………226
推进资源产品价格改革…………227
推进药品价格改革…………227
做好价格监测…………227
强化市场价格监管…………227
做好价格认证服务…………227
推行行政权力清单制度…………228

盐　业
概况…………228
食盐专营…………228
盐政执法…………228
调整盐品结构…………229
盐业知识宣传教育…………229

烟草业
概况…………229
强化烟草市场监管…………229
开展打假破网专项大行动…………229
开展遵守烟草法律法规宣传活动…………230

市供销社
概况……230
项目建设……230
绩效管理……231
农资商品供应……231

教育·科学

教 育
概况……232
安全工作扎实有效……232
学前教育快速发展……232
义务教育均衡发展……232
职业教育扩大发展……232
教师素质有力提升……232
教育教学质量提高……233
落实惠民政策……233
办学条件明显改善……233

科 学
科学技术……234
概况……234
出台科技发展政策……234
实施科技项目……234
培育科技创新基地……235
科技成果与专利……235
科技交流与合作……235
科技普及……235
科技服务……235
科学技术协会……236
概况……236
创建广西科普示范县……236
“基层科普行动计划”项目评选……236
“百技进百村”活动……236
组织参加“农超对接”……236
“五个一”培训……236
青少年科技教育活动……236
开展科技工作者调查站点工作……237
开展科普宣传活动……237
地震……237
概况……237
地震监测网点基础设施建设……237
应急救援……237
防震减灾服务……237
科普宣传……237
重要会议……238
气象……238
概况……238
主要气候事件……238
气象服务……239
“三农”气象服务专项建设……239
人工影响天气……239
气象探测环境保护……239
气象现代化建设……239
气象科普宣传……240

文化·体育·传媒

综 述
概况……241
文学艺术创作……241
文物 博物……242
非物质文化遗产……242
非物质文化遗产名录……242

公共文化
群众文化活动……244
文化艺术培训……245
图书及文化信息资源共享工程……245
“三馆一站”免费开放……245

文化基础设施建设

文体设施建设……246
广电设施建设……246

文化市场

行政审批……246
文化执法……246

书　法

活动与作品……246

诗　词

活动与作品……247

体　育

群众体育……247
竞技体育……247
体育产业……247

新闻出版

新闻出版经营……247
行业检查执法……247

广播　电视

概况……247

广播电视信息网络

概况……248
有线广播电视覆盖……248
广播电视节目传输……248
创新广电网络业务……248
履行公共服务职能……248

电　影

放映情况……248

档　案

概况……248
档案执法检查与宣传……249
基础设施建设……249
档案保管与收藏……249
档案利用服务……249
大事记……249

卫生 · 计划生育

医疗卫生

概况……250
医疗卫生服务……250
主要医院简介……250
妇幼保健……253
重大公共卫生服务项目……254
疾病预防控制……254
基本公共卫生服务项目……255
新型农村合作医疗……255
城乡医疗救助……255
推进中医药服务……255
艾滋病攻坚工程……255
医政管理……255
卫生执法……255
卫生科技与教育项目……256
医学考试考务……256

爱国卫生

概况……256
爱国卫生工作……256
病媒生物防控……256

计划生育

概况……256
为民办实事项目……257
诚信计生巩固提质工作……257

计划生育救助扶助机制……257
流动人口计生基本公共服务均等化工作……257

人力资源和社会保障

概况……258

人事管理

公务员考录……258
公务员管理……258
公务员考核……258
公务员培训……258
事业单位公开招聘工作……258
事业单位岗位设置管理……259
职称评审……259
转业干部安置……259
机关事业单位工资管理……259
人才服务管理……259

劳动就业与培训

完成就业工作目标……259
开展公共就业服务活动……259
职业技能培训与鉴定……259

社会保险

城乡基本养老保险……260
城镇基本医疗保险……260
工伤和生育保险……260
失业保险……260
桂平市社会保险事业局挂牌成立……260

劳动关系协调

积极推进工资集体协商和集体合同签订……260
规范企业劳动用工……260
劳动人事争议处理……261
劳动人事争议调解组织建设……261
劳动监察执法……261
劳动监察“两网化”建设……261

社会生活

民 政

概况……262
城乡低保……262
大病医疗救助……262
减灾防灾……262
优抚安置……263
双拥工作……263
社会福利……263
社团组织……263
婚姻登记……263
基层政权……264
区划地名……264
项目建设……264

老龄工作

概况……264
落实老年政策法规……264
基层老年协会规范化建设……265
老年文娱活动……265
“敬老月”活动……265
第四次中国城乡老年人生活状况抽样调查……265

乡镇概况

西山镇

概况……266
年度要闻……266

木圭镇

概况……268

年度要闻……268

木乐镇
概况……268
年度要闻……268

马皮乡
概况……269
年度要闻……269

石咀镇
概况……270
年度要闻……271

寻旺乡
概况……271
年度要闻……271

社坡镇
概况……272
年度要闻……272

油麻镇
概况……272
年度要闻……272

社步镇
概况……273
年度要闻……273
特色节日……274

下湾镇
概况……274
年度要闻……274
特色节日……275

麻垌镇
概况……275
年度要闻……276

罗秀镇
概况……277
年度要闻……277

中沙镇
概况……278
年度要闻……278

木根镇
概况……279
年度要闻……279

罗播乡
概况……279
年度要闻……279

大洋镇
概况……280
年度要闻……280

大湾镇
概况……281
年度要闻……281

白沙镇
概况……282
年度要闻……282

厚禄乡
概况……283
年度要闻……283

石龙镇

概况……284
年度要闻……284

蒙圩镇

概况……285
年度要闻……286

南木镇

概况……287
年度要闻……287

金田镇

概况……288
年度要闻……288

江口镇

概况……289
年度要闻……289

垌心乡

概况……290
年度要闻……290

紫荆镇

概况……291
年度要闻……291

附 录

2015 年桂平市先进人物名录……293
2015 年市委、市政府下发永久性保存人事文件标题……293

特　载

市委工作报告

——在中国共产党桂平市第十三届代表大会第五次会议上的报告

（2015 年 2 月 4 日）

一、2014 年工作迈上了新台阶

2014 年是桂平大事多、喜事多的收获之年，也是桂平开拓进取促跨越的效益之年。一年来，面对繁重的改革发展稳定任务，面对经济下行的巨大压力，我们在上级党委的坚强领导下，团结带领全市党员、干部群众，以稳增长、促改革、调结构、惠民生为总基调，以开展党的群众路线教育实践活动为动力，以实施“三年目标任务行动计划”为主线，深入实施重大项目突破工程、城市形象提升工程、旅游产业攻坚工程和城乡一体化推进工程等“四大工程”，开创了经济社会发展的新局面。全年地区生产总值 264.9 亿元，增长 5.6%；工业总产值 324.6 亿元，增长 8.8%；规模以上工业总产值 306 亿元，增长 9.1%；规模以上工业增加值增长 5.9%；全社会固定资产投资 165.4 亿元，增长 22.1%；财政收入 12.4 亿元，增长 20.4%；社会消费品零售总额 102.1 亿元，增长 11.7%；城镇居民人均可支配收入 22457 元，增长 9.2%；农民人均纯收入 8775 元，增长 12.1%。

（一）重大项目建设实现新突破。南广高铁全线开通，桂来、梧贵高速即将建成通车，圆了桂平人民的“高铁梦”，桂平正式迈入了高铁、高速经济的新时代。棉宠作业区即将投入使用，结束桂平没有现代化港口的历史。动态投资 339 亿元的大藤峡水利枢纽工程正式开工建设，圆了几代桂平人民的“大藤峡梦”。珠江—西江经济带发展上升为国家战略，西江经济带基础设施建设大会战全面实施，圆了桂平人民的“西江梦”，处于西江重要节点的桂平正式迎来了新一轮重大发展机遇。

（二）经济发展取得新成效。工业园区经济实力进一步壮大。基础设施、生活服务配套设施建设和土地收储工作扎实推进。新开工贵通新能源汽车等产业项目 20 个，竣工投产新权业陶瓷二期等项目 12 个。全年园区工业总产值 165 亿元，工业增加值 60 亿元，税收 1.62 亿元，分别增长 24.8%、19% 和 8%。城市规划、建设和管理水平进一步提升。火车站投入使用，迎宾大道东段、桂江西路竣工通车，浔高路、禄棠西路、郁江二桥和城区堤路园等项目加快推进。完善城市配套功能，加强城市综合管理，推行政府购买服务的城市管理新模式，建立打击“双违”长效机制，城市形象进一步提升。以创建广西特色旅

游名县为契机，加大旅游规划、保护、开发和招商力度。西山观音岩扩建工程和新山门区游客服务中心投入使用，西山泉国际养生旅游文化综合区、西山新山门区莲花广场等项目开工建设，白石山、罗丛岩和龙潭国家森林公园等景区景点建设顺利推进。规划建设7家五星级酒店，已招商5家，开工建设2家，其中1家即将投入使用。引进了投资8.9亿元的西山旅游风情商业街和投资3.25亿美元的文化旅游产业综合体项目。全年接待国内外游客494.3万人次，旅游总收入48.3亿元，分别增长17.9%和26.3%。统筹城乡发展步伐加快，打造了一批各具特色的小城镇。大力发展现代农业，抓好农田土地整治和水利基础设施建设，桂平竞选为中央财政小型农田水利重点县，荣获了全国粮食生产先进县“四连冠”，连续七年荣获了全国生猪调出大县奖励。

（三）改革开放开创新局面。农村土地承包经营权确权登记和水田“以小并大”试点工作有序推进。工商注册资本登记制度改革全面实施。实施单独两孩政策。出台促进教育振兴意见。稳步推进公立医院改革试点，大力推进基本公共卫生服务均等化。完成食品药品安全监管体制改革。深化行政审批制度改革，做好事业单位分类工作，稳步推进政府职能转变和机构改革。招商引资取得新成绩，签约项目14个，合同投资总额67.3亿元。与广西金融投资集团建立综合金融服务战略合作关系，市财政累计投入担保基金8000万元，为206家企业担保贷款39.5亿元，在保企业90家，在保金额14亿元。

（四）文化建设迈出新步伐。在全国率先实施“文创造市”发展战略，举办了“当代诗坛名家桂平端午行”和全国首届“当代诗词创作批评与理论研究”青年论坛活动，得到了国内主流媒体的赞誉和当代文坛名家的肯定。开展诗词书画影进机关、进校园、进社区、进农村和进企业活动，努力打造“诗意桂平”。聘请北京大学专家编制了文化产业发展规划和文化旅游产业园策划。

（五）社会建设有了新进步。全年民生支出34.8亿元，占公共财政预算支出的83.3%。社会保障体系不断健全，完成企业养老保险扩面征缴任务。保障性住房建设、农村危房改造顺利推进。精准扶贫深入实施。学校基础设施不断完善。教师住宿条件进一步改善。推行新农合参合农民“1元看病”“100元住院”服务新模式。筹资1.1亿元为参加新农合的160万农民进行免费健康体检。竣工市人民医院江北新院和市中医院门诊急诊综合楼。将公务员（含参公人员）的津补贴标准由2012年1月的人均1.8万元提高到2014年10月的2.7万元。事业单位工作人员绩效工资也随之进行了调整。财政聘用人员工资人均每月提高300元。村干部补贴人均每月提高200元。深入开展“美丽桂平·清洁乡村”活动，垃圾进场量完成率、保洁费收缴率在贵港市排名第一，城乡面貌焕然一新。在全区率先建成渡口渡船视频监控平台。打击盗抢、涉毒、涉赌案件量在贵港市排名第一。审判机关收、结案数均居贵港市首位。社会公众安全感和政法队伍满意度进一步上升。桂平荣获了全国“六五”普法中期先进县称号。抓好民兵预备役和国防动员工作，加强双拥共建，顺利通过广西双拥模范城“八连冠”的考评验收。

（六）党的建设得到新加强。深入开展党的群众路线教育实践活动并取得了明显成效。出台违反作风建设实行问责的暂行办法，开展作风问题专项整治和执纪问责，对在清洁乡村、安全生产和环保工作中失职渎职的45名领导干部进行了问责。实施领导班子和干部日常管理“五个一”工程，组织全市科级领导干部轮训，选送50名优秀中青年领导干部赴中山大学进修学习，组织近400名干部到项目一线培养锻炼。高质量完成了村（社区）“两委”换届选举工作。抓好服务型基层党组织建设。全面加强党风廉政建设，建立健全惩治和预防腐败体系，立案查处各种违纪违法案件72件，给予党纪政纪处分69人。

各位代表，同志们！这些成绩来之不易，离不开上级党委、政府的正确领导，凝聚着全市广大党员干部的智慧和汗水。在此，我谨代表中共桂平市委，向奋战在各条战线上的同志们表示衷心的感谢！

同时，我们也清醒地看到，工作中仍然存在着不少困难和问题，主要体现在以下四个方面：一是经济发展取得的成效与我们所拥有的丰富资源和禀赋还不相称；二是产业结构调整取得的进步离加快转变经济发展方式的总要求还有较大差距；三是社会发展取得的成绩与人民群众向往美好生活的期盼还有一定差距；四是干部的作风和能力与桂平所面临的新形势、新任务、新要求还不完全适应，人才支撑、智力支持和服务环境仍然是阻碍桂平发展的主要因素。我们必须增强问题意识，以勇于担当、敢于负责的态度和改革创新的办法认真加以解决。

二、奋力完成2015年和“十二五”规划目标任务

2015年是全面深化改革的关键之年，是全面推进桂平法治建设的开局之年，是全面完成“十二五”规划的收官之年，也是“十三五”规划的谋划之年，做好今年的各项工作意义重大。我们必须主动适应经济发展增速换档、全面从严治党等新常态，积极抢抓珠江—西江经济带发展上升为国家战略、自治区“双核驱动”战略加快实施、大藤峡水利枢纽工程全面建设、高铁高速交汇贯通等新机遇，全面加快“三城两基地”建设，奋力开创富民强市的新局面。

2015年的总体要求是：全面贯彻党的十八大和十八届三中、四中全会以及习近平总书记系列重要讲话精神，以提高经济发展质量和效益为中心，以建设资源节约型和环境友好型社会为引领，围绕自治区实施“双核驱动”战略和贵港市打造西江流域核心港口城市的决策部署，全面实施“四大工程三年攻坚行动计划”，大力推进新型工业化、新型城镇化、旅游产业化和农业现代化，促进产城融合、城乡融合发展，奋力实现“十二五”规划目标任务。

经济社会发展的主要预期目标为：地区生产总值增长8.5%，工业总产值增长11.5%，规模以上工业总产值增长14%，规模以上工业增加值增长9%，全社会固定资产投资增长30%，财政收入增长21.8%、突破15亿元，社会消费品零售总额增长15%，农林牧渔业总产值增长6.5%，城镇居民人均可支配收入增长11%，农民人均纯收入增长12%，人口自然增长率控制在9‰以内，城镇登记失业率控制在4.3%以内，完成“十二五”节能减排任务。

主要奋斗目标为：地区生产总值增长10%，工业总产值增长13%，规模以上工业总产值增长16%，规模以上工业增加值增长11%，全社会固定资产投资增长40%，社会消费品零售总额增长16%，城镇居民人均可支配收入增长12%，农民人均纯收入增长13%。

（一）全面实施“四大工程三年攻坚行动计划”。投资是增长的血液，项目是发展的载体。我市作为后发展欠发达地区，当前和今后一个时期，投资拉动、项目带动仍然是经济社会发展的主引擎和主动力。必须狠抓项目建设，全面实施“四大工程三年攻坚行动计划”，加快培育新的经济增长点。

一是深入实施重大项目突破工程。全力推进西江经济带基础设施建设大会战，重点抓好大藤峡水利枢纽工程征地拆迁和移民安置工作，积极争取柳州至梧州铁路经过桂平并设站，配合开工建设荔浦至玉林、贵港至隆安高速公路桂平段，开工建设社步至白石山景区二级公路、桂金公路至金田起义遗址景区一级公路，规划建设城区至金田一级公路。加快推进工业园区基础设施、配套设施和产业项目建设，着力把长安工业集中区打造成为广西示范园区。

二是大力实施城市形象提升工程。围绕到2020年把桂平建成50万人口城市的目标，加快“335678”工程建设，进一步拉开城市框架。重点建设郁江二桥、玉桂大道、蒙圩大道、金田大道、龙潭大道和城区堤路园等一批城市路桥，打通禄棠西路等东西向道路，开工建设沙岗大桥，加快江北新区、长安新区、郁江新区和火车站站前广场综合开发。大力实施高楼建设工程。

三是全力实施旅游产业攻坚工程。围绕创建广西特色旅游名县的目标，全面实施“一心两带五区”旅游发展战略，加快西山、太平天国金田起义遗址博物馆、西山泉国际养生旅游文化综合区、龙潭国家森林公园、白石山和罗丛岩等旅游项目建设，努力把西山打造成为广西第一名山，把金田起义遗址打造成为广西新的名片。

四是加快实施城乡一体化推进工程。围绕实现城乡居住环境、产业规划发展和基本公共服务均等一体化的“三位一体”目标，探索加快实现城乡一体化新路子。重点加大对二级公路沿线乡镇的市政设施建设力度，全面实施硬化绿化亮化美化改造，对特色旅游名镇名村和南广高铁沿线村屯实施风貌改造。积极推进农村整村综合整治。

（二）加快转变经济发展方式。转方式调结构是贯穿经济发展新常态全过程的核心任务。必须加快传统产业转型升级，加快发展战略性新兴产业和现代服务业，大力提升第三产业的发展质量和对经济增长的贡献率，逐步实现产业结构由“二三一”到“三二一”的转变。

一是推进新型工业化，培育壮大主导产业。深化园区管理体制改革，加快产业园区由行政主体向经济实体转变。加快长安、龙门、木乐和船舶修造等4个产业功能区规划建设，加强城镇新区与产业园区基础设施和公共服务平台的有机融合，促进产业园区由单一生产功能向综合配套功能转变。围绕培育壮大现代装备制造、新型建筑陶瓷、生物化工与制药等工业主导产业，着力引进一批科技含量高、产业关联度强的优质产业项目，抓紧推进亿元税收项目和一批重点项目建设。强化科技创新驱动和自主品牌培育，着力增强企业综合竞争力。完善招商引资联席会议制度，规范项目落户的评审，着力提高招商引资的质量。

二是推进新型城镇化，加快城乡统筹发展。坚持扩容提质和凸显特色并重，完善城市基础设施和公共服务设施，进一步提升中心城区的集聚力和辐射力。探索实施城市管理综合执法联动机制，推动城市管理向科学化、精细化、长效化发展。把城市建设与优化产业结构、培育新兴产业、发展服务业、促进就业创业结合起来，有序推进产城融合。深入推进户籍制度改革，大力推进公共教育、就业服务、社会保障、医疗卫生、保障性住房等基本公共服务均等化，逐步实现城镇常住人口全覆盖。加快小城镇建设，把小城镇建设成为服务“三农”、促进农民就近就地城镇化的重要节点，推动城乡融合发展。

三是推进旅游产业化，提升第三产业发展水平。依托高铁路网加快完善站点配套和集疏运体系，实现旅游目的地与高铁、公路、水路的无缝衔接，大力提升旅游接待能力和服务水平。整合全市旅游资源，深化旅游管理体制和经营机制改革。大力实施“文创造市”战略，推动旅游与文化、农业等其他产业跨界融合发展，把旅游产业打造成为桂平最具活力的主导产业之一，把桂平打造成为集观光、休闲、养生和历史文化体验于一体，面向粤港澳和东南亚的区域性国际旅游目的地。加快发展现代物流业，规划建设一批物流园区和专业市场，加快港口码头建设，积极申报设立西江桂平物流保税港区。深入实施“宽带桂平”战略行动计划，鼓励发展电子商务新型业态，运用好淘宝网、邮乐网等平台，大力支持行业电商、农村电商和社区电商发展。

四是推进农业现代化，增强农业综合生产能力。加快现代特色农业核心示范区建设，扶持壮大涉农龙头企业，大力发展优质稻、西山茶、荔枝、淮山、肉桂、八角和黄沙鳖等特色农产品，促进经营组织化、装备设施化、生产标准化、要素集成化、特色产业化。规划建设农林产品深加工集中区。加快农产品交易市场建设，创建农产品质量安全检测中心，推动农产品实现农超、农企、农校和农医对接。引导农村土地经营权有序流转，积极发展农业适度规模经营，大力培育新型农业经营主体。

（三）大力推进生态文明建设。山清水秀生态美是桂平最大的品牌和优势，必须把生态文明理念贯穿新型工业化和新型城镇化全过程。要大力发展生态工业、生态农业、生态服务业，推动绿色经济、有机经济、循环经济一体发展，生态人居、生态环境、生态文化同步建设。设定产业准入门槛，强化项目环保准入约束，实行负面清单管理，突出绿色招商、生态招商。强化集约节约用地，切实提高土地投资强度和产出效益。抓好污水垃圾处理设施建设和环境综合整治，解决农村规模禽畜养殖污染问题。全面开展“美丽桂平·生态乡村”活动。

（四）加快全面深化改革工作。破解新常态下各种困难和问题，根本出路在于全面深化改革。必须坚持问题导向，全面推进经济体制、开放合作体制、农村和生态文明体制、民主法制和社会体制、文化教育卫生体制、党的建设制度和纪律检查体制等七大领域改革。重点加快行政审批制度改革，抓紧制定负面清单、责任清单和权力清单，加快转变政府职能。加快投融资体制改革，多形式多渠道引入各类市场主体和社会资本。加强政银企合作，发挥财政资金“四两拨千斤”的杠杆作用和政府担保基金的引导作用。完善市建投公司、土地储备中心的融资机制。稳妥推进市属国有企业改制，进一步盘活国有资产，促进公有制和非公有制经济融合发展。

（五）全面推进桂平法治建设。法治建设对经济社会发展具有重要保障促进作用，必须全面实施《关于全面推进桂平法治建设的实施意见》，营造心齐气顺的社会环境。要加强法治宣传教育，推进法治文化建设，筑牢全民守法之基。实施宪法宣誓制度，每年组织开展“12·4”国家宪法日活动，坚决维护宪法法律权威。严格规范行政权力运行，坚持依法行政，提高运用法治思维、法治方式解决问题的能力，推进法治政府建设。推进公正司法，保证审判权检察权依法独立公正行使，加强司法监督，不断提升执法司法公信力。加强党对法治工作的领导，努力建设正规化、专业化和职业化的法治工作队伍。

（六）切实做好民生保障工作。保障和改善民生，始终是我们工作的出发点和落脚点。必须坚持站在群众的立场上想问题、站在群众的利益上作决策、站在群众的需求上办事情，让群众成为工业化、城镇化的直接参与者和最大受益者。深入实施“收入倍增计划”。加快公共就业信息网络和服务平台建设，健全就业招聘长效机制。改善创业环境，提升小微企业发展空间。创建农民工创业园中园。加快推进教育振兴行动计划，大力实施城区学校“扩容提质”工程。全力打好新一轮扶贫开发攻坚战。加大对民生的投入，加快学校、医院、保障性住房、棚户区改造、农村道路、人饮工程和农田水利基础设施等一批民生项目建设，确保今年全市所有建制村通水泥（沥青）路。加强公共卫生体系建设，完善计生利益导向机制，不断提高基本公共服务水平。健全覆盖城乡居民的社会保障体系，有效防范和化解民众的年老、疾病、失业和伤残等社会风险。完善社会矛盾纠纷利益表达机制、协商沟通机制和救济救助机制，健全重大政策、重大决策、重点项目立项稳定风险评估程序和办法。强化交通、消防、食品药品、环境保护等公共安全防范措施，有效防范和坚决遏制重特大事故发生。加快“天网工程”建设，有效调处矛盾纠纷，努力维护社会和谐稳定。做好新时期民兵预备役和国防动员工作，积极争创全国双拥模范城“六连冠”。加强社会主义民主政治建设，充分调动各方面的积极性，凝聚合力发展的强大正能量。高质量做好“十三五”规划编制工作。

三、全面提高党的建设科学化水平

桂平的发展、事业的开拓和人民的期待，迫切要求我们必须坚持以改革创新精神全面加强党的建设。

（一）从严治党落实责任。各级党委（党组）要把抓好党建作为最大政绩，严格落实从严治党的主体责任，把党建工作与中心工作同谋划、同部署、同考核。党委书记要强化党建主业意识，真正负起第一责任人的责任，对党建工作要亲自抓、负总责。班子成员要严格执行“一岗双责”，对分管工作范围内的党建负领导责任，把党建工作与分管业务工作摆在同等重要位置，切实落实党建工作部署。以落实党建工作“联诺联述联评联考”制度为抓手，建立健全落实主体责任指标考核体系，强化对各级党委（党组）落实主体责任情况的考核。

（二）抓好班子带好队伍。坚持党委中心组学习制度、干部培训制度和警示教育制度，深入开展理想信念教育、社会主义核心价值观教育、党性党风教育和群众观教育，引导广大党员干部坚守共产党人的精神追求。发扬实事求是、理论联系实际、密切联系群众、批评与自我批评和民主集中制等优良传统，使党内政治生活真正起到教育改造提高党员干部的作用。严格执行《党政领导干部选拔任用工作条例》，强化发展、为民、务实、清廉、团结、公正的用人导向。深入实施干部日常管理“五个一”工程。坚持推行“一线工作法”。实施县以下机关公务员职务与职级并行制度。积极探索党员能进能出机制。

（三）抓好基层打好基础。健全党建工作联席会议制度，加大对基层党建的投入和对各部门单位资源的整合力度。突出基层党建工作重点，在机关，突出抓好作风效能建设，以机关党建规范化建设为抓手，实施项目化管理，从严管理党员干部；在农村，以升格一批行政村（屯）党组织、打造一批升级版的屯级“一组两会”、建立一批示范性“产业链”党组织、建设一批功能完备的党群服务中心、推广一批行之有效的先进经验等“五个一批”为抓手，全面提升党组织的服务功能，着力解决联系服务群众“最后一公里”的问题；在“两新”组织，突出抓好扩大党的组织和工作“两个覆盖”。继续抓好“书记创新工程”。继续提高村干部待遇、养老补贴和村级组织办公经费标准。

（四）抓好作风推动落实。巩固和拓展党的群众路线教育实践活动成果，持之以恒加强作风建设。完善直接联系和服务群众工作机制。强化“四五六”思想政治建设和“十大不良作风”问题整治，加大奖优罚劣和治懒治庸力度。当前，领导干部尤其要增强责任担当意识，坚决克服“为官慢为、为官不为和为官乱为”等不良倾向，更加努力为桂平发展干事创业。严格控制“三公”经费支出，推进公务用车制度改革。大力抓好办公用房、个人住房、楼堂馆所建设和财政供养人员“吃空响”等专项整治工作。严禁用公款互相宴请、赠送节礼和违规消费。坚决查处损害群众利益的不正之风。

（五）抓好制度规范管理。从联系服务群众、反对铺张浪费、规范权力运行、加强监督问责、从严管理干部等方面形成一批务实管用、利于长远的制度，用制度从严管权、管事、管人。健全民主决策工作机制，坚持市委常委会工作制度和议事规则，完善群众参与、专家咨询和集体讨论相结合的决策制度，支持人大发挥监督、政协发挥参政议政作用，定期向老干部通报全市经济社会发展情况。推进“三公”经费项目化，健全财务预算、核准和审计制度，完善公务卡使用制度和政府定点采购制度。探索建设公共资源交易中心平台。

（六）抓好监管促进廉洁。各级党委（党组）要切实履行党风廉政建设的主体责任，支持纪检监察机关履行监督责任。深入开展警示教育，筑牢廉政思想防线。加大党风、政风明察暗访力度，探索干部监督管理特别是对“一把手”监督的新机制，严格权力运行监控和责任追究。贯彻落实《建立健全惩治和预防腐败体系2013—2017年工作规划》，把党风廉政建设和反腐败斗争不断推向深入，着力营造不敢腐、不能腐、不想腐的政治氛围。加大违纪违法案件查处力度，坚持有案必查、有腐必惩，让纪律成为不可触碰的高压线，让制度成为不可逾越的警戒线。

各位代表，同志们！桂平已经站在新的历史起点上，迎来了腾飞发展的重大新机遇。让我们紧密团结在以习近平同志为总书记的党中央周围，解放思想，抢抓机遇，开拓创新，真抓实干，为全面完成“十二五”规划目标任务，实现桂平在西江经济带乃至西部地区县域经济的率先崛起而努力奋斗！

市人大常委会工作报告

——在桂平市第十五届人民代表大会第七次会议上的报告

（2016年1月20日）

市人大常委会主任 张津辉

2015年工作回顾

2015年，市人大常委会深入贯彻党的十八大和十八届三中、四中、五中全会精神，按照市委的决策部署和人大既定的工作原则与重点，主动适应新常态，积极抢抓新机遇，着力谋求新作为，为全市经济社会发展做出了积极的贡献。年内，共举行常委会会议12次，主任会议21次，听取和审议“一府两院”专项工作、整改情况等报告16个，开展了执法检查1次，组织代表视察活动2次，开展专题调研18项，任免地方国家机关工作人员63人次，任命人民陪审员31人，顺利完成了市十五届人大五次、六次会议确定的任务。

一、围绕大局，切实履行人大职能

一年来，常委会围绕工作大局，把推动市委重大决策部署的贯彻实施作为人大工作重点，切实履行人大职能，依法行使监督权。

（一）加强工作监督，服务经济发展大局

一是强化预决算审查监督。常委会依法履行预算审查监督职责。年初，常委会抽调财政、审计等部门的人员组成审查小组，对我市部门财政预算进行审查，并形成审查报告向市人民政府反馈，促进部门财政预算更规范、更科学、更有效地执行。听取和审议了市人民政府关于桂平市2015年1至10月财政预算执行情况和2015年财政预算调整方案（草案）的报告、关于2014年桂平市财政决算（草案）报告、关于2014年度桂平市本级预算执行和其他财政收支的审计工作报告，审查和批准了市2014年决算和2015年度财政预算调整方案，要求市人民政府严格按照《预算法》，不断完善政府全口径预算决算管理体系，健全政府性债务管理制度，严把财政预算管理。对审计部门查出的问题，市人民政府及有关部门要进行认真整改。同时要加强财源建设，积极推

进预决算公开，确保我市2015年预算任务的顺利完成。

二是认真审议专项工作报告。听取和审议了市人民政府关于科学技术普及工作情况的报告，提出了要增加财政对科普工作经费的预算，加强乡、村两级科协组织机构建设，完善激励机制等5条审议意见。听取和审议了市人民政府关于桂平市2011—2015年林业工作情况的报告，提出了加大林业生态建设力度，推进森林生态体系建设；优化林业产业结构，加快林业产业化进程；坚持依法治林，加强森林资源保护管理等5条审议意见。听取和审议了市人民法院关于规范司法行为工作情况报告，提出了进一步提高对规范司法行为工作的认识；健全规范司法行为工作长效机制；加强司法资源的优化和保障能力的改善等3条审议意见。听取和审议了市人民检察院关于规范司法行为工作情况报告，提出了进一步加强队伍建设，健全规章制度，抓好制度落实等5条审议意见。常委会通过听取和审议“一府两院”专项工作报告，较好地促进了我市相关工作的开展。

三是抓好调研工作。常委会求真务实，转变作风，组织调研组对重点工作认真开展调研，增强监督实效。一年来，对市人民政府科学技术普及工作、2011—2015年林业工作、代表建议意见办理和市人民法院、市人民检察院规范司法行为等18项工作情况进行会前调研，为市委决策、人大常委会审议工作提供真实依据，推动“一府两院”改进相关工作。

（二）加强法律监督，推进法治桂平建设

为了构建公平、公正、透明、高效的法治环境，常委会认真开展执法检查。2015年，组织对我市实施《中华人民共和国城乡规划法》的情况进行执法检查，听取和审议了市人大常委会执法检查组关于检查《中华人民共和国城乡规划法》实施情况的报告，针对我市实施《中华人民共和国城乡规划法》存在的问题，提出了进一步依法完善全市城乡规划，认真解决村镇建房审批问题，不断加大对违建依法查处力度等6条审议意见，确保《中华人民共和国城乡规划法》在我市的正确实施。

二、突出保障民生，督促解决社会关切问题

常委会密切关注社会重点、难点问题，切实履行职责，努力推动改革发展成果更多更好地惠及全市人民。

一是促进食品药品安全和饮用水安全。常委会连续两年对食品药品安全和饮用水安全开展跟踪监督，2014年分别听取和审议了市人民政府关于桂平市食品药品安全和饮用水安全工作情况报告，并提出了审议意见；2015年对市人民政府落实常委会的审议意见进行了跟踪监督，要求市人民政府把食品药品安全和饮用水安全监管工作抓实抓好，确保人民群众“舌尖上”的安全，筑牢食品药品和饮用水安全防线。

二是推动办学条件的改善。针对我市义务教育阶段就学难，教育资源分配不均，经费投入不足等问题，2014年常委会听取和审议了市人大常委会执法检查组关于检查《中华人民共和国义务教育法》实施情况的报告，要求市人民政府认真落实义务教育法，加大教育的投入，不断改善办学条件，加强师资队伍建设，缓解就学难等问题。2015年，市人民政府积极回应，把教育工作摆上重要位置。开工建设市第五中学和木乐腾飞小学，扎实推进城区7所中小学校扩建工作，城乡学校的办学条件得到较大改善。

三是督促信访问题的解决。常委会坚持把做好群众信访工作作为了解社情民意的重要渠道，作为强化监督工作针对性的有效方法，一年来，共受理来信35件，接待来访137人次，对符合转办条件的均按规定及时转办，并全程跟踪督办，做到件件有回音，有效地维护了社会稳定和人民群众的合法权益。

三、依法人事任免，做好重大事项决定

常委会坚持党管干部和人大依法任免干部相统一的原则，进一步规范任前法律知识考试、投票表决、颁发任命书、任职发言和任后监督等任免制度，保障了人事任免工作依法、有序进行。一年来，任免市人民政府组成人员17人次，任免法院系统工作人员34人次，任免检察系统工作人员12人次，任命人民陪审员31人次，依法接受1人辞去市第十五届人民代表大会常务委员会委员职务，依法补选贵港市第四届人大代表1名，确认补选市第十五届人大代表5人的代表资格有效，保障了我市国家机关工作正常开展。

常委会围绕全市经济社会发展中带有全局性、根本性、长远性的问题，进一步做好讨论决定重大事项工作。一是审议了《桂平市人民政府关于提请审议桂平市生态文化公园控制性详细规划的议案》，对《桂平市生态文化公园控制性详细规划》进行了认真审查后，作出了关于同意《桂平市生态文化公园控制性详细规划》的决定，为进一步强化我市生态公园用地布局，提升城市品位奠定了基础。二是审议了市人民政府关于提请寻旺乡等乡撤乡改镇的5个议案，认为这些乡近年来经济快速发展，基础设施进一步完善，社会各项事业得到较大推进，群众生活水平得到较大的提高，符合撤乡改镇的条件和要求，作出了同意寻旺乡、马皮乡、罗播乡、厚禄乡、垌心乡等5个乡撤乡改镇的审议意见。三是在听取和审议有关报告、深入开展调查研究的基础上，作出了关于批准2014年全市决算的决议和关于批准2015年度市财政预算调整方案的决议，为加快我市经济发展发挥重要作用。

四、发挥主体作用，促进代表依法履职

常委会始终把代表工作作为人大常委会工作的基础和依托，密切联系代表，坚持服务代表，为代表依法履职提供有力支持和保障。

一是服务代表履职。为拓展代表知情知政渠道，提高履职能力，全年组织代表集中学习培训2次，邀请自治区人大领导、自治区城乡规划设计院专家解读《预算法》、《城乡规划法》等法律知识。组织开展视察活动2次，分别视察了大藤峡水利枢纽工程项目、郁江二桥项目建设、高铁站站前广场建设情况和巨赞广场项目建设、西山泉国际养生旅游文化综合区建设、生态文化公园控制性详规落实情况，促进市人民政府及相关职能部门依法加快重点项目建设和创建广西特色旅游名县步伐。坚持每次执法检查活动邀请人大代表参加。指导乡镇人大有计划地开展工作。启动人大代表向选民述职制度。今年在26个乡镇开展了人大代表述职评议试点，让代表在选举单位面对面地向选民报告履职情况。通过代表真实有效的“述”，选民恰如其分地“评”，实现代表与选民的双向互动，在社会上产生了积极反响，赢得了人民群众的好评。

二是督促建议意见办理。市十五届人大五次会议收到的代表建议意见56件，常委会及时将建议意见交市人民政府办理，并认真听取和审议了市人民政府关于代表建议意见办理情况报告。经过市人民政府及各承办单位的共同努力，代表建议意见已全部书面答复代表，办复率100%。其中，经办理已解决的建议意见22件，占总数的39.29%；正在解决或列入规划逐步解决的建议意见21件，占总数的37.50%；因条件限制或其他原因目前暂不能解决的建议意见13件，占总数的23.21%。建议意见的落实率、问题的解决率、代表的满意率进一步提高。

三是创新平台建设。重点对木圭镇、油麻镇、下湾镇等5个乡镇的“人大代表活动中心”进行提档升级，在原有的“十有”标准上，添置高清投影仪、大尺寸液晶电视机、大型壁式书柜、培训桌椅、电脑、动态人大宣传片等设施设备，使代表日常联系群众、履行职责有了良好的场所和环境。同时，创建“家社共建”新模式，新建了金田镇“宝源合作社人大代表之家”、“家春淮山人大代表之家”，社坡镇“腐竹加工协会人大代表之家”，南木镇“金龙村河西片人大代表之家”，把人大代表活动平台拓展到专业合作社，把活动延伸到产业链上，实现了人大代表在政治引领、政策引导、发动群众等优势与经济合作组织在技术、信息、市场、资金上的优势的有机结合，提升了人大代表在产业上带民致富的示范效应。我市创新“人大代表活动中心”和“人大代表之家”的做法，得到了自治区和贵港市人大领导的充分肯定，成为工作亮点和经验宣传推广。

四是开展代表活动。为了便于代表开展活动，常委会将代表分成30个代表小组，明确代表小组负责人和活动内容。2015年共开展代表小组活动60多次。通过专题调研、集中视察和接待群众来信来访，真正让代表“动”起来，作用发挥出来。

此外，还积极配合自治区人大组织驻桂全国人大代表、自治区人大代表开展公正司法专题调研、代表集中视察，开展《预算法》执法检查等活动14次。配合贵港市人大开展专题调研、代表视察、执法检查等活动25次。

五、重视宣传工作，展示人大依法履职风貌

围绕市人大和常委会履职工作，加强人大宣传工作，积极反映人大制度和人大工作的新实践，充分展示代表履职新气象和代表干事创业风采，凝聚民主法治建设的正能量。一是认真抓好人大会议期间的宣传报道，不断提高全社会对人民代表大会制度的认识和理解，增强制度自信。二是拓宽渠道，认真抓好人大宣传稿件组投。一年来，我市获地级以上新闻媒体用稿共50多篇，其中，属国家级的6篇，获贵港人大新闻奖3篇，有3人被评为《广西人大》优秀通讯员，有5人被评为《贵港人大》优秀通讯员。三是组织编发人大常委会公告、公报37期；编印《桂平人大通讯》内部刊物4期。四是组织编纂《桂平市人大志》。目前，编纂工作已进入统稿复核阶段。

六、践行“三严三实”，加强常委会自身建设

一是抓思想政治建设。常委会班子成员坚持参加市委中心组学习，参加贵港市委组织的相关学习培训；人大机关干部自觉参加机关政治理论学习和干部在岗学习培训。结合贯彻党的十八大和十八届三中、四中、五中全会以及习近平总书记一系列重要讲话精神，把思想教育、党性分析与立规执纪结合起来，增强政治意识、民本意识、创新意识和做好人大工作的使命感、责任感。二是抓机关作风建设。按照市委的统一部署和要求，班子成员认真开展“三严三实”专题教育，把“严以修身、严以用权、严以律己，谋事要实、创业要实、做人要实”内化于心，外化于行。机关干部职工认真开展“转作风、强责任、优服务、促规范”大行动，着力打造运转高效、作风优良、廉洁勤政、充满活力的人大机关。三是抓人大制度建设。2015年，修订完善了常委会讨论决定重大事项规定等9项人大常委会工作制度和机关日常考勤制度等7项机关工作制度，进一步规范服务代表、依法履职行为。修订后的工作制度相对更完善、更符合实际、更具操作性，为常委会依法履职并取得实效提供了制度保证。

各位代表！回顾一年来的工作，我们感到，这些成绩的取得，是市委正确领导的结果，是全体人大代表和人大常委会机关全体干部职工共同努力的结果，是市人民政府、市人民法院、市人民检察院密切配合的结果，也是乡镇人大和广大人民群众大力支持的结果。在此，我代表市人大常委会向大家表示衷心的感谢！

在总结成绩的同时，我们也清醒地看到，常委会的工作与党的要求、人民群众的期望和全面建设法治桂平的要求还有差距。如监督实效需要进一步强化；常委会会议的审议水平需要进一步提高；与代表和群众的联系还需要进一步深入等。对于这些问题，常委会将认真听取人大代表和社会各方面的意见，切实加强改进，努力做得更好。

2016年的主要工作

2016年是全面建成小康社会决胜阶段的初始之年，也是我市实施“十三五”规划的开局之年。市人大常委会要深入贯彻党的十八大和十八届三中、四中、五中全会以及习近平总书记一系列重要讲话精神，围绕市委的决策部署，充分发挥人大在推进法治建设中的重要作用，认真履行宪法和法律赋予的各项职权，以法治思维推动各项工作，为全面实施“十三五”规划开好局、起好步做出贡献。

一、更加注重服务大局，着力在依法履职上有新作为

常委会坚持围绕中心，服务大局，监督和支持“一府两院”工作，保证各项工作在法治的轨道上进行。一是依法行使监督权。常委会要围绕科学发展这个主题和加快经济发展这条主线，按照突出重点、注重实效的监督工作思路，对人民群众普遍关心的重点热点问题开展监督工作，不断提高工作效能。要认真贯彻执行监督法，综合运用各种监督手段，重点加强对法律法规执行情况、人大及其常委会决议决定落实情况及“十三五”规划执行情况、经济建设、城市建设和就业、教育、医疗卫生、社会保障等事关民生方面的监督，督促“一府两院”进一步依法行政、公正司法，促进全市经济协调发展、社会和谐进步。二是依法行使重大事项决定权。常委会要坚持法治导向，坚持抓大事、议大事、定大事的原则，认真贯彻市委重大部署，按照宪法和法律的规定，积极主动地行使好重大事项决定权。要在深入调查研究、充分听取意见的基础上，针对全市经济社会发展的关键问题、重大问题以及人民群众关注的热点、难点问题，适时做出决议决定，并切实加强监督检查，促进贯彻落实，维护决议决定法律效力，保障和推动全市经济发展和社会稳定。三是依法行使人事任免权。坚持党管干部原则和人大依法任免干部相结合，依法做好人事任免工作，实行宪法宣誓制度，强化干部任后监督，为地方国家机关正常运转，促进改革发展稳定提供组织保障。

二、更加注重履职保障，着力在发挥代表作用上创新业绩

常委会继续深入贯彻落实代表法，支持代表依法履行职务，为其提供服务和保障。不断改善代表履职环境和条件，拓宽代表知情知政渠道和联系群众渠道。加强代表培训，提高代表履职能力和履职自觉性。进一步加强和规范闭会期间的代表小组活动，继续拓展“代表活动中心”、“代表之家”功能，探索代表活动的新形式、新内容，引导代表围绕中心工作和民生开展调研视察活动，让代表深入了解经济社会发展和“一府两院”工作情况，更广泛地参与全市经济政治生活。坚持邀请代表列席常委会会议和常委会组成人员联系代表等制度，扩大代表对常委会活动的参与。切实加强代表建议、批评和意见的督办工作，提高办理质量，保障代表的民主权利，激发代表为民代言的热情。常态化开展代表述职评议活动，进一步提高代表履职积极性。

三、更加注重民主政治，着力使换届选举工作风清气正

根据法律的规定，我市市、乡两级人民代表大会于今年进行换届。常委会要把人大换届选举工作作为2016年的重中之重的工作，在市委的正确领导下，切实加强换届选举的组织工作，充分发扬民主，严格按照《宪法》、《地方组织法》、《选举法》、《代表法》的规定，依法做好宣传动员、选区划分、选民登记、提名推荐、候选人介绍、投票选举、计票监票、选举结果确定等各环节工作。严格依法办事，确保选举工作风清气正，选举结果人民满意。

四、更加注重能力建设，着力在自身建设上有新提高

常委会要贯彻落实中共中央中发〔2015〕18号文件和自治区党委桂发〔2015〕12号文件精神，主动适应新形势新任务需要。以坚定理想信念为重点加强思想建设，以提高素质为重点加强组织建设，以保持同人民群众的密切联系为重点加强作风建设，以健全民主集中制为重点加强制度建设，以高质量的履职作为，忠实服务全市发展大局，积极回应社会关切，主动顺应人民期盼，旗帜鲜明地坚持党对人大工作的领导，理直气壮的支持人民当家做主，不遗余力地推进依法治市进程，使人大工作更加贴近实际，更加符合民意，更加富有成效，不断开创全市人大工作新局面。

各位代表，做好新时期的人大工作，责任重大，使命光荣。让我们在市委的领导下，紧紧依靠全市各族人民，与时俱进，奋发履职，以新境界、新理念、新路径引领科学发展，推进赶超跨越，为全面实施“十三五”规划、共同谱写中国梦桂平新篇章而努力奋斗！

政府工作报告

——在桂平市第十五届人民代表大会第七次会议上的报告

（2016年1月20日）

市长　陈锦秀

各位代表：

现在，我代表市人民政府，向大会作政府工作报告，请各位代表连同《桂平市国民经济和社会发展第十三个五年规划纲要（草案）》一并审议，并请各位政协委员和列席会议的同志提出意见。

一、2015年和“十二五”时期工作回顾

去年是2008年国际金融危机以来宏观经济形势最为严峻复杂的一年，面对前所未有的困难和挑战，在上级党委、政府和市委的坚强领导下，在市人大及其常委会和市政协的监督支持下，市人民政府紧密依靠全市广大干部群众，牢牢把握经济社会发展主动权，及时调整发展思路，主动适应新常态，敢于担当，奋力进取，各项工作迈上了新台阶。

初步预计，2015年，地区生产总值增长8.2%，财政收入增长18.6%，规模以上工业总产值增长8%，规模以上工业增加值增长6.8%，全社会固定资产投资增长31.4%，社会消费品零售总额增长11.4%，农林牧渔业总产值增长6.5%，城镇居民人均可支配收入增长11%，农村居民人均纯收入增长12%。一年来，我们突出抓好以下重点工作。

（一）重大项目扎实推进。全市135个“四大工程”项目完成投资85.1亿元，增长51%。其中，列入自治区及贵港层面统筹推进的9个重大项目完成投资50.7亿元，占全年计划的125%。特别是大藤峡工程完成投资38.3亿元，累计完成征地4.2万亩，占总用地面积的83.4%；南木镇4个移民安置点和移民大道建设稳步推进。

（二）工业经济平稳增长。扎实开展“市长服务企业接待日活动”，加大工业企业帮扶和服务力度，与企业共渡难关。帮助工业企业争取技改资金845万元，帮扶企业1415万元用于基础设施建设和技术改造。为69家企业贷款提供融资担保，在保余额15.5亿元。帮助企业解决用地指标380多亩，完善20家企业3500亩土地的用地手续。抓好园区建设，长安综合市场、金源新城等综合配套项目加快推进；龙门工业区道路、绿

化、亮化等基础设施不断完善，其中规划建设的万亩高新科技产业园正在抓紧进行前期工作。预计园区工业总产值175.5亿元，工业增加值64.6亿元，税收3.6亿元。

（三）城乡建设管理成效明显。郁江二桥、旧城区堤路园一期工程等项目加快建设，江北新区建设稳步推进，东西环城一级大道、沙岗大桥、黔江二桥、浔江大桥等项目前期工作抓紧进行。市财政投入约2.5亿元进行改造或扩建城区道路、改造路灯、完善环卫设施等建设，城乡面貌明显改善。大力推进重大项目土地和房屋征收拆迁“百日攻坚”活动，全市完成征地8700亩、依法拆除违章建筑面积1.8万平方米。3个镇生活污水处理厂竣工并投入使用，21个乡镇垃圾中转站项目扎实推进。加大“美丽乡村”建设投入，将乡镇垃圾清运经费由4元/人·年的标准提高到6元/人·年。

（四）旅游等现代服务产业加快发展。大力推进大众创业、万众创新，现代服务业加快发展。大力发展电子商务进农村工作，桂平被列为全区电子商务进万村活动试点县、全国电子商务进农村综合示范县。阿里巴巴集团农村淘宝项目桂平服务中心投入运营。大力创建广西特色旅游名县。完成《桂平市旅游发展总体规划（2015—2025年）》和《桂平市乡村旅游业发展规划》编制工作。西山新山门区、西山泉、金田起义博物馆等项目建设步伐加快。太平天国运动文化旅游特色一条街即将投入运营。2015年，全市接待游客人次和旅游收入分别增长22.2%和52.5%。

（五）现代特色农业加快发展。全市累计获得农业“三品一标”企业9个、产品24个。“三品一标”农产品认证在全区县级市名列前茅。引进淮山和荔枝等特色农产品深加工企业，提升农产品附加值，增加农民收入。实施特色农业升级行动，粮食生产全程社会化服务核心示范区、金田淮山产业核心示范区和麻垌荔枝产业核心示范区建设取得初步成效。全市农村承包土地流转面积12.9万亩。大力推进全国、全区新型职业农民培育工程项目示范县建设，554名农民取得全区首批新型职业农民资格。

（六）招商引资工作成效显著。出台招商引资工作实施细则、考评办法等规章制度，推动招商引资工作规范化、制度化进行。创新工作方式，通过以商招商、商会招商、筑巢招商和产业招商等方式，开展招商活动47次，签约项目30个，合同投资总额96.4亿元。其中，实现新开工项目15个，计划投资亿元以上项目25个。目前，阿里巴巴集团、茅台集团等招商项目落户桂平。

（七）社会事业全面发展。坚持集中财力重点保障民生，全年民生资金支出48亿元，占公共财政支出的87%。社会保障体系不断健全，城乡居民社会养老保险和基本医疗保险制度覆盖面不断扩大。城乡新增就业2.1万人。完成农村危房改造4600户，新建、续建保障性住房7122套，竣工2365套，加快3个棚户区改造项目建设。开工建设市第五中学和木乐腾飞小学，扎实推进城区7所中小学校扩建工作。全力开展精准扶贫攻坚战，实现脱贫1.89万人。全年新增和续建水利水电项目354个，已经完工258个。45个村村通水泥路项目全部竣工。完成城区“天网工程”和乡镇“天眼工程”建设，狠抓社会治安综合治理，社会公众安全感和政法队伍满意度不断提升。2015年第四季度，我市社会公众安全感和政法队伍满意度在全区排名第20位、年度排名第53位，年度排名比2014年度前进35名。

各位代表！过去的五年是桂平发展取得显著成就的五年，是全面深化改革不断推进的五年，是人民生活水平不断提高的五年。五年的改革发展，收获了丰硕成果，谱写了富民强市新篇章。五年来，我们围绕打造“三城两基地”战略目标，以开展重大项目突破工程、城市形象提升工程、旅游产业攻坚工程和城乡一体化推进工程等

“四大工程”为抓手，抢抓机遇，奋力拼搏，实现了“十二五”胜利收官。

——五年来，我们着力推进经济建设，综合实力大幅提升。坚持发展第一要务，努力提升经济实力。初步预计，2015 年与 2010 年相比，地区生产总值由 162.2 亿元增加到 285 亿元，增长 75.7%；财政收入由 8.6 亿元增加到 14.7 亿元，增长 71%；全社会固定资产投资由 115.6 亿元增加到 217.4 亿元，增长 88%；社会消费品零售总额由 62.8 亿元增加到 106.6 亿元，增长 69.7%；城镇居民人均可支配收入由 14857 元增加到 24028 元，增长 61.7%；农村居民人均纯收入由 4935 元增加到 9653 元，增长 95.6%；金融机构存款余额由 143.2 亿元增加到 305 亿元，增长 113%；金融机构贷款余额由 64.1 亿元增加到 151.3 亿元，增长 136%。

——五年来，我们着力推进项目建设，发展后劲明显增强。坚持把投资作为推动经济增长的重要动力，大力推进项目建设。“十二五”时期全社会固定资产投资累计完成 801.7 亿元，是“十一五”时期的 2.5 倍。开工建设投资亿元以上重大项目 106 个，计划投资总额 789.5 亿元，其中竣工 40 个，完成投资 141.7 亿元。特别是动态投资 358 亿元的大藤峡工程建设推进顺利，目前累计完成投资 44.3 亿元。南宁至广州高速铁路、桂平至来宾和梧州至贵港高速公路桂平段全线通车，桂平西江航运枢纽二线船闸、高铁站前广场投入使用，棉宠作业区 1 号泊位即将运营，桂平互联互通的区位优势实现历史性突破，桂平人民期盼已久的高铁梦、高速梦、大藤峡梦变成了现实，桂平进入高速铁路、高速公路和现代化港口全面发展的新时代，进一步奠定了珠江—西江经济带重要枢纽城市的地位。

——五年来，我们着力推进工业发展，工业强市成效显著。坚持实施“工业兴市”、“工业强市”战略，大力提升工业化水平。五年来，全市新建和更新改造投资 5000 万元以上的工业企业项目 25 个，完成投资 12.8 亿元，其中竣工投产 10 个。2015 年与 2010 年相比，工业总产值由 202 亿元增加到 343 亿元，增长 69.8%；工业增加值由 74 亿元增加到 126 亿元，增长 70.3%。三次产业结构由 21.7 : 49.6 : 28.7 调整为 19.9 : 52.9 : 27.2。全市形成了机械制造、建筑陶瓷、生物化工与制药、服装针织、农产品加工等特色优势产业。2015 年与 2010 年相比，全市年产值超亿元的工业企业从 56 家增加到 84 家，规模以上工业企业 105 家。五年来，累计投入 8.5 亿元完善工业园区基础设施建设，促进产城互动融合发展；园区入驻企业 114 家，投产 79 家，建成标准厂房 28.3 万平方米。预计园区工业总产值由 65 亿元增加到 175.5 亿元，工业增加值由 23.6 亿元增加到 64.6 亿元，分别增长 170% 和 174%。招商引资工作成效显著。“十二五”时期，全市成功引进项目 182 个，合同投资总额 840 亿元，其中投资亿元以上的项目 91 个。全方位加强企业的服务，解决企业报批难、融资难、用地难和招工难等问题。市财政累计投入担保基金 8000 万元，累计为 163 家企业担保贷款 48.4 亿元。

——五年来，我们着力推进城镇建设，城乡面貌焕然一新。实施积极的城镇化政策，不断提升城乡规划、建设和管理水平。五年来，累计投入 3500 多万元，完成城市总体规划等 12 个城市专项规划修编。着力拉开城市框架，市区建成区面积由 18.9 平方公里扩大到 33 平方公里。常住人口由 18.3 万增加到 35 万，城镇化率由 35.7% 提高到 44.2%。加强城乡道路建设，西山路、迎宾大道等主干道建成通车。全市新增等级以上公路 572 公里，四级以上公路总里程突破 1900 公里，全市所有行政村实现村村通水泥路。城区道路、净化、绿化、亮化、美化等基础设施日益完善，城市品位不断提升。加强城市综合治理，完善门前、工地、客运和货运“四个三包”城乡管理制度，城乡环境日益改善。桂平荣获自治区第九届城市市容环境综合整治“南珠杯”竞赛特等奖。强化土地管理工作，建立打击“双违”长效机制，全市依法拆除违章建筑面积11万平方米。深入开展“美丽桂平·清洁乡村”活动，建立健全农村保洁、垃圾清运、资金投入等长效机制。积极支持小城镇建设，统筹安排土地出让收益和城市维护建设专项经费，促进乡镇加快发展。完成了13个乡镇规划修编。社会主义新农村建设迈上新台阶，农村生产生活环境不断改善。投入7000万元完成南梧二级公路石龙至寻旺路段和南广高铁桂平路段沿线村屯风貌改造。木乐镇荣获“中国运动休闲服装名镇”称号，西山镇前进村、中沙镇上国村和南乡村分别荣获“全国生态文明村”“全国文明村”“广西特色旅游名村”“广西绿色村屯”等称号。

——五年来，我们着力推进“三农”工作，现代农业全面发展。“十二五”时期，粮食种植面积和粮食产量持续稳定。桂平连续四次荣获“全国粮食生产先进县”称号、连续九次荣获“全国生猪调出大县”称号。大力推进农业现代化，发展生态农业，农业产业化水平稳步提高，优质稻、茶叶、淮山、中药材、黄沙鳖等特色优势农业稳步发展。大力推进农产品“三品一标”创建工作，全市获得无公害产品、绿色食品、国家地理标志产品的农产品共37个。西山茶荣获“广西休闲农业十佳名品”称号。深入实施特色农业升级行动，扎实推进3个现代农业产业核心示范区建设。全市现有农民专业合作社512家、家庭农场393家、农业产业化龙头企业38家。五年来，全市完成“绿满八桂”造林绿化工程31.8万亩，森林覆盖率达到47.8%。累计投入12.3亿元进行中央财政小型农田水利重点县、高标准基本农田土地整治、农业综合开发、新增粮食产能规划、石漠化治理等项目建设，建成“三面光”灌溉渠道865.5公里，完成病险水库除险加固98座，修建防洪堤27.5公里，建成农村饮水安全工程491个、解决96.7万人的饮水困难问题，建成山洪灾害防治非工程措施项目485处。实施水库移民新村基础设施项目283个，建成261个。农村综合改革稳步实施，农村土地承包经营权确权登记颁证试点、基层水利服务体系改革和小型水利工程管理体制改革稳步推进，林权制度主体改革基本完成。开展土地整理和城乡建设用地增减挂钩工作，新增耕地398.5公顷。

——五年来，我们着力推进旅游产业，现代服务业加快发展。把旅游产业列为战略性支柱产业，大力创建广西特色旅游名县。旅游体制机制改革稳步推进。五年来，累计开工建设旅游项目9个，计划投资98亿元，其中竣工投入使用5个；累计投入1850万元完善旅游观光专线车、旅游集散中心、旅游标识等配套设施。全市新增8家农家乐、20家酒店宾馆，规划建设五星级标准酒店4家，其中在建1家。西山风景区被评为广西十佳景区，龙潭国家森林公园被评为国家AAAA级旅游区、广西生态旅游示范区，西山浴佛节被评为“广西十大旅游节庆品牌”。2015年全市旅游业收入73.6亿元，是2010年的8.7倍。大众餐饮业、物流业蓬勃发展。汽车消费大幅增长。累计外贸进出口总额4.8亿美元。大力开展电子商务进农村工作，发展新产业、创造新业态。

——五年来，我们着力加快发展社会事业，人民福祉显著提高。五年来，全市民生支出178.4亿元，占公共财政支出的81.4%。一是社会管理迈上新台阶。“平安桂平”建设取得突破性进展，应急管理体系建设得到加强。全面完成“六五”普法教育，桂平荣获全国法制宣传教育先进县“三连冠”称号。建成全区县级公安机关一流的合成作战中心，命案破案率100%。打击和整治群众关注的“两抢一盗”及“黄、赌、毒”焦点问题取得显著成效，发案数均下降50%以上，社会治安环境明显好转，社会公众安全感和政法队伍满意度不断提升。食品药品安全监督管理体制改革工作顺利完成。严格落实安全生产责任制，安全生产形势总体稳定。环保工作成效明显，空气质量年优良率均超额完成上级下达的目标任务，主要江河段面水质达标率100%，城区生活污水处理率90%以上。二是社会保障得到新加强。社会保障体系不断健全，城乡居民养老保险和基本医疗保障制度覆盖面不断扩大，基本医疗保险参保率稳定在90%以上。全市新农合参合率保持在98.8%以上，超额完成"十二五"目标。城乡居民医保待遇、企业退休人员基本养老金大幅提高。提高城乡低保和五保户分散供养标准。发放各类救灾、低保、救助金19.8亿元。累计城乡新增就业10.7万人。新建、续建各类保障性住房10377套，完成城市棚户区改造798户，农村危房改造18570户。精准扶贫攻坚工作深入开展，累计减少贫困人口14.5万人，"十二五"扶贫开发工作各项任务如期完成。提高公务员津贴补贴、事业单位职工绩效工资、财政供养聘用人员工资和村（社区）"两委"干部报酬。解决了符合条件的原民办教师、代课人员、被征地农民以及村干部等群体的养老保险问题。解决了机构改革、项目建设等方面遗留的大部分历史问题。三是社会事业得到新发展。全市科技进步明显，科技创新主体不断发展壮大，建成自治区级工程技术中心1个、自治区级标准化生产技术示范基地3个、自治区级青少年科技教育基地2个、市级研发中心10个。其中，广西金源生物化工实业有限公司成为桂平第一家国家级农业产业化龙头企业和高新技术企业，广西源安堂药业有限公司成为广西唯一拥有2个中国驰名商标的企业。各类教育全面发展，教育质量稳步提升，九年义务教育巩固率、高中阶段教育毛入学率分别保持在90%和80%以上；农村薄弱学校进一步改善，新建2所中小学和9所幼儿园，城区中小学校扩建工作扎实推进。广播电视综合覆盖率均达96%。公立医院改革顺利推进，市中医院门诊急诊综合楼投入使用、市人民医院江北新院竣工。桂平荣获"广西卫生城市"称号。新建村级公共服务中心123个，农家书屋319个，村屯篮球场125个。桂平荣获"广西特色文化产业示范县"、"广西竞技体育后备人才培养基地"称号。诚信计生工作扎实开展。桂平荣获"2015年度全区计划生育优质服务先进单位"称号。全民健身广泛开展，竞技体育取得新成绩。军政军民关系融洽，荣获全国双拥模范城"五连冠"和广西双拥模范城"七连冠"，民兵预备役和国防后备力量建设取得新进步。妥善处置"3·11"水上重大交通事故，科学应对"8·19"特大山洪自然灾害。审计、统计、食品药品安全、质监、编制、接待、税务、供销、二轻、农机、通信、气象、海事、科协、档案、地震、民族宗教、对台、地方志、妇女儿童、外事侨务、人民防空、老龄、残疾人事业等社会事业均实现新的发展。金融、烟草、电信、邮政、石油、电力、盐业、水文、航运枢纽等中区贵港直驻浔单位均取得新的成绩。

——五年来，我们着力推进全面改革，行政效能明显提高。在推进经济社会发展的同时，我们高度重视政府自身建设，认真贯彻落实中央八项规定，深入开展党的群众路线教育实践活动和"三严三实"专题教育，集中解决了一批群众反映强烈的"四风"问题，建立健全了一批规章制度，有力地提升了行政效能。坚持推进法治政府、服务型政府建设，建立健全政府法律顾问制度。全面推进政府机构改革、事业单位分类改革和不动产统一登记相关工作，乡镇"四所合一"试点工作顺利结束。稳步推进政府部门权力清单制度工作。认真抓好行政审批改革工作，全市共有行政许可项目301项，取消（减少）行政许可项目57项，取消非行政许可审批项目327项。"先照后证""三证合一、一照一码"等商事制度改革成效显著。主动接受人大法律监督、政协民主监督、新闻舆论监督和社会公众监督。人大代表议案、建议和政协提案办结率均达100%。政务服务、政务公开和政府信息公开成效显著。乡镇政务服务中心建设实现全覆盖。全面停止新建楼堂馆所，查访整治干部“走读”“吃空饷”现象，规范办公用房、公务接待管理和公车管理。严格管理和规范“三公”经费支出，严格落实行政监察、审计监督和“一岗双责”廉政建设责任制，严肃查处各类违纪违法案件，惩治和预防腐败体系不断健全。

各位代表！过去五年，我们在实践中积累了十分宝贵的经验。实践告诉我们，桂平要实现科学发展、跨越发展，一是必须坚持解放思想，注重在把握形势中抢抓机遇，在破解难题中加快发展；二是必须坚持发展的主攻方向，大力推进新型工业化、新型城镇化、旅游产业化和农业现代化，促进经济社会全面发展；三是必须坚持投资拉动，突出抓好关系全市长远发展的重大项目建设，使投资成为推动经济快速增长的有效手段；四是必须坚持优化环境，注重打基础，狠抓软环境建设，提升城市竞争优势；五是必须坚持以人为本，大力保障和改善民生，使人民群众在改革发展中得到更多实惠；六是必须坚持营造凝心聚力的发展氛围，坚持群策群力不动摇，充分调动一切积极因素，形成上下联动、齐抓共管的合力。

在肯定成绩的同时，我们必须清醒地看到，我市经济社会发展中不平衡、不协调问题依然比较突出，主要表现在：后发展、欠发达的基本市情还没有根本改变，经济总量不大，人均水平低；产业发展缓慢，工业仍处于初级发展阶段，城市的集聚力和辐射力不强，现代服务业发展滞后，旅游资源优势还没有转化为发展优势；经济内生力不足，科技创新能力较弱，体制机制不活；社会发展欠账多，公共服务水平较低，保障和改善民生还存在不少薄弱环节；政府行政效能有待提高，公务员队伍素质能力有待提升，等等。我们一定要高度重视这些问题，坚持以改革创新的精神努力加以解决。

二、“十三五”时期的主要目标和任务

“十三五”时期，是全面建成小康社会的决胜时期，也是我市争先进位、跨越发展的攻坚时期。根据市委关于国民经济和社会发展第十三个五年规划的建议，市人民政府制定了《桂平市国民经济和社会发展第十三个五年规划纲要（草案）》，提交大会审议。

《纲要（草案）》明确，“十三五”时期我市经济社会发展的总体要求是：高举中国特色社会主义伟大旗帜，以邓小平理论、“三个代表”重要思想和科学发展观为指导，深入贯彻习近平总书记系列重要讲话精神，以“四个全面”战略布局为统领，深入贯彻创新、协调、绿色、开放、共享发展新理念，坚持发展第一要务，以提高发展质量和效益为中心，以建设珠江—西江经济带重要枢纽城市为目标，主动适应和引领经济发展新常态，大力实施“东进融合”战略，着力聚焦产业攻坚，着力实现城市跨越，着力提升交通枢纽地位，加快建设富饶美丽幸福家园，加快构筑体制机制新优势，加快统筹推进“五位一体”建设步伐，坚决完成脱贫攻坚任务，努力开创桂平经济社会发展新局面，奋力实现全面建成小康社会的宏伟目标。

《纲要（草案）》提出“十三五”时期经济社会发展的主要目标是：全市地区生产总值年均增长10.5%，财政收入年均增长15.8%，全社会固定资产投资年均增长25%，社会消费品零售总额年均增长11%，三次产业结构调整为15∶54∶31，常住人口城镇化率达到60%，城乡居民收入年均分别增长11%和14%，城镇登记失业率控制在4.3%以内，城乡居民均等化公共服务体系基本建立，单位地区生产总值能耗和二氧化碳排放呈现下降趋势，主要污染物排放总量得到有效控制。

根据以上要求，综合研判我市经济社会发展的趋势和条件，“十三五”时期的目标任务是：

（一）经济综合实力实现新跨越。在发展质量和效益显著提升的基础上，国民经济实现中高速发展。到2020年，地区生产总值达到470亿元，年均增长10.5%，人均地区生产总值达到30646元；公共财政收入达到30亿元，年均增长15.8%；科技创新对经济发展的贡献率不断提高，产业结构明显优化。

（二）珠江—西江经济带重要枢纽城市框架基本形成。基础设施支撑能力显著提升，城市综合功能特别是要素集聚和经济辐射功能明显增强，城市建成区面积扩大17平方公里，到2020年达到50平方公里以上；城乡结构进一步优化，城镇化水平达到60%。

（三）美丽桂平建设取得显著成效。深入推进清洁乡村、生态乡村、宜居乡村、幸福乡村建设，城乡生态环境明显改善，人居环境质量显著提升。森林覆盖率达到48.3%，单位地区生产总值能耗和二氧化碳排放达到国家要求，主要污染物排放得到有效控制，可持续发展能力不断增强。

（四）改革开放取得重大突破。持续推进全面深化改革，社会主义市场经济体制进一步完善。重点领域和关键环节改革实现重大突破，政府行政效率和服务水平进一步提升，企业发展环境明显改善，全社会创业活力进一步激发，承接产业转移取得积极进展，全方位、多层次、宽领域的对外对内开放格局进一步形成。

（五）人民生活水平和质量显著提高。就业稳步增长，城镇居民人均可支配收入和农村居民人均纯收入实现翻一番，现行标准下贫困人口实现脱贫，中等收入群体持续扩大，覆盖城乡的社会保障体系基本健全，城乡居民居住条件进一步改善，教育、医疗、文化等基本公共服务实现均等化，社会更加和谐稳定，人民生活更加幸福。

实现上述目标任务，必须突出城市转型提质，把城市建设作为引领经济社会跨越式发展、提升区域竞争力、统筹城乡发展的龙头工程来抓。做大城市、完善功能、美化环境，增强城市综合竞争力、集聚力和辐射力，加快建成珠江—西江经济带重要枢纽城市；统筹推进新型城镇化，加快小城镇发展，打造中心镇，辐射带动一般镇和广大农村地区，构建新型城乡体系。必须突出工业做大做强，坚持工业兴市、工业强市战略，把建设大园区、培育大产业作为推进我市加快发展、转型发展的首要战略举措。大力改善投资环境，进一步夯实园区基础设施，增强园区要素保障能力，加大招商引资力度，引进一批发展前景好、税收贡献大、带动能力强的强优企业，着力培育壮大一批中小企业，加速向广西重要的装备制造、生物产业、纺织服装、新型建材基地转变。必须突出大文化大旅游，把大文化大旅游建设作为提升城市“软实力”和影响力的重要举措。深度挖掘我市文化的独特内涵和价值，大力整合旅游资源，积极打造历史与宗教文化旅游品牌，以文化力促经济力，加快把文化旅游优势转化为竞争优势，努力将桂平建设成为广西一流、粤港澳及东南亚知名的观光、休闲、度假、养生和历史文化体验的新兴旅游目的地，建设成为国家历史文化山水旅游名城。必须突出大开放大合作，把深化开放合作作为加快发展、转型发展的主导动力和强大“引擎”。大力实施“东进融合”战略，积极参与区域分工，加快基础设施对接融合，加大产业承接力度，以大开放大融合大合作推动大发展。必须突出大民生大和谐，更加注重解决民生问题，更加注重发展社会事业，更加注重社会公平正义，更加注重维护公共安全，促进改革发展稳定相协调，不断增进人民福祉。

三、2016年的主要目标和重点工作

今年是实施“十三五”规划的开局之年，做好今年的工作，对于我们在新的起点上实现发展新跨越具有十分重要的意义。今年的总体要求是：根据中央、自治区和贵港市关于“十三五”规划以及经济工作会议的决策部署，坚持稳中求进的

总基调，坚持以提高经济发展质量和效益为中心，围绕自治区实施创新驱动、开放带动、双核驱动、绿色发展“四大战略”决策和贵港市打造西江流域核心港口城市的部署，积极建设资源节约型、环境友好型社会，大力推进新型工业化、新型城镇化、旅游产业化和农业现代化，促进产城融合、城乡融合发展，深入实施“四大工程”三年行动攻坚计划，攻坚克难，奋发有为，努力实现“十三五”开好局、起好步。

今年我市经济社会发展的主要预期目标是：

——地区生产总值增长 9%；

——农林牧渔业总产值增长 7%；

——财政收入增长 12.2%；

——全社会固定资产投资增长 20%；

——规模以上工业总产值增长 10%；

——规模以上工业增加值增长 8%；

——社会消费品零售总额增长 15%；

——城镇居民人均可支配收入增长 11%；

——农村居民人均纯收入增长 12%；

——城镇登记失业率控制在 4.3% 以内；

——单位地区生产总值能耗和二氧化碳排放量控制在上级下达的指标之内，全面完成上级下达的节能减排任务。

实现上述目标，必须突出抓好以下重点工作：

（一）坚持深入实施重大项目突破工程，确保项目建设取得新进展。一是着力推进重大项目建设，增强发展后劲。突出抓好“四个一批”重大项目规划建设。开工一批：开工建设荔浦至玉林和贵港至隆安高速公路、大藤峡大桥等 13 个重大项目；续建一批：续建大藤峡、乳泉液酒业技改搬迁等 6 个重大项目；竣工一批：竣工郁江二桥、南木镇 4 个大藤峡移民安置区和移民大道等 9 个重大项目；谋划一批：谋划建设江北体育中心、黔江二桥、浔江大桥等 7 个重大项目，确保全年完成全社会固定资产投资 280 亿元。扎实做好蒙山至金田、泗灵至高峰和蒙圩至兴业二级公路等交通基础设施项目前期工作，确保早日开工建设。

二是着力推进园区实现大发展，加快工业转型升级。抓好工业园区规划调整，完成长安工业区三期规划、龙门工业区总体规划修编和龙门工业区万亩高新科技产业园规划编制工作，拓展园区发展空间。力争引进 5—10 家高新科技企业进驻高新科技产业园。抓好园区基础设施建设，竣工长安工业区污水处理厂，开工建设龙门污水处理厂、长安工业区、龙门工业区一批道路，抓好园区环卫、绿化、亮化、美化等工作。开工建设长安消防站，加快推进产城融合互动发展。全面完成园区管理体制改革工作，激发园区发展活力。按照“一企一案”的要求，做好园区闲置土地和低效利用土地的清理工作，清理回收土地 2000 亩以上。加快启用棉宠作业区和综合物流园。完成园区土地收储 3000 亩以上。服务好园区现有企业，建立服务工业企业联席会议制度和领导联系重点企业制度，帮助企业排忧解难。建立企业建档立卡制度，引导非公有制企业健康发展、创新发展，促进企业做强做优。推行项目前期工作并联审批和审批绿色通道机制。进一步完善招商引资工作管理机制，不断完善招商引资优惠政策，优化园区项目准入机制，建立健全项目退园机制，促进园区项目由招商引资向招商“选”资转变。着力抓好招商引资工作，以战略性新兴产业为重点，优先引进化工、电子、农产品深加工、新能源汽车、生物制药等产业和相关配套产业。力争全年引进项目 20 个以上，其中投资亿元以上的项目 10 个以上，实现新开工项目 10 个以上。

三是坚持深入推进脱贫攻坚工作，确保精准扶贫实现新跨越。建立定向、精准、高效的扶贫机制，做到对贫困人口实行精准化管理、对扶贫资源进行精准化配置、对贫困农户实行精准化扶持。完善财政投入机制、干部驻村帮扶机制、扶贫激励机制、扶贫考核机制等制度，加快构建部门配合、全员参与、合力攻坚的大扶贫格局，确保桂平实现五年脱贫的目标。进一步深化领导联系帮扶、机关单位对口帮扶、干部驻村结对帮扶等制度，确保贫困村、贫困户结对帮扶全覆盖。实施“五年攻坚战、共圆小康梦”六大行动战略，确保基础设施扶贫工程、产业扶贫工程、教育扶贫工程、示范点整村推进工程、特困村和特困户帮扶工程、贫困户留守儿童和妇女、老人关爱工程等取得良好的效果，确保全年减少贫困人口 4.4 万人。整合各部门资源和力量，加大财政投入，大力推进 151 个贫困村屯级道路硬化建设。强化脱贫攻坚责任落实，实行脱贫攻坚工程“一把手”负责制，严格贯彻执行自治区贫困县党政班子和领导干部经济社会发展实绩考核办法，每年进行量化考核，确保加快脱贫步伐。

（二）坚持深入实施城市形象提升工程，确保城市品位实现新提升。一是完善城市规划修编，体现智慧城市、海绵城市的特点。结合大藤峡项目建设，充分利用现有水系资源，实施水系连通工程，完成旧城区控规评审工作，重新完善江北新区总体规划。做好南北一级大道、江北汽车客运中心、长安汽车客运中心等项目的规划。

二是抓好城建项目建设。加快构建“三江六岸”路网，重点抓好城建项目“1234567”工程，即加快推进 1 条环城大道、2 个客运中心、3 个堤路园、4 个新区、5 座大桥、6 条城市道路、7 个民生项目的规划建设。开工建设黔江大桥至白兰、江北新区、沙岗路至大关码头等路段堤路园项目，开工建设东西环城一级大道、沙岗大桥、长安大道等交通项目，开工建设长安园区小学、福新小学、市妇幼保健院长安新院等民生项目，加快推进浔州南路、龙潭大道、金田大道等项目，竣工旧城区堤路园一期工程、禄棠西路、兴桂路等项目，加快规划建设长安新区、郁江新区、高铁新区和江北新区，继续服务好市区在建的 41 幢高楼的建设工作，提高城市品位。

三是完善市政基础设施。积极推广 PPP 模式，加快基础设施、公用事业等领域建设。新建一批城乡公共厕所，规划一批城区小公园和公共停车场。开工建设官冲口生活污水处理厂，加快江北新区生活污水处理厂、江南自来水厂前期工作。启动西山生态文化公园建设，加强中山公园、滨江公园、凤凰公园的整治和管理，搞好亮化、绿化、美化，还园于民。

四是加强城乡环境综合整治。实施市容市貌提升工程，启动中心城区旧街立面改造和道路景观改造，增加特色旅游城市的元素。加快推进城市地下综合管廊、排涝排污等建设。推进智慧城市建设，促进城市管理即时化、精细化、高效化。深入实施“四个三包”制度，大力推进城乡环境综合治理。成立打击“双违”的专职机构和组建专职力量，建立健全严打“双违”的长效机制。

五是深入推进“美丽乡村”规划建设。继续增加财政投入，力争 100% 的村庄垃圾实现有效处理，建成一批自治区级绿化示范村屯。实施农村垃圾治理两年攻坚行动，新建 2 个中心城区垃圾中转站，完善 21 个乡镇垃圾中转站运行机制。推广生态养殖等清洁生产技术，加强农业面源和养殖业污染治理。积极推进大气污染联防联控，加强机动车尾气排放检测和环保标志管理制度，完善重污染天气监测预警体系和应急预案。落实最严格水资源管理制度，加强饮用水水源地环境保护和流域水环境综合整治。

（三）坚持深入实施旅游产业攻坚工程，引领服务业实现新发展。一是攻坚旅游策划规划。完成《大藤峡旅游区总体规划》和《大藤峡旅游区开发策划》编制工作，利用岑云端女士将毛泽东主席手书“大藤峡”等文物捐赠给桂平为契机，策划大藤峡工程竣工蓄水前的“峡谷原貌景观告别游”线路，增创旅游新亮点。

二是攻坚景区景点开发建设。加快西山、大

藤峡、白石山、龙潭国家森林公园等景区景点建设，西山创建AAAAA级景区工作全面提速。开工建设浔州文化旅游项目，竣工西山巨赞广场、金田起义博物馆等项目。

三是攻坚旅游基础设施建设。新建金田起义景区道路、社步至白石山景区公路等项目，全面拓展各景区的互通性。建成龙潭汽车旅游营地、高铁桂平站旅游集散中心等配套设施。

四是攻坚提升旅游接待能力。加快推进4家五星级标准酒店建设，推动功德山庄提档升级，竣工畅禅山庄、太平天国运动文化旅游特色一条街等项目，打造《金田风云》主题旅游舞台剧。

五是攻坚旅游宣传推介。开展全方位、立体化宣传营销，在南广高铁动车组和广西段沿线火车站播放旅游宣传片，与广东、南宁、桂林、北海等重要旅游省市建立客源共享机制。推进区域合作，打造“一圈一带”大型旅游经济区，努力把桂平打造成为广西一流、粤港澳及东南亚知名的观光、休闲、度假、养生和历史文化体验的新兴旅游目的地。

六是攻坚创建广西特色旅游名县工作。加快一批旅游名镇、名村建设步伐，大力实施乡村旅游富民工程，拓宽农民增收渠道。确保今年创建广西特色旅游名县通过评审验收。积极做好国家历史文化名城申报工作。

七是攻坚旅游体制机制改革。深化旅游体制机制改革，通过景区所有权、经营权和管理权分离的方式，对全市国有旅游资源进行整合。加强和壮大西山风景区管理处的力量。成立广西旅游发展集团桂平投资有限公司，加快旅游产业整合、策划、融资、建设和经营。积极探索经营与管理分开、政企分开的模式，通过市场化运作方式进行合作，推动广西旅游发展集团合作开发西山等旅游资源，不断完善旅游基础设施建设。

八是攻坚旅游产业与其他产业的融合发展。围绕消费结构升级，推动生活性服务业向精细化和高品质提升，重点推进信息、住房、养老健康等领域消费，推进“百店大促销”、“广西特产行销全国”活动。继续实施加工贸易倍增计划，开展电子商务进农村综合示范工程建设，加快发展电子商务、第三方物流等现代流通产业，争创全国农村现代物流示范县。

（四）坚持深入实施城乡一体化工程，实现新型城乡关系新突破。一是着力推进人居环境一体化。积极支持小城镇建设，继续推进17个小城镇项目，强化乡镇的道路、水利、排污、生活垃圾处理等基础设施建设。深入推进“生态桂平”建设，持续抓好过境公路沿线圩镇风貌提升工程。加快推进城乡快速通道建设，重点抓好寻旺乡、南木镇、石咀镇、蒙圩镇、社步镇等乡镇道路交通建设，打造以中心城区为中心、以10公里为半径的城区中心片区“半小时交通圈”，促进城乡协调发展。

二是着力推进产业发展一体化。以特色产业为支撑，打造东南西北四个经济片区。加快推进农村饮水安全工程、病险水库除险加固等270个水利项目建设，不断改善农村生活生产条件。深入实施特色农业提升行动，每个乡镇新增1个以上规模特色农业产业示范基地，培育“一村一品”、“一乡一业”。加快推进现代特色农业示范区建设，力争建成自治区级示范区2个、县级示范区5个和乡镇级示范区10个。积极推动以土地承包经营权入股的形式组建土地股份合作社，鼓励家庭农场加入或牵头组建农民合作社，培育3家市级以上农业产业化重点龙头企业、20家以上农民专业合作社示范社和家庭农场。继续推进农村承包土地经营权确权登记颁证工作。深入开展“绿满八桂”行动，全面停止国有林场天然林商业性采伐，完成植树造林3万亩。推动农村一二三产业交叉融合，发展农产品加工、仓储物流等市场化服务，促进农业与旅游、健康养老等深度融合，培育农村电商、农产品定制等“互联

网 +”新业态。与阿里巴巴集团和深圳和众传媒公司合作，在2年内建成500个农村淘宝服务站。

三是着力推进公共服务均等化。以城区为中心，建设木乐、麻垌、石龙、金田4个中心镇，把中心镇打造成区域经济发展的增长极、统筹城乡发展的桥梁和纽带。完善基础设施，科学布局学校、医院、商业网点等公共服务设施，增强中心镇农村公共服务保障能力，辐射和带动其他乡镇，全面提升城乡居民公共服务覆盖面。千方百计扩大就业，不断完善社会保障体系，优先发展教育事业，大力繁荣文化体育事业。加快户籍制度改革和居住证制度双落地，让农民工尽快享受基本均等的公共服务，加快推进农民工市民化。

（五）坚持抓好社会各项事业，确保民生改善得到新加强。一是加强和创新社会管理。全面推进法治桂平、“平安桂平”建设。进一步提升社会公众安全感和政法队伍满意度，深入推进立体化社会治安防控体系和法律服务公共体系建设，依法防范和惩治违法犯罪活动，创造平安和谐的社会环境。深入开展社会治安综合治理和矛盾纠纷排查化解工作，完善灾害、事故预防预警和应急处置体系。切实加强道路交通安全、消防安全、安全生产、食品药品安全、环境安全以及应急管理等工作。

二是加强就业和社会保障。深入推进城乡居民收入倍增计划，深化机关事业单位工资和津贴补贴制度改革。落实就业再就业各项扶持政策，支持大众创业、万众创新。完善社会救助体系，不断扩大社会保障覆盖面。加快社会福利和养老服务业发展。抓好各类保障性住房建设，重点实施糖厂生活区棚户区、铺岭棚户区、旧城区堤路园棚户区改造等项目。

三是加快发展各项社会事业。坚持实施10项为民办实事工程。加大教育投入，加快推进一批中小学校扩建或新建工作，尽快落实市一中、市实验中学、市一职、思灵小学等学校的扩建用地，新建凤凰小学（原糖厂小学）、光明小学等4所小学和5所乡镇中心幼儿园。抓好文化共享工程、村级组织公共服务中心等农村文化基础设施建设。大力开展群众性体育活动。继续推进公立医院综合改革，提高基本公共卫生服务质量和水平。尽快启动使用市人民医院江北新院，开工建设市妇幼保健院长安新院。全面实施二孩政策。继续提高村干部报酬、养老补贴和村级组织办公经费标准。强化组织领导和财力投入，加快解决历史遗留的三产用地及回建地交付使用问题。严格实施污染物排放总量控制。开展第三次全国农业普查工作。加强妇女、儿童、老年人、残疾人工作，支持工会、共青团、科协等人民团体独立自主开展工作。扎实推进民兵预备役和国防后备力量建设，做好双拥工作，巩固军政军民团结。加强广电、统计、审计、质监、民族宗教、侨务、对台、地震、气象、人防、地方志、金融等工作，促进各项社会事业全面协调发展。

（六）坚持抓好政府自身建设，确保行政效能实现新提高。一是深入推进全面深化改革。加快推进政府职能转变和机构改革，在今年7月底前全面依法公布权力清单和责任清单。积极推进“网络问政”建设，拓宽民意渠道。完善行政审批事项目录管理，加强事中事后监管和服务工作。深化“一个窗口”受理、“一站式”审批，推进串联改并联审批。搬迁市政务服务中心。深化预算管理制度改革，严格预算支出管理。积极推进预算公开。加强结余结转资金管理，盘活存量资金，严格控制一般性支出。全面推进小型水利工程管理体制改革工作。

二是坚持务实高效行政。把转作风、抓落实、提效能作为政府工作的生命线，大力弘扬雷厉风行、真抓实干的优良作风，提高政府执行力，狠抓各项工作落实。建立健全科学的绩效考评机制，加强重点工作、重大项目的督查督办，推行任务量化、限时办结、督查考核等制度。建立重大工作监督和通报平台，紧抓不落实的事，严查不落实的人，大力整治行政不作为、乱作为、慢作为等问题。

三是坚持依法廉洁行政。自觉接受人大法律监督、政协民主监督、新闻舆论监督和社会公众监督，加强行政监察和审计监督。增强全民法治观念，推进法治社会建设。认真做好市、乡换届工作。强化“两个责任”落实，切实加强党风廉政建设，从严从实建设为民、务实、廉洁、高效的政府。

各位代表！新起点赋予新使命，新征程必须新作为。让我们紧密团结在以习近平同志为总书记的党中央周围，在上级党委、政府和市委的正确领导下，以铁一般信仰、铁一般信念、铁一般纪律、铁一般担当精神，为全面建成小康社会和美丽桂平而努力奋斗！

中国人民政治协商会议　第九届桂平市委员会　常务委员会工作报告

——在政协第九届桂平市委员会第六次会议上的报告

（2016年1月19日）

政协主席　吴　燕

各位委员、同志们：

我代表政协第九届桂平市委员会常务委员会，向大会报告工作，请予审议。

一、2015年工作回顾

2015年以来，在中共桂平市委的正确领导下，市政协常委会高举中国特色社会主义伟大旗帜，坚持以邓小平理论、“三个代表”重要思想、科学发展观为指导，牢牢把握团结民主两大主题，围绕中心、服务大局，认真履行政治协商、民主监督、参政议政职能，在推动改革发展上主动作为，在促进社会和谐上凝心聚力，在推进协商民主上积极实践，为我市经济社会平稳健康发展做出了积极贡献。

（一）围绕中心、服务大局，致力提高协商民主水平。常委会紧紧抓住事关全市改革发展的重大课题，认真实施2015年度协商工作计划，充分发挥协商民主的作用，为实施“四大工程”三年攻坚行动计划，打造全市经济社会发展升级版共谋发展之策，同建发展之言。

集中协商议发展。市政协建立以全体会议为龙头，专题议政性常委会议和专题协商会为重点，对口协商、界别协商、提案办理协商为常态的协商议政新格局，增加了协商密度、提升了协商高度，拓宽了协商广度。先后围绕“专题议政性常委会议协商、专题协商会议协商、对口协商会协商、界别协商会协商、提案办理协商”等五方面召开了10次协商会议，100多名各界委员参与协商，形成了“依法打击双违建筑保护耕地”、“加快培育壮大特色农业产业”、“把握西江经济带建设机遇加快经济发展”等协商专题报告10篇，提出了一批意见、建议，为市委、市政府民主科学决策提供参考，获市委杨书记批示，取得了良好的效果。

重点协商促发展。市政协九届五次会议以来，按照“党政点题、政协调研、政府采纳、部门落实”的方式，重点选择了“关于加快培育壮大特色农业产业的调研、桂平市教育基础设施项目建设情况的调研、西江经济带—桂平历史文化的调研”的3个课题开展专题调研，在深入调研基础上，提交常委会协商，做到提建议与献良策同步，形成了《桂平市教育基础设施项目建设情况的调研报告》《关于西江经济带—桂平历史文化（古商埠、旧档铺、古建筑）的调研报告》《关于加快培育壮大特色农业产业的调研报告》，报送市委、市政府，产生了积极的社会影响。

（二）立足全局、突出重点，着力增强民主监督实效。常委会积极探索履职的有效形式，对市委、市人民政府的重大决策、重要部署落实情况以及群众关注的热点难点问题，主动开展民主监督，不断提高监督实效。

深化提案监督。充分发挥提案在民主监督中的重要作用，采取编发提案选题参考、严把审查立案关、推进提案办理协商、强化重点提案督办等措施，切实提高提案质量。市政协九届五次会议以来，收到委员提案77件，立案77件，立案率100%。市委、市政府高度重视提案办理工作，在4月专门召开提案交办会，将77件提案交由市直部门和乡镇具体承办，经过各承办单位的共同努力，77件提案已全部办理完毕，办复率100%。市政协不断完善提案办理工作机制，确定6件提案作为年度重点督办提案，采取主席会议成员督办重点提案方式，加大提案办理力度，着力解决了一批实际问题，为促进全市经济社会发展发挥了积极作用。

拓展视察监督。积极开展视察这个履行民主监督职能的有效方式，主动加强与市直部门联系，通过开展联合调研视察的形式，对2015年新农合运行情况进行集中视察。视察组先后深入黎明医院、市中医院等，实地察看了医院医疗保障设施，听取市人民医院、东南西北区中心卫生院的工作汇报，深入开展了座谈讨论，了解医疗服务行为、新农合制度执行情况，在此基础上形成了《关于2015年市新农合运行情况的视察报告》，提出了简化村级新农合报销手续等意见和建议，为全市新农合工作鼓与呼，有效促进了相关部门的工作。

（三）聚焦发展、关注改革，努力提升参政议政正能量。常委会立足于解决党政所思、部门所虑、群众所盼、政协所能的问题入手，认真研究、精心选题、深入调研、建言献策，真正做到了参政参到关键处，议政议到点子上。

建言特色旅游。为探索创建特色旅游名县的新路子，市政协组织对市域旅游资源进行了调研，在集思广益的基础上，提出“下大力气提升交通基础，加强与周边旅游市场的衔接，优化旅游的制度体系结构”等建议，得到有关部门充分肯定，并采纳了政协的意见和建议。

建言依法治市。为更好地推动依法治市，促进平安桂平、和谐桂平建设。市政协调研组先后赴蒙圩镇、市二中实地调研，通过召开座谈会，围绕依法行政、普法宣传教育、社会综治管理等进行协商，在充分协商的基础上，提出“健全法律服务体系、健全依法维权和化解矛盾机制”一系列建议，许多意见和建议得到了有关部门的重视和采纳。

（四）搭建平台，凝心聚力，倾力助推和谐社会建设。常委会紧扣团结和民主两大主题，坚持履职为民，深入实施“委员行动工程”，积极做好凝心聚力的工作，为全市经济社会发展凝心聚力。

深化行动工程。充分发挥政协联系广泛、渠道畅通的优势，鼓励和动员委员投入“委员行动工程”，主动联项目助企业促发展，为促进全市经济社会发展凝聚了智慧和力量。全年为项目、企业解决用地、用电、用工、贷款补贴、办证审批等困难和问题22个，帮助企业制定完善发展规划5项，协助企业建立健全管理制度11项，协调理顺企业与企业、企业与单位之间的矛盾5件，协调企业解决用工500多人次。致力关注民生。积极发挥市政协捐资助学协会的作用，引导广大政协委员大力弘扬中华民族“乐善好施、扶贫济困”传统美德，开展捐资助学，扶贫济困，奉献爱心。全年投入20.75万元，慰问249名困难家庭的大中小学生；投入3.6万元，慰问乡镇敬老院6个，慰问困难群众37人；投入1.395万元慰问农村村支部2个、老党员和生活困难党员31人；投入5000元，慰问参加过抗日战争的老同志10人；投入5.4万元支持8个乡镇开展精准扶贫工作。协助贵港市政协开展扶贫助残活动，救助40名家庭特别贫困和残疾人员。周立平委员带头捐资50多万元，带动其他经济能人共捐100多万元支持木乐镇教育事业发展。陈应伟委员捐资7.7万元，支持社步镇、垌心乡教育事业发展。

（五）改进作风、求真务实，奋力夯实政协工作基础。常委会把加强自身建设作为提高履职能力的基础性工作来抓，加强自身建设，强化作风建设，政协工作水平进一步提升。

加强理论学习。坚持联系实际、学以致用的原则，以政协机关为阵地，通过参加专题培训、辅导讲座、在线学习等形式，全面加强理论学习，通过邀请自治区政协常委、教科文卫体委员会主任于瑮教授作学习十八届四中全会精神专题讲座，有效提升了政协委员和政协工作者的法治意识和履职水平。

加强作风建设。充分发挥市政协党组在政协组织中的核心作用，深入开展了“三严三实”专题教育，坚持从严要求，强化问题导向，着力解决“不严不实”问题，市政协机关思想建设、组织建设和作风建设得到进一步加强。

加强队伍建设。主席会议加强了对专委会的领导，以开展“转作风、强责任、优服务、促规范”活动为载体，推进专委会作风效能建设，提高了专委会工作效率。加强对乡镇政协联络组指导，乡镇政协联络组的桥梁作用和委员的主体作用得到进一步发挥。

一年来，市政协紧贴发展一线、在项目一线担当尽责。按照市委、市政府的整体部署，市政协主席会议成员积极协调旧城区堤路园、大龙城市广场、印尼城等重点项目建设，在联项目助企业、帮扶贫困村等工作中尽职尽力。市政协机关抽调7名干部开展挂点下乡活动，参与土地承包确权、生态乡村督查、精准扶贫入户评估、年度绩效考评等工作，较好地完成了市委、市政府部署的工作任务。

一年来，市政协工作亮点纷呈，创造出鲜活的经验。如市政协报刊宣传工作，被自治区政协评为“全区政协报刊宣传工作先进单位（特等奖）”，在全区政协报刊宣传工作会上，我市政协作了经验介绍。如实施委员行动工程，全区政协工作经验交流会上，我市政协作为全区8个发言单位唯一一个县级政协作了经验介绍，为市政协工作创新打下了基础、积累了经验。

各位委员！常委会一年来取得的成绩，是中共桂平市委正确领导，市人大、市政府大力支持和社会各界密切配合的结果，是广大政协委员、政协各参加单位和全市政协组织共同努力的结果。在此，我谨代表市政协常委会向所有关心、支持政协工作，为桂平政协事业发展做出贡献的同志们、朋友们表示衷心的感谢！

回顾过去一年的工作，我们还存在一些不足，如协商机制还不够健全，协商形式还不够丰富，专委会作用发挥还不够充分，委员管理还不够规范等等，需要我们认真研究，在今后的工作中切实加以改进。

二、2016年工作设想

今年是实施“十三五”规划的开局之年，是全面建成小康社会决胜阶段的开局之年，也是推进结构性改革的攻坚之年。新的一年，全市政协工作的指导思想是：全面贯彻落实中共十八大、十八届三中、四中、五中全会和习近平总书记系列重要讲话精神，牢牢把握团结、民主两大主题，紧扣我市“十三五”规划的制订实施和脱贫攻坚，认真履行政协职能，主动认识新常态、适应新常态、引领新常态，聚焦“四大工程”三年攻坚行动计划，更好地协调关系、汇聚力量、建言献策、服务大局，为开创我市开放发展新局面贡献智慧和力量。

（一）以服务发展为首要任务，助推改革发展。贯彻落实“懂政协、会协商、善议政”的重要思想，积极适应新常态，围绕市委十三届十六次全会的重大部署和工作重点，顺势而谋，因势而动，助推改革发展。

紧扣改革建言。以创新发展的新理念、新思路，有针对性地协商建言、参政议政，以实际行动助推改革发展。以实施“脱贫攻坚”为主题，开展“开展教育扶贫、助推脱贫攻坚”议政性常委会协商。以探索发展农村电子商务为重点，开展“加快我市农村电子商务发展”专题协商。聚焦“生态乡村”建设，开展“发展乡村旅游，促进生态乡村建设”对口协商会协商。立足于挖掘和助推传统文化发展，开展“促进我市武术传统体育发展”界别协商会协商。根据市政协九届六次会议提案审查情况确定协商议题，市政协主席、副主席开展5次重点提案督办协商。

突出重点献策。探索上下联动、左右联合调研方式，开展多层次、多形式、多领域的调研视察活动。围绕城市建设管理，开展“关于加强城市建设管理工作的调查”，为加快城市建设献计献策。就事关全局和人民群众关心的热点难点问题，开展“关于打通城区断头路和顺畅交通网络问题的调查”，为民生问题建言献策。开展“关于生态乡村长效机制的问题进行视察”，为全市生态乡村建设提供智力支持。

联系项目出力。坚持把服务“四大工程”三年攻坚行动计划、推进重点项目建设作为重点工作，按照市委统一部署，在推进联系重点项目和重点工作任务上，认真履职，积极协调，献睿智之策，尽助推之力。引导委员认真履行社会责任，围绕助力经济发展、招商引资等工作，积极参与“委员行动工程”活动，助推地方经济社会发展。

（二）以改善民生为根本要求，履行为民之责。践行“协商于民、协商为民”的基本要求，以人民群众利益为重、以人民群众期盼为念，多做解民忧、纾民怨、暖民心的实事好事。

倾情惠民生。围绕市委、市政府的重大民生决策、民生实事，综合运用视察、提案等方式，多献惠民之策。把助推精准扶贫、精准脱贫作为政协履职重中之重，引导委员积极参与结对帮扶，支持贫困村屯基础建设、产业开发，助推贫困村屯经济社会发展。引导政协委员开展社会公益活动，承担更多的社会责任，力所能及地开展捐资助学、扶贫济困，为群众办实事、解难事，以实际行动为政协组织增光添彩。

切实护民利。建立健全综合协调的民主监督工作体系，把民主监督的重点放在推动解决人民最关心、最直接、最现实的利益问题上。继续实施委派民主监督员工作，注重选派政治素质好、熟悉相关部门工作、敢于发表不同意见的委员担任特邀监督员、行风评议员，积极支持他们行使民主监督权利，推动改革发展成果更多、更公平地惠及市民群众。

努力畅民意。把推动民生政策的制定和落实作为履行职能的主要方向，为党委、政府体察民情，科学决策发挥“连心桥”作用。把发展社会事业、完善社会保障、创新社会管理等作为履行职能的重要领域，为党委、政府改善民生、保障民利发挥“智囊团”作用。深入基层接地气，直面群众听民意，积极做好协调关系、理顺情绪、化解矛盾的工作，为党委、政府维护社会稳定发挥“减震器”作用。

（三）以和谐建设为奋斗目标，推进团结民主。弘扬团结民主两大主题，充分发挥政协联系面广、包容性强的优势，聚合发展之力，激发人和之气，成就奋发之势。

团结联合，凝心聚力。加强与民主党派、工商联、无党派人士的团结合作，促进各阶层关系的和谐，营造和衷共济、共谋发展的良好局面。积极组织民主党派、工商联和无党派界别委员参加政协的各项活动，进一步畅通参政议政、建言献策渠道。

交流联络，多方参与。以乡情、亲情、友情为纽带，广泛开展联络联谊，在更广的范围、更高的层次宣传桂平。努力提高政协工作的社会开放度和社会参与度，创造条件让委员和群众更多地参与政协活动。尝试开放式、社会化的人民政协理论研究。

（四）以自身建设为价值追求，提升履职能力。深入学习贯彻十八届五中全会精神和习近平总书记系列重要讲话精神，全面加强自身建设，不断提高政治把握能力、调查研究能力、联系群众能力和合作共事能力。

加强队伍建设。加强委员学习培训，健全委员培训考核、激励机制，促进委员提高素质、有效履职。有计划、有组织地举办培训班、学习会、引导和鼓励委员走基层接地气，在加强学习和丰富履职实践中增强履职能力。加强对委员的全过程管理，完善委员进退机制，做好政协换届工作。全体政协委员要把责任落实在具体行动上，把社会期望与自身责任紧密结合起来，争当责任型、有为型委员。

加强专委会建设。把履职能力建设作为重要抓手，不断增强专委会的调查研究、服务委员和组织协调能力。发挥专委会自身优势，充分调动各方面的积极性和主动性，开展调研视察、督办提案、存史资政、社情民意、对外联谊等富有成效的履职活动。完善专委会工作机制，建立专委会向常委会议报告工作、主席会议审议专委会工作计划制度。加强专委会和对口部门的联系，加强专委会对乡镇政协联络组的指导，为委员履职搭建知情平台、学习平台和联络平台。

加强机关建设。加强政协机关干部的学习、培训工作，不断优化机关干部结构、增强机关工作活力，提升机关服务水平和统筹协调能力。加强机关作风建设，严格落实八项规定，积极巩固和扩大教育实践活动成果。充分利用各类媒体，大力宣传政协委员风采和参政议政成果，努力扩大政协工作的社会影响力。

各位委员！“十三五”宏伟目标鼓舞人心，赶超跨越发展催人奋进。让我们紧密团结起来，在中共桂平市委的正确领导下，不断开拓创新，求真务实，凝聚力量，扎实工作，积极应对新常态，努力展现新作为，为助推我市改革发展，共同谱写中国梦桂平新篇章做出更大的贡献！

年度要闻

经济社会发展总体平稳。全市地区生产总值突破290亿元大关，完成295.5亿元，增长8%；规模以上工业增加值增长6.8%；财政收入14.7亿元，增长18.5%；全社会固定资产投资217.4亿元，增长31.4%。城镇居民人均可支配收入24164元，增长7.6%；农村居民人均纯收入9635元，增长9.8%。人民币存贷款余额456.21亿元，增长10.3%，外贸出口总额3279.86万美元。

中共桂平市第十三届代表大会第五次会议召开。2月4日下午，中共桂平市第十三届代表大会第五次会议在城区市委中型会议室隆重召开。

桂平市政协九届五次会议在城区召开。2月5—6日，中国人民政治协商会议第九届桂平市委员会第五次会议在城区隆重召开。

桂平市十五届人大五次会议在城区举行。2月5—7日，桂平市第十五届人民代表大会第五次会议在城区隆重举行。来自全市各行各业、各条战线的人大代表，肩负全市人民重托与期望，履行宪法和法律赋予的神圣职责，共商桂平改革发展大计。2015年7月1—2日举行市十五届人大六次会议，此次会议补选陈锦秀为市长。

桂平首条高速公路开通。4月20日上午10时，贵梧高速公路正式开通，结束了桂平市不通高速公路的历史，桂平段设桂平、蒙圩、社坡三个行车出入口，一座公路特大桥（桂平郁江特大桥），长度1404米，在桂平境内设一对停车加油服务区。

水利部领导先后到桂平市检查指导大藤峡水利枢纽工程建设。4月25日，水利部党组副书记、副部长矫勇率国家防总珠江检查组到桂平检查防汛抗旱和大藤峡水利枢纽工程建设工作。

7月8日、9日，水利部副部长李国英率队到大藤峡水利枢纽工程船闸开挖施工现场，了解大藤峡项目征地拆迁建设情况，要求把好材料关、质量关、验收关，全力加快大藤峡工程建设，为桂平市经济社会发展做贡献；并到桂平市检查正在建设中的农村饮水安全工程、农村饮水安全工程水质监测中心。

12月13日、14日，水利部党组书记、部长陈雷率领水利部办公厅、人事司、珠江委以及自治区水利厅有关领导到桂平大藤峡水利枢纽工程考察。陈雷对奋战在大藤工程一线的干部职工表示亲切关怀，寄以殷切希望，对大藤峡工程建设在较短时间门取得的成绩给予了充分肯定，称赞工程建设组织得力、推进有序，对工程形象和工程质量给予高度评价。他指出："大藤峡工程是水利部的天字号工程，希望地方政府以及各参建方充分认识大藤峡工程的重要性，以高度的责任心和使命感，攻坚克难，真抓实干，全力做好工程建设各项工作。"

央视大型纪录片摄制组在桂平追寻"忠魂"。5月中下旬，由中央、广西、上海电视台联合组成的大型纪录片《忠魂》摄制组，到桂平市采访拍摄抗战老兵、李宗仁在桂平的活动踪迹、蒙圩反击战战场及亲历过这段历史的群众。

海外华文媒体到桂平采访。9月1日，香港《文汇报》、日本《半月文摘》、印尼《国际日报》、加拿大《商报》、菲律宾《商报》、马来西亚《亚洲时报》6家海外媒体组成的“美丽南方——海外华文媒体广西行”采访团到桂平采访，用以宣传桂平美丽宜人的生态环境、优质的旅游资源和巨大的发展前景，宣传桂平大藤峡水利枢纽工程的建设，让海外同胞、侨胞加深对桂平的了解，并向世界推介了桂平的人文与旅游资源。

桂平市召开纪念抗战胜利70周年座谈会。9月6日下午，在市委中型会议室召开桂平市纪念中国人民抗日战争暨世界反法西斯战争胜利70周年座谈会，与会人员认真学习贯彻习近平总书记在北京纪念大会上的重要讲话精神，深切缅怀抗日先烈丰功伟绩，大力弘扬伟大抗战精神，凝心聚力，加快发展，实现中华民族伟大复兴的中国梦。市长陈锦秀主持会议，抗战老兵代表和驻浔92056部队、91241部队代表参加座谈会。

国土资源部副部长汪民到桂平大藤峡检查指导水电工地地质灾害防治工作。9月21日，国土资源部副部长汪民到大藤峡工地现场考察，对大藤峡公司切实做好地质灾害防治的做法给予充分肯定，要求随着主体工程的开工不断提高地质灾害隐患的治理，将地质灾害隐患治理工程与主体工程验收同步进行，保证不发生工程地质灾害，不伤害到施工人员人身安全，确保工程建设顺利进行。

桂平市与阿里巴巴软件有限公司签订农村电子商务项目协议。9月23日下午，桂平市委常委、常务副市长杨大东代表市人民政府与阿里巴巴（中国）软件有限公司签订了农村电子商务项目合作意向协议。

《桂平市志（1978—2005）》三级评稿会在桂平城区召开。10月26日、27日，《桂平市志（1978—2005）》三级评稿会在桂平城区召开。评议稿约200万字，共29篇141章。自治区地方志办公室主任李秋洪，贵港市副市长岑婉玛，贵港市地方志办主任韦芬萍，桂平市市长陈锦秀，市委常委、市委办主任黄文府，市人大副主任杨永新，副市长卢祖荣，市政协副主席蔡含贵等领导出席评稿会。

水利部调研组到桂平市调研。11月27日、28日，水利部党组成员、纪检组组长田野率调研组到桂平市调研水利项目建设、水利系统党风廉政建设等工作。

桂平市中沙镇上国村荣获“全国文明村镇”称号。3月1日，《人民日报》公布由中央文明委评定的第四届全国文明城市（区）、文明村镇、文明单位名单，桂平市中沙镇上国村荣获“全国文明村镇”称号。这是该村2010年7月被中国村社发展促进会评为“中国村镇名片”后的又一国家级荣誉。

中沙镇南乡村、蒙圩镇新德村荣获“广西特色名镇名村”称号。这是广西壮族自治区人民政府住建厅颁发的荣誉。中沙镇南乡村以古宅尚德堂著称，蒙圩镇新德村以桂林郡治地和古布山县治地古城屯著称。

桂平市木乐镇获“中国休闲运动服装名镇”称号。5月8日，在浙江省桐乡市举行的“2015年全国纺织产业集群工作会议”上，桂平市木乐镇被中国纺织工业联合会、中国服装协会授予“中国休闲运动服装名镇”称号。木乐镇是本次获授牌的2个纺织产业集群新成员之一，也是继2010年获“广西休闲运动服装生产基地”之后获取的又一项殊荣。

桂平市西山镇前进村获评为“广西特色旅游名村”。5月28日，桂平市西山镇前进村被广西壮族自治区人民政府授予“广西特色旅游名村”称号。

桂平市100名学生获“华佗论箭个性奖学金”。10月16日，桂平市在城区隆重举行“华佗论箭个性奖学金”颁奖典礼，华佗论箭组委会、苏商建设集团向桂平市100名优秀个性学生每人颁发1万元奖学金。

桂平市武术运动员获比赛金牌。在“2015年第五届中国·四川国际峨眉武术节暨第十二届全国武术之乡武术套路比赛”上，桂平市武术队获奖甚多，吴伟强等12名运动员共夺得6金5银6铜共17枚奖牌的好成绩。在2015年澳门举行的武术世界锦标赛上，桂平市运动员黄俊华荣获男子南棍冠军。

大事记

1月

9日　桂平市人民政府召开市十五届人民政府第五次全体（扩大）会议。

12日　潘汉胜市长主持召开十五届第18次市长办公会议。

14日　市政府召开大藤峡工程桂平征地拆迁移民安置工作推进会。

22日　市文体局、市文联联合到金田镇莫龙村开展送戏下乡文化惠民活动，受到当地群众欢迎。

23日　市老干部活动中心揭牌启用。

月内　市人民法院多措并举集中清理拖欠农民工工资执行案。

2月

4日下午　中共桂平市第十三届代表大会第五次会议在城区市委中型会议室隆重召开。大会号召，全市各级党组织和广大共产党员要紧密团结在以习近平同志为总书记的党中央周围，解放思想，抢抓机遇，开拓创新，真抓实干，为全面完成“十二五”规划目标任务，实现桂平在西江经济的率先崛起而努力奋斗。

5—6日　中国人民政治协商会议第九届桂平市委员会第五次会议在城区礼堂隆重召开。

6—7日　桂平市第十五届人民代表大会第五次会议在城区隆重举行。来自全市各行各业、各条战线的人大代表，肩负全市人民重托与期望，履行宪法和法律赋予的神圣职责，共商桂平发展大计。

6日　自治区调研组到桂平市调研“三严三实”专题教育情况。贵港市委组织部相关领导，桂平市委副书记谢君茂以及有关部门、乡镇领导、村（社区）干部、党员代表等参加调研座谈会。

9日　自治区政协副主席刘志勇深入桂平市下湾镇开展春节慰问。刘志勇一行走访慰问了老军人、老党员、老支书和困难群众代表，给他们送去了党和政府的关怀。

13日　中共桂平市第十三届纪律检查委员会第五次全体会议在城区举行。

同日　贵港市委常委、贵港军分区司令员隆志勇到桂平市社步镇福新村慰问老党员和困难党员，为他们送去党和政府的关怀。

15日　市四家班子领导慰问驻浔部队官兵，感谢他们为桂平经济社会发展做出的贡献，向广大官兵致以诚挚的问候和节日祝福。

25日　贵港市委副书记、市长李新元到桂平调研，提出桂平2015年要以大藤峡项目建设为着力点，坚定不移地推进大藤峡水利枢纽工程等重大项目建设，加快城建、旅游、民生等各项工作，力争今年工作更上一层楼。

26日 “中共大藤峡水利枢纽工程桂平市库区移民安置临时委员会”正式挂牌成立，由原来的临时党支部升格为临时党委。

3月

1日 《人民日报》公布由中央文明委评定的第四届全国文明城市（区）、文明村镇、文明单位名单，桂平市中沙镇上国村荣获“全国文明村镇”称号。这是该村2010年7月被中国村社发展促进会评为“中国村镇名片”后的又一国家级荣誉。

2日 市十五届人民政府在城区召开第三次廉政工作会议。市长潘汉胜强调全市政府系统要廉洁从政，勤政为民，要在市委的坚强领导下，改革创新，扎实工作，不断开创廉政建设新局面。

7日 自治区党委常委、组织部部长周新建到桂平市调研重大项目建设情况，要求桂平认真总结成功经验，扎实推进重大项目建设。

10日 贵港市督查组到桂平市督查开展“强信念、转作风、树形象”活动情况。

同日 以原自治区党委副书记、广西桂学研究会会长潘琦为团长的广西桂学研究会西江文化考察团一行20多人到桂平市考察。

11日 自治区政府副主席张秀隆率交通、水利、移民、大藤峡水利枢纽工程项目部到桂平施工现场，就西江黄金水道开发利用问题进行调研。

12日 市工商局联合消协、质监、食药等部门，在城区南百超市门前开展主题为“携手共治，畅享消费”的“3·15”国际消费者权益日宣传活动，加强对商品和服务监督，推动社会各界携手共治，积极营造安全放心消费环境，让消费者愿意消费、无忧消费、畅享消费。

19日 致公党中央委员会调研组一行10多人到桂平市就西江流域内河航运建设工作进行专项调研，指导桂平市发展水运交通工作。调研组由全国人大常委、华侨委副主任、致公党中央副主席杨邦杰，全国人大常常委、教科文卫委副主任、致公党中央副主席严以新率队。

23日 桂平市第五中学第一幢教学楼正式开工建设。学校位于长安工业区旁，校园总面积142.59亩，其中实用面积120亩，校舍建筑面积72908平方米，规划建设资金1.78亿元。

24日 水利部移民局巡视员黄凯率检查组到桂平市检查大藤峡库区移民安置工作。

25日 来宾市委书记李志刚、市长白希率来宾市党政考察团一行63人，到桂平市考察西江黄金水道项目大藤峡水利枢纽工程建设情况，了解工程征地、搬迁、安置等方面的做法。

4月

2日 桂平市召开2015年全市农村工作电视电话会议。会议贯彻落实中央、自治区、贵港市农村工作会议精神，总结2014年全市农业农村工作，分析形势，研究部署2015年全市农业农村工作、防汛抗旱及生态乡村建设工作。

10日上午 市政府召开2015年第一季度经济运行分析暨部署稳增长工作会议。

12日 桂平市作家协会第二次代表大会召开，来自全市文学界30多名代表欢聚一堂，共商繁荣文学创作之策。

14日 自治区人大常委会副主任覃瑞祥到大藤峡调研、检查指导工作。

同日上午 中央政法委政法队伍建设指导室副巡视员张思剑带领调研组到桂平市，开展政法队伍建设工作专题调研。

16日 桂平市2015年“三月三”壮族民间文艺展演在石龙民族中学校园操场拉开帷幕。

20日上午10时 贵梧高速公路正式开通，结束了桂平市不通高速公路的历史。桂平段设桂平、蒙圩、社坡三个行车出入口，一座公路特大桥（桂平郁江大桥），长度1404米，两个停车加油服务区。

25日 水利部党组副书记、副部长矫勇率国家防总珠江检查组到桂平市检查防汛抗旱和大藤峡水利枢纽工程建设工作。

同日 广西电视台在桂平市寻旺乡中心小学拍摄《曙光报》创办地址有关镜头。1939年1月，广西学生军二团从平南思旺越过江口，到达寻旺圩，作为学生军的第二个集训地。同年3月12日，创办《曙光报》，报道抗日战争情况。

5月

8日 在浙江省桐乡市举行的2015年全国纺织产业集群工作会议上，桂平市木乐镇被中国纺织工业联合会、中国服装协会授予“中国休闲运动服装名镇”称号。木乐镇是本次获授牌的2个纺织产业集群新成员之一，也是继2010年获“广西休闲运动服装生产基地”之后获的又一项殊荣。

12日 自治区政协副主席彭钊率区政协农业委员会调研组一行21人到桂平市，就加快转变农业发展方式、加强养殖业可以追溯体系建设确保肉食品质量与安全、家庭农场发展等问题开展专题调研。

同日 是全国第七个防灾减灾日。市地震局与教育局联合组织防震减灾演练，市逸夫实验小学等350多所学校开展了防震逃生演练。

22日 大湾镇安担村育才幼儿园一接送车（车牌号为桂R67699）在接送儿童途中不慎侧翻落入水塘，事故造成2名儿童死亡。事发时，车内有26人，其中儿童24人，老师1人，司机1人。事故发生后，当地政府迅速启动应急响应，积极开展枪救和善后处置工作。

27日 自治区党委副秘书长、办公厅副主任梁志强率督查组到桂平市调研．调研组一行先后考察了自治区百强农业龙头企业广西金源生物化工实业有限公司、西江黄金水道建设项目西江航运枢纽桂平二线船闸和大藤峡水利枢纽工程坝址，实地了解项目进展情况，现场听取项目推进情况汇报，对桂平市园区经济、城市规划建设、社会管理、民生事业以及加快改革发展等方面的工作给予建议性指导。

本月 央视大型纪录片摄制组在桂平追寻“忠魂”，摄制组采访了桂平抗战老兵莫云开、覃德贵、李容安、吴功斌，蒙圩镇居民卢树桂等老人，倾听老人们讲述曾发生在20世纪30—40年代的抗战经历；李宗仁在桂平的活动地点西山中山飞阁、黄埔军校第四分校遗址、蒙圩镇顺东村横水渡等，获得珍贵见证资料，以推出五集大型纪录片《忠魂》。

6月

1日 水利部党组副书记、副部长矫勇率检查组一行10人到桂平市检查大藤峡水利枢纽工程建设情况。3日，自治区人大常委会副主任、公安厅党组书记高雄一行到桂平市调研水上安全保卫工作。

2日 南宁铁路局玉林车务段副段长彭盛荣一行4人到桂平市，与市长潘汉胜、市委办主任黄文府、副市长薛有彪等领导共同商谈加强桂平高铁站营运工作事宜。

2—4日 自治区妇联主席王革冰到桂平市开展“三严三实”调研活动，调研了解妇女儿童工作。

15日 以履新迎新为主题的桂平市领导干部大会在城区举行。大会宣布了贵港市委关于干部任命的决定：任命陈锦秀同志为中共桂平市委委员、常委、副书记，并提名担任桂平市人民政府市长。

17日上午 自治区副主席张秀隆率调研组，到桂平市就农业经济发展情况进行调研。调研组深入石龙镇新村永和水稻专业合作社，考察桂平粮食产业全程社会化服务示范区，听取汇报，与企业负责人交谈，详细了解桂平农业发展中存在的问题及意见建议。

20日 桂平市举行首届狮王争霸赛，欢度2015年端午节。当天，来自广东、广西两省（区）的9支代表队120多名队员，在城区交流技艺，角逐“狮王”，还上演了狮队巡游、文艺表演、有奖问答等活动，博得了现场观众的阵阵掌声。

7月

1—2日 桂平市第十五届人民代表大会第六次会议在桂平剧场举行。来自全市各行各业、各条战线的代表们，肩负重托，欢聚一堂，履行宪法和法律赋予的神圣职责，共商桂平改革发展大计，并依法补选陈锦秀为桂平市人民政府市长。

8—9日 水利部副部长李国英率队到桂平市督导检查农村饮水安全和重大水利工程建设工作。

11—15日 经国务院侨办同意，广西壮族自治区各市、县、区新选出116名外教教师，将于8月赴柬埔寨、老挝援教。桂平市第一中等职业技术学校莫爱莲、市逸夫实验小学麦静莉、石咀镇二中陈霞3名老教师光荣入列。

20日 自治区党委书记、人大常委会主任彭清华深入桂平市调研，要求把大藤峡工程建成优质工程、民生工程。陪同调研的有自治区领导范晓莉、于春生、喻云林、张秀隆，贵港市领导王可、李新元、雷应敏以及桂平市陈锦秀、杨大东、李汉彪等领导。

28日 广西铁路投资集团有关领导到桂平，与市领导洽谈太平天国金田起义遗址旅游项目合作事项。

8月

6—7日 自治区政协副主席刘志勇率旅发委、发改委、商务厅等部门的项目负责人对桂平重大项目建设进行督查。

18日 自治区党委政研室党建处处长黄万琦率区住建厅村镇处、区乡村办成员一行数人，到桂平市调研改善农村人居环境和“美丽广西”建设工作情况。

31日 自治区民政厅副厅长冯志一行4人，到桂平市开展“转变作风，服务机层”主题调研，深入蒙圩镇民政办、西山镇永培村敬老院实地了解基层民政工作各方面情况。

同日 桂平市陈锦秀、张津辉、吴燕等领导会同交通、建设部门负责人，实地踏勘规划建设的黔江二桥、浔江大桥选址点。规划中的黔江二桥初步选址在三角咀附近的厢东村，浔江大桥选址在东塔附近。

9月

1日 香港《文汇报》、日本《半月文摘》、印尼《国际日报》、加拿大《商报》、菲律宾《商报》、马来西亚《亚洲时报》6家海外华文媒体组成的“美丽南方—海外华文媒体广西行”采访团到桂平市采访大藤工程建设情况。

6日下午 桂平市在市委中型会议室召开纪念中国人民抗日战争暨世界反法西斯战争胜利70周年座谈会。

7日 自治区教育厅副厅长杨伟嘉一行到桂平市检查2015年秋季学期开学工作情况。杨副厅长一行深入学校，通过听取汇报、座谈交流、查阅资料、实地检查等办法，详细了解学校办学基本情况、基础设施建设及开学情况。

同日 桂平市举行首届农民工技能大赛，来自全市城乡20多家企业、酒店等的150多名选手参加了角逐。

10日 由广东省佛山市南海区工商联（总商会）组织的“南海企业粤桂黔高铁经济带考察

团”到桂平走访，交流粤桂合作经验，寻求新的产业对接项目。

21日 国土资源部副部长汪民到大藤峡检查和指导水电工地地质灾害防治工作。汪民对大藤峡公司切实做好地质灾害防治的做法给予了充分肯定。

22日上午 贵港市市长李新元一行8人到桂平市龙潭国家森林公园调研。李新元要求要把大平山自然保护区建成集观光、休闲、度假、探险、保健、会议等多功能于一体的生态休闲旅游胜地。

23日下午 桂平市委常委、常务副市长杨大东代表市人民政府与阿里巴巴（中国）软件有限公司签订了农村电子商务项目的合作意向协议。

29日 市人大常委会主任张津辉主持召开市十五届人常委会第四十次会议，听取和审议有关工作情况报告，进行人事任免。

30日 是中国法定烈士纪念日。桂平市在西山覆船岭烈士纪念碑下举行烈士公祭仪式，深切缅怀为民族独立、人民解放而英勇牺牲的革命英烈，向英烈表示崇高的敬意和深切的悼念。

同日 在国庆66周年即将到来之际，桂平市覃开基、黄琼、黄洪波、陈健、刘锦盛5名书画家在贵港市博物馆举行“浔州五友”书画展。

10月

16日 桂平市2015年“华佗论箭个性奖学金”颁奖典礼在城区隆重举行，华佗论箭组委会、苏商建设集团向桂平市100名优秀个性学生每人颁发1万元奖学金。

同日 桂平市政府与苏商建设集团签订基础设施项目PPP合作框架协议。桂平市领导陈锦秀、唐玉榕、周杰明、薛有彪、蔡含贵、赵雪娇等，苏商领导严昊、严昕等出席签约仪式。

17日 桂平市长陈锦秀率四家班子领导以及市长安管委会、发改、招商、国土、工信等部门领导到武鸣（广西森宝电动汽车产业园）考察新能源汽车项目。

19日 贵港市委副书记雷应敏率贵港市农业局、水产畜牧兽医局等部门领导到桂平市调研现代农业发展工作，指导做好桂平农业“十三五”规划编制工作。

26—27日 《桂平市志（1978—2005）》三级评稿会在桂平城区召开。评议稿共29篇141章约200万字。自治区地方志办公室主任李秋洪，贵港市副市长岑婉玙，贵港市地方志办主任韦芬萍，桂平市长陈锦秀，市委常委、市委办主任黄文府，市人大副主任杨永新，副市长卢祖荣，市政协副主席蔡含贵等领导出席评稿会。

11月

2日下午 市长陈锦秀主持召开十五届人民政府第25次常务会议。会议讨论、审议大藤峡移民安置区建设、使用新增债务券、成立桂平市土地开发投资有限公司等25个议题，原则上通过《桂平市扶贫信贷实施方案》等23个议题。

4日下午 贵港市市长李新元到桂平市木乐工业园区调研，要求做大做强服装产业，促进地方经济发展。贵港市副市长谭斌、市政府秘书长玉彤等随同调研。

5日 贵港市市长李新元到桂平市中沙镇南乡村调研文化旅游项目。南乡村是一个具有深厚文化底蕴的传统村落，其建筑文化、农耕文化、楹联文化等别具特色。今年4月，该村被列为广西首批传统村落，9月被评为“荷城十大最美乡村”。

9日 自治区扶贫办副主任杨宏博一行3人到桂平市指导检查“雨露计划”工作情况。

11日上午 国家土地督察局广州副专员罗中华率督导组到桂平市进行节约集约用地和不动产登记职责机构整合专项督导。

12日 自治区政协主席陈际瓦率自治区政协

特邀常委考察团一行到桂平市，就大藤峡水利枢纽工程建设情况开展考察活动。考察团建议，各级领导要把握战略定位，做到高起点规划、高标准建设，提高质量，形成特色，进一步加快推进大藤峡水利枢纽工程及附带旅游项目建设，助推全市经济社会又好又快发展。

20日 自治区政法委副书记、综治办主任陈延国率自治区政法综治督查组到桂平市调研。陈延国提出要以保一方平安为政治责任，以“三严三实”作风，开展矛盾纠纷大排查，做到精准排查，精准化解，为全区创造经验；以对人民高度负责的态度，夯实基层工作；以深刻的教训为警示，抓好干部队伍建设，树立政法干警新形象。

27—28日 水利部党组成员、纪检组组长田野率调研组到桂平市调研水利项目建设、水利系统党风廉政建设等工作情况。

本月 第一届广西网络文学大赛落下帷幕。大赛发现了一批网络文学人才，创作了一批抒写“美丽南方”、抒怀八桂情缘的文艺作品。桂平市作家黄德良创作的《江那边的父亲》获散文随笔组一等奖,《犀牛湾》获长篇小说组二等奖。

12月

4日 桂平市教育局召开创建“中华诗词之乡”示范基地学校工作会议，确定桂平市一中、桂平市二中、西山镇一中、石龙镇民族中学、桂平市实验中学、西山镇中心小学、江口镇中心小学、桂平市逸夫实验小学、西山镇城西小学9所学校为创建“中华诗词之乡”示范基地学校。

6日 自治区民盟第二基层委员会服务队一行11人，到桂平市南木镇联江小学绿冲分校捐资助学，捐款3万元，赠送书包、图书、篮球、排球、足球、电饭锅等物品一批，受到该村师生和群众的欢迎。

8日 自治区人民政府副主席张秀隆率自治区发改委、水库移民局领导到大藤峡调研。调研组一行深入到大藤峡水利枢纽库坝区施工现场和大成塘移民安置区，看展板，听汇报，详细了解大藤峡工程建设情况和移民安置区建设工作推进情况。强调各级各部门要自觉承担主体责任，抓好工作落实，攻坚克难，积极稳步推进大藤峡水利枢纽工程建设和移民安置区建设。

同日 贵港市委书记李新元深入桂平市蒙圩镇流兰村、官桥村，了解精准扶贫工作情况，并就基层党建工作和发生在群众身边的“四风”问题开展工作调研。

13—14日 水利部党组书记、部长陈雷率领水利部办公厅、人事司、珠江委以及自治区水利厅有关领导到大藤峡水利枢纽工程考察。陈雷对大藤峡工程建设在较短时间内取得的成绩给予充分肯定，指出大藤峡工程是水利部的天字号工程，要求地方政府以及各参建方以高度的责任心和使命感，全力做好工程建设各项工作。

概　貌

地理位置

【位置面积】 桂平市位于广西壮族自治区东南部，介于北纬 22°52′—23°48′ 与东经 109°41′—110°22′之间，北回归线横贯市境中部，地处低纬地区。大瑶山脉、大容山脉、莲花山脉三大山脉余脉延伸至桂平境内。郁江、黔江在境内交汇为浔江起点，顺浔江而下，可至梧州、广州以至港澳；溯郁江、黔江可达南宁、柳州。郁江、浔江沿岸，是广西最大的冲积平原，为重要的糖、粮基地。市府驻地西山镇，距自治区首府南宁陆路 255 公里，水路 438 公里，距北部湾 188 公里。2015 年年末，全市总人口 199.6 万人，其中市区人口近 35 万人。

市境东至木乐镇大冲表，最西达石龙镇达开水库与怀好林场，最南抵中沙坡镇三县顶，最北为垌心乡大桥坳附近。东和东北与平南县交界，东南和容县为邻，南与北流市、玉林市兴业县相连，西与贵港市港北区接壤，西北和武宣、金秀两县相接。南北长 103.5 公里，东西宽 68.6 公里，全市土地面积 4073.8 平方公里，占广西总面积的 1.72%。

【区位优势】 桂平市区位优势明显，是广西桂东南地区最靠近粤港澳的城市，是广西乃至西南地区接受粤港澳台地区产业、技术、资金转移的最前沿地区。郁江、黔江汇于城区三角嘴为浔江起点。作为广西少有两河交汇的三江六岸城市，桂平地处水、陆、空交通枢纽，从黔江、郁江溯河而上可直达广西工业重镇——柳州市，广西首府——南宁市，以及红水河沿岸地区及左右江县市，沿浔江顺河而下可直达粤、港、澳地区。自古以来便被称作“三江总汇”、是中国内河城市之一。随着大藤峡水利枢纽的建成及集发电、航运于一体的郁江桂平航运枢纽工程的投入使用，千吨货轮直达郁、黔两江沿岸地区畅通无阻，水路交通得天独厚。南梧、武平、玉桂二级公路、南宁至广州高速铁路、贵港至梧州高速公路、桂平至来宾高速公路通成开通，使桂平直达粤港澳；桂平至南宁、柳州、来宾、桂林、广州高速公路、高速铁路通车营运，缩短了与粤港澳以及大西南的距离，使桂平与珠三角经济圈、北部湾经济圈、大西南经济圈和珠江—西江经济带联接更为紧密。正在建设的大藤峡水利枢纽工程竣工投入使用之后，桂平的交通格局更加优化。

桂平是中国西部百强县、全国粮食生产先进县、全国双拥模范城、广西科学发展十佳县、广西招商引资工作先进县和示范县。是华南地区首个以“佛教文化”为主导的旅游城市。荣获广西首个县级“中国优秀旅游城市”和“国家地质公园”称号。2005 年，桂平市被世界华人组织评为中国 200 个最具魅力城市之一。

建置沿革

【概　况】“桂平”作为地方行政区域，自建置至今，历经两千多年的沿袭变革，先后设置郡、县、州、府、市，有分有合，有析有废；城治所在，屡有迁移；疆界区划，多次更改；管治机构，历代各异。

旧石器时代　据考古发现，早在1万多年以前的旧石器时代，桂平人的祖先（原始氏族）已在这块土地上生息繁衍，郁江南岸的下湾一带和北岸的白沙罗丛岩，就是古人类石器遗址和洞穴遗址；发展至新石器时代，桂平众多江河两岸的原始村落分布密集，且规模较大，人口较众。

夏、商、周（前2070—前771）属荆（州）扬（州）徼外之地。

春秋战国（前770—前221）属百越之地之南越地区。

（按：百越，亦即“百粤”。范围自交趾（今越南国河内市）至会稽（今浙江省会稽市），方圆七八千里。战国时，楚灭越后，越族子孙流散于江南海上，各有姓氏宗族，称长自立，均为少数民族，概称“百越”。其中著名的分支有于越（今浙江）、闽越（今福建）、扬越（今江西），南越（今广东、广西东北部），骆越（今广西西南部和越南）。桂平属于百越中的南越，亦称南粤。

秦（前221—前207） 属桂林郡，郡治设于今桂平，为广西第一古城。桂林郡所辖区域为：东起于今广东肇庆，与南海郡西界；西抵今广西田东，右江以北；北至今广西兴安县以南；南面濒临南海。桂林郡倚廓布山县（一说有郡无县），辖境为今桂平市、平南县西北部以及贵港市港北区东北部一带。

〔按一：秦始皇灭六国后，继而平定扬越，屯军于五岭（今广东、广西、湖南、贵州间的大庾、越城、萌诸、都宠、骑田五大主要山脉），并派将领任嚣率军攻取“陆梁地”（今广东、广西、越南），统一了中国。同时，设郡县，建立中央集权制。于秦始皇33年（前214）在陆梁地建置桂林郡（今广西）、南海郡（今广东）、象郡（今广西南部沿海和越南境）三郡。以任嚣为南海郡尉，领55万人军队驻守五岭，统辖三郡。今桂平与贵港交界一带属桂林郡辖地，蒙圩新德村古城屯为第一处郡治所在地。〕

〔按二：秦末，陈胜、吴广率众起义。南海郡尉任嚣卒，龙川令赵佗继任。秦灭，赵佗即击并桂林、象郡，三郡一统为其所辖，并从桂林郡划出部分领地建立苍梧王国。汉高祖四年（前203），佗将桂林郡更名为鬱（郁）州，不久又恢复为桂林郡。郡属桂平、贵县等辖地归其管治范围。佗自称“蛮夷大长”，并立为“南越天”，称南越国，建立了南方瑶、壮等民族地方政权，实行自治，逼使汉王朝承认。汉初，高祖武帝曾两次派使臣陆贾到南越与佗谦让和好，南越王赵佗称臣。接受汉朝封爵。元鼎五年（前112），南越内讧，丞相吕嘉杀赵佗与汉对抗；至元鼎六年（前111）武帝遣兵讨平吕嘉，灭南越国，桂林郡归汉统辖。〕

汉（前206—220），属郁林郡布山县、阿（柯）林县。

〔按：汉武帝击灭南越国后，即以其辖地三郡改置为南海、苍梧、郁林、合浦、日南、九真、交趾七郡；至元封中（约前108）又增设儋耳、珠崖二郡；至此，南越地共设置九郡。其中，郁林郡领12县，即布山、阿（柯）林、安广、广郁、潭中、临塵、定固、增食、中留、桂林、领方、雍鸡。王莽新朝（9—23）改郁林郡为郁平郡，属交州。东汉初复为郁林郡。郡治多有变动，先在布山县（桂平），析置桂平郡后才迁移郁林县，最后置郁州于今玉林境内。郡属阿（柯）林县辖地在今桂平市境南部及东部地区；而布山县辖地在今桂平市境西部、北部、平南之大同、阳川旧县地以及贵港市港北、港南区一带地区，县治在桂平。）

三国（220—265） 为吴国属地，226 置交州、广州。其中，广州辖南海、苍梧、郁林、合浦四郡。今桂平地的布山、阿林两县属广州郁林郡，布山为郁林郡治地，时任太守陆绩。吴凤凰三年（274），末帝孙皓析郁林郡东北部再置桂林郡，郡治驻武安（象州马坪，今柳州市东南）。郁林郡太守陆绩便在今桂平城厢东村筑城，后成为郁林郡、布山县治所。

西晋（265—316）、东晋、十六国（317—420） 均沿袭三国旧制，隶属的州郡不变。

南北朝（420—589） 析郁林郡建置桂平郡。原阿林、布山两县分隶于桂平、郁林两郡。至此，桂平不再袭布山县之名。

〔按一：其间，南朝宋（420—479）至齐（479—502），皆沿袭郁林郡旧制。梁武帝天监元年（502 年），析郁林郡始建桂平郡，郡治始设在今桂平城厢西南约 5 里的大起村州城屯（一说在今西山大窝坪）。布山县地今桂平、平南境域部分属桂平郡辖，阿林县地仍属郁林郡辖，郡治城址在桂平三角嘴（一说在今西山大窝坪）。南朝梁至陈（558—589），布山县属南定州。〕

〔按二：同年，郁林郡等地俚族人民起义。郁林郡太守荀斐在作战中被流矢所中，死于阵。其时，桂平、苍梧、郁林、合浦、宁浦等五郡均为俚族聚居地，方圆千数百里。今桂平市境石龙镇龙山一带，时为郁林郡辖地。山民（时称俚人）也纷纷参加起义。至大同元年（535），智武将军蓝钦击败起义俚人，俚帅陈文澈兄弟（据传为石龙龙山陈姓人族祖）被擒，俚族人民起义终被武力平定。为管治这一带俚人，梁武帝批准在石龙龙山（原郁林郡布山县辖地）增设“武平县”，与毗邻的布山（今贵港港北）、龙山（今贵港龙山）、怀泽（今贵港港南）共四县隶属郁林郡管辖。阿林县由郁林郡划归桂平郡管辖，郁林郡治在桂平三角嘴。武平县治设在今桂平石龙镇龙山山区的新源村大蒙屯，这一带村落一直以陈姓壮人居多，且县治遗址仍依稀可寻。〕

隋（581—618） 分属郁林、永平两郡（永平郡设在今藤县），设阿林、桂平、皇化、武平、大宾五县。其中，阿林、桂平、皇化、武平四县属郁林郡管辖，大宾县属永平郡管辖。

阿林县：隶属郁林郡。辖地范围已缩小至今桂平市的南大区，县治仍在今罗播乡万寿村的旧县屯。

桂平县：隋开皇十年（590）废桂平郡，改置桂平县，隶属郁林郡。大业初年（约 610）废布山县，原布山县部分辖区归桂平县辖（范围主要是今桂平市的西、北大区乡镇）；属贵县地的部分辖区归大业初年改制的郁州（后又复郁林郡）辖。

皇化县：又名宣化县，隶属郁林郡。隋开皇十一年（591），析阿林县设置，辖地为今桂平市东大区。县治在今社坡镇复安复化村。大业二年（606）省入桂平县，建制历史 15 年。

武平县：南朝梁武帝大同年间（约 535 后）建置，隋沿旧制。隶属郁林郡。辖地包括今桂平市石龙镇大部、贵县（今贵港港北）以及武宣县通挽、桐岭一带，县治在武平里龙山马来河汇黔江处附近，即今石龙镇新源村的大蒙屯。隋大业元年（605）废入郁林县，建制约 70 年。

大宾县：隋开皇十五年（595）由桂平县析置，隶属永平郡（郡治在今藤县），以县西北宾水为名。辖地为原汉布山县地，即今桂平市北大区。县治在今南木镇和社村宾山寺处。至南汉初（约 907）省入桂平县，建制历史 312 年。

唐（618—907） 属岭南道，分置绣州、浔州，辖 9 县（后并为 6 县）。是桂平历史上建置沿革变动最大的朝代。

浔州：武德七年（624）始析藤州建置，因桂平城地处浔江水涯之地，故以“浔”名。州治初始设在大宾县（今南木镇和社村宾山寺处）。

贞观七年（633）移于桂平县城西南（今大起州城），辖大宾、桂平两县。贞观十二年（638）废，至长寿元年（692）复置，辖桂平．大宾及皇化三县。天宝元年（742）改称浔江郡，乾元元年（758），又复名浔州。辖桂平、大宾、陵江三县。桂平、大宾两县辖地均沿隋制不变；陵江县始建于贞观十年（636），贞观十二年（638）省入桂平县，建制历史3年。其辖地在桂平北部崇姜里，即今桂平市南木镇辖地，县治无考（一说在今思宜圩，另一说在今南木圩）。

绣州：武德四年（621）建置，原称“林州”，《新唐书·广记》记作“陵州”。武德六年（623）改称绣州。天宝元年（742）改为常林郡，乾元元年（758）复为绣州。辖阿林、常林、罗绣、皇化、归诚、卢越六县。州治在今罗播乡万寿村旧州屯。

阿林县：辖地缩为今桂平市罗播、大洋、大湾等乡镇及玉林市兴业县石南镇一带，县治仍在罗播乡万寿村的旧州屯，隶属绣州。至宋开宝五年（972）并入桂平县，建县历史达1083年。

罗绣县：武德四年（621）由阿林县析置，同年又析置卢越县。罗绣县治在今罗秀镇大泽山下的罗秀圩，旧称通济圩。辖地为今罗秀、中沙镇以及容县的石头镇、平南县的四灵、六陈、平山等乡镇。

常林县：武德四年（621）由阿林县析置。据《桂平县志》记载：常林县治在今下湾圩鸡公塘处的旧县村。下湾圩二里许的绣江口，古称绣江浒，即为今大洋河与郁江汇合处，此处为绣州之门户。

皇化县：隋置，后废。武德四年（621）复置，隶属绣州。长寿元年（692）改属浔州。县治及辖地沿袭隋建制不变。

归诚县：武德四年（621）由阿林县析置，隶属绣州。贞观六年（632）省入常林县，建制历史11年。县治无考，据说在今社步镇容塘、罗载（岁）村。

卢越县：武德四年（621）析阿林县设置；贞观六年（632）省入罗绣县。建制历史11年。县治无考，据说在今中沙镇境内；另一说在今南乡村与玉林市北市镇交界一带地区。

五代（907—960）境内两州五县以及毗邻贵县均隶属南汉。其时，境内绣州辖阿林、罗绣、常林三县；浔州辖桂平、皇化两县。绣浔两州、五县治及其辖地均沿唐制不变。

宋（960—1279）隶属广南西路浔州。开宝五年（972）废绣州，其辖地并入容州普宁县（今容县）。同年废浔州，其辖地并入贵州（今贵港）。翌年复置浔州，领桂平县，隶属广南西路。是年，境内的阿林、罗绣、常林、皇化等县统一并入桂平县。从此，结束了桂平地长期分置多县的政制。其时桂平县辖地：东至今平南县大同、阳川一带，南达今玉林市兴业县石南镇，西及今贵港港北区庆丰、大圩一带，北靠今武宣县境。浔州府城所在地在今桂平城厢。

元（1271—1368）桂平县属浔州路，路治在今桂平城厢。时浔州路辖桂平、平南两县。桂平县辖地、县治仍沿袭宋制。

明（1368—1644）隶属广西布政司浔州府，府治在今桂平城区，府倚郭桂平县仍依元制不变。浔州府辖桂平、平南、贵县三县。洪武二年（1369），横州、贺州分别由直隶州降为散州，改属浔州府；至洪武十年（1377）五月，贺州降为贺县，仍属浔州府辖，后才改属平乐府；与此同时，富川县也归属浔州府辖，后归平乐府辖；横州降为县，仍属浔州府，后归南宁府属。

明王朝建立伊始，派军队镇压大藤峡瑶民起义，于成化三年（1467）在今碧滩设武靖土州。成化二十二年（1486）迁至黄绅镇，即今金田镇武靖村。隶属浔州府。嘉靖七年（1528）改州为千户所，以浔州通判管理之。万历末（约1620）废为武靖镇。武靖州建制历时153年。清以后降为里、村至今。遗址尚存。

清（1644—1911） 沿明制属广西省浔州府。府治仍在桂平城厢。浔州府辖桂平、平南、贵县、武宣四县。桂平县治沿明制。

咸丰四年（1854）陈开、李文茂等在广东佛山领导农民起义，溯江而上，于次年攻克浔州府城，建立大成国，定都桂平城厢，改浔州为秀州，都城称秀京，原浔州所属桂平县改为永秀县。当时永秀县辖地占桂平县境的大半。咸丰十一年（1861）大成国失败，桂平县仍复清制。大成国秀州及所属永秀县建制历史仅6年。

中华民国（1912—1949）初年袭清制。民国2年（1913）废浔州府，由省直辖。民国5年（1916）属浔州行政区，公署设于桂平。民国6年（1917）属苍梧道。民国15年（1926）废道改属浔州区。民国33年（1944）改属梧州区。民国37年（1948）属十三区，十三区专员公署设于今桂平城厢。辖地沿清制不变。浔州自唐武德七年（624）始建，至中华民国撤州废府，前后历经1290年。

中华人民共和国 沿袭县建制，辖地除与武宣、象州、金秀交界有小变动外，其它基本不变。先后隶属于梧州专区、容县专区、玉林专区（后改称地区）。

1949年12月4日，桂平县解放。1950年1月1日成立桂平县人民政府，隶属梧州专区。下设东、南、西、北、城厢五大区、30个乡4个镇、515个行政村、36条街。

1951年7月，隶属容县专区，全县划分15个大区，118个乡，2个镇，515个行政村，36条街. 至1952牟分17个区，387个乡，还在17个区的基础上设东、南、西、北四个中心区。

1958年7月，隶属玉林专区，1970年专区改称地区，属玉林地区。人民公社化时期，实行政社合一，全县分为17个公社，318个大队。其间，大区小公社时期，全县设9个大区，50个小公社、2个镇；小区小公社时期划分20个区，318个小公社。1966年，撤销原设的9个区，全县建立21个人民公社。1968年废除县人民委员会，成立革命委员会作为行政机构。

1981年1月，桂平县恢复人民代表大会制度，设立县人民政府。1984年以后，实行政社分开，恢复乡村制度，全县共设15个乡、8个镇。至90年代，新建7个乡（镇），全县共设30个乡镇。

1994年，经国务院批复，桂平撤县设市，为广西单列市（县级），仍隶属玉林地区。1996年原县级贵港市升格为地级市后，从玉林地区分出，辖贵港市三区（港北、港南、覃塘）及平南县，桂平市也划归其代管。桂平设市后，市辖区为原县辖区，仍设30个乡镇。2005年机构改革，撤并桂平、理端、中和、思宜4个乡镇，至此，全市行政区划压缩为26个乡镇。

行政区划

【概　况】 桂平市下辖21镇5乡，分别为西山镇、木圭镇、木乐镇、石咀镇、社坡镇、油麻镇、社步镇、下湾镇、麻垌镇、罗秀镇、中沙镇、木根镇、大洋镇、大湾镇、白沙镇、石龙镇、蒙圩镇、南木镇、金田镇、江口镇、紫荆镇，马皮乡、寻旺乡、罗播乡、厚禄乡、垌心乡。市人民政府驻地西山镇。

西山镇：城北、城中、城东、城南、城西、兴宁、厢东、厢南、西山、新岗、大起、岭头12个社区居委会；永培、佛荔、白兰、长安、西长、福山、前进、碧滩、上垌9个村委会。

木圭镇：木圭、洪源、四德、新木、合江、大朗、祝兴、宁凤、上冲、竹社、金垌、龙安12个村委会。

木乐镇：木乐街居委会；木乐、联堂、四合、步新、罗贤、康连、复全、新连、广仁、岭村、大良、农塘12个村委会。

石咀镇：石咀街居委会；榄沙、小汶、平治、治安、平安、旺龙、必岭、河口、水口、罗洪、新平11个村委会。

社坡镇：社坡、理端、加惠、新华、里中、福和、太安、宁明、光明、禄全、维新、西安、复安、宝土、金福、高双、高旺、清高、理竹、新理20个村委会。

油麻镇：油麻、石罗、罗蓝、有理、上村、陈冲、谢余、上余、六平、尚运、北佛、郑村、大中、安平、勒竹、西亭、台垌、梅林18个村委会。

社步镇：社步街居委会；社步、杨溪、榕罗、滏山、清石、中占、新岭、宁江、丰贺、新民、石井、福新、良北、乌竹、石江15个村委会。

下湾镇：下湾街居委会；下湾、浪滩、贝团、团结、龙岭、福高、北角、旺江、上塘、新庄、竹草、甘井、双福、邓明14个村委会。

麻垌镇：麻垌、容荔、何村、新兴、白石、洞天、东岸、义塘、连山、南乔、百福、鹧鸪、大上、谏知、安文、全安、周东、陈杨、志安、梁村、福田、福华、南江、木回、思培、联保、沙江27个村委会。

罗秀镇：罗秀、伟杨、军丰、蒙山、良石、植棠、木村、独堆、露凤、露棠、旺安、雅石、新垌、新伟、旺盛、乐雅、西冲、廖村、忠东、忠西、侣化21个村委会。

中沙镇：沙坡、南乡、六湾、球地、桂新、六石、容北、新宪、太平、六南、上国、中和、上冲、下冲、扶冲、新定、庞村、心田、新安、沙木、沙塘、理珍、谷塘23个村委会。

木根镇：上村、中村、下村、木根、平合、上地、平地、布新、山表、东石、连平、桥头、宁垌、甘丽、秀南、德华、永华17个村委会。

大洋镇：大洋街居委会；大洋、寻欧、竹塘、双罗、大莫、新和、里旺、鹿旺、蕉树、下村、周实、义江、石步、什字、石江15个村委会。

大湾镇：大湾街居委会；大湾、耀团、界岭、山塘、下山、天堂上、天堂下、平塘、大坪、硬塘、新桂、里各、安担、新安、双岭、必祝、榄塘17个村委会。

白沙镇：白沙、丰垌、新龙、满堂、良美、福田、思建、石贵、新成、水产、马坪、洋坡、景乐、景德14个村委会。

石龙镇：石龙街居委会；石龙、石山、铜山、新村、新乐、群乐、永兴、四平、安旺、上黄、福平、黄塘、五狮、平阳、珍垌、新源、思源、东岗、中峡江、新隆20个村委会。

蒙圩镇：蒙圩街居委会；蒙圩、新阳、林村、新德、新田、新塘、官桥、新合、新建、罗容、棉宠、流兰、曹良、西村、顺东15个村委会。

南木镇：南木、合山、古旺、长清、大黎、弩滩、上岭、龙富、高塘、渡头、三鼎、金龙、山塘、朱凤、洛连、和社、黎明、沿江、联江、古樰、桂塘、龙门、珠盏、上湾、群合、新宁、中桥、思竹28个村委会。

金田镇：新圩街居委会；新圩、罗蛟、古东、吉岭、彩村、武靖、大贤、安众、金田、新燕、禾益、新旺、彩旺、理村、茶林、龙塘、莫龙、田江18个村委会。

江口镇：镇北街、岭南街2个居委会；岭南、龙山、万江、盘石、望步、长江、理塘、山台、莲塘、新生、胡村、新其、平石、六宝、大樟、银竹、东升、三合、和合、三布20个村委会。

紫荆镇：象军、白云、田心、蒙冲、花蕾、田泗、寻蓬、小江、木山、大坪、深水、元安、大广、合水、古滩15个村委会。

马皮乡：加石、雅岭、马皮、均福、西河、水秀、大龙、嘉荷8个村委会。

寻旺乡：复兴、大为、南津、河南、东塔、

绥陵、寻旺、福寿、珍珠、学中、先锋、高岭、西南13个村委会。

罗播乡：罗北、罗西、罗播、西村、陈岭、山背、承棠、承禄、凤镇、六凤、万寿11个村委会。

厚禄乡：厚禄、新圭、延寿、双寨、莲祝、镇良、双井、峡口8个村委会。

垌心乡：垌心、上瑶、王举、谷山、督的、罗宜、三连7个村委会。

资源·物产

【土地资源】 2015年，全市土地总面积为4073.8平方公里，人均占有土地0.233公顷。城乡用地318578亩，占总面积5.24%。其中城镇、工矿用地17886亩，占0.30%；村庄用地273863亩，占4.5%；道路用地17886亩，占0.30%；沙滩8943亩，占0.14%；其他用地2981亩，占0.05%。

在土地利用结构上，农林牧渔所占的比例如下：全市土地利用总面积为6110745亩。其中：耕地2056712.9亩，占全市土地总面积的33.65%，农业人口人均耕地1.175亩。其中水田1189215.5亩，占耕地总面积57.8%；旱地712389亩，占耕地总面积的41.9%。耕地分布较多的乡镇有下湾、蒙圩、大洋、南木、大湾、江口等。

园地总面积165801.4亩，占土地总面积2.71%。其中果园160404.4亩，桑园1375.2亩，茶园2234.4亩，其他园地1787.4亩。

林地面积285万亩，占土地总面积44.15%。其中有林地1663486.7亩，灌木林地147488亩，苗圃388.3亩。疏林地90268.4亩；未成林794948.5亩。

牧草地面积83913.9亩，占土地总面积的1.37%。

居民点及工矿用地335043.2亩，占土地总面积5.48%。

交通用地面积21021.9亩，占土地总面积0.34%。

其他农用地133106.1亩，占土地总面积2.18%。其中养殖水面28787.2亩，畜禽养地33.2亩。

水域面积34万亩。

未利用土地535540.9亩，占土地总面积8.76%。其中荒草地345202.3亩，沙地158亩，石砾岩地13864亩，田地175923.6亩，其他未利用土地493.4亩。

【森林资源】 全市森林面积达19万公顷，历年累计完成植树造林面积2.1万公顷，森林覆盖率47.46%，森林资源活立木蓄积892.6万立方米，保有生态公益林2.8万公顷。拥有国家级森林公园1个，省级自然保护区1个。

【植物资源】 全市植物资源种类繁多。长期以来，县（市）政府贯彻实施《森林法》《野生植物保护条例》等法律、法规，大力开展森林资源保护和管理工作，有效地维护了生物资源的多样性。据1981年大平山自然保护区植物资源考察报告的数据，仅该自然保护区的植物资源就有166科533属1039种。其中属国家一类保护珍贵植物有：树蕨；二类保护植物有：紫荆木、樟树、园籽荷（半凤荷）、苏铁蕨、香花木、格木；三类保护植物有：篦齿叶节树、华南五针松、任豆、竹柏等。

【野生动物资源】 1981年，进行大平山自然保护区动物资源考察活动，调查到有动物资源8目23科112种40属，其中国家重点保护的有10多种。

1989年3月1日，国家颁布施行《中华人民共和国野生动物保护法》。县林业主管部门认真按照有关法律规定开展野生动物的保护和管理工作，使全县的野生动物资源得到有效的保护。据不完全统计，至今全市野生动物有25目56科约200种（不包括昆虫类）。列为国家一级保护野生动物有：瑶山鳄蜥、黑颈长尾雉、蟒蛇；国家二级保护野生动物有：林麝、猕猴、穿山甲、小灵猫（香猫）、白鹇、苏门羚、原鸡（锦鸡）、猫头鹰、金钱龟、山瑞鳖、虎纹蛙、大鲵（娃娃鱼）、大壁虎等；自治区级重点保护野生动物有：华南兔、红腹松鼠、飞虎、豪猪、竹鼠、黄鼠狼、果子狸、抓鸡虎、黄猄、竹鸡、野鸡、白头翁、八哥、鹩哥、乌鸦、大山雀、铁线蛇、百花蛇、水律蛇、乌梢蛇、金环蛇、银环蛇、眼镜蛇、山万蛇、蝰蛇、山蚂拐、石蛙、田鸡、沼蛙、三角蚂拐、鼬獾、四声杜鹃、棕腹啄木鸟、肥螈、黑眶蟾蜍。

【水资源】 市境地处桂东南，属亚热带气候，降雨充沛，年均降雨量1700多毫米。全市地表水总量38.5亿立方米（1984年数据）。水域面积34万亩，其中，河流19万亩，水库9.6万亩，池塘山塘5.4万亩，可养殖面积达20万亩。

辖区处于浔、郁、黔三江流域内，蕴藏着巨大的水力资源。其中，郁江流经市境76公里，最大流量19000立方米/秒，最枯流量300立方米/秒，年平均径流量596亿立方米；黔江流经市境48公里，最大流量23900立方米/秒，年径流量1352亿立方米；浔江在境内河段长42.5公里，最大流量44900立方米/秒，年均径流量1856亿立方米。三条江河蜿蜒流经全市14个乡镇，河流年径流量大，市内支流纵横交错，水库密布，可利用的天然水资源极为丰富。市内汇入黔、郁、浔三大河的一级支流有45条，小河流有750多条，河流总长993公里，总集雨面积4056平方公里。河流最枯流量21立方米/秒，多年平均径流量54.4832亿立方米。水能蕴藏量7.8万千瓦。

浔、郁、黔三大河流于每年夏秋季发洪涝，届时河水混浊，悬浮物多，各种细菌含量超标，但据水质监测数据可知，三大河流的水质都在Ⅲ级或优于Ⅲ级，只需经过滤、沉淀、消毒等处理后即可作人畜饮用。自古以来沿江一带可取用三江水源的有大湾、白沙、下湾、社步、蒙圩、寻旺、西山（含原桂平）、石咀、马皮、木圭、江口、金田、南木共13个乡镇；南北两侧和东西区的山区乡镇如中沙、垌心、紫荆、油麻、石龙等地可以选用山涧溪流作为水源，只要加强对这些山溪水源进行保护，进行简单的水处理，就可以保证这部分地区有充足饮用水。远离江河的平原、丘陵人群密集区的乡镇，如木乐、社坡、麻垌、罗秀、木根、罗播、大洋、厚禄等可以选用地下水或附近的水库蓄积水作为饮用水源。

全市现有蓄水工程共11567处，其中大型水库1座（跨市），中型水库9座，小型水库131座，小型塘坝11426座。控制集雨面积1305.57平方公里，总库容77978.8万立方米，有效库容48806万立方米，蓄积水源也大为充足。

全市位于贵港—桂平—平南盆地中部，其基底为碳酸盐岩类地层，周围被古老的碎屑岩及花岗岩侵入岩体所包围，由于为覆盖型岩溶区，地下水源也极为丰富，但出露的地下水点少，一般开采较为困难。据普查资料显示，全市出露的地下水点仅55处，总流量2.85立方米/秒，仅占地下水蕴藏总量6.94亿立方米的微小部分，开采前景极好。

【矿产资源】 市内蕴藏着储量较丰富的矿藏资源，矿产种类多、分布面广，有效潜在价值大，开发前景广阔。

目前，全市已探测发现的主要矿产种类有煤、铀、铁、锰、钴、铜、铅、锌、锡、金、银、稀土、硫、磷、钾、重晶石、萤石、石灰岩、麦饭石、陶土、砖瓦用黏土、建筑用砂、花岗岩、大理石、矿泉水、温泉（低温泉）等共26个矿种。

境内有62个矿点。其中，中型产地有5处：中型锰矿产地1处，中型铅锌矿产地1处，中型砂锡矿产地1处，中型麦饭石矿产地1处，中型石灰岩矿产地1处；小型产地7处：小型锌硫矿产地1处，小型金银矿产地1处，小型石灰岩矿产地1处，小型重晶石矿产地1处，小型萤石矿产地1处，小型水泥配料用贴土矿产地2处；其他矿点19处。

主要矿产为锰、铅锌、水泥用石灰岩、建筑用石灰岩、建筑用花岗岩、砖瓦用黏土、重晶石等。

矿藏种类与分布：金属矿

锰矿：主要分布于木圭、木乐、石咀、马皮、西山、石龙等乡镇，是广西重要锰矿资源之一。以木圭锰矿床为最大，是我国最典型的风化锰矿床。按矿石形态可分为松软锰矿床、烟灰状锰矿床，夹层锰矿床和堆积锰矿床，总储量2174.2万吨。矿区烟灰状锰矿石平均含量锰26.79%，铁7.09%，磷0.74%，二氧化硅25.02%。

锡矿：主要分布在西山、罗秀、石龙镇一带。西山镇凤凰岭锡矿属中型矿床，锡金属储量约7000多吨。矿石含锡品位一般在0.3%以上。

铅锌矿：主要分布在厚禄、白沙、石龙、木圭、金田、中沙等乡镇。以厚禄铅锌矿床为最大，矿石储量为1563万吨，矿石平均品位含铅0.53%左右、含锌3.21%—22%。为国家二级矿藏。

铁矿：市内东、南、西区均有蕴藏，共11个矿点，总储量约250万吨。主要分布于木圭、木乐、石咀、罗秀、西山、蒙圩、石龙等乡镇。仅蒙圩鸡心岭铁矿的储量为25万吨，开采价值较大。西山凤凰岭铁矿均伴生有锡、黄铁矿、闪锌矿等。

氧化铁红矿：主要分布于白沙、南木、罗秀等镇，储量约6万吨。目前最有开采价值的是白沙铁红，但因矿藏储于村庄及水田底下，牵涉很多民生问题难以解决，现已停止开采。

非金属矿

重晶石：主要分布于木圭、南木、金田、垌心、江口、白沙等乡镇。除垌心乡三连村一带重晶石属沉积矿床外，其余为冲积堆积矿床。总储量约750万吨，矿石硫酸钡含量一般在80%—90%之间，均有开采价值。

大理石：主要有纯黑（黑玉）、纯白（雪花）及花纹状（云霞）三大类。主要分布于蒙圩、白沙、石龙及罗秀等乡镇。总储量约8000万吨。

石灰石：主要分布于寻旺、西山、蒙圩、下湾、白沙（沿郁江两岸）、罗秀、南木、江口等乡镇及郁江两岸一带。矿储量极为丰富，探测查知储量约7100亿吨，且质量较好，氧化钙一般在50%以上，其中寻旺、蒙圩蕴藏的灰石质量更好，长期以来大量用于工业生产、建筑工程、公路建设等。

花岗岩：主要是斑状花岗岩、中细粒花岗岩、红斑角闪二长岩、辉长岩、闪长粉岩、正长岩等。斑状花岗岩初查分布面积约2860万平方米，主要分布于蒙圩至西山一带，总储量约10亿立方米。是良好的建筑装饰材料，大有开采价值。1990年代在蒙圩镇罗容村发现的“星光墨玉花岗岩”，属国内稀有的优装饰石材，抛光光泽度达117度以上，硬度在七级以上，质量可与巴西、芬兰蓝等名贵石材相媲美。在1994年6月举行的第五届亚太国际博览会上，这种被誉为“黛玉星光蓝”的花岗岩荣获金奖，冠名“中国第一石”。

钾矿：有农用钾及工业钾两种。农用钾分布于蒙圩罗容村，储量约800万吨；工业钾分布在罗秀、中沙一带，储量约700万吨。

萤石：主要分布在中沙、中和一带，储量约20万—30万吨。

硅石：主要分布在中沙镇，储量较大，尚未探明。该矿是冶炼锰硅合金和锰铁合金的主要材料。

此外，还有石英、水晶、铁黄、电气石、方解石、黑云母、白云母、磷灰石、硫黄矿、钨矿、辉钼矿、钛铁矿、铝矾土和砂黏土等矿种。

【农副产品资源】 桂平市耕地面积11.68万公顷，其中水田面积6.92万公顷，旱地4.76万公顷。是广西唯一一个年产粮50万吨以上的县（市），是广西商品粮生产基地之一。种植粮食作物品种75个，经济作物品种43个，蔬菜品种241个。主要农产品有粮食、荔枝、龙眼、木薯、茶叶、淮山、马铃薯、花生、芝麻、甘蔗、柑橙、西瓜、桂皮、八角、竹笋、铁皮石斛、腐竹、米粉等。2015年粮食总产55.73万吨，其中优质稻48.9万吨，所产优质米远销全国各地。水果种植面积3.1万公顷、总产10.93万吨。麻垌荔枝、金田龙眼、罗播簕荔、社坡白糖荔等品质别优良。桂平闻名产品产地有“全国荔枝之乡”“广西金田淮山之乡”“广西社坡腐竹之乡”“广西罗秀镇露棠村米粉之村”“广西西山镇西山村茶叶之村”“广西金田镇金田村淮山之村”。全国地理标志保护产品有“麻垌荔枝”“金田淮山”“白石山铁皮石斛”“桂平西山茶”，产品保护面积2.16万公顷。

【旅游资源】 桂平境内山川秀丽，风景名胜荟萃，有众多得天独厚的自然风光景观、历史人文景观文化及宗教文化景观，是广西首个县级“中国优秀旅游城市”，国家级地质公园。有国家AAAA级旅游景区2处，国家AAA级旅游景区4处，第一批国家重点文物保护单位1处，全国道教三十六洞天与七十二福地2处，广西现存最高古塔——东塔，广西第一座北回归线标志等。还有旅游业企业7家，星级酒店6家，星级农家乐7家，以及高铁、高速公路等交通设施。

气候·水文

【气　候】 全市地处低纬地区，北回归线横贯其中，属南亚热带季风气候，太阳辐射强；且因市境北靠大陆，南近海洋，日照充足，气候温和，雨量充沛，夏长冬短，无霜期长。夏半年（4—9月）受湿热的夏季风影响，多吹偏南风；冬半年（10月至次年3月）受干冷的冬季风影响，多吹偏北风。总的特点是：年均气温较高，阳光充足，雨量充沛，但分布不均。夏季多暴雨，易洪涝，春秋有干旱，冬季常有霜冻。个别地区，有些年份有冰冻。

根据中国气象学标准，气候平均气温小于10℃为冬季，大于22℃为夏季，10℃—22℃之间为春秋季。市境内春季始于2月7日，终期为4月19日，共72天；夏季始于4月20日，终于10月19日，共183天；秋季始于10月20日，终于1月5日共79天；冬季始于1月6日，终于2月6日，共31天。

【降雨量】 市内雨量充沛，年均降雨量1715.4—1726.7毫米，各地平均降雨量1300—2400毫米之间，相对湿度为80%。1953—1987年，年平均降雨量1731.8毫米，最多为2484.7毫米（1959年）；最少为1191.8毫米（1984年）。最大值与最小值之比为2.08。但由于地形的影响，市境域南北地区的降雨量差异很大，一般来说，北部较多，中部次之，南部较少。因北部属大瑶山南坡，为夏季风迎风面，雨量较多，金田水库年平均雨量2148.3毫米；中沙镇属高丘谷地，易成云致雨，故降雨较多，年均降雨量2404.4毫米，是市境内两个多雨中心地带。南部大容山北坡，处在夏季风的背风面，雨量较少，如罗秀镇年平均降雨量仅有1302.3毫米。中部平原地区雨量介于南北山区之间，年均降雨量1600—1700毫米；其中浔江两岸平原较充沛，年均降雨量为1715.4毫米。

年降雨季节分配不均匀，多集中在泛期（4—9月），总雨量1307.8毫米，占年降雨量的75%以上。6月份是雨量高峰月，一般都在220—300毫米。南北山区夏半年的雨量占全年的80%，其中6月份皆超过300毫米。冬半年雨量偏少，11—3月总雨量仅有250—350毫米。所以冬半年往往出现冬枯及春旱现象。

雨日分布大致与雨量相似，春夏季雨日较多。雨季一般从4月中旬开始至9月下旬结束。

年平均降雨日数为174天，雨季历年平均雨日为153天，历年年均大雨日数为18—19天、每年暴雨以上日数为7—8天、特大暴雨日（日降雨量≥100毫米）约为1天。大雨以上降雨日主要出现在4—9月，年均16.3天。

日最大降雨量各地均达150毫米以上。如1967年8月4日城区日雨量达220毫米；1970年7月22—25日连续大暴雨，金田水库雨量达482.3毫米；1971年5月31日达开水库日雨量达539.4毫米，为百年不遇的特大暴雨。由于降雨强度大，易发生洪涝现象。最长连续降雨日数为26天，发生在1956年5月14日至6月8日，降雨量255.6毫米。最长连续无降雨日数为39天，发生在1958年11月16日至12月24日。2005年，年降雨量1429.6毫米，比上年1609.9毫米少180.3毫米，比历年平均1714.5毫米少284.9毫米。虽然降雨量偏少，但日最大雨量244.0毫米，是桂平气象站、局有记录以来的第二大日降雨量。

人 口

【人口与民族】 早在新石器时代，桂平境内就有人类聚居、生息、繁衍。经夏、商、周，至春秋战国，在桂平的原始部落称“百越”，是中国最古老的部族之一，后发展为壮、瑶等民族。秦始皇三十三年（前214），中原汉族人50万人南下桂林、南海、象三郡，从湖南至灵渠到漓江、贺江进入梧州，溯江而上再进桂平，与越人杂居。汉元始二年（2），桂平人口5.4万人，至咸丰元年（1851）桂平人口为35万人。民国时期，人口年均增长率35‰。1949年近70万人。2015年年末，全市总人口199.6048万人，其中非农业人口45万人。

桂平市是以汉族为主的多民族聚居地区，2000年第五次人口普查，有汉、壮、瑶、苗、侗、仫佬、毛南、回、京、黎、白、布依、满、哈尼、土家、蒙古族，共16个民族。2015年年末全市人口199.6048万人，其中少数民族人口170163万人，占总人口8.52%，壮族160115万人，瑶族7002万人。

领导名录

（2015年1—12月）

中共桂平市委员会

书　记：杨评防　2015年1—12月

副书记：潘汉胜　2015年1—6月

陈锦秀　2015年6—12月

谢君茂　2015年1—4月

杨大东　2015年11—12月

常　委：罗爱卿　2015年1月

欧阳清明　2015年4—12月

杨大东　2015年1—12月

陈淑君　2015年1—12月

叶伟腾　2015年6—12月

蒙家坤　2015年1—12月

甘德权　2015年12月

卢景新　2015年1—6月

方德贵　2015年12月

黄文府　2015年1—12月

农丕泽（挂职）2015年1—12月

刘　伟（挂职）2015年1—12月

桂平市人民代表大会常务委员会

主　任：张津辉　2015年1—12月

副主任：杨永新　2015年1—12月

古雄莲　2015年1—12月

梁天龙　2015年1—12月

周杰明　2015年1—12月

桂平市人民政府

市　长：潘汉胜　2015年1—6月

陈锦秀　2015年6—12月

副市长：杨大东　2015 年 1—11 月
蒙家坤　2015 年 11—12 月
唐玉榕　2015 年 1—12 月
方德贵　2015 年 1—12 月
卢祖荣　2015 年 1—12 月
李汉彪　2015 年 1—12 月
薛有彪　2015 年 1—12 月
曾在旺　2015 年 1—12 月
农丕泽（挂职）2015 年 1—12 月
黄艳霞（挂职）2015 年 1—6 月
林　清（挂职）2015 年 5—12 月
刘　伟（挂职）2015 年 11—12 月
郭执生（挂职）2015 年 11—12 月

政协桂平市委员会

主　席：吴　燕　2015 年 1—12 月
副主席：蔡含贵　2015 年 1—12 月
董醒民　2015 年 1—12 月
黄锦彪　2015 年 1—12 月
陈雪峰　2015 年 1—12 月
秘书长：龙澍文　2015 年 1—12 月

市纪委（监察局）

书　记：罗祖明　2015 年 1—5 月
叶伟腾　2015 年 6—12 月
局　长：陈朝喜　2015 年 1—12 月

市委办公室

主　任：黄文府　2015 年 1—12 月

市委组织部

部　长：蒙家坤　2015 年 1—12 月
甘德权　2015 年 12 月

市委宣传部

部　长：唐玉榕　2015 年 1—12 月

市委统战部

部　长：陈淑君　2015 年 1—12 月

市台办

主　任：刘伟红　2015 年 1—12 月

市民族事务局

局　长：谢晔华　2015 年 1—12 月

市委政法委

书　记：卢景新　2015 年 1—10 月
方德贵　2015 年 11—12 月

市编委办公室

主　任：黎合辉　2015 年 1—12 月

市直机关工委

书　记：李　毅　2015 年 1—12 月

市委老干部局

局　长：苏敏庆　2015 年 1—12 月

市信访局

局　长：梁家永　2015 年 1—12 月

市委党校

校　长：谢君茂（兼）2015 年 1—11 月
杨大东（兼）2015 年 12 月
常务副校长：
梁远飞　2015 年 1—8 月
叶保辉　2015 年 9—12 月

市史志办公室

主　任：梁　雄　2015 年 1—12 月

市委政策研究室

主　任：梁斌武　2015 年 1—12 月

市委机要局

局　长：韦辽源　2015 年 1—12 月

市人大常委会办公室

主　任：潘荣廷　2015 年 1—12 月

市人大常委会法制工作委员会

主　任：李健仁　2015 年 1—12 月

市人大常委会代表联络工作委员会

主　任：徐中碧　2015 年 1—12 月

市人大常委会财政经济工作委员会

主　任：李贤富　2015 年 1—12 月

市人大常委会教育科学文化卫生工作委员会

主　任：钟明书　2015 年 1—12 月

市政府办公室

主　任：全丽锦　2015 年 1—12 月

市人防办

主　任：梁志健　2015 年 1—12 月

市法制办

副主任：李二杰　2015 年 1—12 月

市旅发委

主　任：蒋益强　2015 年 1—12 月

党组书记：蒋益强　2015 年 1—12 月

市民政局

局　　长：梁国能　2015 年 1—12 月

党组书记：梁国能　2015 年 1—12 月

市老龄办公室

主　任：陈　榜　2015 年 1—12 月

市发展和改革局

局　长：柒均荣　2015 年 1—12 月

党组书记：柒均荣　2015 年 1—12 月

市物价局

局　长：梁伟德　2015 年 1—12 月

市安监局

局　长：陈日鹏　2015 年 1—12 月

党组书记：陈日鹏　2015 年 1—12 月

市财政局

局　长：廖　科　2015 年 1—12 月

党组书记：廖　科　2015 年 1—12 月

市审计局

局　长：梁植聪　2015 年 1—12 月

党组书记：梁植聪　2015 年 1—12 月

市统计局

局　长：叶保辉　2015 年 1—9 月

　　　　甘学良　2015 年 9—12 月

党组书记：叶保辉　2015 年 1—9 月

　　　　　甘学良　2015 年 9—12 月

市粮食局

局　长：邝桂坤　2015 年 1—4 月

　　　　马刚年　2015 年 4—12 月

党组书记：邝桂坤　2015 年 1—4 月

　　　　　马刚年　2015 年 4—12 月

市教育局

局　长：黄建全　2015 年 1—12 月

党组书记：黄建全　2015 年 1—12 月

市科学技术局

局　长：梁伟勇　2015 年 1—12 月

党组书记：梁伟勇　2015 年 1—12 月

市食品药品监管局

局　长：薛之略　2015 年 1—12 月

党组书记：薛之略　2015 年 1—12 月

市地震局

局　长：马刚年　2015 年 1—4 月

　　　　刘德海　2015 年 4—12 月

市公安局

局　长：方德贵　2015 年 1—12 月

党委书记：方德贵　2015 年 1—12 月

政　委：黄善华　2015 年 1—12 月

市司法局

局　长：梁安福　2015 年 1—12 月

党组书记：梁安福　2015 年 1—12 月

市人社局

局　长：文德光　2015 年 1—12 月

党组书记：文德光　2015 年 1—12 月

市国土资源局

局　长：周家明　2015 年 1—12 月

党组书记：周家明　2015 年 1—12 月

市住房和城乡规划建设局

局　长：杨尧娄　2015 年 1—12 月

党组书记：杨尧娄　2015 年 1—12 月

市环境保护局

局　长：潘汉侠　2015 年 1—12 月

党组书记：潘汉侠　2015 年 1—12 月

市交通运输局

局　长：冯　中　2015 年 1—12 月

党组书记：冯　中　2015 年 1—12 月

市工商局
局　长：杨培新　2015 年 1—4 月
　　　　黄达泉　2015 年 4—12 月
党组书记：杨培新　2015 年 1—4 月
　　　　　黄达泉　2015 年 4—12 月
市质量技术监督局
局　长：　　　　2015 年 1—9 月（空缺）
　　　　王德健　2015 年 9—12 月
党组书记：李凌明　2015 年 1—9 月
　　　　　王德健　2015 年 9—12 月
市市政局
局　长：胡懋光　2015 年 1—12 月
党组书记：胡懋光　2015 年 1—12 月
市农业局
局　长：陈丕钊　2015 年 1—12 月
党组书记：陈丕钊　2015 年 1—12 月
市水产畜牧兽医局
局　长：薛运良　2015 年 1—12 月
党组书记：薛运良　2015 年 1—12 月
市水利局
局　长：杨梅良　2015 年 1—12 月
党组书记：杨梅良　2015 年 1—12 月
市文化体育和广播电视局
局　长：陈兆仁　2015 年 1—12 月
党组书记：陈兆仁　2015 年 1—12 月
市卫计局
局　长：杨忠进　2015 年 1—12 月
党组书记：杨忠进　2015 年 1—12 月
市外事侨务办公室
主　任：王锦芳　2015 年 1—12 月
市接待办
主　任：廖　珊　2015 年 1—12 月
市扶贫办
主　任：甘发全　2015 年 1—12 月
党组书记：甘发全　2015 年 1—12 月

市农业机械化管理局
局　长：玉石坚　2015 年 1—12 月
党组书记：玉石坚　2015 年 1—12 月
市机关事务管理局（市机关后勤服务中心）
局长（主任）：黄清华　2015 年 1—12 月
市二轻联社
主　任：覃春培　2015 年 1—6 月
　　　　莫启贵　2015 年 7—12 月
市水库移民局
局　长：李进清　2015 年 1—12 月
市长安经济管理委员会
主　任：邓旭平　2015 年 1—12 月
市档案局（市档案馆）
局　长（馆长）：唐圣惠　2015 年 1—12 月
党组书记：唐圣惠　2015 年 1—12 月
市招商局
局　长：李华英　2015 年 1—12 月
党组书记：李华英　2015 年 1—12 月
市供销合作社联合社
监事会主任：陈电波　2015 年 1—12 月
党组书记：陈电波　2015 年 1—12 月
市政协办公室
主　任：龙澍文　2015 年 1—12 月
市政协提案法制委员会
主　任：钟　兰　2015 年 1—12 月
市政协文史信息委员会
主　任：董克平　2015 年 1—12 月
市政协经济科技委员会
主　任：姚　倩　2015 年 1—12 月
市政协文教卫体委员会
主　任：郑乾文　2015 年 1—12 月
市政协外事联谊和民族宗教委员会
主　任：　　　　2015 年 1—3 月（空缺）
　　　　梁春梅　2015 年 4—12 月
市人民法院
院　长：黄志军　2015 年 1—12 月

党组书记：黄志军　2015 年 1—12 月

市总工会

主　席：陈雪峰（兼）2015 年 1—12 月

党组书记：李信光　2015 年 1—12 月

团市委

书　记：蒙　德　2015 年 1—8 月

　　　　洪宗泽　2015 年 9—12 月

市妇联

主　席：黄海妮　2015 年 1—12 月

党组书记：黄海妮　2015 年 1—12 月

市科协

主　席：涂榆平　2015 年 1—12 月

党组书记：李发胜　2015 年 1—12 月

市侨联

主　席：黄佳映　2015 年 1—12 月

市残联

理事长：钟金荣　2015 年 1—12 月

市工商联

主　席：覃炳炎　2015 年 1—12 月

市文联

主　席：梁炳荣　2015 年 1—12 月

垂直管理单位

市国税局

局　长：黄武荣　2015 年 1—12 月

党组书记：黄武荣　2015 年 1—12 月

市地税局

局　长：梁宽伦　2015 年 1—12 月

党组书记：梁宽伦　2015 年 1—12 月

国家统计局桂平调查队

队　长：李善生　2015 年 1—12 月

市气象局

局　长：农国傲　2015 年 1—12 月

市水文局

局　长：黎钟山　2015 年 1—12 月

市烟草专卖局（营销部）

局　长：谢尚记　2015 年 1—12 月

经　理：谢尚记　2015 年 1—12 月

市盐务管理局

局　长：董明宇　2015 年 1—12 月

邮政桂平分公司

经　理：李志军　2015 年 1—12 月

桂平供电公司

总经理：梁九思　2015 年 1—12 月

党组书记：李国荣　2015 年 1—12 月

广西广播电视信息网络股份有限公司桂平分公司

总经理：甘　育　2015 年 1—12 月

南广高铁桂平站

站　长：彭　申　2015 年 1—12 月

中国人民银行桂平市支行

行　长：杨国忠　2015 年 1—12 月

中国银行桂平支行

行　长：叶健强　2015 年 1—12 月

中国工商银行桂平支行

行　长：甘家朝　2015 年 1—3 月

　　　　王学东　2015 年 4—12 月

中国建设银行桂平支行

行　长：徐国勤　2015 年 1—12 月

中国农业银行桂平支行

行　长：潘海良　2015 年 1—12 月

中国农业发展银行桂平分行

行　长：农祝汉　2015 年 1—12 月

中国邮政银行桂平市支行

行　长：何汉龙　2015 年 1—12 月

桂平市农村信用合作联社

理事长：梁思芹　2015 年 1—3 月

　　　　陈锡忠　2015 年 4—12 月

广西桂平桂银村镇银行股份有限公司

行　长：易祖权　2015 年 1—12 月

广西北部湾银行股份有限公司桂平支行
行　长：杨　军　2015 年 1—7 月
　　　　黄志斌　2015 年 8—12 月
中国人民财产保险股份有限公司桂平支公司
总经理：刘扬辉　2015 年 1—12 月
中国人寿保险股份有限公司桂平支公司
经　理：李　吉　2015 年 1—12 月
中国电信股份有限公司桂平分公司
总经理：夏嘉鸿　2015 年 1—12 月
　　　　唐　涛　2015 年 12 月
中国移动通信集团广西有限公司桂平分公司
总经理：张　剑　2015 年 1—12 月
中国联合网络通信有限公司桂平分公司
总经理：蓝永明　2015 年 1—12 月

乡　镇

西山镇
书　记：吴宗恒　2015 年 1—12 月
镇　长：黎健华　2015 年 1—12 月
人大主席：薛松清　2015 年 1—6 月
　　　　　潘振成　2015 年 7—12 月
木圭镇
书　记：刘　军　2015 年 1—12 月
镇　长：凌天敬　2015 年 1—12 月
人大主席：杨艺镇　2015 年 1—12 月
木乐镇
书　记：孟明主　2015 年 1—12 月
镇　长：杨志强　2015 年 1—6 月
　　　　覃　政　2015 年 7—12 月
人大主席：罗阳宁　2015 年 1—6 月
　　　　　黄巧艺　2015 年 7—12 月
马皮乡
书　记：陈元雄　2015 年 1—12 月
乡　长：梁　科　2015 年 1—9 月
　　　　张　滨　2015 年 10—12 月
人大主席：梁奕标　2015 年 1—12 月
石咀镇
书　记：陈家丽　2015 年 1—12 月
镇　长：吴华勇　2015 年 1—12 月
人大主席：黄适造　2015 年 1—12 月
寻旺乡
书　记：杨永友　2015 年 1—12 月
乡　长：覃桂深　2015 年 1—12 月
人大主席：郑具清　2015 年 1—12 月
社坡镇
书　记：曹晓波　2015 年 1—12 月
镇　长：李永锋　2015 年 1—12 月
人大主席：刘立源　2015 年 1—6 月
　　　　　冯燕萍　2015 年 7—12 月
油麻镇
书　记：黄敏蓓　2015 年 1—12 月
镇　长：余　亮　2015 年 1—12 月
人大主席：陈学森　2015 年 1—12 月
社步镇
书　记：甘冬梅　2015 年 1—12 月
镇　长：陈金海　2015 年 1—12 月
人大主席：吴祖持　2015 年 1—12 月
下湾镇
书　记：邓森文　2015 年 1—12 月
镇　长：黄汉锦　2015 年 1—11 月
　　　　　　　　2015 年 12 月（空缺）
人大主席：甘秋华　2015 年 1—12 月
麻垌镇
书　记：何　矩　2015 年 1—12 月
镇　长：杨万源　2015 年 1—12 月
人大主席：容之业　2015 年 1—12 月
罗秀镇
书　记：杨仕洲　2015 年 1—12 月
镇　长：张小阳　2015 年 1—12 月
人大主席：梁振科　2015 年 1—12 月
中沙镇
书　记：杨振超　2015 年 1—12 月

镇　长：李水銮　2015 年 1—12 月

人大主席：杨广日　2015 年 1—12 月

木根镇

书　记：潘远庆　2015 年 1—12 月

镇　长：罗汉军　2015 年 1—12 月

人大主席：梁群清　2015 年 1—6 月

冯　淋　2015 年 7—12 月

罗播乡

书　记：邱海天　2015 年 1—12 月

乡　长：何安清　2015 年 1—12 月

人大主席：袁森泉　2015 年 1—12 月

大洋镇

书　记：杨　乐　2015 年 1—12 月

镇　长：黄旭升　2015 年 1—12 月

人大主席：余　标　2015 年 1—12 月

大湾镇

书　记：莫启贵　2015 年 1—5 月

张进才　2015 年 6—12 月

镇　长：何　云　2015 年 1—12 月

人大主席：谭汝阳　2015 年 1—12 月

白沙镇

书　记：陈林才　2015 年 1—12 月

镇　长：张汝奇　2015 年 1—12 月

人大主席：洪宗泽　2015 年 1—8 月

梁文辉　2015 年 9—12 月

厚禄乡

书　记：李德宾　2015 年 1—12 月

乡　长：廖文芳　2015 年 1—12 月

人大主席：李明贤　2015 年 1—12 月

石龙镇

书　记：罗剑　2015 年 1—12 月

镇　长：郑永容　2015 年 1—6 月

蒙　德　2015 年 7—12 月

人大主席：黄剑斌　2015 年 1—12 月

蒙圩镇

书　记：蒙星强　2015 年 1—12 月

镇　长：陈远斌　2015 年 1—12 月

人大主席：覃海强　2015 年 1—12 月

南木镇

书　记：甘天阳　2015 年 1—12 月

镇　长：张进才　2015 年 1—8 月

杨健军　2015 年 9—12 月

人大主席：丘忠坚　2015 年 1—12 月

金田镇

书　记：刘万锋　2015 年 1—6 月

杨志强　2015 年 7—12 月

政府主要负责人：

陈飏规　2015 年 1—6 月

镇　长：薛松清　2015 年 7—12 月

人大主席：龙雪梅　2015 年 1—12 月

江口镇

书　记：傅中博　2015 年 1—12 月

镇　长：杨健军　2015 年 1—6 月

罗阳宁　2015 年 7—12 月

人大主席：　2015 年 1—4 月（空缺）

刘万海　2015 年 5—12 月

垌心乡

书　记：罗志峰　2015 年 1—12 月

乡　长：曾　瑜　2015 年 1—12 月

人大主席：甘祖林　2015 年 1—8 月

黄禹凯　2015 年 9—12 月

紫荆镇

书　记：黄胜杰　2015 年 1—12 月

镇　长：彭维杰　2015 年 1—12 月

人大主席：张兆鸿　2015 年 1—12 月

中共桂平市委员会

重要会议

【中国共产党桂平市第十三届代表大会第五次会议】 2015年2月4日，召开中国共产党桂平市第十三届代表大会第五次会议。会议批准杨评防同志代表中共桂平市第十三届委员会所作的报告。大会一致认为，报告对2014年工作成绩的总结是客观公正、实事求是、鼓舞人心的。大会一致赞成报告中对2014年工作的总结。大会同意报告关于桂平市2015年加快“三城两基地”建设，开创富民强市新局面的工作部署。大会认为，报告确定的工作目标和任务，符合桂平实际，经过努力是可以实现的。大会强调，实现报告确定的工作目标任务，要全面贯彻党的十八大和十八届三中、四中全会以及习近平总书记系列重要讲话精神，以提高经济发展质量和效益为中心，以建设资源节约型和环境友好型社会为引领，围绕自治区实施“双核驱动”战略和贵港市打造西江流域核心港口城市的决策部署，全面实施“四大工程三年攻坚行动计划”，大力推进新型工业化、新型城镇化、旅游产业化和农业现代化，促进产城融合、城乡融合发展，奋力实现“十二五”规划目标任务。大会号召，全市各级党组织和广大共产党员要紧密团结在以习近平同志为总书记的党中央周围，解放思想，抢抓机遇，开拓创新，真抓实干，为全面完成“十二五”规划目标任务，实现桂平在西江经济带乃至西部地区县域经济的率先崛起而努力奋斗！

【桂平市十三届纪委第五次全体会议】 2015年2月13日，召开桂平市十三届纪委第五次全体会议。会议强调，全市各级领导干部和领导班子要认真学习、深刻领会各级纪委全会精神，准确把握、全面贯彻落实到纪检监察的各项工作中来，推动桂平经济社会发展再上新台阶。会议要求，坚持从严治党新要求，把握好党风廉政建设和反腐败斗争方向盘，要按照全面从严治党新要求，进一步把党员干部的思想和行动统一到中央关于党风廉政建设和反腐败斗争的分析研判和决策部署上来，主动适应从严治党新要求新常态，切实增强使命感和紧迫感。坚决维护中央权威和党的集中统一，号准党风政风建设的时代脉搏，必须维护党中央权威，在任何时候任何情况下，都要在思想上、政治上、行动上同以习近平同志为总书记的党中央保持高度一致，不能妄议中央大政方针；必须维护党的团结，坚持五湖四海，团结一切忠实于党的同志；必须遵循组织程序，重大问题该请示的请示，该报告的报告，不允许超越权限办事；必须服从组织决定，决不允许搞非组织活动，不得违背组织决定；必须管好亲属和身边工作人员，决不允许他们利用特殊身份谋取非法利益。抢抓新机遇，开创党风廉政建设和反腐败斗争新局面，严肃责任追究，强化主体责任，确保党风廉政建设取得实效。各级纪检监察部门要进一步落实“三转”，即转职能、转方式、转作风，聚焦主业，强化监督执纪问责；要强化自身建设，加强和完善内部监督机制，对以案谋私、严重败坏纪检监察机关形象的要坚决查处，防止出现“灯下黑”，以铁的纪律打造一支忠诚、干净、担当的纪检监察干部队伍。坚持纠正“四风”、高压惩腐，问责惩处上不封顶，努力营造良好的政治生态环境。各级党委（党组）和纪检监察部门思想要重视、方法要对路、行动要跟上，决不让反腐败斗争出现盲区，决不让腐败分子逍遥法外。在查办大案要案的同时，也要大力整治领导干部中的歪风邪气问题。坚持破立结合，深化改革，积极探索反腐倡廉治本新举措。必须破除旧制，建立新规，形成科学可行的长效机制。加紧建立健全一批制度，扎紧制度“笼子”；积极推进权力清单制度，依法公开权力运行流程，完善党务、政务和各领域办事公开制度，让权力在阳光下运行，从根本上消除腐化堕落、滋生奢靡之风的土壤；要健全完善相关纪律规定，硬化刚性约束，落实制度运行的监督，确保制度落到实处，有针对性地制定和完善廉政风险防控制度，查漏补缺，规范运行，从制度上防止和遏制腐败现象的发生。

【全市农业产业化调研座谈会】 2015年3月6日，召开全市农业产业化调研座谈会，会议指出，桂平市是农业大县、人口大县，但农业发展还存在大而不强、强而不优、优而无效的突出问题。要与全国同步全面建成小康社会，抓好“三农”工作意义特别重大。会议强调，要统一思想，提高认识，围绕现代农业发展谋划全局工作，从现代农业抓起，把现代农业作为着眼点，做大做强，而且要把“一乡一品”复制推广，把规模做起来，各乡镇和涉农部门要围绕现代农业来谋划全盘工作；以“十个围绕”为切入点，抓好现代农业发展各项工作，要围绕政策、规划、产品、产业、规模、标准、市场、服务、休闲旅游、新农村建设抓好现代农业发展，大力发展现代农业，妥善解决“三农”问题，进一步缩小城乡差距，逐步实现城乡一体化，为全面建成小康社会夯实基础。加强领导，整合资源，认真落实促进现代农业发展的各项工作，市政府要成立现代农业发展工作领导小组，由分管副市长牵头，各有关部门单位主要领导为成员，进一步加强对发展现代农业的组织领导。各有关部门要把关于惠农强农的政策进行汇总梳理，可以争取到的农业项目资金要尽量争取落实，可以整合惠农强农资源的要进行整合使用，形成加快现代农业发展的强大合力。与重大项目建设一样，实施现代农业三年攻坚行动计划，要把重大现代农业项目纳入桂平市“四大工程三年攻坚行动计划”，落实好资金、技术、人才等方面的保障措施，特别是落实好农业产业项目的土地问题，争取2015年年底前见成效，力争桂平的现代农业发展在广西异军突起、取得新的突破。

【工业园区建设和企业发展调研座谈会】 2015年3月9日，召开工业园区建设和企业发展调研座谈会，会议要求，要按照贵港市李新元市长的指示，始终坚持“工业立市”不动摇，进一步推动桂平经济发展。牢固树立企业能红火、园区能兴旺、农民能就业、工业能做强、桂平有希望的工业发展理念。提高企业纳税意识，加大对欠税企业的管理力度。以园区为载体，以“十个围绕”为抓手，推动园区经济不断迈上新台阶，确实做强工业经济，围绕机遇、政策、规划、产业链、集约节约用地、物流、招商、服务、改革、“两个兑现”抓工业经济发展。突出问题导向，整合各种力量，形成推动园区建设的强大合力。长安工业集中区管委会要发挥好服务企业的职能，多下企业了解情况，积极协调部门帮助解决企业生产经营问题。各有关职能部门要加强机关作风和效能建设，坚决杜绝“吃拿卡要”现象和拖拉推诿、慢政懒政的不良风气，部门之间要主动沟通协调，形成合力，切实为企业排忧解难。

【全市组织工作会议】 2015年3月17日，召开全市组织工作会议。会议指出，党的十八大以来，习近平总书记站在时代发展的战略高度，围绕党要管党、从严治党发表了一系列重要论述，提出要“全面从严治党”的新要求。全市各级党组织要及时跟进学习，增强行动自觉，切实把思想和行动统一到中央的部署与要求上来。会议强调，要积极适应新常态，以高度的政治自觉和责任担当，深入学习并坚决贯彻习近平总书记关于全面从严治党的重要讲话精神，要科学认识从严治党新常态，突出忠诚信仰信念教育，强化政治纪律规矩意识，大力弘扬担当有为精神；要主动适应新常态，坚持好干部标准，从严治吏，为桂平改革振兴发展打造一支能谋善干、敢闯敢拼的坚强队伍，要把严的标准、严的举措、严的纪律贯穿干部工作始终，坚持好干部标准，选拔干部、使用干部、管理干部。要从严选准用好干部，从严管理监督干部，从严推进作风建设，要着力优化人才生态。要积极引领新常态，落实党建工作责任，夯实基层基础，全面推进基层组织建设。坚持不懈抓基层打基础，广泛凝聚起推动桂平改革发展的群众基础和强大合力，以联诺联述联评联考为重要抓手，落实主体责任，提升基层党建工作水平为重要内容，建强基层组织，发挥基层党组织战斗堡垒作用为重要目标，提升服务功能。要进一步振奋精神，开拓创新，真抓实干，锐意进取，在新常态下不断开创全市组织工作新局面，为桂平改革振兴发展做出应有的贡献。

【全市宣传思想文化工作会议】 2015年3月16日，召开全市宣传思想文化工作会议。会议总结2014年宣传思想文化工作取得的成绩，指出存在的问题，研究部署下一步工作。会议强调，肯定成绩，正视问题，切实增加做好宣传思想工作的责任感、紧迫感和使命感，牢牢掌握意识形态工作的领导权和主动权，加强对宣传思想文化工作的领导，牢牢把握正确导向，抓好宣传阵地建设，加强宣传思想文化队伍建设，大力培育和践行社会主义核心价值观，积极为桂平发展稳定营造良好舆论氛围，大力推进精神文明建设，积极推动文化事业繁荣发展，注重打造城市品牌，树立桂平城市新形象。

【党建工作调研座谈会】 2015年3月19日，召开党建工作调研座谈会，研究部署党建有关工作。会议指出，新时期、新常态下如何使党员队伍永葆青春，这是抓好党的建设的严肃命题。要树立“抓党建就是抓主导权和话语权，就是抓战斗堡垒和先锋模范作用”的理念，围绕基层党建工作中的薄弱环节，突出问题导向，进一步加强党的建设。只有坚持不懈地加强党的建设，才能永葆党的生机和活力，才能带领广大人民实现全面建成小康社会的战略目标。会议强调，各级党组织“一把手”要认真履行管党治党第一责任，班子成员要落实“一岗双责”，党组织书记不抓党建不是一个合格的书记，要以“六抓”为抓手，推动党建工作不断出成绩、出亮点，在推进“四大工程三年攻坚行动计划”中发挥引导、甚至是主导作用。会议要求，“一把手”作为班长要按照“三严三实”的要求以身作则，要求别人做到的首先自己要做到，要求别人不做的自己首先不做，先锋模范作用要从书记做起，要抓班子带队伍。要注重整合基层各方面的力量，形成齐抓共管的整体合力，要抓基层打基础，要按照党组织的要求，认真学习外地的先进典型，结合党员干部中的实际问题，扎扎实实抓好作风建设，要抓作风、树形象、促落实。要通过培训和教育，使广大党员领导干部自觉做到讲政治、懂规矩、守纪律，把作风建设不断推向深入，着力打造一支忠诚、担当、廉洁、有为的干部队伍。要实现全面从严治党，就必须完善监督系统，把监督工作做到位。要善于用好现有的载体，还要善于创新、善于总结，创造出更加适应当前形势的可操作、可复制、可推广的新的载体。

【全市农村工作会议】 2015年4月2日，桂平市委、市政府召开全市农村工作会议，会议指出，做好新时期的“三农”工作，加快推进农业现代化，关系着国家现代化建设战略布局。党中央、国务院历来高度重视“三农”工作，中央连续多年发布以“三农”为主题的中央一号文件，对农村改革和农业发展作出具体部署，这足以说明“三农”问题在中国现代化建设中的重要地位，特别是粮食安全对国家安全具有非凡的意义。会议要求，各级各部门一定要有清醒认识，决不能因为农业占GDP比重较低、投资大、周期长、见效慢就放松农业，不能因为城镇化进程加快就忽视农村建设，更不能轻视农民。要坚持从大局出发，把“三农”工作摆在更加突出、更加重要的位置，用战略的眼光、创新的理念、有力的举措、务实的作风来抓“三农”，跳出“三农”抓“三农”，坚持以现代产业理念抓农业，以工业发展带动新农村建设，以农业现代化促进农民增收，推动农村经济社会全面协调可持续发展。认真学习贯彻落实中央、自治区和贵港市三级农村工作会议精神，提高认识，统一思想，始终把“三农”工作摆在更加突出的位置抓紧抓好，以“十个围绕”为抓手，大力发展现代农业，加快转变农业发展方式，稳妥推进农业农村体制改革，不断突破“三农”工作瓶颈和难点，着力加强基层党的建设，为农村改革发展稳定提供有力的组织保障。

【全市推进港产城互动融合发展暨招商引资和“四大工程”三年攻坚行动计划动员会议】 2015年4月24日，桂平市委、市人民政府召开全市推进港产城互动融合发展暨招商引资和“四大工程”三年攻坚行动计划动员会议，研究部署在新常态下如何谋划“十三五”，分析当前项目建设和一季度经济指标的统计问题。会议指出，今年是“十二五”规划收官之年，也是“十三五”规划谋划之年，“十三五”的总基调就是港产城互动融合发展，根据新的形势在“十二五”的基础上好好提炼，邀请一流的团队进行编制。会议要求，要按照贵港市打造成为西江流域核心港口城市的发展战略，把发展港口经济纳入发展战略，把码头港口建设作为重点打造，以港口经济的发展带动产业经济的发展。充分利用区位优势，大力推进港口码头建设，努力构建互联互通现代化综合交通运输体系，深化对现代物流产业的认识，努力把现代物流产业打造成为国民经济的支柱产业，以现代物流产业的发展推动产业优化升级，进一步深化和树立现代招商引资的新理念，切实加大招商引资扶持力度，把新型城镇化摆在经济社会发展突出位置，以拉开城市框架为突破，努力构建新型城镇化和谐发展的新格局。

【全市党的建设工作会议】 2015年5月14日，召开全市党的建设工作会议。会议总结近年来党建工作取得的新进展，分析存在的问题，通报卫片执法工作的有关情况，部署下一步工作。会议指出，客观分析形势，准确把握全面从严治党的部署要求。党的十八大以来，中央对党的建设高度重视，把从严治党提高到一个前所未有的高度。习近平总书记对党的建设提出了许多新思想、新论断、新要求，其中的一个核心思想，就是党要管党、从严治党。在党的群众路线教育实践活动总结大会上，习近平总书记对新形势下坚持从严治党提出了八个方面的明确要求。会议要求，落实从严要求，统筹推进从严治党各项工作任务，从严从实抓思想政治建设、抓干部队伍建设、抓工作作风建设、抓基层组织建设、抓党风廉政建设，持续深入学习贯彻习近平总书记系列重要讲话精神，坚持好干部的标准来培养选拔使用管理干部，巩固拓展教育实践活动成果，树立抓基层打基础的鲜明导向，着力营造风清气正的政治生态。强化组织领导，全面落实从严治党政治责任，要健全从严治党责任体系，严格党建工作考核问责，注重形成统筹推进合力，突出问题导向推动创新。

【争创广西特色旅游名县工作推进会】 2015 年 7 月 7 日，召开桂平市争创广西特色旅游名县工作推进会。会议指出，提高认识，统一思想，坚定信心，举全市之力创建成为广西特色旅游名县。认清形势，找准差距，精准发力，针对创建工作中存在的薄弱环节进行集中整改。整合资源，大力招商引资，以开放的姿态开创旅游产业大发展的新局面，解放思想，改革创新，大刀阔斧破除旅游管理体制经营机制的障碍，努力破解旅游产业发展的瓶颈，强化领导，落实责任，完善工作机制，以“三严三实”的要求扎实推进创建旅游名县各项工作。

【桂平市创建“中华诗词之乡”动员会】 2015 年 7 月 21 日，召开桂平市创建“中华诗词之乡”动员会。会议主要目的是统一思想、凝聚共识，把全市各级各部门和文化界的资源和力量集中起来，加快推进桂平市“中华诗词之乡”创建的各项工作。会议要求，统一思想，提高认识，深刻领会创建“中华诗词之乡”的重要意义，创新驱动，努力推进桂平市诗词文化实现大发展大繁荣，加大宣传，为创建“中华诗词之乡”营造浓厚氛围，加强领导，为创建“中华诗词之乡”提供组织保障。

【桂平市 2015 年年中工作暨生态经济工作会议】 2015 年 7 月 31 日，召开桂平市 2015 年年中工作暨生态经济工作会议，传达贯彻自治区、贵港市两级年中工作会议和全区生态经济工作会议精神，认真总结上半年工作，分析当前发展形势，研究部署下半年工作，全力以赴稳增长，确保实现全年目标任务，为“十二五”发展画上圆满的句号。会议强调，认清形势思发展，要按照上级党委、政府决策部署，准确把握经济走势，科学分析形势，有针对性地采取措施，全力以赴抓好稳增长各项工作，奋力完成全年工作目标任务，勇当贵港市排头兵。改革创新抓发展，要把促改革和稳增长结合起来，找准“牵一发而动全身”的重点领域，抓住“落一子而满盘活”的关键环节，稳妥推进全面深化改革。学用政策抓发展，学透用足政策十分重要，特别是近期中央、自治区和贵港市都出台了很多稳增长的利好政策，各级各部门也出台了很多配套措施，需要好好研究，用好政策。加强服务促发展，加强对企业的服务，最根本的还是要推进深化改革，以深化改革释放市场活力和动力，减少企业行政成本，为企业发展营造良好的政务服务环境。提升城市形象促发展，重点实施城市形象提升工程，提升桂平城市的形象与品位，进而增强城市核心竞争力，着力打造成为宜居宜业宜学宜游的魅力之城。改善民生保发展，要以民生需求为导向，把稳增长同解决群众最关心、最直接、最现实的利益问题结合起来，扎扎实实做好就业创业、社会保障、教育文化、医疗卫生、食品安全以及城乡基础设施建设、保障性安居工程、棚户区和危旧房改造等工作，使民生改善和经济发展有效对接、相得益彰。维护稳定保发展，必须重点抓好安全生产这个安全阀和稳定器，切实加强道路交通安全、消防安全、安全生产、食品药品安全、环境安全等公共安全防范措施，严格落实安全生产责任制，坚决防止各类重大恶性安全事故发生。提升公众安全感和满意度提档进位工作为契机，加强社会治安综合治理，严厉打击各类犯罪活动，切实提高桂平市公众安全感和政法队伍满意度。发展生态经济助发展，必须按照产业发展生态化、生态建设产业化的思路，把绿色化放在与新型工业化、信息化、城镇化、农业现代化等“新四化”并列的高度，以绿色化引领经济社会发展转型升级。注重顶层设计谋发展，科学编制和实施“十三五”规划，明确今后一个时期经济社会发展的基本路径、目标任务和重大举措，抓紧修编完善城市总体规划和土地利用规划，为城市发展和建设用地预留足够的空间。要总结本单位、本系统“十二五”工作成绩，认真评估“十二五”各专项规划执行情况，认真思考对桂平“十三五”规划编制有哪些意见建议，共同为桂平未来一段时期的发展出谋献策。加强作风建设保发展，要认真贯彻中央关于领导干部能上能下的若干规定，把那些忠诚、干净、敢于担当的干部，想干事、能干事、干成事的干部用起来，形成能者上、庸者下、劣者汰的良好用人导向和制度环境。领导干部要自觉严守党的政治纪律和政治规矩，自觉增强党性修养，加强从政道德和个人品行修养，始终做到心中有党、心中有民、心中有责、心中有戒，为桂平的发展尽心尽力、建功立业。

【市四家班子（扩大）会议】 2015 年 8 月 17 日，召开市四家班子（扩大）会议，传达学习和贯彻落实习近平总书记、李克强总理关于安全生产重要指示批示以及全国、全区安全生产工作会议精神，研究部署桂平市安全生产工作。会议要求，迅速开展安全生产大排查大整治工作，要充分认识当前安全生产工作面临的严峻形势，时刻不麻痹，时刻不侥幸，时刻不松懈，严格、严肃做好当前桂平市各项安全生产工作。坚持底线思维，坚持居安思危。始终把安全生产放在首要位置，未雨绸缪做好安全生产工作，加强领导，形成合力，要加强督查，强化问责，统筹兼顾好其他中心工作，抓好项目推进、安全感满意度、防洪防汛、安全运输工作。

【全市党的群团工作会议】 2015 年 9 月 2 日，召开全市党的群团工作会议，全面贯彻落实中央、自治区有关会议和文件精神，进一步加强新形势下党的群团工作，更好发挥群团组织作用，努力开创党的群团工作新局面，汇聚起贯彻落实“四个全面”战略布局、加快实现富民强市的强大正能量。会议强调，深入学习领会习近平总书记关于群团工作的重要思想，提高认识，切实增强做好群团工作的责任感、使命感和紧迫感，切实保持和增强党的群团工作和群团组织的政治性、先进性、群众性，坚定不移走中国特色社会主义群团发展道路，立足市情、发挥优势，走出一条切合桂平实际的群团工作新路子，加强领导，落实责任，共同开创全市群团工作新局面。会议要求，要紧密团结在以习近平同志为核心的党中央周围，解放思想、改革创新、锐意进取、扎实苦干，不断开创本市群团工作新局面，为全面实施“四大工程”三年攻坚行动计划、加快实现在西江经济带乃至西部地区县域经济中率先崛起做出新的更大的贡献！

【中国共产党桂平市第十三届委员会第十六次全体会议】 2015 年 12 月 31 日，中国共产党桂平市第十三届委员会第十六次全体会议在桂平城区举行。出席这次会议的有桂平市委委员 38 人、候补委员 8 人。市纪委常委和有关方面负责同志列席了会议，市第十三次党代会代表中部分基层同志和专家学者也列席了会议。全会由市委常委会主持。全会深入学习贯彻党的十八届五中全会、自治区党委十届六次全会和贵港市委四届六次全会精神，听取和讨论了桂平市委常委会的工作报告，审议通过了《中共桂平市委员会关于制定国民经济和社会发展第十三个五年规划的建议》《中共桂平市委员会关于“五年攻坚战共圆小康梦”六大行动　坚决打赢“十三五”脱贫攻坚战的意见》。陈锦秀、杨大东分别就《建议（讨论稿）》和《意见（讨论稿）》向全会作了说明。全会充分肯定一年来市委常委会的工作。一致认为，在上级党委、政府的正确领导下，市委班子团结和依靠全市各族人民，按照自治区“双核驱动”和贵港市打造西江流域核心港口城市发展战略，主动适应经济发展新常态，坚持稳中求进工作总基调，认真贯彻稳增长、促改革、调结构、惠民生、防风险的政策措施，持续深入实施“四大工程”三年攻坚行动计划，全市经济呈现稳中有进、后劲增强的特点，社会保持稳定和谐，从严治党取得了新成效，各项工作取得了新进展。全会高度评价了“十二五”时期桂平市经济社会发展取得的显著成绩。认为市委坚决贯彻落实上级党委、政府的各项决策部署，全面推进经济建设、政治建设、文化建设、社会建设、生态文明建设和党的建设，经济社会发展取得重大成就，城乡面貌发生新的重大变化。尤为鼓舞人心的是，南广高铁全线开通运营、大藤峡水利枢纽工程开工建设，全市人民盼望多年的“高铁梦”“大藤峡梦”终成现实。全会深入分析了“十三五”时期桂平市发展的优势、机遇和挑战，认为“十三五”时期西部大开发和新型城镇化等战略及“一带一路”倡议深入实施，珠江—西江经济带上升为国家战略，广西实施“双核驱动”战略，以及桂平拥有的区位交通优势、资源禀赋和历年的投入积累，为推进跨越发展、全面建成小康社会蓄积了能量。未来五年，桂平市仍处于加快发展的重大机遇期，推进桂平跨越发展大有作为，也面临诸多矛盾叠加、风险隐患增多的严峻挑战。全会指出，制定“十三五”规划，必须高举中国特色社会主义伟大旗帜，以邓小平理论、“三个代表”重要思想和科学发展观为指导，深入贯彻习近平总书记系列重要讲话精神，以“四个全面”战略布局为统领，深入贯彻创新、协调、绿色、开放、共享发展新理念，坚持发展是第一要务，以提高发展质量和效益为中心，以打造珠江——西江经济带重要枢纽城市为目标，主动适应和引领经济发展新常态，着力聚焦产业攻坚，着力实现城市跨越，着力提升交通枢纽地位，加快建设富饶幸福美丽家园，加快构筑体制机制新优势，统筹推进“五位一体”建设，努力开创桂平经济社会发展新局面，奋力实现全面建成小康社会宏伟目标。全会根据党的十八届五中全会、自治区党委十届六次全会和贵港市委四届六次全会精神，结合桂平实际，提出了“十三五”时期经济社会发展的目标任务、基本原则和重大举措。强调要切实解放思想，牢固树立加快发展的四种观念；要狠抓责任落实，持续深入实施“四大工程”三年攻坚行动计划；要增进民生福祉，努力推动民生事业迈上新台阶；要坚持全面从严治党，不断提高党的建设科学化水平。全会明确打赢“十三五”脱贫攻坚战的总体要求、基本原则和主要目标，突出“五年攻坚战、共圆小康梦”主题，精准实施产业扶贫、基础设施建设、教育培训、金融服务、公共服务保障、社会帮扶等“脱贫攻坚六大行动”，确保到2020年年底全市现行标准下的15.2万名农村贫困人口实现脱贫、确保桂平市和151个贫困村全部脱贫摘帽、返贫率控制在3%以内。全会强调，实现“十三五”规划确定的目标任务，关键在党。必须不断强化纪律规矩意识，优化干部队伍建设、夯实基层组织、加强党风廉政建设，为实现“十三五”发展目标提供坚强政治保证。全会期间，26个乡镇党政主要负责同志向市委、市政府签署脱贫攻坚责任书。全会按照党章规定，决定递补陈丕钊、陈林才、胡慈光、黄鉴泽同志为市委委员。全会号召，全市各级党组织、党员干部和广大人民群众，一定要紧密团结在以习近平同志为核心的党中央周围，全面落实本次全会确定下来的各项目标任务，解放思想、转变观念，真抓实干、敢于担当，以新境界、新理念、新路径引领科学发展，以超常措施推进赶超跨越，共同努力谱写中国梦桂平辉煌的新篇章！

党内民主制度建设

2015年，中共桂平市委员会着力于党内民主制度建设。

【民主决策】 市委着眼于提高党委、政府民主决策水平，进一步规范工作议事规则程序，完善党的地方各级全委会、常委会工作机制，完善集体领导方式，发挥全委会对重大问题的决策作用。注重充分听取党员、群众，尤其是基层干部的意见和建议，着力于解决现实问题，以科学的方法推进党内民主决策机制的完善。开展重大决策征询工作，广泛征询人大、政协、民主党派、社会各界人士的意见建议，完善决策方案，提高党内民主决策的科学化水平。

【民主选干】 全市各级党组织认真学习贯彻新修订的《党政领导干部选拔任用工作条例》，编写《干部工作业务手册》，进一步规范工作流程。健全完善领导班子和干部队伍定期分析制度，为选人用人提供科学参考。年内，中共桂平市委提拔任用科级领导干部 45 人（其中正科级领导干部 15 人、副科级领导干部 30 人），调整交流科级干部 244 人。加强选调生、大学生村官选拔培养管理，录用选调生 10 人（其中硕士 1 人、本科学历 9 人），选聘大学生村官 25 人。

【民主监督】 市委进一步建立完善民主监督制约机制，为民主监督提供制度保证。注意民主监督的运行机制和激励机制建设，确保有关部门协调沟通有序，确保监督成果得到有效采纳和落实，保证民主监督健康运行。坚持把党内民主监督与党的自身建设、民主与法治建设、思想政治建设等各项工作相结合，保证各项工作顺利开展。落实市人大及其常委会的决议、决定，主动接受市人大的法律监督、工作监督，自觉接受市政协的民主监督和人民群众及新闻舆论监督。人大代表建议和政协委员提案办结率 100%。

【发展基层民主】 2015 年，桂平市委继续发展基层民主，保障人民享有的民主权利。

政务公开。贯彻实施政府信息公开条例，组织开展政府信息公开工作。加强组织领导，建立健全规章制度，推进政府信息公开载体建设。继续做好依托市政府门户网站推进“一服务两公开”工作，对网站进行升级扩展，围绕政府网站“信息公开、办事服务、政民互动和回应公众关切”等中心职能，新建“重点业务服务信息”版块，新增“政风大家谈”栏目，加强网站政府信箱及官方微信、微博的运行，为群众提供更多更好的政务服务。桂平市政府信息公开网络载体已形成以市人民政府门户网站为龙头，各级政府信息公开统一平台和 16 个部门网站集聚的政府网站群。年内，发布政务信息 15151 条。动态类信息 5600 多条，政府采购信息 925 多条，视频信息 5300 多条，办事服务类信息 4800 多条。各级各部门通过政府信息公开统一平台主动公开政府信息累计 23000 多条。

厂务公开。推动各级相关组织认真学习贯彻自治区《企业民主管理条例》，建立健全职工代表大会、厂务公开制度，完善“职工之家”建设。利用党工共建的平台，推进党建带工建、党工共建工程，加快工会组建工作。在工业园区全部建立工会联合会，不断扩大工会组织覆盖面。年内，全市非公企业工会组建率 99.15%，入会率 99.23%。全市有全国模范职工之家 1 个，自治区模范职工之家 12 个。积极探索乡镇总工会建设试点工作，2015 年年底之前，各乡镇均成立乡镇总工会。

村务公开。2015 年，组织开展全市村（社区）“两委”班子换届后续工作，注重村（社区）“两委”班子守信念、讲奉献、有本领、重品行，全面调整、补充、优化村（社区）干部队伍，壮大城乡基层党组织的骨干力量。并建立村（社区）务监督委员会 43 个，村务组织管理工作得到进一步加强，村务公开民主管理水平得到进一步提高，“干部问事、群众说事、集中议事、及时办事和定期评事”的村务公开运行机制得到进一步提升。村务公开抓住了群众敏感、群众关心、群众疑惑等事项进行公开，努力打造诚信政府，促进社会和谐和稳定。

【民主党派参政议政】 市委重视引导各民主党派立足本职，发挥自身优势，深入调查研究，积极参政议政。年内，市委召开听取各民主党派、无党派人士意见、建议座谈会和情况通报会2次，听取各民主党派、工商联、无党派人士2015年度重大课题调研汇报会1次。组织共产党外代表人士献策，促进城市环境综合整治工作的开展。落实“党委出题，党派调研，政府采纳，部门落实”制度，各民主党派完成调研报告5篇。

【督促政府职能转变】 2015年，深入开展党的群众路线教育实践活动，严格落实中共中央“八项规定”和国务院“约法三章”，认真整改“四风”方面存在的突出问题，停止新建政府楼堂馆所，严格控制财政供养人数，市本级公共财政安排的“三公”经费支出下降13.44%，文件数量、工作会议、评比达标活动分别压缩16.7%、17.1%和41.1%。6月，印发《桂平市人民政府关于印发我市取消下放和调整行政审批项目目录的通知》，取消、下放和调整行政审批项目126项。

加大行政监察和审计监督力度，有力推进政府廉政建设。加快建设法治政府，抓好依法行政示范点建设，抓好重大项目法律顾问服务工作，将依法行政工作纳入绩效考核。加大政务公开力度，健全政府信息发布制度，更好地保障人民群众的知情权、参与权和监督权。

组织工作

【概　况】 2015年，全市共辖26个乡镇，432个行政村（社区），有基层党（工）委33个，党总支部290个，党支部1953个，共有党员52035人，其中农村党员27688人，机关党员3103人，企事业单位党员9657人，非公有制经济组织和社会组织党员1907人。2015年，全市共发展党员706人，其中农村党员476人，机关企事业单位党员201人，“两新”组织党员17人，学生党员12人。

【干部监督】 年内，开展领导干部经济责任审计工作。委托市审计局对4名科级领导干部进行了离任经济责任审计。扎实开展因私出国（境）证件专项治理工作，对630多名科级领导干部进行了出国（境）登记备案，收集保管155本因私出国（境）证件。11月，与市电信分公司协商通过2M MSTP专线接入桂平市房管所的房产信息查核报送系统专网，实现了对领导干部个人有关事项报告信息网上管理。

【干部选拔使用】 年内，主动适应全市改革发展大局，共选派131名干部到大藤峡水利枢纽工程项目、150多名干部到市“四大工程”项目锻炼，提拔重用了17名表现优秀的干部。深入推行干部日常管理“五个一”工程，强化干部实绩公示，全年共察访干部759人次，进行了3次综合研判分析。深入贯彻《党政领导干部选拔任用工作条例》，严格履行选人用人中的动议、民主推荐、考察、讨论决定、任职等程序规定，把党管干部原则贯穿和体现在选人用人全过程，突出党组织在干部选拔任用工作中的主体地位和主导作用。深入开展超职数配备专项整治工作，出台了“三超两乱”问题专项整治工作方案，加强编制管理，严把“入口关”，在选配干部前，严格填写《干部任职前审核表》，认真核实编制、人员、职数空缺情况，坚持干部配备“依编用人”，坚决杜绝新的超配现象发生，截至2015年12月底整改消化超职数配备干部93名。

【干部教育】 2015年，对干部开展“三严三实”专题教育活动。创新推行“五个联动”，即通过上下级之间、联系分管部门之间、同事之间、领导干部之间等就征求意见、查摆问题、剖析根源、责任倒查和整改落实5个方面进行互动互促，扩大专题教育成效。以专题集中学习研讨为抓手，坚持领导带头讲专题党课，通过研读“悟学”、调查“研学”、警示“醒学”、交流“深学”，组织全市处级以上领导干部深入乡镇、企业、村屯、项目一线等开展调研158次，撰写心得体会127篇、调研报告119篇，收集意见建议

996条，查摆出班子和个人的“不严不实”问题233项，并按照“台账管理·阳光整改”工作要求，制订429项整改落实措施。坚持边学边查边改，紧盯“四风”和“不严不实”的突出问题，加大对“四风”问题和基层干部不作为、乱作为、贪腐谋私、执法不公等问题整治。从制度上加强权力运行的监督和制约，健全办事流程和工作规范，力促党员干部严格按党性原则、法律规范和制度程序办事。开展基层干部廉政教育月活动，通过开展“七个一”活动，对镇村干部、驻村工作队员和大学生村官等共5078名基层干部进行廉政警示教育。

在干部教育活动中，抓好干部的培训。举办了全市2015年科级干部培训班，以提升新提拔科级领导干部的综合素养和履职能力、从严管理干部等为主要内容，并组织学员赴百色市开展革命传统教育。举办了全市2015年农村科技特派员培训班，培训了2015年首批自治区贫困村科技特派员、市农村科技特派员共60人。分级分类对全市2268名村（社区）干部进行集中轮训，采取集中轮训、学习交流、借鉴先进经验等方式，提高村干部队伍的知识能力素质。

【人才工作】 认真贯彻落实《桂平市中长期人才发展规划纲要（2010—2020年）》，抓好各类人才队伍建设。先后建立了10个人才小高地，有自治区优秀专家1名，贵港市创业创新领军人才（团队）51个，贵港市首席技师3名，贵港市专业技术拔尖人才43名，贵港市优秀青年科技人才48名。2015年全市有6人获得贵港市“专业技术拔尖人才”称号，5人获得贵港市“优秀青年科技人才”称号。在教育、科技、卫生、农业、旅游等系统建立了5个专业人才工作室，在长安工业区、龙门工业区和木乐服装工业区成立了3个人才工作站。同时，进一步完善了领导干部直接联系关护优秀人才制度。

【基层党建】 深入实施培养发展年轻人入党的“源头工程”、培养发展农村经纪人入党的“双培双促”工程和培养发展高知识群体人员入党的“培源”工程等发展党员“三大工程”，不断优化党员结构。

全面落实《桂平市基层党建工作三级“联诺联述联评联考”制度》，逐级分解落实党建工作任务，合力推进非公有制经济组织和社会组织党建百日攻坚大行动，采取单独组建、行业统建、区域合建、村企联建等形式合理组建“两新”组织党组织169个，覆盖“两新”组织1334家，有3名以上党员的“两新”组织以及规模以上非公企业党组织组建率均达到100%。稳步推进基层党组织升格，根据党员规模、产业布局等，将蒙圩镇新合村旧官桥屯等64个屯党小组升格为党支部，将西山镇前进村等18个村党支部升格为村党总支部，将罗秀镇罗秀村等3个村党总支部升格为党委。按照“六有”要求，对全市106个机关单位党组织进行了全面检查、全面整顿，重点抓组织规范建设和“三会一课”等党内制度落地。聚焦基层党组织活动不经常、民主管理混乱等10项突出问题，将61个基层党组织列为整顿对象，落实“五个一”要求进行了全面整顿提升。整合微信群、QQ群等媒体平台，按照“试点先行、以点带面、统筹推进”的思路，在试点的基础上，从7月份开始，在全市各乡镇、部门单位逐步推行网上党支部活动。全年全市有1210个党支部推行网上开展活动，18005名党员参与网上开展活动。

按照“八有”要求，高标准建设村级党群服务中心，在近400个村推行统一的党群服务流程，逐步完善了党群服务中心硬件设施建设，为群众提供“一站式”服务。2015年，在蒙圩镇官桥村、西山镇前进村等建立了30个村级党群服务中心。积极创新服务模式，以党群服务“凡事必应”工作法为平台，按照“一组两会”成员等各类志愿者收集群众诉求、党群服务中心（农事村办服务站点、村“两委”干部或挂点干部）受理、及时回应办理情况等步骤，为群众提供足不出屯的“一条龙”便民服务，实现了市镇村屯四级联动，共开展服务活动5240多次，为群众办实事1.3万多件。开展机关联系基层、干部联系群众“双联系”、“万名干部进万家”和在职党员到社区（回家乡）报到志愿服务等活动，全市2853名机关在职党员共开展主题服务活动1126场次，为群众办实事7569件，帮助群众圆梦微心愿3791个。

【党员干部远程教育】 2015年9—12月，对全市远程教育站点进行改版升级。升级后，全市共有远程教育站点466个，其中市级站点2个，乡镇级站点26个，村级站点432个，城乡风貌点3个，村屯和“农家课堂”拓展站点3个；采用电信宽带模式的站点460个，卫星模式的站点6个，站点覆盖了全市所有乡镇及行政村（社区）及部分村屯和农户。制定了“双定双评三挂钩”工作管理办法，把远程教育站点管理和学用工作列入村（社区）“两委”干部和驻村工作队员的绩效考评内容。是年，全市远程教育站点使用率均居贵港市第一名。高质量摄制了2015年自治区“百部”党员教育电视系列片，其中摄制的《为了大藤峡》荣获先进经验类唯一一等奖，《金田淮山标准栽培技术》荣获使用技术类三等奖，市委组织部荣获2015年全区党员教育电视片摄制工作优秀组织奖。

【自身建设】 坚持把讲政治作为组织部门第一位的要求，主动开展“三严三实”专题教育，每名组工干部服务1—3名处级领导开展“三严三实”专题教育；部委会成员带头讲党课、讲部史部风，从严落实政治纪律和政治规矩，引导组工干部不断坚定政治信仰，认真履行政治责任。坚持每月开展周二夜校讲坛活动，以学习业务知识为主要内容开展“股长讲业务”活动，以提升综合素质为目的邀请工作经验丰富的市直单位骨干、乡镇党政正职领导讲课，进一步优化组工干部知识结构。实施重点工作“项目化管理”工程。运用行动学习法对股室的工作提思路、谋对策，共将29项重点工作纳入项目化管理，做到一月一检查、一季度一评比、一年一考核。坚持机关联系基层、干部联系群众，部机关挂点联系石龙镇，每名干部联系该镇1—3户贫困户，每月至少一次入村进户帮群众解决问题。大力支持精准扶贫工作，选派了6名干部脱产到石龙镇开展精准识别工作，并为该镇支持精准扶贫工作经费4万元。注重信息宣传工作，全年向上级组织部门、党建网站和报纸刊物报送亮点突出、特色鲜明、反映桂平组织工作成效的组工信息70多条（篇），信息宣传工作排在全区并列第4名。

宣传工作

【舆论宣传】 年内，桂平市在《广西日报》见报230多篇稿件，位居广西100多个县（市、区）前列，连续8年荣获《广西日报》通讯报道甲等奖。重点稿件有《大山深处盛开文明花》《大藤峡工程施工地完成移民临时搬迁》《桂平市蝉联“全国粮食生产先进”殊荣》《桂平市“四轮齐驱”谱写发展新篇章》等70多篇。

【精神文明建设】 2015年，桂平市广泛开展社会主义核心价值观宣传活动。桂平电视台累计播出社会主义核心价值观公益广告10200多次，累计播出时间5213分钟；桂平电台累计播出社会主义核心价值观公益广告13210多次，累计播出时间6890分钟。《新桂平》报、“新桂平”微信平台，浔州网、同城网、桂平街坊、桂平通、桂平生活通等网站建立“社会主义核心价值观”公益广告专栏。城区主要街道、车站、文化广场、建筑工地围墙等公共场所悬挂或张贴宣传标语牌650多条（幅），城区各大电子屏幕、出租车的电子显示屏、各银行、各大商场和有LED电子屏幕的单位滚动播放宣传标语25000多条次。全市300多所学校组织师生15万多人次观看了“可可小爱”公益广告宣传片。同时，通过演讲比赛、文艺表演等形式宣传社会主义核心价值观，组织开展送戏下乡100多场次，观众达10万多人次。

整合思想道德宣传阵地，设立道德讲堂110多个，开展道德讲堂活动220多场，干部群众参加活动2万多人次。弘扬中华民族优良传统，开展“我们的节日活动”，组织开展“我们的节日·清明节（端午节、中秋节、春节）”活动，干部群众师生20多万人次参与了“我们的节日活动”。弘扬雷锋精神，传递正能量，组织开展“学雷锋志愿服务”活动，4500多个志愿服务小组活跃在全市城乡。倡导文明礼仪，组织开展“文明礼仪教育五进（进机关、村镇、社区、学校、企业）”活动，印发了《文明礼仪知识读本》28000多册供市民群众学习，引导市民规范言行举止，做文明桂平人。开展“斑马线上的文明”主题活动，组织文明劝导行动，引导文明交通。开展“感恩教育”主题活动，征集感恩故事，引导人们学会知恩、感恩、报恩。开展道德模范学习宣传活动，组织开展评选推荐全国第五届“道德模范”、自治区第三届“道德模范”、“贵港好人”“美德少年”“百孝之子”、每月推荐“身边好人”点赞道德模范等活动，发挥道德模范、身边好人的示范作用。通过电视台、电台、《新桂平》报广泛宣传西山镇碧滩小学校长罗桂群、桂平二中教师张小玲、大湾镇中心小学教师梁炯森3位教师孝老敬老的感人事迹（荣登贵港市2015年十名“百孝之子”榜），宣传大湾“5·22”事件中涌现的刘寿军、刘平新、刘启君、杨育军、杨松英、刘昌健、刘桂成7位见义勇为英雄的动人事迹。

【未成年人思想道德建设】 加强未成年人思想道德建设，深入开展“做一个有道德的人”主题教育实践活动。印发了《关于培育和践行社会主义核心价值观进一步加强桂平市少年儿童和少先队工作的实施方案》，在青少年中开展“我的中国梦”主题教育活动、“学习和争做美德少年”“网上祭英烈”“党在我心中”“向国旗敬礼”“勿忘国耻·圆梦中华”“开学第一课”主题教育活动、“奋发向上、崇德向善”读书活动等，20多万名青少年参与了活动，受到了教育。开展“感恩故事”征集、未成年人思想道德建设创新案例征集、优秀童谣征集、未成年人思想道德建设公益广告征集等活动，西山镇中心小学、桂平市逸夫实验小学获得全区未成年人思想道德建设创新案例征集三等奖。营造关心关爱未成年人的社会氛围，全市各级文明单位为未成年人办好事实事达130多件。抓好未成年人课外活动阵地建设，开展创建乡村学校少年宫活动。2015年重点指导石龙镇中心小学乡村学校少年宫开展创建活动，并以乡村学校少年宫为依托，开展各种形式的文化体育科学竞技活动，让未成年人健康快乐成长。

【群众性精神文明创建】 深入开展文明单位、文明村镇创建活动，为确保文明单位的先进性，发挥其先进示范作用，2015年，对全市本级文明单位、文明村镇和军（警）民共建精神文明先进单位进行了复核，年底重新确认表彰了120个文明单位，67个文明村和15对军（警）民共建精神文明先进单位。桂平市中沙镇上国村荣获“全国文明村”称号。深化创建，在机关重点开展创建“文明机关”活动，有效促进机关转变工作作风，提升服务质量。在农村，开展“十星级文明户”评选活动，“星级文明户”的主要内容包括勤劳致富、清洁卫生、爱国守法、计划生育、团结和睦、文明新风、科学教育、诚实守信、社会公益、文化传播十个方面，全市有75户农户荣获了贵港市“十星级文明户”称号。

统一战线工作

【制度建设】 2015年，市委统战部将转变职能、理顺关系、规范制度作为工作的出发点和突破口，制定了《桂平市委统战部管理制度》《学习制度》《会议制度》《文件管理制度》《保密制度》《考勤和请销假制度》《车辆管理制度》《公务活动接待制度》《财务管理制度》等管理制度形成文件，同时抓制度的贯彻落实，推动了工作。

【党外代表人士队伍建设】 按政策规定，在市人大、政府、政协领导班子中均配备了党外副职，26个政府职能部门领导班子中有8个配备了党外干部，占五分之一，达到上级的要求。全市共有党外县处级领导干部4名，占县处级领导干部总数13.3%；党外科级领导干部31名（正科3名，副科28名），占科级领导干部总数7.2%；市政协委员中有党外代表人士170人，占52%；法院、检察院领导班子中亦配备了党外干部。

【党外代表人士培训】 4月20日，桂平市委统战部组织推荐桂平市非公经济代表人士11人参加了自治区党委统战部在厦门大学举办的非公经济人士培训班。5月25—30日，广西经济管理干部学院举办了一期党外干部培训班，桂平市有50名党外干部参加了培训。7月23日，组织推荐本市10名科级党外领导干部参加贵港市委统战部在贵港市社会主义学院举办的党外干部培训班学习。12月25—29日，广西民族大学商学院举办了一期桂平市商会、企业家代表能力提升培训班，参加培训的有80人。此外，年初还推荐一名党外干部到贵港市党外干部挂职1年实践锻炼。

【拓展非公经济代表人士工作】 继续加强与深圳、顺德、中山、东莞、南宁、柳州等桂平商会和同乡会联系沟通，协助做好市招商引资工作。开展“同心行·联百企”活动，先后走访了广西万安堂药业有限公司、黎明医院、广西安力信有限公司等企业，了解会员企业在生产经营和管理中遇到的问题，及时跟踪协调和解决。根据自治区统战部《关于进一步推进“千家民营企业扶助千个贫困村”活动的通知》精神，市委统战部于9月11日召开桂平市民营企业扶助贫困村工作推进会，为贫困村的繁荣发展提供资金和技术支持。截至11月份，已有68家企业与107个贫困村签订了扶助协议。并协调有关部门帮助企业解决实际问题，为非公企业协调处理投诉请求、办实事等共有25件次。

【促进海内外同胞联谊】 市委统战部在全市范围内开展台资企业、台胞台属情况调研，做好台资企业、台胞台属的登记工作，搞好对台政策宣传，主动服务台商企业。协助黄埔军校建校90周年采访团到桂平采访，参观了黄埔军校第四分校旧址（在今乳泉井酒厂内），采访了黄埔军校学生林敬裕。召开了两次桂平港澳政协委员座谈会、两次香港桂平同乡联谊会，筹备成立澳门桂平同乡会。

民族宗教工作

民族工作

【概　况】 桂平市2015年总人口199.6多万人，其中少数民族人口17万人，占全市的8.5%，主要分布在石龙、蒙圩、马皮、紫荆、南木、金田、江口、石咀、木圭、西山等乡镇。虽然少数民族人口比例不高，但人口基数大，分布面广，大多数聚居于边远山区，是民族工作任务重的县市。桂平市民族工作部门坚持民族平等原则，重视发展少数民族地区的经济和社会事业，尊重各个民族的风俗习惯，使各民族人民之间形成了平等、互助、团结、合作、促进共同繁荣的良好关系。

【民族政策法规宣传】 结合实际，广泛宣传党的民族政策，弘扬“共同团结奋斗、共同繁荣发展”的民族工作主旋律，强化“三个离不开”思想，使民族政策深入人心，巩固和发展了团结和谐的民族关系。在庆祝广西壮族“三月三”传统节日期间，在各风景区、太平天国民族团结教育基地和少数民族聚居乡镇悬挂大小标语200多条。利用电视台、电子显示屏宣传专栏进行民族理论、民族法律法规宣传，制作宣传板报200平方米，制作光碟300张，发放宣传资料3000多份。并于4月16日在桂平市石龙民族中学校举行壮族“三月三”文艺展演，5000多名民族干部群众、学校师生欢聚一堂，场面壮观。11月26日在紫荆镇举办瑶族“盘王节”节庆活动，当地瑶族群众和外地来参观游览的客人欢乐地度过了这个节日。

【民族团结进步创建活动】（1）组织验收2014年少数民族发展资金项目。2014年获得上级民委扶持的少数民族发展资金项目2个，扶持资金25万元。2015年3月底前，由市民宗局牵头，由市财政局、项目所在乡镇、村委领导、工程技术人员和项目施工单位、项目实施单位负责人进行项目验收，2个项目业已竣工交付使用，实现项目总投资41.1万元，其中自筹资金19万元。（2）深入民族地区村屯调查研究。做好2014—2015年少数民族发展资金项目库的调整完善工作，为本市充分享受少数民族优惠政策打下基础。二是组织实施市本级少数民族发展资金项目，争取了2015年本级少数民族发展资金62.2万元，用于解决少数民族群众特殊困难。石龙镇新源村新屋屯道路建设工程10万元；石咀镇新平村民族文化娱乐中心建设7万元，开展各项民族团结创建活动7.2万元；木圭镇祝兴村下佛子屯道路建设12万元；石龙镇福平村岭腰屯道路建设15万元；石龙镇东岗村八唐屯人畜饮水工程6.5万元。三是抓好上级少数民族发展资金项目建设工作。经2015年争取2016年自治区级10万元，国家级63万元，资金安排及项目建设情况如下：石咀镇罗洪村佛子屯道路建设工程12万元；石龙镇新村至铜山村覃山屯道路建设工程16万元；紫荆镇田心村冲口屯道路建设18万元；紫荆镇元安村委会至元安村良段屯道路建设17万元。

【少数民族干部培训】 推荐了10名科级以上的优秀少数民族干部参加了区民委举办的少数民族干部培训班、贵港市委组织部和贵港民委联合举办的少数民族干部培训班。

宗教工作

【概　况】 桂平市是全区宗教工作的重点县市，2015年，有宗教活动场所20处（佛教9处、道教2处、天主教3处、基督教6处），教徒与信众15.5万余人，其中，教徒：佛教徒16人，道教徒15人，天主教徒2人，基督教徒4人；信众：佛教信众13.5万余人，道教信众1万余人，天主教信众1万余人，基督教信众2700人。有宗教团体3个，即市佛教协会、道教协会、基督教教会。民族宗教界代表人士中有7人担任市政协委员，其中1人担任政协常委职务。

桂平市委宗教工作部门坚持党的宗教工作基本方针，全面贯彻党的宗教信仰自由政策，依法管理宗教事务，坚持独立自主自办的原则，积极引导宗教与社会主义社会相适应，使宗教工作稳步发展，为桂平经济发展和社会事业做出应有的贡献。

【宗教活动场所管理】 2015年，市宗教部门开展和谐寺观教堂创建活动，以“组织健全、管理民主、守法遵章、制度完善、活动规范、环境优美”为目标，加强分类指导，定期督查，帮助解决宗教活动场所创建方面存在的问题，促进了宗教活动场所管理规范化。

【治理乱建宗教活动场所】 根据市委政法委调查，李正光在白沙镇丰垌村家中开设名为“养正国学苑”的培训班，以传教《弟子规》等国学文化为名在家中私设佛堂，进行非法宗教活动。2015年，市民族宗教局配合政法委、公安、宣传、教育、文化、工商等部门，对“养正国学苑”进行了联合执法。对李正光进行了国家宗教政策和相关法律、法规的宣传教育，当场下发拆除通知书，责令李正光马上停止非法宗教活动，并在当日自行拆除私建佛堂；对李正光私设的佛像和拜垫没收，移交给桂平市佛协处理；并要求李正光向市民宗局保证并写保证书，今后不再在家中私设佛堂和进行非法宗教活动。李正光深刻认识到其作为是违法的，承诺不再聚集人员搞非法宗教活动。

【宗教工作干部与宗教人培训】 选派重点乡镇宗教工作干部 9 人参加贵港市民宗局举办的民族宗教工作业务培训班；在桂平市委党校举办各乡镇统战委员和少数民族干部代表、宗教代表人士培训班一期，参训人员 90 人；配合上级宗教部门选派天主教代表人士杨涧珍参加读书班学习。

【宗教场所建设】 为把桂平市建设成为桂东南区域发展中心城市、南国宗教文化山水旅游城市，市民宗局积极协助麻垌白石山三清观、白沙罗丛岩古雅道观和西山龙华古寺观音岩做好场所设施建设工作。白石山三清观已投资 4100 多万元，完成了场所的初期建设；西山龙华古寺观音岩扩建预算投资 2400 多万元，扩建工程已建成，正在装修；白沙罗丛岩古雅道观，力争打造成广西道教第一丛林，建设预算总投资 2 个亿，已投资了 4000 多万元，主体建设已完成，其他基础设施正在建设中；白石山寿圣寺的修缮也正在进行当中。协助朝天观、洞阳宫筹资 60 余万元，重建、维修殿堂近 300 余平方米。

【宗教场所安全工作】 年初，市民宗局与宗教活动场所签订《安全生产责任书》，并邀请安监、药监、消防等部门组织宗教界人士、场所负责人进行食品、消防安全知识培训，开展消防应急演练，提高场所应急处置能力。会同统战、公安、安监等部门联合执法，深入宗教场所，对排查出的各类隐患逐一登记造册，实行督办、跟踪问效，检查、指导、落实安全措施。先后检查 100 多场次，督查场所整改各类安全隐患 68 处，发放消防器材 60 套，从源头上预防事故的发生。

市委党校

2015 年，桂平市委党校坚持党校姓“党”原则，把党性教育贯穿于党校教育全过程，科学设计创新党校教学内容和教学模式，提升党员干部业务素质及综合能力。

【创新教学模式】 一是按需培训。根据不同类别、不同层次、不同年龄、不同经历的干部，分类培训，使培训内容更加科学合理，更具有针对性和实效性。年内，举办了科级领导干部培训班、村（社区）党组织书记、纪检监察干部培训班、民族宗教业务培训班和维稳基础工程暨信访维稳工作等培训班，培训干部 1000 多人次。二是送教上门。根据基层党组织建设新趋势新要求，组织教师送课送教上门。派出多名教师，分别深入有关部门、单位深入宣讲党的十八大、十八届四中全会精神和习近平总书记系列重要讲话精神，参训干部达 2000 多人次。三是实地调研。参加培训的学员既在党校学习理论，又深入到项目建设、企业生产车间等现场调研体验，让学员亲身感受经济社会发展情况，增强干部干事创业的紧迫感、责任感，提高教育培训实际效果。

【输送高校培训】 组织干部学员分期分批赴自治区党校、区内外高校等进行轮训、培训，利用知名院校的优势教学资源，学习先进地区的成功经验，使干部学员深受启发、启迪，收到较好的效果。

史志工作

【党史宣传与编纂】 党史宣传教育。清明节期间，协助市委、市政府组织全市 50 多个单位的干部、党员、群众和师生，到西山革命烈士纪念碑、白兰村广西特委遗址等地进行纪念，开展革命传统教育。9 月 30 日烈士纪念日，协助市委、市政府组织全市机关干部到西山革命烈士纪念碑，举行了桂平市革命烈士公祭活动。为纪念中国人民抗日战争暨世界反法西斯战争胜利70周年，编写了《桂平抗日战争期间的重大战斗》《日军在桂平的罪行》在《新桂平》报连载。编写了适合领导干部、党员、群众、学生等不同对象阅读的党史教材和读物近1万字在《贵港日报》和《贵港工作》上发表，扩大了党史宣传。

征编《中国共产党桂平历史》第二卷。年内启动《中国共产党桂平历史》第二卷的征编工作，已征集到有关史料200多万字，完成书初稿5万多字。

党史事件和人物研究。年内主要对新民主主义革命时期安众、紫荆农民大暴动党史事件和新民主主义革命不同时期黄日葵、胡福田、蔡碧珩、李梓珍、覃超容、邓裕声、高鹏鹍、昌景霖等桂平党史著名人物进行深入研究，收集资料10多万字，整理、撰写传记、革命故事5篇共4万多字，其中1篇9000多字在地市级党报党刊上发表。

【地方志编纂与利用】 第二轮地方志编纂。10月26—27日，召开了《桂平市志（1978—2005）》三级评稿会，自治区、贵港市地方志办领导和专家、兄弟县区地方志办嘉宾、市地方志编纂委员会全体成员、供稿单位代表、老干部代表、市史志办全体编辑共182人参加会议，与会区、地方志办领导和专家肯定该志初稿有进一步精修成佳志的潜质，布置了各部门修改志稿。

地方志利用。年内，为编制《桂平市总体规划（2015—2020）》和开发建设红水河第十个梯级电站大藤峡枢纽工程建设提供历史资料。配合桂平电视台做好《船上人家》录制工作，提供了有关历史资料。接待市内外单位和个人查询地情资料50多人次，将地方文史100多册赠送给市领导及各有关单位。同时，完成《广西年鉴（2015）》《贵港年鉴（2015）》《广西执政纪事2015》《广西方志·年鉴篇》桂平资料的供稿。

保密工作

【概　况】 年内，市委办完成了全市涉密人员相关信息的汇总上报工作，实现对涉密人员动态管理。组织全市244名涉密人员到贵港市参观保密违法案例警示教育全区巡展活动。举办了一期全市涉密人员保密教育培训班，对256名涉密人员进行了培训。组织开展了一次定密工作、涉密网络、政府信息公开、国有企业保密管理等专项保密检查。

老干部工作

【完善离休干部保障机制】 确保离休干部每月按时足额领到离休金和各项政策性补贴。现有离休干部全部参加医疗保险，没有拖欠离休干部医药费的现象。市老干局定期组织离休干部进行健康检查。平时走访老干部，了解他们的思想和身体状况，加强与他们的联系沟通，认真处理老同志的来信来访。春节及其他重大节日，市四家班子主要领导亲自深入老干部家中走访慰问，为他们送去党和政府的关怀温暖

【组织学习】 坚持定期老干部学习制度和不定期报告会，请市委或组织部、市委党校领导给老干部作形势报告和理论学习报告，市委、市政府定期向老干部通报工作情况两次，使老干部更加了解、关心和支持市委市政府工作。

【开展有益健康活动】 为发挥老干部余热，年内组织了两次老干部就近参观工农业生产活动，给市委、市政府各项工作提出宝贵意见。重大节日，组织老干部开展象棋、门球比赛等文体活动，丰富了老同志的精神文化生活。

同时搞好“两个阵地”建设。一是办好老年大学。年内，开设诗词、书法、国画、粤曲、音乐、器乐、舞蹈、保健8个专业班，有学生300多人。二是抓好老干部活动中心建设，1月23日老干部活动中心正式挂牌启用。

机构编制

【完成《桂平市机构编制志》编纂】 编纂《桂平市机构编制志》是自治区、贵港市编制部门布置的一项重要任务，是广西壮族自治区人民政府部署编纂的《广西通志》中“机构编制篇”的内容之一。《桂平市机构编制志》上限1949年12月，下限2014年12月，2014年正式收集资料，2015年年底完成志稿，并送审、付印。全书约38万字。

【完成新一轮机构改革“三定”工作】 该项工作从2014年11月开始，改革主要内容是调整市政府一些部门的机构设置或职能。具体是：（1）撤销市卫生局、市人口和计划生育局，组建市卫生和计划生育局，承担原两局职能（研究拟订人口发展战略、规划及人口政策职责划入市发展和改革局）；（2）撤销市文化和体育局、市广播电视事业局，组建市文化体育和广播电视局，承担原两局职能；（3）桂平市工商行政管理局、桂平市质量技术监督局由自治区工商管理局、自治区质量技术监督局垂直管理的机构，调整为桂平市人民政府工作部门；（4）撤销市食品药品监督管理局，重新组建市食品药品监督管理局，承担原市食品药品监督管理局和市食品药品安全委员会办公室的职责，以及市工商管理局的流通环节食品安全监督管理职责、市质量技术监督局的生产环节食品安全监督管理职责；（5）市科学技术局并入市教育局（对外挂桂平市科学技术局牌子）；（6）市住房和城乡规划建设委员会更名为市住房和城乡规划建设局；（7）市市政局（市人民政府工作部门）并入市住房和城乡规划建设局（对外挂桂平市市政管理局牌子）；（8）市水产畜牧兽医局并入市农业局（对外挂桂平市水产畜牧兽医局牌子）；（9）撤销在市人民政府办公室外挂的市民族事务局的机构牌子和在市委统战部外挂的市宗教事务局的机构牌子，组建市民族宗教事务局，在市人民政府办公室挂牌；（10）撤销在市工业贸易和信息化局外挂的市中小企业局和市糖业发展局的机构牌子；（11）将土地、房屋、林地等不动产登记职责划为市国土资源局。经上述调整改革后，市人民政府有市人民政府办公室、教育局、住房和城乡规划建设局、农业局、卫生和计划生育局、文化体育和广播电视局、工业贸易和信息化局、工商行政管理局、质量技术监督局9个部门，重新进行“三定”（定职责、定内设机构、定人员编制和领导职数）。为做好该项工作，市编委办多次牵头，组织、协调相关部门进行座谈、协商，调整落实本部门职责，并指导相关人员拟写“三定”方案，于2015年12月完成上述9个部门的“三定”方案的审核、报批和印发等工作任务。

【完成乡镇“四所合一”改革试点】 根据自治区编委办等9个部门印发的《关于加快推进乡镇机构改革试点工作的指导方案》（桂编办发〔2015〕8号）文件要求，桂平市选择木乐镇为试点乡镇。试点内容，是将乡镇国土资源管理、乡镇规划建设、环境卫生、环境保护、安全生产监督管理职能进行整合，归并为一个机构承担。经改革，撤销乡镇国土资源管理所，组建为乡镇国土规划建设环境保护安全生产监督管理站，为有利于执法，在该站挂综合行政执法队牌子，明确了该机构的工作职责，核定了人员编制。

【完成事业单位分类工作】 按照中央、自治区和贵港市的部署，桂平市对全市全民所有制事业单位进行了分类，并以市编委文件将各类别情况通知到各单位，为今后进行改革打下基础。按照各个类别条件和要求，全市有全民所有制事业单位1050个，划分为行政类5个、公益一类929个、公益二类87个、经营类15个，暂不列入分类范围14个。

【完成行政审批事项清理和“接、管、放”工作】 按照自治区桂政发〔2014〕69号、〔2015〕21号、〔2015〕28号、〔2015〕49号等文件要求，桂平市在2014年的基础上，进一步做好行政审批事项清理和“接、管、放”工作，2015年共取消（减少）行政审批项目100项，承接自治区和贵港市下放给桂平市的行政审批项目77项，增加行政审批项目37项，调整行政审批项目18项。另外，规范部门行政许可审批事项202项，其中取消71项，调整为其他行政权力或转为政府内部审批事项131项。由市审改办牵头开展全市行政审批中介服务清理规范工作，清理结果7个单位共有中介服务事项33项。

【完成推行政府部门权力清单制度等工作】 年内，(1）草拟并报市政府印发了《推行桂平市人民政府部门权力清单制度实施方案》，对各部门提交的行政权力事项和责任事项进行集中审核。(2）加强机构编制管理，按照自治区要求，做好控编减编工作，共减了214名事业编制，完成了全市控编减编任务。(3）举办了全市机关和事业单位新版本机构编制实名制管理软件培训班，全面完成机构编制实名制网络管理系统更换。(4）做好事业单位登记管理工作，按照《事业单位登记管理暂行条例》要求，对事业单位的设立、撤销和事业单位法定代表人的变更等登记事项网上公示，全年公示设立登记事项85个，公示变更登记事项234个。(5）做好全市党政群机关、事业单位网上名称管理工作。上级下达桂平市政务和公益域名注册任务数为996个，注册成功945个，注册成功率94.9%；网站标识申请通过910个。

机关党建

【概　况】 2015年，市直属机关工委管辖党总支11个，党支部183个，党员3121名，其中，机关事业单位党支部152个，企业党支部31个（含“两新”党支部5个，党员73名）。

【制订计划，齐抓共管】 一是科学制订全年机关党建工作计划，将机关党建工作列入年度绩效考核。二是明确班子成员的党建职责，建立领导班子成员和干部联系党组织制度，形成了书记带头抓党建、班子合力搞党建，干部齐心抓业务工作的格局。三是全面推行“目标台账工作法”。督促指导机关党组织班子成员带头将上级下级的任务和工作职责细分、细化、每月建立“目标台账”逐项抓落实。

【指导部门加强组织建设】 年内，把市水利局、水产畜牧兽医局、文广局、人社局、农机局、民政局、市政局、住建局8个支部改建为党总支部；指导市城监大队党支部等48个党组织进行了换届或改选；指导国家桂平调查队成立了党支部；以换届选举或增补改选为契机，指导各机关党组织配齐、配强支委班子，把年轻有为，具有一定党务工作经验、热心党务工作的同志选拔进党（总）支部班子，进一步优化了党务干部队伍结构。并以机关党建“六有”规范化建设为抓手，对党员活动室规范化、发展党员规范化、党员教育管理规范化等方面提出具体要求。在加各部门党组织建设方面，着重抓好三方面具体工作：一是学习型党组织建设。以抓好十八届四、五中全会及习近平总书记系列重要讲话精神的学习宣传为主线，指导各机关党组织开展理论学习。并对各机关党务工作者进行了3次培训：5月份举办市直机关党务工作者培训班；6月举办开展“转作风、强责任、优服务、促规范”大行动活动专题培训班；7月举办学习贯彻《中国共产党发展党员工作细则》专题培训班，邀请市委党校教师、市直属机关工委领导对180多名机关党组织书记（组织委员）培训授课辅导。二是服务型党组织建设。深入开展“转作风、强责任、优服务、促规范”大行动活动，指导各机关党组织严格按照“三个环节”（动员部署、自查自纠、整改落实）要求，开展“六查六看”（查工作台账，看是否明确具体；查工作程序，看是否依规办事；查工作效率，看是否优质高效；查责任落实，看是否敢于担当；查精神状态，看是否积极进取；查工作纪律，看是否依法办事），列出“四项”具体问题清单。145个党组织共查出303项问题，制定了345项整改措施，已落实295项。组织党员参加贵港市机关党员庆七一“转作风、强责任、优服务，促规范”大行动演讲比赛，荣获优秀组织奖和个人优秀奖。三是严格党内政治生活制度。要求督促各党组织严格执定期开好“三会一课”，搞好民主生活会和组织生活会等支部活动。

【开展党员四项活动】 为了保持党员的党性，发挥党员的先锋模范作用，一是开展“在职党员进社区，志愿服务在基层”活动。组织机关在职党员2500多名到城北等6个社区开展扶贫救助、政策咨询、信访调解、环境卫生等志愿服务活动，其中帮助三千城社区协调活动费10万多元，开展集中宣传4次、清洁社区5次、文艺会演1次，提供法律咨询1200多人次，为社区周边群众办好事实事150多件。二是开展“当一天基层干部，过一次特别党日”主题党日活动。7月1日，市直机关各党组织，党员带头深入乡镇村（社区）、学校、企业以及联系点等基层单位，以一名基层干部身份角色定位自己，以“换位思考”的方式体验基层工作和生活，切实畅通服务群众“最后一公里”，切实为群众办好事，办实事。参与此项活动的党员领导干部达2200多人次。三是开展“组织找党员”活动。通过多种形式积极联系“口袋党员”“失联党员”，使他们尽快“回家”，正常参加组织生活，充分行使党员权利。四是举行入党宣誓和重温入党宣誓活动。“七一”期间，组织市直机关新入党的党员50多人举行入党宣誓仪式；机关各党组织清明节或“七一”期间，到革命烈士纪念牌举行了重温入党宣誓活动。

【加大对入党积极分子培养考察教育】 4月份，举办了一期入党积极分子培训班，培训入党积极分子86名。

【严把党员入口关】 规范党员发展程序，继续实施“党员优化”工程，严格按照“控制总量，优优结构，提高质量，发挥作用”的总要求，成熟一个发展一个，严把发展党员入口关。年内发展党员32名。

【实施“党内关爱”工程】 春节和七一期间，组织两次慰问帮扶困难党员（特困党员）、老党员135人，发放慰问金4.73万元，机关各党组织也都分别筹集资金慰问了各单位的困难党员、老党员。

桂平市人民代表大会

【概　况】桂平市人民代表大会是本市行政区划内的最高权力机关，其人大常务委员会为市人民代表大会的常设机构，近年内设人大常委会办公室、财政经济工作委员会、法制工作委员会、教育科学文化卫生工作委员会、代表联络工作委员会。

2015年，桂平市人民代表大会常务委员会设主任1人，副主任4人；人大办公室和各工作委员会行政编制17人，工勤人员编制2人。

2015年12月20日，桂平市第十五届人大常委会领导合影

2015年12月30日，桂平市第十五届人大常委会组成人员合影

重要会议

【桂平市第十五届人民代表大会第五次会议】2015年2月5日至7日在桂平剧场举行。应出席会议代表437人，实出席会议代表385人。会议听取和审议了市人民政府市长潘汉胜作的《政府工作报告》、市人大常委会主任张津辉作的《桂平市人大常委会工作报告》、市人民法院院长黄志军作的《桂平市人民法院工作报告》、市人民检察院检察长卢海德作的《桂平市人民检察院工作报告》。会议批准了上述各项报告，作出相应的决议。审查了《关于桂平市2014年国民经济和社会发展计划执行情况与2015年国民经济和社会发展计划草案报告》、《关于桂平市2014年预算执行情况与2015年预算草案报告》，批准了两个报告与桂平市2015年国民经济和社会发展计划、桂平市2015年预算。

会议回顾了2014年的工作成绩，提出了2015年工作目标任务。要求全面贯彻党的十八大和十八届三中、四中全会以及习近平总书记系列重要讲话精神，围绕自治区实施"双核驱动"战略和贵港市打造西江流域核心城市的决策部署，全面实施"四大工程三年攻坚行动计划"，大力推进新型工业化、新型城镇化、旅游产业化和农业现代化，促进产城融合、城乡融合发展，奋力完成2015年和第十二个五年规划目标任务。

会议补选徐中碧为桂平市第十五届人大常委

会委员。

会议期间，收到代表提出的议案 53 件，建议、批评和意见 3 件。经大会议案审查委员会审查，大会主席团通过，将代表提出的 53 件议案作为建议、批评和意见处理。

2015 年 2 月 5 日至 7 日，桂平市十五届人大五次会议在桂平剧场举行（图为大会会场一角）

【桂平市第十五届人民代表大会第六次会议】 2015 年 7 月 1—2 日在桂平剧场举行。应出席会议代表 430 人，实出席会议代表 388 人。会议听取和审议了市人民政府代理市长陈锦秀作的《桂平市人民政府 2015 年上半年工作汇报》。

会议总结了 2015 年上半年的工作成绩，明确了 2015 年下半年的工作目标任务。要求全市上下要按照年初市委确定的总体目标和市第十五届人民代表大会第五次会议确定的工作任务，全面实施“四大工程”三年攻坚行动计划，大力推进新型工业化、新型城镇化、旅游产业化和农业现代化，促进产城融合、城乡整合发展，奋力完成 2015 年和第十二个五年规划目标任务。

2015 年 7 月 1 日至 2 日，桂平市十五届人大六次会议在桂平城区举行（图为大会会场）

会议补选陈锦秀为桂平市人民政府市长。

会议期间，经大会议案审查委员会审查，大会主席团通过，将代表提出的 12 件议案作为建议、批评和意见处理。

【桂平市第十五届人大常委会会议】 2015 年，召开桂平市第十五届人大常委会会议 12 次，作出决议、决定 12 项。

第三十三次会议。2015 年 1 月 29 日在市人大常委会会议室举行。应出席会议的常委会组成人员 29 人，实出席会议的有市人大常委会主任张津辉，副主任杨永新、古雄莲、梁天龙、周杰明和委员共 22 人。常委会主任张津辉主持会议。会议审议了桂平市第十五届人民代表大会第五次会议有关事项和《桂平市人民代表大会常务委员会主任会议关于提请审议废止、修订、制定市人大工作有关制度的议案》《桂平市人民法院关于提请许可对被告人黄 ×× 依法进行刑事审判的议案》《桂平市人民政府关于提请审议桂平市生态文化公园控制性详细规划的议案》；听取和审议了《桂平市第十五届人大常委会代表资格审查委员会关于提请暂时停止黄某某桂平市第十五届人大代表职务的报告》《桂平市第十五届人大常委会代表资格审查委员会关于代表出缺情况和补选代表的代表资格审查报告》。表决通过了《桂平市第十五届人民代表大会第五次会议建议议程》和会议相关事项。作出了《桂平市人大常委会关于举行桂平市第十五届人民代表大会第五次会议的决定》《桂平市人大常委会关于同意桂平市生态文化公园控制性详细规划的决定》《桂平市人大常委会关于许可对桂平市第十五届人民代表大会代表黄 ×× 依法进行刑事审判的决定》《桂平市第十五届人大常委会关于暂时停止黄 ×× 执行桂平市第十五届人大代表职务的决定》；通过了《桂平市人大常委会工作报告》和《桂平市人大工作制度》（修订案）；接受曾瑜辞去桂平市第十五届人民代表大会常务委员会委员职务的请求；

通过有关人事免职事项。

第三十四次会议。2015 年 2 月 7 日在市人大常委会会议室举行。应出席会议的常委会组成人员 29 人，实出席会议有市人大常委会主任张津辉，副主任杨永新、古雄莲、梁天龙、周杰明和委员共 29 人。常委会主任张津辉主持会议。会议补选了李新元为贵港市第四届人民代表大会代表。

第三十五次会议。2015 年 3 月 25 日在市人大常委会会议室举行。应出席会议的常委会组成人员 29 人，实出席会议的有市人大常委会主任张津辉，副主任杨永新、古雄莲、梁天龙、周杰明和委员共 27 人。常委会主任张津辉主持会议。会议审议和讨论通过了《桂平市人大常委会 2015 年度主要工作安排》。

第三十六次会议。2015 年 5 月 18 日在市人大常委会会议室举行。应出席会议的常委会组成人员 29 人，实出席会议的有市人大常委会主任张津辉，副主任杨永新、古雄莲、周杰明和委员共 28 人。常委会主任张津辉主持会议。会议审议了《桂平市人民政府关于提请审议寻旺、马皮、罗播、厚禄、垌心 5 个乡撤乡改镇工作的议案》；听取了市人民政府副市长卢祖荣作的《桂平市饮用水安全工作整改情况报告》和《桂平市食品药品安全工作整改情况报告》；听取了市人民法院院长黄志军作的《桂平市人民法院关于贯彻落实市人大常委会〈关于市法院审判监督工作情况审议意见〉情况的报告》；听取了市人民检察院检察长卢海德作的《桂平市人民检察院贯彻落实市人大常委会〈关于市人民检察院反贪污贿赂工作审议意见〉情况的报告》；通过有关人事任免事项。

第三十七次会议。2015 年 6 月 23 日在市人大常委会会议室举行。应出席会议的常委会组成人员 29 人，实出席会议的有市人大常委会主任张津辉，副主任杨永新、古雄莲、梁天龙、周杰明和委员共 28 人。常委会主任张津辉主持会议。会议通过了关于召开市十五届人大六次会议的决定以及相关事项；通过有关人事任免事项。

第三十八次会议。2015 年 6 月 29 日在市人大常委会会议室举行。应出席会议的常委会组成人员 29 人，实出席会议的有市人大常委会主任张津辉，副主任杨永新、古雄莲、梁天龙、周杰明和委员共 29 人。常委会主任张津辉主持会议。会议审议通过了市人大常委会主任、代表资格审查委员会主任委员张津辉作的《桂平市第十五届人大常委会代表资格委员会关于代表出缺情况和补选代表的代表资格审查报告》；通过有关人事任免事项。

第三十九次会议。2015 年 7 月 31 日在市人大常委会会议室举行。应出席会议的常委会组成人员 29 人，实出席会议的有市人大常委会主任张津辉，副主任杨永新、古雄莲、梁天龙、周杰明和委员共 23 人。常委会主任张津辉主持会议。会议听取了市人民政府副市长唐玉榕作的《桂平市人民政府关于落实〈义务教育法〉审议意见的整改情况报告》；听取和审议了市人民检察院检察长卢海德作的《桂平市人民检察院关于规范司法行为工作情况的报告》。

第四十次会议。2015 年 9 月 29 日在市人大常委会会议室举行。应出席会议的常委会组成人员 29 人，实出席会议的有市人大常委会主任张津辉，副主任杨永新、古雄莲、梁天龙、周杰明和委员共 27 人。常委会主任张津辉主持会议。会议听取和审议了市财政局局长廖科作的《2014 年桂平市决算（草案）报告》，市审计局局长梁植聪作的《关于 2014 年度桂平市本级预算执行和其他财政收支的审计工作报告》；听取了市发展和改革局局长柒均荣作的关于落实《市人大常委会对桂平市人民政府关于 2014 年上半年国民经济和社会发展计划执行情况的审议意见》的报告；听取了市财政局局长廖科作的《2014 年上半年全市财政预算执行情况整改报告》；会议决定批准《2014 年度桂平市财政决算》；通过了有关人事任免事项。

第四十一次会议。2015 年 10 月 23 日在市人大常委会会议室举行。应出席会议的常委会组成人员 29 人，实出席会议的有市人大常委会主任张津辉，副主任杨永新、周杰明和委员共 23 人。常委会主任张津辉主持会议。会议听取和审议了《桂平市人民政府关于科学技术普及工作情况的报告》和《桂平市人民法院关于规范司法行为工作情况的报告》；通过有关人事任免事项。

第四十二次会议。2015 年 11 月 23 日在市人大常委会会议室举行。应出席会议的常委会组成人员 29 人，实出席会议 23 人。常委会主任张津辉主持会议。会议作出许可市人民法院对市十五届人大代表侯某某依法进行刑事审判的决定；通过有关人事任免事项。

第四十三次会议。2015 年 11 月 30 日在市人大常委会会议室举行。应出席会议的常委会组成人员 29 人，实出席会议的有市人大常委会主任张津辉，副主任杨永新、古雄莲、梁天龙、周杰明和委员共 24 人。常委会主任张津辉主持会议。会议审议了《桂平市人民政府关于提请审议 2015 年财政预算调整方案的议案》；听取和审议了市财政局局长廖科作的《关于桂平市 2015 年财政预算调整方案（草案）的报告》，听取和审议了市人大常委会财经工委主任李贤富作的《桂平市人大常委会财政经济工作委员会关于 2015 年度财政预算调整方案的审查报告》；作出了《桂平市人大常委会关于批准 2015 年度财政预算调整方案的决议》；通过有关人事任免事项。

2015 年 11 月 30 日，举行桂平市第十五届人大常委会第四十三次会议

第四十四次会议。2015 年 12 月 30 日在市人大常委会会议室举行。应出席会议的常委会组成人员 29 人，实出席会议的有市人大常委会主任张津辉，副主任杨永新、古雄莲、周杰明和委员共 27 人。常委会主任张津辉主持会议。会议听取和审议了市人大常委会法制工委主任李健仁代表市人大常委会执法检查组作的《桂平市人大常委会执法检查组关于检查〈中华人民共和国城乡规划法〉实施情况的报告》，作出了《桂平市人大常委会对市人大常委会执法检查组关于检查〈中华人民共和国城乡规划法〉实施情况的报告的审议意见》；听取和审议了市人民政府副市长曾在旺作的《桂平市人民政府关于市十五届人大五次会议代表建议办理情况的报告》；听取和审议了市林业局局长杨福荣作的《桂平市 2011—2015 年林业工作情况的报告》，作出了《桂平市人大常委会对市人民政府关于桂平市 2011—2015 年林业工作情况的报告的审议意见》。

【桂平市第十五届人大常委会主任会议】 2015 年，市十五届人大常委会召开主任会议 21 次。

第五十六次会议。2015 年 1 月 12 日在市人大常委会会议室召开。会议讨论桂平市第十五届人民代表大会第五次会议上作的《桂平市人大常委会工作报告》。参加会议的有市人大常委会主任张津辉，副主任杨永新、古雄莲、周杰明。市人大常委会办公室主任潘荣延、市人大常委会教科文卫工委主任钟明书、市人大常委会代表联络工委主任徐中碧、市人大常委会办公室干部李祺华列席会议。会议由张津辉主持。与会人员提出有关意见和建议。

第五十七次会议。2015 年 1 月 27 日在市人大代表活动中心召开。会议决定第十五届人大常委会第三十三次会议的时间、会期及日程安排，提出会议议程，决定邀请列席会议人员；审定桂平市2014年度贵港市人大优秀通讯员推荐名单。参加会议的有市人大常委会主任张津辉，副主任杨永新、古雄莲、周杰明。市人大常委会办公室主任潘荣延、市人大常委会法制工委主任李健仁、市人大常委会财经工委主任李贤富、市人大常委会教科文卫工委主任钟明书、市人大常委会代表联络工委主任徐中碧、市人大常委会办公室干部李祺华列席会议。会议由张津辉主持。与会人员提出有关意见和建议。

第五十八次会议。2015年3月17日在市人大代表活动中心召开。会议决定第十五届人大常委会第三十五次会议的时间、会期及日程安排，提出会议议程，决定邀请列席会议人员；讨论市人大常委会2015年工作计划；讨论组织常委会组成人员进行业务培训有关事项；讨论新修订完善《广西桂平市人大工作制度汇编》和《桂平市人大机关工作制度》的内容，并编印成书的有关问题；讨论市人大常委会领导2015年分工和联系单位的调整问题；讨论《关于组织实施〈桂平市人大常委会财政经济工作委员会2015年部门预算评审工作方案〉的请示》；讨论桂平市人大机关关于落实全面推进贵港法治建设的实施方案。参加会议的有市人大常委会主任张津辉，副主任杨永新、古雄莲、周杰明。市人大常委会办公室主任潘荣延列席会议。会议由张津辉主持。与会人员提出有关意见和建议。

第五十九次会议。2015年3月25日在市人大常委会三楼303室召开。会议讨论召开2015年度人大宣传工作会议的有关问题；审定2014年度人大工作优秀通讯员名单；汇报贵港人大宣传工作会议精神；讨论印发《桂平市人大工作制度》的有关问题。参加会议的有市人大常委会主任张津辉，副主任杨永新、古雄莲、周杰明。市人大常委会办公室主任潘荣延列席会议。会议由张津辉主持。与会人员提出有关意见和建议。

第六十次会议。2015年5月13日在市人大代表活动中心召开。会议决定第十五届人大常委会第三十六次会议的时间、会期及日程安排，提出会议议程，决定邀请列席会议人员；审定《桂平市人大机关公文办理制度》《桂平市人大工作制度汇编》内容；决定由市人大常委会办公室组织召开市政府办和民政局有关人员会议，完善《桂平市人民政府关于提请审议桂平市撤乡改镇工作的议案》的有关意见和材料；讨论人大代表向选民述职评议工作问题。参加会议的有市人大常委会主任张津辉，副主任杨永新、古雄莲、周杰明。市人大常委会办公室主任潘荣延列席会议。会议由张津辉主持。与会人员提出有关意见和建议。

第六十一次会议。2015年5月15日在市人大常委会会议室召开。会议讨论《桂平市人民政府关于提请桂平市撤乡改镇工作的议案》；讨论印发《桂平市人大工作制度汇编》和《桂平市人大机关工作制度》的等事项。参加会议的有市人大常委会主任张津辉，副主任杨永新、古雄莲、周杰明。市人大常委会办公室主任潘荣延列席会议。会议由张津辉主持。与会人员提出有关意见和建议。

第六十二次会议。2015年6月9日在市人大常委会会议室召开。会议讨论决定重点支持木圭、江口、社坡、油麻、下湾5个镇“人大代表活动中心”和村“代表之家”提档升级建设工作；讨论开展代表小组活动的相关事项。参加会议的有市人大常委会主任张津辉，副主任杨永新、古雄莲、周杰明。市人大常委会办公室主任潘荣延列席会议。会议由张津辉主持。与会人员提出有关意见和建议。

第六十三次会议。2015年6月18日在市人大常委会三楼305室召开。会议讨论召开市第十五届人民代表大会第六次会议的建议时间和议程；决定第十五届人大常委会第三十七次会议的时间、会期及日程安排，提出会议议程，决定邀请列席会议人员。参加会议的有市人大常委会主任张津辉，副主任古雄莲、梁天龙、周杰明。市人大常委会办公室主任潘荣延列席会议。会议由张津辉主持。与会人员提出有关意见和建议。

第六十四次会议。2015年6月23日在市人大常委会会议室召开。会议讨论《桂平市人大常委会主任会议关于提请陈锦秀副市长为桂平市人民政府代理市长的议案》。参加会议的有市人大常委会主任张津辉，副主任杨永新、古雄莲、梁天龙、周杰明。市人大常委会办公室主任潘荣延列席会议。会议由张津辉主持。与会人员提出有关意见和建议。

第六十五次会议。2015年6月25日在市人大代表活动中心召开。会议讨论通过《桂平市第十五届人大常委会代表资格审查委员会关于代表出缺情况和补选代表的代表资格审查报告》《桂平市第十五届人民代表大会第六次会议选举办法》(草案)、《桂平市第十五届人民代表大会第六次会议主席团和秘书长名单》(草案)；决定第十五届人大常委会第三十八次会议的时间、会期及日程安排，提出会议议程，决定邀请列席会议人员。参加会议的有市人大常委会主任张津辉，副主任杨永新、古雄莲、周杰明。市人大常委会办公室主任潘荣延列席会议。会议由张津辉主持。与会人员提出有关意见和建议。

第六十六次会议。2015年7月27日在市人大代表活动中心召开。会议决定第十五届人大常委会第三十九次会议的时间、会期及日程安排，提出会议议程，决定邀请列席会议人员；讨论组织选民评议代表工作。参加会议的有市人大常委会主任张津辉，副主任杨永新、古雄莲、梁天龙、周杰明。市人大常委会办公室主任潘荣延列席会议。会议由张津辉主持。与会人员提出有关意见和建议。

第六十七次会议。2015年7月31日在市人大常委会会议室召开。会议讨论人大机关购买电脑问题；抓好听取和审议市人民政府旅游工作情况报告的有关筹备工作，配合市人民政府做好创建旅游名县的工作。参加会议的有市人大常委会主任张津辉，副主任杨永新、古雄莲、梁天龙、周杰明。市人大常委会办公室主任潘荣延列席会议。会议由张津辉主持。与会人员提出有关意见和建议。

第六十八次会议。2015年8月31日在市人大常委会会议室召开。会议讨论通过了《关于联系指导乡镇开展人大代表述职评议活动的通知》，9月份开始做好乡镇选民评议代表的有关工作；决定9月份请市住建局相关人员给市人大常委会委员上一次城乡规划法辅导课；关于组织代表视察活动的内容，在原定内容的基础上增加旅游方面的内容和生态文化公园的内容。参加会议的有市人大常委会主任张津辉，副主任杨永新、古雄莲、梁天龙、周杰明。市人大常委会办公室主任潘荣延列席会议。会议由张津辉主持。与会人员提出有关意见和建议。

第六十九次会议。2015年9月24日在市人大代表活动中心召开。会议决定第十五届人大常委会第四十次会议的时间、会期及日程安排，提出会议议程，决定邀请列席会议人员；讨论《桂平市人大代表视察活动方案》；讨论编纂《桂平市人大志》有关事项。参加会议的有市人大常委会主任张津辉，副主任杨永新、梁天龙、周杰明。市人大常委会办公室主任潘荣延、市人大常委会法制工委主任李健仁、市人大常委会财经工委主任李贤富、市人大常委会教科文卫工委主任钟明书、市人大常委会代表联络工委主任徐中碧列席会议。会议由张津辉主持。与会人员提出有关意见和建议。

第七十次会议。2015年10月19日在市人大代表活动中心召开。会议决定第十五届人大常委会第四十一次会议的时间、会期及日程安排，提出会议议程，决定邀请列席会议人员；讨论《桂平市人大代表视察活动方案》；讨论《关于征求对〈关于加强县乡人大工作和建设的实施意见〉（征求意见稿）意见和建议的函》。参加会议的有市人大常委会主任张津辉，副主任杨永新、古雄莲、梁天龙、周杰明。市人大常委会办公室主任潘荣延列席会议。会议由张津辉主持。与会人员提出有关意见和建议。

第七十一次会议。2015年11月3日在市人大代表活动中心召开。会议讨论支持乡镇搞好精准扶贫工作问题。参加会议的有市人大常委会主任张津辉，副主任杨永新、古雄莲、周杰明。市人大常委会办公室主任潘荣延列席会议。会议由张津辉主持。与会人员提出有关意见和建议。

第七十二次会议。2015年11月17日在市人大代表活动中心召开。会议决定第十五届人大常委会第四十二次会议的时间、会期及日程安排，提出会议议程，决定邀请列席会议人员；讨论组织人大代表和人大干部外出参加学习培训问题；学习自治区党委常委、自治区常务副主席唐仁健在全区精准扶贫识别贫困户贫困村工作推进会上的讲话。参加会议的有市人大常委会主任张津辉，副主任杨永新、古雄莲、梁天龙、周杰明。市人大常委会办公室主任潘荣延列席会议。会议由张津辉主持。与会人员提出有关意见和建议。

第七十三次会议。2015年11月23日在市人大常委会三楼303室召开。讨论人事任免事项。参加会议的有市人大常委会主任张津辉，副主任杨永新、古雄莲、周杰明。市人大常委会办公室主任潘荣延列席会议。会议由张津辉主持。与会人员提出有关意见和建议。

第七十四次会议。2015年11月24日在市人大代表活动中心召开。会议决定第十五届人大常委会第四十三次会议的时间、会期及日程安排，提出会议议程，决定邀请列席会议人员。参加会议的有市人大常委会主任张津辉，副主任杨永新、古雄莲、梁天龙。市人大常委会办公室主任潘荣延、市人大常委会财经工委主任李贤富列席会议。会议由张津辉主持。与会人员提出有关意见和建议。

第七十五次会议。2015年12月17日在市人大常委会会议室召开。会议讨论贯彻落实进一步加快财政专项转移支付支出进度的有关事项；讨论《桂平市人大常委会关于检查〈中华人民共和国城乡规划法〉实施情况的报告》《桂平市人民政府关于市十五届人大五次会议代表建议办理情况的报告》和《桂平市2011—2015年林业工作情况汇报》；讨论编纂《桂平市人大志》的有关问题；讨论添置人大机关办公设备和征订相关法律法规书籍问题。参加会议有市人大常委会主任张津辉，副主任杨永新、古雄莲、周杰明。市人大常委会办公室主任潘荣延、市人大常委会法制工委主任李健仁、市人大常委会财经工委主任李贤富、市人大常委会代表联络工委主任徐中碧、市人大常委会法制工委副主任谢家强列席会议。会议由张津辉主持。与会人员提出有关意见和建议。

第七十六次会议。2015年12月24日在市人大常委会会议室召开。会议决定第十五届人大常委会第四十四次会议的时间、会期及日程安排，提出会议议程，决定邀请列席会议人员；会议讨论桂平市第十五届人民代表大会第七次会议的建议时间和议程；讨论通过《桂平市人大常委会财政经济工作委员会2016年部门预算评审工作方案》；讨论南木镇金龙村《关于请求解决金龙村专业合作社人大代表之家活动经费的请示》。参加会议的有市人大常委会主任张津辉，副主任杨永新、古雄莲、梁天龙。市人大常委会办公室主任潘荣延列席会议。会议由张津辉主持。与会人员提出有关意见和建议。

重要决议决定

2015年，桂平市第十五届人民代表大会及其常委会通过的决议、决定18项，其中市人民代表大会作出的决议、决定6项，市人大常委会作出的决议、决定12项。

【人民代表大会决议决定】 桂平市第十五届人民代表大会第五次会议关于政府工作报告的决议（2015年2月7日市第十五届人大第五次会议第三次全体会议通过）。

桂平市第十五届人民代表大会第五次会议关于桂平市2014年国民经济和社会发展计划执行情况与2015年国民经济和社会发展计划的决议（2015年2月7日市第十五届人大第五次会议第三次全体会议通过）。

桂平市第十五届人民代表大会第五次会议关于桂平市2014年预算执行情况和2015年预算的决议（2015年2月7日市第十五届人大第五次会议第三次全体会议通过）。

桂平市第十五届人民代表大会第五次会议关于桂平市人大常委会工作报告的决议（2015年2月7日市第十五届人大第五次会议第三次全体会议通过）。

关于桂平市人民法院工作报告的决议（2015年2月7日市第十五届人大第五次会议第三次全体会议通过）。

关于桂平市人民检察院工作报告的决议（2015年2月7日市第十五届人大第五次会议第三次全体会议通过）。

【人大常委会决议决定】 关于召开桂平市第十五届人民代表大会第五次会议的决定（2015年1月29日市第十五届人大常委会第三十三次会议通过）。

关于同意《桂平市生态文化公园控制性详细规划》的决定（2015年1月29日市第十五届人大常委会第三十三次会议通过）。

关于许可对桂平市第十五届人民代表大会代表黄某某依法进行刑事审判的决定（2015年1月29日市第十五届人大常委会第三十三次会议通过）。

关于暂时停止黄某某执行桂平市第十五届人大代表职务的决定（2015年1月29日市第十五届人大常委会第三十三次会议通过）。

关于接受曾瑜辞去桂平市第十五届人大常委会委员职务的请求的决定（2015年1月29日市第十五届人大常委会第三十三次会议通过）。

关于桂平市第十五届人民代表大会第五次会议列席人员的决定（2015年1月29日市第十五届人大常委会第三十三次会议通过）。

关于补选李新元为贵港市第四届人民代表大会代表的决定（2015年2月7日市第十五届人大常委会第三十四次会议通过）。

关于接受潘汉胜辞去桂平市人民政府市长职务的请求的决定（2015年6月23日市第十五届人大常委会第三十七次会议通过）。

关于陈锦秀为桂平市人民政府代理市长的决定（2015年6月23日市第十五届人大常委会第三十七次会议通过）。

关于举行桂平市第十五届人民代表大会第六次会议的决定（2015年6月23日市第十五届人大常委会第三十七次会议通过）。

关于桂平市第十五届人民代表大会第六次会议列席人员的决定（2015年6月23日市第十五届人大常委会第三十七次会议通过）。

关于许可对桂平市第十五届人民代表大会代表侯某某依法进行刑事审判的决定（2015年11月23日市第十五届人大常委会第四十七次会议通过）。

工作监督

【预决算审查监督】 2015年年初，常委会抽调财政、审计等部门的人员组成审查小组，对桂平市部门财政预算进行审查，并形成审查报告向市人民政府反馈，促进部门财政预算更规范、更科学、更有效地执行。听取和审议了市人民政府《关于桂平市2015年1至10月财政预算执行情况和2015年财政预算调整方案（草案）的报告》《关于2014年桂平市财政决算（草案）报告》《关于2014年度桂平市本级预算执行和其他财政收支的审计工作报告》，审查和批准了市2014年决算和2015年度财政预算调整方案，要求市人民政府严格按照《预算法》，不断完善政府全口径预算决算管理体系，健全政府性债务管理制度，严把财政预算管理。对审计部门查出的问题，市人民政府及有关部门要进行认真整改。同时要加强财源建设，积极推进预决算公开，确保桂平市2015年预算任务的顺利完成。

【审议专项工作报告】 2015年7月31日桂平市第十五届人大常委会第三十九次会议，听取和审议了市人民检察院关于规范司法行为工作情况报告，提出了进一步加强队伍建设，健全规章制度，抓好制度落实等5条审议意见。2015年10月23日桂平市第十五届人大常委会第四十一次会议，听取和审议了市人民政府关于科学技术普及工作情况的报告，提出了要增加财政对科普工作经费的预算，加强乡、村两级科协组织机构建设，完善激励机制等5条审议意见。2015年10月23日桂平市第十五届人大常委会第四十一次会议，听取和审议了市人民法院关于规范司法行为工作情况报告，提出了进一步提高对规范司法行为工作的认识；健全规范司法行为工作长效机制；加强司法资源的优化和保障能力的改善等3条审议意见。2015年12月30日桂平市第十五届人大常委会第四十四次会议，听取和审议了市人民政府关于桂平市2011—2015年林业工作情况的报告，提出了加大林业生态建设力度，推进森林生态体系建设；优化林业产业结构，加快林业产业化进程；坚持依法治林，加强森林资源保护管理等5条审议意见。常委会通过听取和审议“一府两院”专项工作报告，较好地促进了本市相关工作的开展。

【调研工作】 2015年，常委会组织调研组对市人民政府科学技术普及工作、2011—2015年林业工作、代表建议意见办理和市人民法院、市人民检察院规范司法行为等18项工作情况进行会前调研，为人大常委会审议工作提供参考依据，推动“一府两院”改进相关工作。

【法律监督】 2015年，市人大常委会组织对桂平市实施《中华人民共和国城乡规划法》的情况进行执法检查，听取和审议了市人大常委会执法检查组关于检查《中华人民共和国城乡规划法》实施情况的报告，针对桂平市实施《中华人民共和国城乡规划法》存在的问题，提出了进一步依法完善全市城乡规划，认真解决村镇建房审批问题，不断加大对违法建筑依法查处力度等6条审议意见，确保《中华人民共和国城乡规划法》在桂平市的正确实施。

【民生保障】 常委会密切关注社会重点、难点问题，切实履行职责，努力推动改革发展成果更多更好地惠及全市人民。一是促进食品药品安全和饮用水安全。常委会连续两年对食品药品安全和饮用水安全开展跟踪监督，2014年分别听取和审议了市人民政府关于桂平市食品药品安全和饮用水安全工作情况报告，并提出了审议意见；2015年对市人民政府落实常委会的审议意见进行了跟踪监督，要求市人民政府把食品药品安全和饮用水安全监管工作抓实抓好，确保人民群众“舌尖上”的安全，筑牢食品药品和饮用水安全防线。二是推动办学条件的改善。针对本市义务教育阶段就学难，教育资源分配不均，经费投入不足等问题，2014年常委会听取和审议了市人大常委会执法检查组关于检查《中华人民共和国义务教育法》实施情况的报告，要求市人民政府认真落实义务教育法，加大教育的投入，不断改善办学条件，加强师资队伍建设，缓解就学难等问题。2015年，市人民政府积极回应，把教育工作摆上重要位置，开工建设市第五中学和木乐腾飞小学，扎实推进城区7所中小学校扩建工作，城乡学校的办学条件得到较大改善。三是督促信访问题的解决。常委会坚持把做好群众信访工作作为了解社情民意的重要渠道，作为强化监督工作针对性的有效方法，年内共受理来信35件，接待来访137人次，对符合转办条件的均按规定及时转办，并全程跟踪督办，做到件件有回音，有效地维护了社会稳定和人民群众的合法权益。

【决定重大事项】 2015年，常委会围绕全市经济社会发展中带有全局性、根本性、长远性的问题，进一步做好讨论决定重大事项工作。一是审议了《桂平市人民政府关于提请审议桂平市生态文化公园控制性详细规划的议案》，对《桂平市生态文化公园控制性详细规划》进行了认真审查后，作出了关于同意《桂平市生态文化公园控制性详细规划》的决定，为进一步强化桂平市生态公园用地布局，提升城市品位奠定了基础。二是审议了市人民政府关于提请寻旺乡等乡撤乡改镇的5个议案，认为这些乡近年来经济快速发展，基础设施进一步完善，社会各项事业得到较大推进，群众生活水平得到较大的提高，符合撤乡改镇的条件和要求，作出了同意寻旺乡、马皮乡、罗播乡、厚禄乡、垌心乡5个乡撤乡改镇的审议意见。

【代表工作】 人大代表履职培训。2015年4月16日，桂平市人大常委会在城区召开学习贯彻新修正《预算法》培训会议，邀请自治区人大财政经济委员会副主任委员、常委会预算经济工作委员会副主任周汉林作新《预算法》专题讲座。市人大常委会组成人员、市人大机关全体人员、部分市人大代表共200人参加了培训会。5月19—21日，组织在桂平市辖区内工作的贵港市人大常委会组成人员2人，贵港市人大代表30人，桂平市人大常委会分管法制、财经工作的副主任和法制工委主任、财经工委主任共4人，参加2015年贵港市四届人大代表学习培训班，主要学习宪法、立法法、预算法和审判制度、检察制度以及创新开展人大代表活动等代表履职有关知识。10月27日，桂平市人大常委会在城区召开学习《城乡规划法》培训会议，邀请广西城乡规划设计院副院长、教授级高级工程师莫滨到桂平作《城乡规划法》专题讲座，市人大常委会组成人员，市四家班子领导及其他处级领导干部，各乡镇乡镇长，市住建局、国土局、旅发委领导成员、西山风景名胜区管理处有关领导，部分贵港市人大代表、桂平市人大代表共116人参加。

2015年10月27日，桂平市人大常委会在乳泉井酒店三楼多功能厅会议室举办《中华人民共和国城乡规划法》知识专题讲座

2015年4月16日，桂平市人大常委会在市委中型会议室召开桂平市人大学习贯彻新《预算法》培训会

代表视察。2015年2月5日，组织400多名市十五届人大代表集中考察大藤峡水利枢纽工

程、南广高速铁路桂平火车站站前广场、迎宾大道、郁江二桥等重点项目工程，实地了解桂平的发展现状，深切感受变化，为审议好政府工作报告创造条件。10月27日，市人大常委会组织部分市第十五届人大代表，并邀请不是市十五届人大代表的四家班子领导和国土、住建、旅发委、西山风景名胜区管理处等部门领导共110人，对市重点项目西山泉国际养生旅游文化综合区、西山新山门（巨赞广场）项目建设和桂平市生态文化公园控制性详细规划执行情况进行了考察。代表们对市人民政府在西山泉、西山新山门项目建设和生态文化公园规划中所做的大量工作给予了充分的肯定。同时，也指出了存在的问题，主要是项目推进还不够快，生态文化公园规划宣传力度不够大等。针对上述问题，代表们提出如下3点意见和建议：（1）西山泉项目要严格按《城乡规划法》的要求进行设计和建设，严禁改变规划用地性质、用途；同时，要按项目建设进度要求，加快推进项目建设；（2）西山新山门（巨赞广场）项目要加快建设进度，严格按规划要求推进，尽快建成造福于民；（3）生态文化公园建设，建议市政府进一步加大对2015年1月29日桂平市第十五届人大常委会第三十三次会议通过的《桂平市生态文化公园控制性详细规划》的宣传力度，制作规划设计效果图安置于桂金公路旁，让广大市民和社会各界知晓，争取广大市民支持；进一步加大执法力度，严厉打击在桂平市生态文化公园范围内的违法建筑和违法用地行为；积极筹措资金，尽快开工建设，造福广大市民，更好地展现桂平自然生态风光和历史文化，营造良好的人居环境。12月14—16日，组织在桂平市工作的全国人大代表、自治区十二届人大代表以及部分贵港市四届人大代表共12人参加贵港市集中考察，代表们先后到贵港市港北区、港南区、覃塘区、平南县等地，重点考察贵港市精准扶贫工作情况。

2015年2月5日（市十五届人大五次会议期间），桂平市人大常委会组织市十五届人大代表对大藤峡工程项目建设情况进行集中考察

2015年2月5日（市十五届人大五次会议期间），桂平市人大常委会组织市十五届人大代表对桂平火车站建设情况进行集中考察

2015年2月5日（市十五届人大五次会议期间），桂平市人大常委会组织市十五届人大代表对桂平郁江二桥项目建设情况进行集中考察

2015年10月27日桂平市人大常委会组织部分市十五届人大代表考察生态文化公园规划建设情况

2015 年 10 月 27 日桂平市人大常委会组织部分市十五届人大代表考察西山泉国际养生旅游文化综合区项目建设情况

2015 年 10 月 27 日桂平市人大常委会组织部分市十五届人大代表考察西山新山门（巨赞广场）项目建设情况

代表调研。2015 年 7 月 15—17 日，围绕公正司法主题，组织在桂平市工作的全国、自治区十二届人大代表和部分贵港市四届人大代表共 12 人，到钦州市参加贵港市人大常委会开展的公正司法专题调研活动。主要了解钦州市公正司法的总体情况，具体调研钦州市各级审判机关推进审判流程、裁判文书和执行信息公开；各级检察机关推进检务公开，落实终结性法律文书公开；各级公安机关推进警务公开，健全执法信息、流程、内容公开机制；刑罚执行机关推进狱务公开，完善减刑、假释、保外就医、暂予监外执行依法公开制度等情况，针对存在的困难和问题提出改进工作的意见和建议。

代表述职评议。2015 年在 26 个乡镇开展了人大代表述职评议试点工作，让代表在选举单位面对面地向选民报告履职情况。

2015 年 7 月 14 日桂平市人大常委会主任张津辉在蒙圩镇官桥村选区人大代表述职评议会上讲话

2015 年 7 月 14 日官桥村选区依法选出的桂平市第十五届人大代表韦海成在蒙圩镇官桥村选区人大代表述职评议会上作履职发言

代表小组活动。2015 年，为了便于代表开展活动，常委会将代表分成 30 个代表小组，明确代表小组负责人和活动内容。共开展代表小组活动 60 多次。通过专题调研、集中考察和接待群众来信来访，让代表作用真正发挥出来。

此外，还配合自治区人大常委会组织驻桂全国人大代表、自治区人大代表开展公正司法专题调研、代表集中考察，开展《预算法》执法检查等活动 14 次。配合贵港市人大常委会开展专题调研、代表考察、执法检查等活动 25 次。

办理代表议案、建议、批评和意见。市第十五届人民代表大会第五次会议期间，代表提出议案 53 件（全部转为建议和意见），其中涉及交通 24 件，城建旅游 6 件，农林水 7 件，教科卫 4 件，社保财经 7 件，其他 5 件；意见 3 件。交通、市政管理、环保等民生问题依然是代表们关注的焦点。截至2015年12月上旬，全部办理市十五届人大五次会议代表提出的53件建议，其中已经解决、基本解决或措施已经落实的21件，占办理总数的39.6%；正在推进条件解决和列入规划逐步解决的20件，占办理总数的37.7%；因当前条件限制暂时难以解决的12件，占办理总数的22.6%。意见3件，已解决1件，1件正在解决，1件因条件限制暂时难以解决。

代表履职场所建设。2015年，桂平市有全国、自治区、贵港市、桂平市、乡镇五级人大代表2660名。为了充分发挥人大代表作用，市人大常委会在巩固和创建27个“人大代表活动中心”和5个“人大代表之家”的同时，重点对木圭、江口、社坡、油麻、下湾5个镇的“人大代表活动中心”进行提档升级，在原有的“十有”标准上，添置高清投影仪、大尺寸液晶电视机、大型壁式书柜、培训桌椅、电脑、动态人大宣传片等设施设备，使代表日常联系群众、履行职责有了良好的场所和环境。同时，创建“家社共建”新模式，新建了金田镇“宝源合作社人大代表之家”“家春淮山人大代表之家”，社坡镇“腐竹加工协会人大代表之家”，南木镇“金龙村河西片人大代表之家”，把人大代表活动平台拓展到专业合作社，把活动延伸到产业链上，实现了人大代表在政治引领、政策引导、发动群众等优势与经济合作组织在技术、信息、市场、资金上的优势的有机结合，提升了人大代表在产业上带民致富的示范效应。桂平市创新“人大代表活动中心”和“人大代表之家”的做法，得到了自治区和贵港市人大领导的充分肯定，成为工作亮点和经验宣传推广。

2015年7月23日自治区人大常委会选举联络工委副主任黄强田（左二）到桂平市木圭镇人大代表活动中心调研代表履职场所建设情况，贵港市人大常委会副主任肖孟（左三）、桂平市人大常委会主任张津辉（右一）等领导陪同

【人大宣传】 2015年，市人大常委会围绕市人大及其常委会履职工作，加强人大宣传工作，积极反映人大制度和人大工作的新实践，充分展示代表履职新气象和代表干事创业风采，凝聚民主法治建设的正能量。一是认真抓好人大会议期间的宣传报道，不断提高全社会对人民代表大会制度的认识和理解，增强制度自信。二是拓宽渠道，认真抓好人大宣传稿件组投。2015年，桂平市人大获地级以上新闻媒体用稿共50多篇，其中，属国家级的6篇，获贵港人大新闻奖3篇，有3人被评为《广西人大》优秀通讯员，有5人被评为《贵港人大》优秀通讯员。三是组织编发人大常委会公告、公报37期；编印《桂平人大通讯》内部刊物4期。四是组织编纂《桂平市人大志》，截至2015年12月，编纂工作已进入统稿复核阶段。

2015年3月31日在乳泉井三楼多功能厅会议室召开桂平市2015年人大宣传工作暨业务知识培训会

【自身建设】 一是抓思想政治建设。常委会班子成员坚持参加市委中心组学习，参加贵港市委组织的相关学习培训；人大机关干部自觉参加机关政治理论学习和干部在岗学习培训。结合贯彻党

的十八大和十八届三中、四中、五中全会以及习近平总书记一系列重要讲话精神，把思想教育、党性分析与立规执纪结合起来，增强政治意识、民本意识、创新意识和做好人大工作的使命感、责任感。二是抓机关作风建设。按照市委的统一部署和要求，班子成员认真开展“三严三实”专题教育，把“严以修身、严以用权、严以律己，谋事要实、创业要实、做人要实”内化于心，外化于行。机关干部职工认真开展“转作风、强责任、优服务、促规范”大行动，着力打造运转高效、作风优良、廉洁勤政、充满活力的人大机关。三是抓人大制度建设。2015 年，修订完善了常委会讨论决定重大事项规定等 9 项人大常委会工作制度和机关日常考勤制度等 7 项机关工作制度，进一步规范服务代表、依法履职行为。修订后的工作制度相对更完善、更符合实际、更具操作性，为常委会依法履职并取得实效提供了制度保证。3 月 31 日召开桂平市 2015 年人大宣传工作暨业务知识培训会议，对市人大机关全体人员，各乡镇人大正、副主席、人大秘书，2014 年度人大宣传工作先进个人，市委宣传部相关领导进行人大宣传工作业务知识培训。12 月 10 日组织市委书记，市人大常委会领导班子成员，市政府 1 位领导，市人民法院院长，市人民检察院检察长，市人大常委会工作机构、办事机构负责人，市委组织部、宣传部各 1 位负责人，市编委办、发展和改革局、民政局、财政局、人力资源和社会保障局、法制办主要负责人，各乡镇党委、人大、政府主要负责人，参加全区加强县乡人大工作和建设电视电话会议，全面贯彻落实党的十八大和十八届三中、四中、五中全会精神，以及习近平总书记系列重要讲话精神，深入学习贯彻《中共中央转发〈中共全国人大常委会党组关于加强县乡人大工作和建设的若干意见〉的通知》（中发〔2015〕18 号）和《自治区党委转发〈中共广西壮族自治区人大常委会党组关于加强县乡人大工作和建设的实施意见〉的通知》（桂发〔2015〕12 号）精神，研究部署新形势下本市加强市乡人大工作和建设，保证市乡人大依法行使职权，健全市乡人大组织制度和工作机制，提高市乡人大工作水平。9 月 20—22 日组织驻桂平的贵港市人大常委会组成人员、市人大常委会领导，市人大常委会办公室主任，市人大常委会各工委主任、各乡镇人大主席参加 2015 年贵港市人大干部培训班（法治讲座），主要学习加强县乡人大工作和建设有关文件精神、财经纪律与审计业务知识、法治知识以及人大信访工作等内容。11 月 3 日组织召开 2015 年度绩效满意度调查工作培训会，各乡镇人大主席、市人大机关干部职工共 40 多人参加了培训。

【人事任免】 常委会坚持党管干部和人大依法任免干部相统一的原则，进一步规范任前法律知识考试、投票表决、颁发任命书、任职发言和任后监督等任免制度，保障了人事任免工作依法、有序进行。2015 年，任免市人民政府组成人员 17 人次，任免法院系统工作人员 34 人次，任免检察系统工作人员 12 人次，任命人民陪审员 31 人次，依法接受 1 人辞去市第十五届人民代表大会常务委员会委员职务，依法接受 1 人辞去桂平市人民政府市长职务，依法补选贵港市第四届人大代表 1 名，确认补选市第十五届人大代表 5 人的代表资格有效，保障了桂平市国家机关工作正常开展。

2015 年 10 月 23 日桂平市第十五届人大常委会第四十一次会议通过了有关人事任免事项（图为获得通过任职人员接受常委会颁发的任命证书）

2015 年桂平市人事任免情况表

表 1

时间	机关类别	任命		免职		辞职		撤销	
		姓名	职务	姓名	职务	姓名	职务	姓名	职务
2015 年 1 月 29 日，桂平市十五届人大常委会第三十三次会议表决通过	市人大常委会	—	—	—	—	曾　瑜	市人大常委会委员	—	—
2015 年 1 月 29 日，桂平市十五届人大常委会第三十三次会议表决通过	市人民检察院	—	—	邱梅玲	桂平市人民检察院检察委员会委员、检察员	—	—	—	—
				冼军礼	桂平市人民检察院检察员				
2015 年 5 月 18 日，桂平市十五届人大常委会第三十六次会议表决通过	市人民政府	林　清	副市长			—	—	—	—
		陈兆仁	桂平市文化体育和广播电视局局长	陈兆仁	桂平市文化和体育局局长				
		杨忠进	桂平市卫生和计划生育局局长	杨忠进	桂平市卫生局局长				
		杨尧奘	桂平市住房和城乡规划建设局局长	杨尧奘	桂平市住房和城乡规划建设委员会主任				
		蒋益强	桂平市旅游发展委员会主任	蒋益强	桂平市旅游局局长				
		黄达泉	桂平市工商行政管理局局长	宋　毅	桂平市人口和计划生育局局长				
2015 年 5 月 18 日，桂平市十五届人大常委会第三十六次会议表决通过	市人民法院	杨　进	桂平市人民法院审判委员会委员	—	—	—	—	—	—
		甘培乾	桂平市人民法院审判委员会委员	—	—	—	—	—	—
		王冰梅	桂平市人民法院审判委员会委员	—	—	—	—	—	—
2015 年 5 月 18 日，桂平市十五届人大常委会第三十六次会议表决通过	市人民检察院	韦兴华	桂平市人民检察院检察员	—	—	—	—	—	—
		黄秋梅	桂平市人民检察院检察员	—	—	—	—	—	—
		郑红英	桂平市人民检察院检察员	—	—	—	—	—	—
		杨天勇	桂平市人民检察院检察员	—	—	—	—	—	—
		杨世进	桂平市人民检察院检察员	—	—	—	—	—	—
2015 年 5 月 18 日，桂平市十五届人大常委会第三十六次会议表决通过	市人民法院	黄丽清	桂平市人民法院陪审员	—	—	—	—	—	—
		潘越冰	桂平市人民法院人民陪审员						
		梁溢成	桂平市人民法院人民陪审员						

续表 1

时间	机关类别	任命		免职		辞职		撤销	
		姓名	职务	姓名	职务	姓名	职务	姓名	职务
2015年5月18日，桂平市十五届人大常委会第三十六次会议表决通过	市人民法院	梁健梅	桂平市人民法院人民陪审员	—	—	—	—	—	—
		陆万进	桂平市人民法院人民陪审员						
		朱明霞	桂平市人民法院人民陪审员						
		岑显辉	桂平市人民法院人民陪审员						
		李金新	桂平市人民法院人民陪审员						
		梁春全	桂平市人民法院人民陪审员						
		王程光	桂平市人民法院人民陪审员						
		梁志军	桂平市人民法院人民陪审员						
		黄文汉	桂平市人民法院人民陪审员						
		张进奇	桂平市人民法院人民陪审员						
		杨培盛	桂平市人民法院人民陪审员						
		甘焕玉	桂平市人民法院人民陪审员						
		李海雄	桂平市人民法院人民陪审员						
		徐永玉	桂平市人民法院人民陪审员						
		刘立溪	桂平市人民法院人民陪审员						
		岑显芳	桂平市人民法院人民陪审员						
		覃运元	桂平市人民法院人民陪审员						
		杨秀杏	桂平市人民法院人陪审员						
		刘　莉	桂平市人民法院人陪审员						
		吴家友	桂平市人民法院人陪审员						
		韦积斌	桂平市人民法院人陪审员						
		陈雅军	桂平市人民法院人陪审员						

续表 1

时间	机关类别	任命		免职		辞职		撤销	
		姓名	职务	姓名	职务	姓名	职务	姓名	职务
2015年5月18日，桂平市十五届人大常委会第三十六次会议表决通过	市人民法院	莫冬冬	桂平市人民法院人陪审员	—	—	—	—	—	—
		周亚运	桂平市人民法院人陪审员						
		陈燕红	桂平市人民法院人陪审员						
		岑　艺	桂平市人民法院人陪审员						
		全军桦	桂平市人民法院人陪审员						
		陈瑜鑫	桂平市人民法院人陪审员						
2015年6月23日，桂平市十五届人大常委会第三十七次会议表决通过	市人民政府	陈锦秀	副市长 代理市长	—	—	潘汉胜	市长	—	—
2015年6月29日，桂平市十五届人大常委会第三十八次会议表决通过	市人民政府	—	—	黄艳霞	副市长	—	—	—	—
2015年9月29日，桂平市十五届人大常委会第四十次会议表决通过	市人民法院	杨　雄	桂平市人民法院审判委员会委员	陈焕松	桂平市人民法院审判委员会委员、审判员	—	—	—	—
		李家治	桂平市人民法院审判委员会委员	杨芝文	桂平市人民法院审判员				
		梁海莉	桂平市人民法院审判委员会委员	林伟山	桂平市人民法院审判员				
		覃尚钦	桂平市人民法院审判委员会委员	刘　栋	桂平市人民法院审判员				
		姚明波	桂平市人民法院审判委员会委员	—	—				
2015年10月23日，桂平市十五届人大常委会第四十一次会议表决通过	市人民政府	甘学良	桂平市统计局局长	叶保辉	桂平市统计局局长	—	—	—	—
		王德健	桂平市质量技术监督局局长	—	—	—	—	—	—
2015年10月23日，桂平市十五届人大常委会第四十一次会议表决通过	市人民法院	陆福媛	桂平市人民法院立案庭庭长	陆福媛	桂平市人民法院审判监督庭庭长	—	—	—	—
		莫金荣	桂平市人民法院审判监督庭庭长	莫金荣	桂平市人民法院立案庭庭长				
		姚明波	桂平市人民法院执行局（庭）局（庭）长	姚明波	桂平市人民法院金田人民法庭庭长				
		李家治	桂平市人民法院刑事审判庭庭长	梁海莉	桂平市人民法院民事审判庭第一庭副庭长				

续表1

时间	机关类别	任命		免职		辞职		撤销	
		姓名	职务	姓名	职务	姓名	职务	姓名	职务
2015年10月23日，桂平市十五届人大常委会第四十一次会议表决通过	市人民法院	梁海莉	桂平市人民法院民事审判庭第二庭庭长	覃尚钦	桂平市人民法院金田人民法庭副庭长	—	—	—	—
		覃尚钦	桂平市人民法院民事审判庭第三庭庭长	蒙斯聪	桂平市人民法院麻垌人民法庭副庭长				
		黄云英	桂平市人民法院民事审判庭第一庭副庭长	柒彩春	桂平市人民法院木乐人民法庭副庭长				
		黄国贤	桂平市人民法院审判员、民事审判庭第一庭副庭长	宾志伟	桂平市人民法院社坡人民法庭副庭长				
		程　飞	桂平市人民法院民事审判庭第三庭副庭长	吴朝军	桂平市人民法院麻垌人民法庭副庭长				
		蒙斯聪	桂平市人民法院木乐人民法庭庭长	阮红霞	桂平市人民法院刑事审判庭副庭长				
		柒彩春	桂平市人民法院社坡人民法庭庭长	唐胜伟	桂平市人民法院蒙圩人民法庭副庭长				
		宾志伟	桂平市人民法院麻垌人民法庭庭长	陈雪芬	桂平市人民法院刑事审判庭庭长				
		吴朝军	桂平市人民法院罗秀人民法庭庭长	卢善海	桂平市人民法院执行局（庭）局（庭）长				
		阮红霞	桂平市人民法院蒙圩人民法庭庭长	王冰梅	桂平市人民法院审判监督庭副庭长				
		谢晓隽	桂平市人民法院社坡人民法庭副庭长	昌　健	桂平市人民法院社坡人民法庭庭长				
		唐胜伟	桂平市人民法院金田人民法庭副庭长	罗圣茂	桂平市人民法院罗秀人民法庭庭长				
		—	—	梁庆华	桂平市人民法院蒙圩人民法庭庭长				
2015年10月23日，桂平市十五届人大常委会第四十一次会议表决通过	市人民检察院	—	—	叶庆有	桂平市人民检察院检察委员会委员、检察员	—	—	—	—
		—	—	陈寿生	桂平市人民检察院检察员	—	—	—	—
		—	—	黄建中	桂平市人民检察院检察员	—	—	—	—
		—	—	潘克平	桂平市人民检察院检察员	—	—	—	—
		—	—	陈义受	桂平市人民检察院检察员	—	—	—	—

续表1

时间	机关类别	任命		免职		辞职		撤销	
		姓名	职务	姓名	职务	姓名	职务	姓名	职务
2015年11月23日，桂平市十五届人大常委会第四十二次会议表决通过	市人民政府	—	—	蒋益强	桂平市旅游发展委员会主任	—	—	—	—
2015年11月30日，桂平市十五届人大常委会第四十三次会议表决通过	市人民政府	蒙家坤	副市长	杨大东	副市长	—	—	—	—
—	—	刘伟	副市长	—	—	—	—	—	—
—	—	郭执生	副市长	—	—	—	—	—	—

桂平市人民政府

重要会议

【全市性重要会议】 1月8日，市人民政府召开全区推行政府部门权力清单制度工作电视电话会议。

1月8日，市人民政府召开桂平市信访维稳暨社区矫正工作会议。

1月19日，市人民政府召开全区审计工作电视电话会议。

1月19日，市人民政府召开2015年自治区“两会”期间信访维稳工作电视电话会议。

1月28日，市人民政府召开全市安全生产工作会议暨市人民政府2015年一季度防范重特大安全事故工作电视电话会议。

2月11日，市人民政府召开桂平市2015年春节等重大节假日旅游安全工作会议。

2月27日，市人民政府召开桂平市2015年政法工作会议。

3月6日，市人民政府召开桂平市2015年民兵组织整顿工作会议。

3月16日，市人民政府召开2015年桂平市国土资源管理和城建工作会议。

3月17日，市人民政府召开桂平市2014年度土地变更调查图斑整改工作会议。

4月2日，市人民政府召开全市农村工作会议。

4月9日，市人民政府召开桂平市2015年第一季经济运行分析暨部署稳增长工作会议。

4月16日，市人民政府召开全市2015年第二季度防范重特大安全事故工作会议。

4月17日，市人民政府召开桂平市2015年第一季度消防工作联席会议暨人员密集场所违规设置楼体户外广告牌、消防安全专项整治工作部署会。

4月30日，市人民政府召开2015年全市卫生计生工作会议。

5月5日，市人民政府召开全市禁毒工作会议。

5月14日，市人民政府召开桂平市2015年地质灾害防治知识培训班。

5月15日，市人民政府召开2015年村级公共服务中心建设工作会议。

5月22日，市人民政府召开全市安全生产工作会议。

6月5日，市人民政府召开桂平市2014年度土地矿产卫片图斑整改工作推进会议。

6月30日，市人民政府召开2015年全市年中“扫黄打非”工作会议。

7月9日，市人民政府召开全市2015年征兵工作会议。

7月15日，市人民政府召开桂平市城市限粘工作会议。

7月22日，市人民政府召开全市招商引资工作业务培训会。

7月30日，市人民政府召开桂平市2015年年中安全生产工作会议。

8月26日，市人民政府召开桂平市抗战胜利70周年纪念日活动暨“两会一节”安保维稳工作紧急会议。

9月10日，市人民政府召开全市提升社会公众安全感和政法队伍满意度暨“两会”安保维稳工作推进会。

9月15日，市人民政府召开2015年度人口抽样调查小区边界图绘制会议。

9月29日，市人民政府召开2015年全区第三次道路交通安全工作联席会议。

9月30日，市人民政府召开桂平市2015年第三季度经济运行分析会议。

9月30日，市人民政府召开桂平市2015年农村危房改造工作会议。

10月19日，市人民政府召开全市精准识别扶贫攻坚工作会议。

11月13日，市人民政府召开全市精准识别贫困户贫困村工作推进会。

11月16日，市人民政府召开全市防治艾滋病工作会议。

11月17日，市人民政府召开桂平市2016年新型农村合作医疗参合基金缴费工作视频会。

12月11日，市人民政府召开2015—2016年榨季工作会议。

12月17日，市人民政府召开桂平市整县推进高标准基本农田土地整治项目工作推进会。

12月21日，市人民政府召开全市农民工工资清欠工作会议。

【常务会议】 2015年，桂平市第十五届人民政府召开常务会议11次。

2015年3月19日，召开第18次常务会议。会议审议并原则通过给予薛珍、梁水金、孙建设、潘培福、黄江松、张义寿、林达海、李兰英行政开除处分；解除李太生等三人政纪处分；同意马皮乡、寻旺乡、罗播乡、厚禄乡、垌心乡撤乡改镇；建设龙门工业区龙门一路；桂平市2003年第一批城市用地出让；浔国用（2010）第1073号划拨土地补办出让手续；《桂平市国有土地上房屋征收与补偿暂行办法》；广西桂平市乡镇垃圾压缩运输项目投资与营运合同；建设桂江东路42米街项目；建设兴桂路工程；申请调整长安工业园区二期工业用地为商业居住等其他公共综合用地性质；桂平市洞天水泥厂改造成综合市场；城区主要街道修复工程建设增加工程量有关问题；招聘市城市建设管理监察大队协管员；招聘市国土资源执法监察大队协管员；提高市环卫处日工工资；6万吨硫酸锰项目；西山镇白兰片区道路及基础设施建设共18个议题。

2015年4月14日，召开第19次常务会议。会议审议并原则通过桂平市棚户区（危旧房）改造方式、郁江西堤路园项目回建房建设、对中小企业进行扶持、桂平市棚户区改造项目国家开发银行贷款资金管理办法、对玉桂大道（梧贵高速公路桂平长安出口至郁江大桥引桥路段）升级改造共5个议题。

2015年7月14日，召开第20次常务会议。会议审议并原则通过对快菱财富广场项目建设用地进行挂牌；浔州路西侧双孖石毛街2.6亩国有储备用地挂牌出让；市长安工业区污水处理厂项目续建有关问题；市长安工业集中区一期产业规划调整；维修市机关大院内办公用房危房；《中共桂平市委员会　桂平市人民政府关于全面加强招商引资工作的意见》等5份文件；桂平市调整机关事业单位基本工资标准；增加离退休人员离退休费和乡镇机关事业单位工作人员实行乡镇工作补贴；大藤峡水利枢纽工程桂平市移民搬迁安置实施方案；机构改革遗留人员等问题；广西桂平乳泉液酒业有限公司申请地方财政扶持发展专项资金；广西新权业陶瓷有限公司申请扶持资金共11个议题。

2015年7月16日，召开第21次常务会议。会议审议并原则通过对浔州路北段、泰和街16米路、实验小学南侧菠萝坑回建房三个工程项目进行回购;《桂平市2015年打击“双违”专项整治行动实施方案》；盘活中央预算内投资存量资金进一步加快计划执行进度；终止原站前广场和长安规划四路项目BT协议并按实际工程量进行支付工程款；协调解决中石化销售有限公司桂平南津加油站等7宗土地性质和用途变更有关问题；申请增加补助乡镇垃圾清运经费；乡镇垃圾中转站建设方案；桂平市土地储备中心6亿元县级农村土地整治固定资产贷款使用；同意以询价自行采购方式引进“十三五”规划合作研究机构和追加规划经费；广西桂平广德利食品有限公司申请财政资金扶持；广西桂平市联润棉纺有限公司要求兑付扶持企业资金；对桂江西路Ⅱ标已完成的工程进行验收及结算；给予黄春、潘荣恩行政开除处分；辞退凌荣、杨明政同志共14个议题。

2015年9月15日，召开第22次常务会议。会议审议并原则通过调拨桂R57808、桂RR5695、桂R69121三辆公务用车到市委办、市政府办；桂平市人民医院、市中医院住院补偿超出当年额度有关事项；2015年桂平市铁路沿线城乡风貌改造工作几个相关问题；进一步规范本市土地使用权交易有关问题；郁江西岸堤路园棚户区改造项目有关问题；桂平市高贵陶瓷有限公司等四家企业要求抵押续贷款；请求拨付木乐镇、石龙镇垃圾转运站建设资金39.4506万元；建设桂平市城区生活污水直排口；挂牌出让长安工业区、龙门工业区项目用地；桂平市农业生产资料农业机械暨配件交易大市场项目部分建设用地挂牌；对木乐镇过境公路城镇配套建设项目用地进行挂牌；郁江东路沥青路面维修工程；阿里巴巴集团入驻桂平建设电子商务进农村运营中心；招聘桂平市安全生产执法监察协管员；市公安局购置反恐防暴装甲车辆；市公安局招聘90名特警大队协警员；建设双孖石路；建设木乐家和广场综合开发区项目；广西中德源新型建材有限公司新型建材项目共19个议题。

2015年9月15日，召开第23次常务会议。会议审议并原则通过明确公安基础设施建设项目用地；处置市人民法院现址解决新审判法庭大楼项目建设资金；解除凌天敬同志政纪处分；辞退潘荣科同志；给予黄志军行政开除处分；市人民政府招待所承包期满请求改制或自主经营；划拨2015年市基层组织活动场所建设经费254万元;《桂平市政府购买服务实施方案》；开展浔江大桥、黔江二桥前期工作；黔江白兰片区堤路园前期工作；年产30万吨生态有机农业生物酵素生产项目落户龙门工业区；桂平市范围内部分过境公路管理维护问题；建设下湾镇新圩项目；建设南木镇小城镇项目；建设社坡镇农副产品市场综合项目；立项建设新岗村鱼屈垌、禄棠西路等11个项目三产回建区；建设光明东路项目；桂平市糖厂生活区棚户区（危旧房）改造房屋拆迁补偿方案；解除2015年地方政府置换债券对应债权债务；同意使用2015年桂平市新增债券；将桂平市北回归线公园移交给西山风景名胜区管理处管理；发放桂平市大学生村主任2013年、2014年绩效奖励共22个议题。

2015年10月12日，召开第24次常务会议。会议审议并原则通过解决玉桂大道、蒙圩大道、金田大道、龙潭大道建设问题；成立木乐消防站；大湾镇安担村育才幼儿园“5·22”事件处置评估报告；开展《大藤峡旅游发展规划》《大藤峡旅游区概念性规划》编制工作；建设长安三路北段道路；龙门工业区道路绿化、路灯、园区大门建设；进行城区地下管线普查工作；中国电信桂平分公司凤凰新区土地分割并改变使用性质；处置市人民检察院旧址用地共9个议题。

2015年11月2日，召开第25次常务会议。

会议审议并原则通过使用新增债券；给予杨明战同志政纪处分；请求同意核销部分历年暂付款项；使用2015年地方政府置换债券；大藤峡移民安置区建设；成立桂平市土地开发投资有限公司；市信用联社请求协调解决综合办公楼建设用地；挂牌出让桂平市2012年第二十一批次镇建设用地；安置公益性墓地；《桂平市城乡居民临时救助实施办法》；《桂平市2015年财政扶持农业产业化实施方案》；水管单位聘用临时专业技术人员；对长洲水利枢纽工程桂平库区移民后期扶持方式确认；对西江航运枢纽二线船闸工程农村移民后期扶持方式确认；桂平市木材公司职工安置方案；《桂平市扶贫小额信贷实施方案》；落实迁建金田人民法庭建设用地；解决提升城市形象需要的资金；龙门工业园区道路标线标牌设置及建设龙门一路、二路、三路、东面集洪沟；租赁市南江机械制造有限公司长安新厂区；向广西金投集团融资贷款3亿元支持教育建设；预付原桂平市种子公司人员安置经费共22个议题。

2015年12月2日，召开第26次常务会议。审议并原则通过给予杨明政同志行政开除处分；给予罗胜有、洪国鹏行政开除处分；确定长安工业区保障性安居工程配套基础设施建设项目实施单位；请求落实2015年农村危房改造地方配套资金；建设龙门工业园区污水处理厂；全市26个乡镇国土资源所干部职工绩效奖金发放；对桂平市2013年第十三批次城镇建设用地剩余土地进行挂牌；并购金田糖业、金田纸业享受优惠政策等有关问题；桂平市机关公务用车制度改革实施方案；桂平市财政局收回财政存量资金（第二期）安排方案；太平天国金田起义遗址红色旅游经典景区项目投资合作开发协议；桂平市旅游城市建设项目开发合作协议书；桂平市人民政府与阿里巴巴集团农村淘宝项目共建资金池协议；审议年产25万吨重晶石矿粉项目合作协议书；审议现代化蛋鸡科技养殖基地项目合作协议书；审议亿万城电子商务产业园项目合作协议书；审议建颖科技电器项目合作协议书；审议中胜再生资源利用项目合作协议书；审议年产15万台空气能热水器项目合作协议书；桂平浔龙新能源汽车产业项目落户桂平；“醉美桂平·浔江泉”健康文化旅游产业项目落户桂平市西山镇；请求解决广西金田木业有限公司建设年产15万立方米中/高密度纤维板和5万立方米胶合板及10万套板式家具项目用地；年产6万吨硫酸锰项目自来水管道铺设、进厂大道临时便道修建、高压电线架设；拍卖广西桂平市大成陶瓷有限公司名下国有建设用地使用权；实施《桂平市储备粮管理办法》；市水利局要求招聘专业技术人员；请求解决大藤峡水利枢纽工程南木镇安置区预留用地的征地补偿款共27个议题。

2015年12月3日，召开第27次常务会议。会议审议并原则通过市检察院招聘18名文员及追加经费；桂平市生态农业生物科技园项目落户蒙圩镇；桂平市浩宇农业核心示范区项目落户江口镇三布村；广西桂平市维斯顿硅业有限公司申请财政扶持；桂平市泽惠机械制造有限公司申请财政给予扶持105万元；龙门工业区国有土地回收补偿案件；加快推进桂平市部分基础设施项目前期工作；请求将桂平市畜牧兽医工作站用地用房划拨给桂平市食品检验中心项目建设使用；桂平市土地储备中心关于收储广西贵港金田糖业有限公司的377675.33平方米国有土地；提高桂平市党政机关差旅费共10个议题。

2015年12月21日，召开第28次常务会议。会议审议并原则通过深化预算管理体制改革的实施方案；2016年部门预算编制有关事项；市法制办聘请政府法律顾问助理；划拨金田起义红色旅游景区一级路征地补偿款；《桂平市阿里巴巴农村电子商务；调整乡镇垃圾中转站业主；撤销工业园区相关企业国有土地使用权证；木乐镇腾飞小学项目变更用地性质；桂平市建设天然气汽车加气站项目；要求批复水利工程管理单位空缺公益性岗位竞争上岗实施方案；200兆瓦农光互补光伏电站项目落户桂平市蒙圩镇；申请划拨桂平市郁江二桥合同外增加工程量资金；要求明确桂平金田起义红色旅游景区一级公路、社步至麻垌二级公路招标文件中支付方式；收回存量财政资金（第二期）安排使用；广西贵港金田糖业有限公司国有土地使用权收回协议共16个议题。

重大决策和重要工作部署

【2015年经济社会发展目标】 地区生产总值增长8.5%，工业总产值增长11.5%，规模以上工业总产值增长14%，规模以上工业增加值增长9%，全社会固定资产投资增长30%，财政收入增长21.8%，社会消费品零售总额增长15%，农林牧渔业总产值增长6.5%，城镇居民人均可支配收入增长11%，农民人均纯收入增长12%，人口自然增长率控制在9‰以内，城镇登记失业率控制在4.3%以内，完成“十二五”节能减排任务。

坚持投资拉动发展方向，强力抓好重大项目建设。继续发挥投资对经济增长的关键性作用，大力推进项目建设。以实施“四大工程三年攻坚行动计划”项目为抓手，继续实施市政府班子成员、市政府组成部门和乡镇政府各抓好10项重点工作制度，全市突出抓好50个重大项目建设。配合做好柳州至梧州铁路、荔浦至玉林和贵港至隆安高速公路桂平段等一批重大项目的前期工作，确保顺利开工建设。加快推进大藤峡水利枢纽工程、郁江二桥等一批重大项目续建工作。力争旧城区郁江堤路园（沙岗路至郁江大桥路段）、西山新山门莲花广场等一批重大项目竣工。

坚持工业新型化发展方向，努力提高工业经济效益。工业是调结构、转方式的主战场，更是稳增长的强大引擎，必须把工业转型升级摆在更加突出的位置，推动工业转型升级做强二产。加大招商引资力度，深度参与区域产业分工。改进招商理念，注重引进跨区域分工、互补式、差异化发展的产业项目。重点引进新能源汽车、机械制造、特色农产品加工、生物化工等产业配套项目，培育电子信息、现代物流、休闲养生、生物制药等战略性新兴产业。加大扶持力度，激发企业内生动力。从政策、资金和技术改造等方面，大力促进企业调结构、转方式，增强创新带动能力。大力扶持规模以上企业做大做强，帮助生产经营困难的企业恢复生产。完成企业技改投资58亿元，完成工业投资83亿元，制造业投资完成65亿元。加大服务力度，促进一批工业项目竣工投产。认真做好服务工作，开工建设金源化工扩建、源安堂药业技改等一批项目，加快推进贵通新能源汽车、乳泉液酒业扩建等一批项目，确保快菱电梯、煜隆陶瓷等一批重大项目竣工投产，形成新的经济增长点。加大改革力度，改善园区发展环境。改革工业园区管理体制，实行公司化运作，激发园区发展活力。抓好长安工业区和龙门工业区土地规划修编工作。加大资金投入，完善园区基础设施建设。确保长安综合市场、长安污水处理厂竣工投入使用。力争园区全年收储土地1000亩，新开工产业项目20个、竣工投产产业项目10个。力争把长安工业集中区打造成为广西示范园区。

坚持新型城镇化发展方向，提升城市综合品位档次。加快推进新型城镇化进程，加快城乡一体化建设，努力打造具有南国山水特色的宜居宜商宜业宜游城市。抓好城市规划修编。完善城市总体规划，抓好江北新区控制规划、西山路西侧修建性详细规划等各项规划的编制工作，完成石龙、石咀、社步、木根乡镇总体规划修编工作。按照自治区对桂平市“到2020年城市人口要达到50万”的发展定位，积极实施“东扩、南延、北进”的城市空间发展战略，力争“三年拉框架，五年出形象，八年大变样”，提升桂平城市形象。抓好城市建设，完善配套功能。加大旧城区改造力度，加快构建便捷、通畅的城区道路。开工建设兴桂路、沙岗大桥等一批项目，续建玉桂大道、蒙圩大道等一批项目，竣工禄棠西路、浔高路和旧城区郁江堤路园等一批项目。升级改造一批城乡农贸市场，新建或整改6个公共厕所、新建1个公共停车场。加快推进城区12个计划新开工和5个计划竣工的商住小区项目。稳步推进江北新区建设，扩大城市框架。开工建设长安大道、黔江北岸堤路园等项目，加快推进翰林花苑项目建设，竣工金田大道、龙潭大道。规划筹建市江北自来水厂、江北新区生活污水处理厂和体育中心。抓好城乡管理，提升管理水平。深入实施“四个三包”制度，大力推进城乡环境综合治理。进一步完善“天网工程”和交通管理电子警察监控系统建设，改善城乡治安环境和交通秩序。大力整治城区“五乱”行为。强化土地利用和供给管理。强化“双违”行为巡查和整治机制，规范城乡建设秩序。规范商品房预售行为，促进房地产市场持续健康发展。抓好城乡一体化建设。全面推进“生态乡村”建设，大力开展“村屯绿化”“饮水净化”“道路硬化”三个专项活动。完善清洁乡村常态化运行机制，加大清洁乡村工作投入，确保每个屯至少配备1名保洁人员、1辆保洁垃圾车。加快推进社会主义新农村建设。完善乡镇公共服务和市政基础设施配套，重点推进木乐、石龙等9个二级公路过境乡镇街道美化绿化亮化改造工程。开展南宁至广州高速铁路沿线村屯风貌改造。竣工22个乡镇生活垃圾中转站和3个乡镇污水处理厂。完成农村危房改造3600户。

坚持旅游产业化发展方向，促进现代服务业快速增长。提速发展现代服务业壮大三产，培育新的经济增长点，重点把旅游业作为第一主导产业来推进，力争旅游产业发展实现新突破。修编旅游产业发展规划。修编《桂平市旅游产业发展总体规划（2015—2025年）》《桂平市乡村旅游发展总体规划》等规划，促进全市旅游产业科学、健康发展。加快推进景区景点项目建设。开工建设太平天国金田起义地址博物馆、桂平市文化生态公园、太平天国运动文化一条街等一批重大项目，加快推进西山泉国际养生旅游文化综合区项目、白石山景区项目等一批重大项目建设，竣工西山新山门莲花广场、龙潭国家森林公园设施建设项目。加快旅游名镇、名村建设步伐。深入推进“文创造市”发展战略，大力推进桂平市文化旅游产业园建设。完善景区景点之间道路建设。开工建设金田镇至金田起义地址景区一级公路，做好桂平城区至金田镇一级公路、社步至麻垌白石山景区二级公路等一批道路前期工作。加强旅游配套设施建设。加快推进一批旅游酒店、宾馆建设和提档升级。新建1家五星级酒店，投入营业1家五星级酒店。规划建设3个游客服务中心。增加6条旅游观光专线车，规划建设1处自驾车旅游营地。进一步加强旅游宣传工作。推进旅游事业单位改革，将营利性事业单位改制为企业，力争旅游体制改革实现新突破。力争创建广西特色旅游名县通过评审验收，西山风景名胜区创建国家AAAAA级旅游区通过初步评审。大力发展现代服务业。推进消费基础设施建设，加快发展电子商务、第三方物流、连锁经营等现代流通。规划建设一批物流园区和专业市场，积极申报设立西江桂平物流保税港区。深入实施加工贸易倍增计划，大力支持行业电商、农村电商、社区电商发展，深入开展“电子商务进万村”活动。大力支持一批商贸企业扩大发展。

坚持农业特色化发展方向，提升现代农业发展水平。促进农业发展向注重质量效益、注重提高竞争力、注重可持续发展转变，加快农业现代化，努力实现农业强、农民富、农村美。大力发展特色现代农业。进一步培育壮大农业龙头企业，扩大特色农产品生产基地。大力培育发展专业大户、家庭农场、农民合作社等新型农业经营主体。稳定粮食种植面积，大力开展整市推进粮食高产创建活动。打造农业传统特色优势产业升级版，重点抓好金田淮山产业示范区、麻垌荔枝产业示范区和粮食产业全程社会化服务示范区等特色核心示范区建设，力争建成一家自治区级现代特色农业示范区。开展清洁化、标准化生态养殖，发展现代畜牧业。加大农业结构调整，促进农业产业化发展。开展特色农业产业“品种品质品牌”提升行动，深入实施“三品一标”战略，提高产品质量及知名度。强化农产品生产、流通和消费安全监管。推进土地流转工作，完善林权流转制度。加大耕地“小块并大块”试点工作力度，农村土地承包经营权确权登记颁证乡镇扩大到3个，争取2—3年内完成确权登记颁证工作。加快推进林权流转工作。加强农业水利基础设施建设。抓好农村饮水安全工程建设，大力推进第六批中央财政小型农田水利重点县项目、病险水库加固等一批重大水利项目建设。加快水库移民新村项目建设工作，重点抓好大藤峡水利枢纽工程移民安置工作。

坚持民生普惠化发展方向，统筹推进社会事业建设。始终把改善和保障民生放在工作的首位，不断提高人民群众幸福指数，让人民群众生活更加满意、更有体面、更有尊严。加强和改进社会管理。全面推进法治桂平建设。加强信访和“三大纠纷”调处工作。积极推进户籍制度改革，加强流动人口、农村留守人员和特殊人群的管理服务。深入推进立体化社会治安防控体系建设，依法防范和惩治违法犯罪活动。切实加强道路交通安全、消防安全、安全生产、食品药品安全、环境安全以及应急管理等工作，不断提高公众的安全感和提高政法队伍的满意度。加强就业和社会保障。深入推进居民收入倍增计划，落实就业再就业各项扶持政策，支持农民工返乡创业带动产业转移。全面完善社会救助体系，不断扩大社会保障覆盖面。加快金保工程“五险合一”信息化系统建设。加快推进各类保障性住房建设，重点实施糖厂生活区棚户区、旧城区堤路园棚户区改造等项目。加快发展各项社会事业。实施十项为民办实事工程。抓好教育振兴“八大工程”，加大教育投入力度，不断改善教学条件和提高教师待遇。抓好各个层次的教育，不断提高教学质量，努力办好人民满意的教育。继续推进中小学校扩建和改制工作，鼓励有条件的乡镇中小学校扩建。其中，规划把市四中改制为初中学校，把市实验中学扩建为示范性高中；整合原糖厂学校的资源新建1所标准化小学；开工建设市五中和木乐腾飞小学。抓好文化共享工程、村级组织公共服务中心等农村文化基础设施建设。大力开展群众性体育活动。继续推进公立医院综合改革，提高基本公共卫生服务质量和水平。加快完善相关配套设施，确保市人民医院江北新院投入使用。开工建设市妇幼保健院长安新院。力争全市所有建制村实现通水泥（沥青）路。完善诚信计生长效机制。扎实推进精准扶贫，力争减少贫困人口1.5万人。完成撤乡改镇工作。继续推进三产回建地攻坚战，确保解决80%以上的三产回建地遗留问题。试行70周岁以上老年人免费乘坐公交车政策，完成全市参加新农合农民免费健康体检工作。按照国家统一部署，落实机关事业单位养老保险制度改革措施，同步完善工资制度，政策向低职务人员倾斜，向条件艰苦的偏远乡镇和长期在乡镇工作的人员倾斜，实行乡镇工作补贴，在县以下机关建立公务员职务与职级并行制度。继续提高村干部报酬、养老补贴和村级组织办公经费标准。大力推进生态文明建设，强化环境保护和治理。严格实施污染物排放总量控制，全面完成“十二五”节能减排任务。开展不动产统一登记工作和第一次全国地理国情普查工作，认真谋划制定全市“十三五”规划。加强妇女、儿童、老年人、残疾人工作，支持工会、共青团、科协等人民团体独立自主开展工作。扎实推进民兵预备役和国防后备力量建设，做好双拥工作，巩固军政军民团结。加强广电、统计、审计、民族、宗教、侨务、对台、地震、气象、人防、地方志等工作，促进各项社会事业全面协调发展。

应急管理

【值守应急】 桂平市本级和各乡镇各部门均已健全值班工作机构，实行24小时值班制度并确保通讯畅通，实行节假日及重要时段领导在岗带班和24小时值班制度。节假日放假提前3个工作日编排值班安排表，并向贵港市人民政府总值班室报备。提前收集各乡镇人民政府及市直有关单位假期值班安排表，汇总装订成册，采取不定时抽查等方式，督促检查各乡镇人民政府及有关部门节假日值班工作。

【信息报送】 桂平市严格按照上级部门的要求，按时、按要求报送突发事件和重要值班信息；及时反馈上级部门要求了解的突发事件和重要值班信息。2015年桂平市共上报桂平应急快报70期；值班综述9期；上报应急网站信息33期，其中获自治区应急办网站采用9期。所报信息要素齐全、准确、及时，没有迟报、漏报、瞒报。

【突发事件处置】 2015年桂平市及时妥善应对处置辖区内发生的各类突发事件47起，没有因处置措施不当而出现较大失误而被上级党委、政府或部门通报批评。对达到应急响应级别的突发事件，均能及时启动应急响应。如大湾镇安担村育才幼儿园“5·22”事件，桂平市及时启动了道路交通事故四级应急响应，积极妥善地应对处置好此事件，及时有效地消除了社会舆论对桂平市的负面影响；并形成处置评估报告，经桂平市政府常务会议审核通过后，上报贵港市政府。

【应急平台建设】 桂平市应急平台视频会商系统已全部按照自治区、贵港市的要求，落实了市政府第三会议室（约50平方米以上）为设备用房，按要求进行装修、布置、配备会商桌、购置了相应设备，已与自治区、贵港市实现了互联互通，实现了自治区、市、县三级应急平台之间的互联互通和资源共享。

【应急管理体系】 2015年1月，市人民政府办公室印发《2015年度应急预案修订计划》，并完成修订印发《桂平市处置森林火灾应急预案》《桂平市突发性地质灾害应急预案》等专项应急预案，《桂平市防洪应急预案》《桂平城区防洪应急预案》《桂平市山洪灾害防御预案》《桂平市防御台风应急预案》《桂平市抗旱预案》等部门预案。新增《木圭锰矿码头安全生产突发事故应急预案》《马鞍山隧道突发事故应急处置预案》《棉宠新龙码头生产安全事故综合应急预案》等部门预案。

至此，桂平市本级制定有总体应急预案1个，专项应急预案26个、部门应急预案97个。各乡镇均分别制定突发事件总体应急预案1个，26个乡镇制定了各类应急预案169个。各村（社区、街道）共制定应急预案432个。全市各类企业生产事故应急预案（安监部门备案）103份，存在危险源或处于危险区域的单位制定应急预案100%；各类学校制定应急预案2000多个；全市所有医院均制定相应的应急预案。基本涵盖了桂平市易发突发的自然灾害、事故灾难、公共卫生事件和社会安全事件等各类突发事件。

【应急演练】 2015年以来，桂平市共计组织开展7个专项应急演练，分别为中小学校食品安全事故应急演练、道路运输行业安全应急演练、2015年消防救援应急联合演练、防汛机动抢险队演练、9月18日防空警报试鸣暨人员疏散演练、紫荆镇寻蓬村屯地质灾害演练以及贵梧高速公路马鞍山隧道突发事故应急处置联动演练等。全市各乡镇、各有关部门负责人及相关学校参加了演练，累计演练人数为3000余人。与此同时，全市各乡镇、各部门及学校也在本单位范围，开展不同项目的各种应急演练。各中小学、幼儿园能结合学校的实际，针对火灾、地震、自然灾害、挤踏和其他突发事件等不同情况，制定周密的演练方案，利用开学第一周、3月份“安全教育月活动”、“5·12”防震减灾日等时间广泛开展应急疏散演练活动，各学校演练次数均达两次以上。除此以外，各学校每月进行两次紧急疏散演练，使得应急演练常态化、规范化。

【应急宣传培训】 桂平市全力推进应急科普宣教工作，取得较好成效。一是在西山风景区建设了应急科普宣传示范点，共有6版宣传专栏。二是制作了地质灾害防治、消防知识、用电安全等应急知识宣传的音像制品、宣传图等，在全市范围播放、发放。三是在市电视台、电台、政府门户网站户外大屏幕、学校、候车候诊室等宣传推广应急常识动漫宣传片《应急侠》，以及消防、用电等防灾避险知识。四是5月12日，举办副科级领导等150多人参加的应急管理专题培训班。9月22日，邀请副市长、公安局长方德贵为新任科级干部讲授“突发事件的应急处置”专题课。

市经济与社会发展研究中心

【概　况】 2015年，市人民政府发展研究中心（简称市经济与社会发展研究中心）编制3名，实有人员1名。年内，市经济与社会发展研究中心在课题研究、编印刊物及调研活动等方面取得了一定的成绩，而且是一套人马，两块牌子（与市社会科学界联合会）合署办公，共同做好两个单位的工作。年内，与市文联共同举办“迎新春，免费赠送春联”活动；送科普读物进乡村活动；与老龄办共同举办“老年人权益保障法”宣传活动；完成自治区社科联课题“社会质量与桂平五大建设——对桂平贯彻十八届三中、四中全会决定的若干建议”；完成贵港市社科联课题“贵港西江经济带产业发展中的生态保护”的撰写。全年共编印《桂平社科联通讯》4期，共60万字，与市政协联合编印《桂平纪念中国人民抗日战争暨世界反法西斯战争胜利70周年》专刊。

【迎新春，免费赠送春联活动】 1月28日，联合市文联在大洋镇石步村举办书法、春联免费书写赠送活动。当日，来自市书协的7位书法家们面对农民群众的热情，当场挥毫泼墨，共撰写近300对春联和书法作品赠给农民群众，受到当地群众的热烈欢迎。

【送科普读物进乡村活动】 5月15日，联合市文联深入到大洋镇石步村开展送社科知识读物进乡村活动，为该村“农家书屋”赠送200多本有关社会科学知识、哲学、法律、历史、社会、科学、畜牧、种养、生活健康常识等书籍，为农民群众送去精神食粮。

【举行老年法知识宣传活动】 11月19日，联合市老龄办在南木镇洛连村和金龙村举办《老年人权益保障法》宣传活动。此次活动以“尊老爱老·关爱老人健康”为主题，通过发放《老年人权益保障法》手册、老年健康知识读本、老人维权知识宣传资料及购物袋等物品进行宣传，吸引了众多农民群众前来咨询及领取相关资料，当天共发放宣传资料600多份，宣传购物袋300多只。

【编印刊物】 年内编辑出版4期《桂平社科联通讯》，共60多万字，开设有政策法规、社联工作、学会活动、调研报告、文化信息、科普园地等栏目，内容丰富，知识面广；9月，与市政协联合编印《桂平市纪念中国人民抗日战争暨世界反法西斯战争胜利70周年》专刊。该专刊涵盖抗日战争时期发生在桂平的大事件，以及与抗战有关的桂平籍重要人物，并择优收录了多篇抗战回忆文章、历史照片、诗词等作品。所编印刊物均免费赠送给社会各界人士学习和参考，深受他们的喜爱和欢迎。

【课题研究】 “社会质量与桂平五大建设——对

桂平贯彻十八届三中、四中全会决定若干建议”课题。该课题由市经济与社会发展研究中心和市社科联共同完成，是自治区社科联下达的课题任务。该课题论述了社会质量应从“公共秩序的维护、公共设施的建设、公益事业的发展、公共资源的保护与分配的合理性”四个方面进行检测，对推进桂平市的经济建设、政治建设、文化建设、社会建设和生态环境建设，以及“十三五”规划的编制具有较高的参考价值。年内，该课题结题。

“贵港西江经济带产业发展中的生态保护”课题。该课题是由市经济与社会发展研究中心和市社科联共同完成，是贵港市级社科研究课题。该课题对西江经济带贵港区间生态环境现状作了多种方式的调查，在广泛借鉴、参考大量文献资料的基础上充分肯定了其优良的方面，全面探讨了其存在的问题与成因，系统地提出了生态环境修复，保护和优化的目标、任务，以及主要战略措施，对于今后贯彻全区和桂平市生态立市、促进绿色发展及贵港西江经济带的建设提供了决策参考作用。年内，该课题结题。

政务服务

【概　况】 桂平市政务服务中心（简称政务中心）位于郁江东路84号，面积约2000平方米，进驻部门43个，设有116个服务窗口，工作人员近130人。窗口单位全部使用自治区政务服务业务通用软件办理各个行政审批服务事项，并通过电子监察系统接受自治区、贵港市、市本级的监督检查。政务中心设置电子信息、视频监控系统，各服务窗口全部到位，现场即可打印、发放证照等。2015年，桂平市推进行政审批制度改革。加快政府职能转变，把“一服务两公开”（完善政务服务体系，深化政务公开和政务信息公开）工作作为改进机关作风效能建设和党的群众路线教育实践活动重要内容，摆在重要位置来抓。以行政审批“代办服务”工作机制为抓手，推进“一服务两公开”各项工作。全年，市本级政务服务中心办理事项21.08万件；受理事项按时办结率100%，群众评议率99%，满意率99.9%以上。全市共在自治区政府信息公开统一平台发布信息1.85万条。

【推动行政审批简政放权】 2015年，市委、市人民政府印发关于全面深化改革的实施意见，推进政府职能转变和行政审批制度改革。开展新一轮行政审批事项清理工作。最大限度减少审批事项，严格控制新设行政许可，推动行政审批简政放权。经清理，市本级共有行政审批部门43个行政审批事项301项，其中市本级行政审批事项366项。全年累计取消、下放、承接、调整行政审批项目92项（其中取消行政审批项目57项，承接行政审批项目35项）。另全面取消市本级所有非行政审批事项共327项。编制行政审批项目目录，并通过市人民政府网站、统一平台发布。

【优化行政审批流程】 2015年，市人民政府办公室印发《关于在全市开展清理审批事项和优化办事流程工作的通知》，对行政审批事项清理和优化办事流程要求简化办事程序、减少办事环节、压缩办理时限。全年全市审批事项环节办理平均承诺提速70.37%，实际办理提速80.68%，超过自治区规定要求。编制审批项目操作规范和流程图，并通过市人民政府网站、统一平台公布。

【加强行政审批服务监管】 2015年，市人民政府推行审批标准化服务，并加强对行政审批服务监管。在市本级政务服务中心，各部门要按照统一的格式要求重新制作审批服务事项“一次性告知单”，包括“八公开”内容（即公开项目名称、设立依据、申报材料、办理程序、承诺期限、收费标准、收费依据和“窗口”权限、咨询及投诉电话等）及审批事项目录、审批流程、示范文本和相关表格及相关资料下载的网址等在市政务服务中心、部门网站、政府网站、自治区政府信息公开统一平台公布，实现审批服务的“一次性告知”，方便群众办事。

【深化政务公开和政府信息公开】 2015年，市人民政府深化政务公开和政府信息公开。4月，全市81个市直部门和乡镇2015年财政预算、“三公”经费预算信息均在自治区政府信息公开统一平台、市人民政府门户网站及本单位网站公布，实现了市本级财政预算信息公开的全覆盖。5月20日，市人民政府在市中心广场举办桂平市第三届“政务公开日”活动，市人民政府领导、43个部门的分管领导及工作人员共200多人参加，现场帮助市民解决问题1000多个。年内，政务中心将重点领域信息公开工作任务分解落实到各牵头部门，推进重点领域的政府信息公开。推进和指导公共企事业单位办事公开，方便群众了解信息，接受群众监督。

【推进“一服务两公开”信息化建设】 2015年，市人民政府推进全市行政审批事项标准化、规范化、信息化管理。市政务办使用3.0版政务服务电子监察通用软件系统，实现全市行政审批事项标准化、动态化、规范化、信息化管理。加强政府网站建设和内容保障工作。创新审批方式，探索网上审批。推广应用自治区“一服务两公开”基层信息化应用平台，至年末，100%的乡（镇、街道）和100%的建制村（社区）完成应用自治区“一服务两公开”基层信息化应用平台任务。

机关事务管理

【水电设施维修】 加强机关大院水、电、房基础设施的巡查维护，发现问题及时处理。2015年物业股共维修用水用电设备557次，更换节能路灯100多盏。

【修缮补漏】 对管理区机关大院办公楼、会议室等做一次全面的检修工作，总作业面积5000多平方米，并且对领导住室的空调、门窗、防盗网、电路等进行了维修和安装。在雨季来临之前，切实抓好大院的修缮补漏工作，及时排查和有效杜绝安全隐患。

【清洁卫生】 进一步加强对保洁人员的教育和管理，划分保洁区域，明确保洁工作职责范围。每天派出专人对保洁情况进行督查，如发现卫生死角，及时联系保洁人员马上清扫，确保整个机关大院的美丽整洁。市机关事务管理局与市防疫站联系，对市委、市政府大院投放除四害药剂，为大院广大干部职工办公、生活创建良好环境。

【安全保卫】 一是加强保安队伍建设，狠抓日常培训，规范上岗，文明执勤。做好机关大楼防火等安全工作，着重排查隐患，制定应急预案，完善消防设备，保证机关大院安全。二是在机关大院内安装固定监控摄像头，并购买了一批保安器材，发放到机关大院值班室，通过人防和技防相结合，有效地提高了安保水平。

【食堂管理】 一是建立健全食堂各项规章制度。制定《餐具消毒记录》《食堂卫生检查记录表》《绿色采购制度》《员工工作手册》等配套制度和相关记录，从食品卫生、环境卫生、餐具消毒、食堂卫生、个人卫生等方面明确管理要求。二是注重食品卫生管理，强化卫生监督。严把进货关、加工关，确保进货质量，同时做到不加工过期、腐烂食品，不使用食品添加剂，不购买三无产品；严把卫生关，餐具做到餐前餐后必消毒，每天对操作间、餐厅卫生及时清理。三是加强硬件建设，提高餐饮服务质量。对更换机关食堂设施设备，有效改善了机关工作人员的用餐环境。

【会务工作】 安排7名“4050”（即国有企业女性40周岁以上、男性50周岁以上未达退休年龄）人员协助做好管理市委中型会议室的会务工作，按照准备充分、服务周到、确保安全的要求，切实做好会务工作。会议结束后，清理好各种器具并将会场打扫干净。

【公共节能】 2015年公共机构节能工作任务完成情况：一是认真组织抓好节能宣传周活动各项工

作。指导乡镇，市直各单位、学校通过贴海报、拉横幅、制板报、发宣传手册、发环保袋等形式就公共节能宣传活动进行大力宣传。6月15日，事机关事务管理局组织市直公共机构单位在文化广场一条街广泛开展节能宣传活动，具体是开展节约用水、用电、纸张等规范行动，以增强广大市民、干部职工的勤俭节约意识，提高资源利用率。二是全面完成上级下达的各项能源资源消耗指标。三是节能改造及示范点建设进一步推进。投入315万元对部分街道的高耗能灯管全部更换为节能灯。

5月份，自治区建筑科学研究设计院绿色建筑节能中心工程师余乾仲到创建国家级节约型单位桂平市一中检查指导工作，肯定了市一中的工作成绩，指出存在问题，提出进一步完善创建标准要求，为下一步迎接国家级评估验收打好基础。8月12日，广西壮族自治区机关事务管理局副处长熊懿松一行四人对桂平市一中创建节约型公共机构示范单位工作进行评价验收。11月9日，贵港市机关事务管理局副局长梁华球一行5人到桂平市对2015年公共机构节能工作进行督查。

绩效管理与考评

【概　况】 桂平市绩效考评领导小组办公室成立于2012年11月，为桂平市绩效考评领导小组常设办事机构。2014年12月重新核定行政编制5名、工勤人员1名，内设综合股、绩效考评股、项目股。

2015年度桂平市绩效考评工作以落实上级党委、政府和市委、市政府重点工作、督促考评对象高效履职、鼓励创先争优为主线，扎实推进绩效管理与考评工作，全面完成年度各项目标任务并在贵港市2015年度县（市、区）绩效考评结果评为良好等次。

2015年6月18日，对全市2015年度绩效考评结果获优秀奖的单位进行表彰：蒙圩镇等13个乡镇单位、市委办等35个市直单位及市人武部等3个中区贵港直驻浔单位。

【自评迎考工作】 为做好迎接上级考评，桂平市一是分解任务，明确目标，落实责任。对照上级年度绩效目标和指标体系框架，将自治区、贵港市目标任务、部门10项重点工作、市层面年度目标任务、部门职能重点工作、招商引资工作和“四大工程”三年攻坚行动计划项目建设、深化改革等纳入绩效考评范围进行综合管理，制定并印发了《桂平市2015年度绩效考评工作方案》，做到逐项分解任务、强化目标责任。二是加强管理，做好督查指导。强化督查指导，对督查发现的问题及时整改，督促各考评单位主动与上级对应部门沟通，确保全市各项指标按标准完成。三是做好社会评价意见建议整改任务。对自治区反馈桂平市2014年度的89条公众评议意见建议进行全面梳理和细化，将整改工作分解落实到具体承办部门和责任人，落实工作措施，明确整改完成期限，全力推进各项整改工作的落实。四是配合做好满意度调查工作。按质、按时提供各类群体电话样本，指导相关民意调查对象配合做好自治区、贵港市电话访问、问卷调查和宣传展示有关工作。

附：贵港市对桂平市的绩效考评按千分制计分。2015年桂平市绩效考评综合得分916.30分，其中职能工作目标得分578.09，共性工作目标得分90.85，创新创优及专项考核目标得分23.52，工作满意目标得分208.55（其中领导评价50分，得分45.77；民意调查200分，得分162.78）。

【本市级绩效考评】 按照《桂平市2015年度绩效考评工作方案》，一是在市委、市政府的直接领导下，由市绩效考评领导小组负责组织，市绩效考评领导小组办公室（简称市绩效办）具体牵头，乡镇和市直有关单位以及各类评议评价主体共同参与和实施。二是综合考虑部门性质、职能特色及定位、规模等要素，把列入2015年度桂平市绩效考评对象分为六大类：（一）乡镇类；（二）党委群团类；（三）经济管理类；（四）公共事务管理类；（五）监管与事业单位；（六）中、区、贵直驻浔，共99个。三是2015年度对各乡镇、市直单位的绩效考评按千分制计分，从职能工作、共性工作、创新争优、工作满意等目标采取目标考核、满意度调查和察访核验相结合的方式进行考评。中、区、贵直驻浔单位只参加公众评议和领导评价，职能性工作指标由其上级主管部门考核。四是被考评单位年度绩效考评结果分为优秀、良好、合格、不合格四个等次。被考评单位年度绩效考评结果等次采用分类别按比例的方法确定。年度考评结束后，由市绩效考评领导小组审核考评初步结果后报市委、市政府确定各类别单位等次。五是加强绩效考评结果与运用，与干部任用与提拔、行政奖励与问责等相挂钩，以达到转变作风、提高工作实效的目的。六是年内制定印发《桂平市2015年度绩效考评结果运用实施办法》《桂平市2015年度乡镇和市直单位绩效考评工作激励创新争优实施方案》和《2015年度乡镇和市直单位绩效考评指标体系及评分细则（含为民办实事专项指标及评分细则）》。

中国人民政治协商会议桂平市委员会

【概　况】 2015年，中国人民政治协商会议桂平市第九届委员会由中国共产党、工商、经济、民主党派、无党派、工青妇、社科文体新闻、民族宗教对外归侨、教育、医药卫生、农林、驻港澳委员、驻粤委员12个界别构成，共有委员314名（其中常务委员56名）。市政协机关在编干部14名、职工2名，实有人数19名；设主席1名、副主席4名、秘书长1名；办事机构有：办公室、提案法制委员会、经济科技委员会、文教卫体委员会、文史信息委员会、外事联谊和民族宗教委员会，委员会的主任副主任，均由专职的政协机关干部担任。

重要会议

【政协全会】

政协九届五次会议。2月5日上午，出席开幕会议的有关领导有：桂平市市长潘汉胜；市人大主任张津辉、市政协主席吴燕；市委常委、市委统战部部长陈淑君；市政协副主席蔡含贵、董醒民、黄锦彪、陈雪峰以及市各部门及有关单位领导等。市政协老领导余耀生、刘明可应邀列席会议。

会议听取和审议市政协九届委员会常委会工作报告、常委会关于九届四次会议以来提案工作情况的报告；审议通过市政协九届五次会议各项决议；听取市政协九届五次会议提案审查情况报告；通报2014年度捐资助学情况，表彰2014年度提案工作、捐资助学先进单位和先进个人。参会委员列席桂平市第十五届人民代表大会第五次会议，听取、讨论并赞同《政府工作报告》及其他有关报告。

市委书记在开幕会上作重要讲话，对市政协的工作给予充分肯定，提出新的要求。

会议认为，过去一年，面对改革发展稳定的繁重任务，面对经济下行的巨大压力，中共桂平市委团结带领全市各族人民，坚持以邓小平理论、“三个代表”重要思想、科学发展观为指导，深入学习贯彻中共十八大和十八届三中、四中全会、习近平总书记系列重要讲话精神，深入开展党的群众路线教育实践活动，广泛开展“美丽桂平·清洁乡村”活动，全面实施“三年目标任务行动计划”和重大项目突破工程、城市形象提升工程、旅游产业攻坚工程、城乡一体化推进工程“四大工程”，保持了经济平稳健康发展和社会和谐稳定，各项工作取得了新成效，各项事业开创了新局面。一年来，市政协认真履行政治协商、民主监督、参政议政职能，广泛凝聚智慧力量服务科学发展，积极协调各方关系促进社会和谐，为推进桂平市经济社会平稳较快发展做出了重要贡献。

会议指出，要牢牢把握西江经济带上升为国家战略的重大机遇，以提高经济发展质量和效益为中心，以建设资源节约型和环境友好型社会为引领，启动实施"四大工程"三年攻坚行动计划，继续大力推进新型工业化、新型城镇化、旅游产业化和农业现代化，促进产城融合、城乡融合发展。

会议要求，广大政协委员要切实按照市委部署的各项目标任务，带着协商议政的主题学习，努力找准协商监督、议政建言的着力点，把助力改革发展、依法治市贯穿到履行职能的各方面和全过程，真正把思想和行动统一到十八大、十八届三中、四中全会精神上来，把智慧和力量凝聚到市委、市政府的决策和部署上来，把精力和重点集中到服务改革、依法治理、促进发展上来。要充分发挥政协凝聚人心、汇聚力量的优势，把一切可以团结的力量广泛团结起来，形成推进桂平改革发展、依法治市的强大合力。

会议号召，全市政协各参加单位和广大政协委员，要更加紧密地团结在以习近平同志为总书记的中共中央周围，高举中国特色社会主义伟大旗帜，在市委领导下，同心同德，求真务实，开拓创新，不断开创政协工作新局面，为实现桂平在西江经济带乃至西部地区县域经济的率先崛起而努力奋斗！

中国人民政治协商会议第九届桂平市委员会第五次会议，于2015年2月4—6日在桂平城区（市委中型会议室）举行

【政协常委会】

政协九届十五次常委会议。2015年1月28日，在市政协会议室召开。会议应到常委46人，因事因病请假7人，实到39人。会议议程有10项：协商通过关于召开市政协九届五次会议的决定；协商通过市政协九届五次会议议程（草案）和日程；协商通过市政协九届五次会议委员分组、组长、副组长名单和讨论地点；协商通过市政协九届五次会议提案截止时间决定；协商通过大会邀请领导、嘉宾和列席人员范围；审议通过市政协九届五次会议常委会工作报告（审议稿）、提案工作情况报告（审议稿）及报告人；讨论市政协九届四次会议以来优秀提案、承办提案和2014年度捐资助学先进单位及先进个人名单；审议常委会《如何有效发挥项目土地闲置资源，化解三产回建用地难的专题调研报告》和审阅文史信息委《如何加强工业园区的管理，增加对财政收入的贡献率协商报告》；审议2014年捐资助学工作情况通报材料；协商通过有关人事事项。

政协九届十五次常委会议

政协九届十六次常委会议。2015年2月6日在市政协会议室召开。会议应到常委46人，因事因病请假4人，实到42人。会议议程有两项：协商通过桂平市政协常务委员会2015年工作要点；协商通过桂平市政协2015年度协商工作计划（草案）。

政协九届十七次常委会议。2015年4月29日，

政协九届十六次常委会议

在市政协会议室召开。会议应到常委 45 人，因事因病请假 7 人，实到 38 人。参加会议还有市委组织部副部长全军至。会议程有 4 项：学习贯彻全国政协十二届三次会议精神；通报市政协深入开展“委员行动工程”活动有关事项；协商通过关于举行中国人民抗日战争暨世界反法西斯战争胜利 70 周年纪念活动方案（草案）；协商通过人事事项。

政协九届十七次常委会议

政协九届十八次常委会议。2015 年 7 月 21 日，桂平市政协在市政协会议室召开。会议应到常委 45 人，因事因病请假 3 人，实到 42 人。会议议程有 6 项：学习《中国共产党统一战线工作条例（试行）》和《关于加强人民政协协商民主建设的实施意见》；听取市政府关于 2015 年上半年经济社会发展情况通报；审议《关于我市教育基础设施项目建设情况的调研报告（审议稿）》；审议《桂平市加快培育壮大特色农业产业专题协商报告》《依法打击双违建筑保护耕地协商报告》《桂平市政协“关于改造桂平市第二中学厢南校区北面排水沟的建议”提案办理协商情况报告》《如何把握西江经济带建设机遇加快我市经济发展专题协商报告》（书面）；听取《桂平与名人》修编情况报告；其他事项。

政协九届十八次常委会议

政协九届十九次常委会议。2015 年 10 月 19 日，在市政协会议室召开。会议应到常委 45 人，因事因病请假 5 人，实到 40 人。会议议程有 3 项：传达学习全区政协工作会议精神；审议《西江经济带——桂平历史文化的调研报告》；审阅《桂平市服装产业发展的协调报告》《关于发挥资源优势争创广西特色旅游名县的协调报告》《关于贯彻依法治国方略推进法治桂平建设的协调报告》。

政协九届二十次常委会议。2015 年 12 月 30 日，在市政协会议室召开。会议应到常委 45 人，因事因病请假 9 人，实到 36 人。会议议程 12 项：桂平市纪委书记叶伟腾作党风廉政建设工作报告；协商通过关于召开市政协九届六次会议的决定；协商通过市政协九届六次会议议程（草案）、日程（草案）；审议通过市政协九届六次会议常委会工作报告（草案）和提案工作情况报告（草案）及报告人；协商通过市政协九届六次会议秘书长、副秘书长名单；协商通过市政协九届六次会议委员分组办法、组长、副组长名单和讨论地点；协商通过市政协九届六次会议提案截止时间的决定（草案）；协商通过大会特邀出席领导和嘉宾、列席人员名单；讨论市政协常委会2016年工作要点（草案）；讨论市政协2016年协商工作计划（草案）；审议市政协九届五次会议以来的优秀提案、承办提案工作先进单位和捐资助学先进单位和个人通报材料；协商通过有关人事事项。

政协九届二十次常委会议

重要工作

【提案工作】 2015年2月4—6日桂平市政协九届五次会议上，提案法制委员会共收到委员提案77件，经审查、立案77件，立案率100%。提案内容主要涉及经济建设和社会发展的各个方面。其中：经济建设方面38件，占49.35%；科教文卫体方面20件，占25.97%；社会政治方面11件，占14.29%；其他方面8件，占10.39%。

截至2015年12月31日，77件分别交由市直部门和乡镇具体承办的提案已全部办理完毕，

政协九届十九次常委会议

提案法制委主任钟兰（左）、副主任李本荣（右）在统计征集提案数量

办复率100%。其中：已解决25件，占32.47%；正在解决34件，占44.15%；暂不能解决18件，占23.38%。

常委会高度重视重点提案的督办工作，重点提案的办理做到100%面商，力求取得成效。在立案的提案中，初步选出几件重点督办提案，交由主席办公会议审定，最后确定出6件重点督办提案，责任明确到各个领导和委室，由正副主席和所分管的委室各负责一至两件。督办活动方式主要是邀请提案者、提案承办单位有关部门负责人通过现场考察、座谈等进行协商解决问题。如《关于加强对桂平城区交通秩序管理的建议》提案，政协主席吴燕亲自带领提案者及相关人员逐个深入提案承办单位，了解办理情况，现场听取办理意见。市政局就该提案牵头组织了市住建局、市交通局、市公安交警大队进行实地考察，做出了相关方案，得到了市委、市政府的高度重视。一方面，交通执法部门加大执法力度，对城区出站的营运客车进行重点检查，整治营运客车出站后在街道随意上落客、漫游揽客行为，严查违规停车揽客车辆。同时，市政府拨款60万元在南梧公路玉桂路口、南梧公路蒙圩高速路入口分别新安装了信号灯，并完善了市人民医院出入口

（人民路与中山路口）信号灯及相关设施；拨款1200多万元在城区主要路口安装电子警察设施，清除了人民医院出入口处阻碍交通的报刊亭。通过对交通违法的整治处理和对交通设施的完善，城区交通秩序明显好转，提升了桂平优秀旅游城市的形象。又如《关于加固西山路旁护坡及加强管理的建议》这个重点提案得到了市政府高度重视，划拨专项维修款100多万元。董醒民带领提案法制委专委成员多次会同承办单位到西山路护坡塌方处实地察看，现场办公。市政局局长亲自抓落实。该提案7月初动工修建挡土墙，至9月底已基本完工，并已种上草皮，督办效果明显。通过这种督办方式，推动了政府部门的工作，有力地促进其他提案的办理落实，承办部门的提案办理质量得到进一步提高，得到委员们的肯定。10月21日，陈锦秀签批了由市政局提交的《关于城区部分公交车候车亭设置不合理要求重新规划定点落实资金的请示》，目前该工作正在实施中。对于其他提案的办理，不少政府部门一把手直接与委员对话协商交流，让委员有机会施展参政议政才能。

市政协关于桂平城区交通拥堵调研座谈会

2015年9月16日，市政协副主席董醒民（右一）、提案法制委员会主任钟兰（左一）现场督办西山路护坡修建情况

【协商工作】 2015年度协商工作，围绕实施“四大工程”、“三年攻坚行动计划”，共谋发展之策，同建发展之言。以专题议政性常委会议协商、专题协商会议协商、对口协商会协商、界别协商会协商、提案办理协商等种形式召开了10次协商会议，100多名各界委员参与协商，形成了《依法打击双违建筑保护耕地》《加快培育壮大特色农业产业》《把握西江经济带建设机遇加快经济发展》《依法治市》等协商专题报告10篇，提出了一批意见、建议，为市委、市政府民主科学决策提供参考，取得了良好效果。

【考察调研】 2015年，市政协积极履行民主监督职能，通过联合调研考察的形式，对新农合运行情况进行集中考察。考察组先后深入黎明医院、市中医院等单位，实地察看了医院医疗保障设施，听取市人民医院、东南西北区中心卫生院的工作汇报，召开了座谈会，了解医疗服务行为、新农合制度执行情况，在此基础上形成了《关于2015年市新农合运行情况的视察报告》，提出了简化村级新农合报销手续等意见和建议，有效促进了相关部门工作。

市政协常委会根据《2015年常委会工作要点》安排，按照“党委出题、党派调研、政府采纳、部门落实”的方式，开展了3项专题调研，形成了《桂平市教育基础设施项目建设情

2015年10月19日，市政协吴燕主席（前左一）率新农合专题考察组到市中医院进行实地考察调研

况的调研报告》《关于西江经济带—桂平历史文化（古商埠、旧档铺、古建筑）的调研报告》《关于加快培育壮大特色农业产业的调研报告》，经市政协常委会讨论审议通过后，报市委、市政府。

为了创建特色旅游名县，市政协组织了对市域旅游资源的调研，在集思广益的基础上，提出《下大力气提升交通基础，加强与周边旅游市场的衔接，优化旅游的制度体系结构》的建议。市政协调研组还赴蒙圩镇、市二中实地调研，提出了“健全法律服务体系、健全依法维权和化解矛盾机制”的建议。这些建议都得到了有关部门采纳。

【委员行动工程】 2015 年，市政协充分发挥自身联系广泛、渠道畅通的优势，鼓励和动员委员投入“委员行动工程”，主动联系项目助企业促发展。全年为项目、企业解决用地、用电、用工、贷款补贴、办证审批等困难和问题 22 项，帮助企业制定完善发展规划和管理制度 16 项，协调理顺企业与企业、单位之间的矛盾 5 件，协调企业解决用工 500 多人次。

委员行动工程

【扶贫助学工作】 2015 年，市政协广泛开展扶贫济困、捐资助学活动。全年捐助 20.75 万元，资助 249 名困难家庭的大中小学生；募集 3.6 万元，慰问乡镇敬老院 6 个、困难群众 37 人；筹资 1.395 万元慰问农村党支部 2 个、老党员和生活困难党员 31 人；发放慰问金 5000 元，慰问抗战老兵 10 人；斥资 5.4 万元支持 8 个乡镇开展精准扶贫工作。还争取贵港市政协扶贫助残资金 12 万元，资助 40 名特困和残疾人员。周立平委员带头捐资 50 多万元，带动其他经济能人共捐 100 多万元，以支持木乐镇教育事业。陈应伟委员捐资 7.7 万元，支持社步镇、垌心乡教育事业。

市政协捐资助学协会 2015 年大学新生助学金发放仪式

【文史工作】 2015 年，编印了《桂平与名人》（增订本）。增订了国家及部委、自治区领导在桂平的资料；桂平的国家、自治区级劳模名录；市四家班子正副处级职（2015 年 8 月在任）领导名录；2014 年至 2015 年 6 月纳税前 12 名政协委员企业精英名录；社会贤达以桂平籍人士为主；佛道名人以高僧和桂平佛教、道教协会会长为入录对象；删除原书中定性为犯罪的个别名录；调整了编委会名单和“序言”、书名题字、“编后记”的撰写人；重撰“桂平概况”。还征集《西江经济带建设纪实》文史稿 25 篇，经初审、修改和校对后选送贵港政协 21 篇。编辑《贵港政协志》（桂平篇）第一稿 13.5 万字，第二稿压缩提炼为 4.3 万字。完成广西区政协征集桂平抗战等题材

《桂平与名人》（增订本）

的书画作品12幅，获得参展2幅，留展3幅。开展“9·3”抗战胜利纪念活动，征集文稿13篇共5.8万字，全部送市社科联出版专辑。编辑出版了《桂平道教文化》（桂平文史第31辑）。

《桂平道教文化》（桂平文史第31辑）

【联谊工作】 年内，开展了对桂平市粤港澳台侨企业投资状况考察、调研，形成了《桂平市粤港澳台侨企业投资状况调研报告》，针对存在问题，提出了意见和建议，受到了市委、市政府及有关部门的肯定和采纳。

市政协会议期间，粤港澳委员及粤港澳台侨特邀贵宾们回桂平参会，积极为桂平发展建言。

市政协还组织了三次外出联谊活动，赴广东、南宁、玉林等地走访委员，参加广州、佛山桂平同乡会、商会的年会或成立周年庆典，与他们座谈，听取他们对招商引资、发展桂平经济建言献策，请他们牵线搭桥。利用春节发短信、贺卡等方式，与外地桂平籍人士沟通联谊。各地组团来桂平考察共47批600多人次。

吴燕（左三）、黄锦彪（左二）率队赴广东地区走访委员，开展联谊活动

纪检 · 监察

【落实党风廉政建设责任制】 2015年，市纪委、监察局层层传导压力，推动“两个责任”落实。一是配合出台“两个责任”文件。3月份，配合市委制定下发《中共桂平市委员会关于落实党风廉政建设党委主体责任和纪委监督责任的实施细则》。与乡镇纪委及市直单位纪检组（纪委）签订了落实党风廉政建设监督责任责任书，把两项责任落到实处，层层传递责任压力。二是强化约谈传导责任。4月29日，桂平市纪委召开乡镇纪委书记、市直纪检组组长约谈工作会议，市常务副市长杨大东主持会议并讲话。12月份，市委书记杨评防就推进发生在群众身边的“四风”和腐败问题专项工作，面对面约谈各乡镇党委书记、纪委书记，市直和中区贵港直驻浔部分单位党政主要负责人、纪检组组长（纪委书记）共200多人，助推专项工作深入开展。三是强化责任追究。加强对各级区各部门党委落实主体责任、纪委落实监督责任情况的监督检查，坚持“一案双查”，加大问责和曝光力度。年内，全市各级各部门下发通报71份，涉及部门、单位41个，其中通报批评156人，诫勉谈话29人，调整工作岗位13人，被问责19人。

【狠抓领导干部作风建设】 2015年，桂平市纪检监察部门持续发力，从严落实中央八项规定精神，狠抓领导干部廉洁自律，以重点突破带动作风整体好转。集中力量抓好办公用房、个人住房清退，楼堂馆所建设，财政供养人员“吃空响”、控制“三公”经费支出等专项整治，坚决防止反弹，全年“三公经费”支出整体比去年下降。抓住元旦、春节、清明、“五一”、中秋、国庆等重要节点，及时发送廉洁过节通知、廉政提醒短信，重申和强调纪律，正风肃纪。结合自治区关于“走读”的文件精神，组成7个查访小组，先后20多次开展抽查和暗访，查访领导干部400多人次，发出通报5期，对未请假不在岗的20多名乡镇干部进行了通报批评，狠刹公车私用、吃拿卡要和干部“走读”“脱岗”等不正之风，收到良好的警示和教育效果，全市机关干部办事效率得到较大提高。

【查办案件】 2015年，坚持围绕中心、服务大局，坚持有案必查、有腐必惩，严肃查处了一批违纪违法案件。全市纪检监察机关受理群众信访举报件287件，立案查处各种违纪违法案件105件，比去年同期增长44.45%。其中，委局本级立案57件，市直纪检组（纪委）立案9件，乡镇纪委立案38件。市本级所查办的57件案件中，属自办案的共41件，其中7件属失职渎职类案件，34件属贪污受贿类案件。全市立案查办的105件案件中，涉及乡科级干部11人，一般干部32人，其他人员65人。坚持抓早抓小，治病救人，对党员干部身上的问题早发现、早教育、早查处，防止小问题变成大问题。加强诫勉谈话工作，对领导干部出现的苗头性问题及时采取措施进行谈话，对单位出现发生严重违纪违法问题，及时约谈其单位主要领导，涉及到领导责任的按相关规定处理。2015年，分别对中沙镇上冲村稀土开发污染问题、大湾镇安担村育才幼儿园“5・22”事故的相关责任人进行责任追究；对在“生态乡村”活动工作中，因工作不力、造成严重后果的的金田镇党委书记、镇长、分管领导、工商所所长、市场管理所所长予以免职；对工作失职、监管不力造成国有土地被非法占用的石咀镇国土所所长和市经管站工作人员等2人进行行政警告处分。办案数量和处分违纪党员干部人数都较去年有所上升。同时，全市各级纪检监察组织规范案件检查措施，坚持严格依纪依法办案，不断提高办案的质量和水平。

【开展查处“四风”专项整治】 2015年，深入开展查处发生在群众身边的“四风”和腐败问题专项整治工作。制定出台了《桂平市开展查处发生在群众身边的“四风”和腐败问题专项工作实施方案》（浔纪发〔2015〕9号），围绕专项工作重点查处和整治的五个方面突出问题，建立了纪检、信访、检察、审计“四位一体”的信息共享平台。通过设立举报电话、开展信访大接访活动、组织交叉检查摸排等措施，广泛收集发生在群众身边的“四风”和腐败问题线索200多条。9月份，召开全市查处发生在群众身边“四风”和腐败问题专项工作动员会。专项工作开展以来，共立案查处“四风”腐败违纪案40件。对危害群众利益的案件实行“一案双查”，不仅追究直接责任人的责任，还追究主体责任、领导责任、监督责任。如对下湾镇落实“两个责任”不到位的问题，对镇党委书记、镇长、分管领导、纪委书记等，分别给予了处分，成为贵港市首例查处因落实“两个责任”不力、导致严重后果的典型案例，对主体责任和监督责任分别进行了责任追究。运用民生资金电子监控平台系统，整治强农惠农、社会保障、教育医疗、保障性住房、征地拆迁、环境保护等涉及民生的突出问题，坚决纠正损害群众利益的不正之风。严肃查处发生在群众身边的以权谋私、与民争利问题，坚决治理乱收费、乱罚款、乱摊派和吃拿卡要等问题。系统自2011年11月运行至2014年3月底，累计监控资金19.43亿元，发现资金异常情况819例，通过对资金异常情况进行核查，资金重复发放属实170例，金额103584.20元，已追回资金102234.20元。

【反腐败治本抓源头】 2015年，完善制度建设，强化源头治理，筑牢反腐倡廉防线。制定了《桂平市加强党员干部作风建设，对“庸、懒、散、慢、拖”，不作为、乱作为等问题开展专项监督检查工作方案》《桂平市关于进一步加强乡镇干部管理的若干规定的通知》《桂平市乡镇拨付民生专项资金监督管理暂行办法》《中共桂平市委员会关于加强乡镇纪委规范化建设的实施意见》《桂平市关于推进乡镇干部进村入户直接联系群众工作的实施方案》等文件，强化全面履行党章赋予的职责。

【开展党风廉政宣传教育活动】 2015 年，市纪委开展形式多样的党风廉政宣传教育活动，进一步增强了广大党员干部、特别是各级领导干部自觉接受监督模范遵守纪律的意识。一是开展警示教育。组织各乡镇纪委书记，市直、中区直驻浔各单位纪检组组长（纪委书记），市纪委监察局全体干部职工到贵港市执纪执法人员警示教育展厅开展警示教育。会同市委组织部组织 26 个乡镇分管土地城建的领导、村建站站长以及部分村支书、主任代表等 165 名干部，到市人民法院旁听审理中沙镇村镇规划建设站 4 名职工以及 1 名村支书涉嫌犯受贿罪一案，零距离接受警示教育。二是深入开展“学习党纪政纪条规”教育活动。组织全市纪检监察干部认真学习中共中央颁布实施修订的《中国共产党巡视工作条例》《中国共产党廉洁自律准则》和《中国共产党纪律处分条例》等党纪政纪条规，进一步提高纪检监察干部“守纪律、讲规矩”的意识。三是开展基层干部廉政教育月活动。联合市委组织部到全市各乡镇巡回开展基层干部廉政教育月活动，受教育党员、干部、职工 1 万多人次。四是强化纪检监察的宣传教育工作。通过报纸、电视、电台和网站等媒体，对纪检监察工作的重要性、必要性和成效进行广泛宣传报道。一年来，在各级宣传媒体刊登新闻信息 60 篇。在市文化广场大屏幕滚动播出纪检监察宣传标语和举报电话；在主要公路沿线制作大型宣传广告牌 2 个，悬挂永久性横幅标语 200 多条，张贴宣传标语 500 多条；在 432 个村（社区）显眼地方张贴有关党风廉政建设内容的宣传广告和专栏，并公布了举报电话，进村入户发放宣传资料 20 多万份。打造了蒙圩、南木、寻旺、大湾等乡镇廉政警示教育基地，专门选取我市查处发生在群众身边的“四风”和腐败问题典型案例进行警示教育。

【加强队伍建设】 从严教育管理监督，建设忠诚、干净、担当的纪检监察干部队伍。一是深化内设机构改革。制定下发了《中共桂平市纪律检查委员会机关、桂平市监察局职能配置、内设机构和人员编制方案》，将内设机构由原来 11 个室精简为 7 个，将有限的力量最大程度向案件查办工作倾斜。二是加强民主评议，切实改进作风。继续聘请 12 名纪检监察工作监督员，对桂平市纪检监察机关改进作风情况进行量化考核和民主评议，着力解决工作散漫、口大气粗等问题，有效防止纪检监察干部“灯下黑”问题的发生。12 月 21 日，召开 2015 年度全市党委（党工委、党组）书记抓基层党建和履行党风廉政建设主体责任述职评议会议。三是实施纪检监察干部跟班轮训工作制度。从 2015 年 7 月份开始，每期在乡镇纪委、市直部门纪检组（纪委）抽调 4 名纪委书记、纪检组组长到委局机关开展为期三个月的业务培训，进一步提高纪检监察干部的业务素质和工作能力，有 12 名纪检监察干部得到提拔重用。四是加强乡镇纪委规范化建设。协助市委出台了《关

2015 年 9 月 11 日，贵港市委常委、市纪委书记秦金敏（中）到桂平市调研指导工作

于进一步加强乡镇纪委规范化建设实施意见》，着力打造木乐、社步、蒙圩、南木四个乡镇纪委规范化建设示范点，通过整合资源力量，创新工作机制，进一步明确乡镇纪委工作职责，确保纪检干部聚焦主业，全力做好纪检监察工作。

2015 年 11 月 13 日，自治区监察厅副厅长江红兵（右）到桂平市督导专项工作

2015 年 11 月 23 日，桂平市长陈锦秀（左一），桂平市委常委、纪委书记叶伟腾（左二）等市领导到大接访活动现场，认真听取市民的诉求

社会团体

桂平市总工会

【基层工会组织建设】 2015 年，按照全总提出的“组织起来，切实维权”的要求，市总工会把加强基层工会组织建设摆在工会整体工作的重中之重来抓。全市新成立了 2 个乡镇总工会、73 个基层工会、26 个乡村保洁员工会、4 个区域性行业性工会，指导 93 个基层工会进行了换届选举，全年共新发展会员 3103 人。创建合格职工之家 1370 家，占基层工会总数的 93%；开展“会员评家”活动 1282 家，覆盖面达 87%；930 家非公企业工会开展工会“三亮”工作，覆盖面达 86%；向上级工会推荐评选为先进职工之家 9 家、职工小家 10 家，广西金田木业有限公司工会荣获“全国模范职工之家”称号。

金田木业荣获“全国模范职工之家”

举办了工资集体协商指导员、职工医疗互助保障业务知识、基层工会主席等培训班，共培训工会干部 560 多人次；选派了 11 名工会干部参加自治区总工会举办的各类培训班，有效地提高了工会干部的办事能力和服务水平。

【职工技术创新工程取得新成果】 2015 年，全市各基层工会组织紧紧围绕经济建设这个中心，组织广大职工深入开展劳动竞赛与技术创新，充分调动广大职工的积极性和创造性，为全市的经济发展和社会事业进步做出了积极贡献。据统计，全市职工提合理化建议 18557 条，被采纳 7400 条；职工人均增节 300 元；技术攻关 5 万元以上 79 项；实现技术革新 832 项；推广新技术、新工艺、新材料 80 项，共创经济效益 566 万元。职工技术培训 2100 多人次。组织开展帮扶下岗失业人员、农民工创业就业培训行动，组织职工（农民工）技能培训 898 人，实现就业 546 人。会同市人社局举办了桂平市首届农民工技能大赛，130 多名农民工参加了 7 个项目的比赛。有 7 人被评为自治区劳动模范、先进工作者。

【依法维权工作】 按照“组织起来、切实维权”的要求，市总工会把维权工作作为工会发挥职能作用的首要任务来抓。一是积极推进厂务公开工作。全市1235家国有企业、事业单位及非公企业实行了厂务公开，厂务公开建制率达100%；二是进一步完善职工（代表）大会制度。1333家国有企业、事业单位及非公企业工会建立了职代会制度，职代会建制率达100%。三是大力推行集体合同和工资协商制度。2015年全市非公企业2675家，共签订集体合同、工资专项集体合同共120份，覆盖企业2407家，建制率达90%，覆盖职工29833人；25人以上企业97家，共单独签订25人以上企业集体合同、工资专项集体合同90家，建制率达92%；创建南木镇区域、市食品行业、市捷力电池有限公司3家工资集体协商示范点。会同市人大及有关部门对《工会法》落实执行情况进行了一次大检查。三是安全生产和劳动保护工资有进展。市总工会与市直有关部门在安全生产月活动中上街集中宣传了《安全生产法》。签订劳动卫生安全集体合同2407家，有1407个生产企业建立了安全生产监督组织。全年共接待来信来访15件，为207名农民工追讨工资400多万元。全年共发动17781名职工参加医疗互助保障。

【扶贫帮困与再就业】 一年来，各基层工会认真贯彻落实中央和自治区、贵港市再就业工作会议精神，坚持把扶贫帮困和促进再就业作为服务大局和维护职工合法权益的头等大事来抓。一是开展"送温暖"活动。春节期间，全市各基层工会组织走访慰问特困劳模、特困职工4200多户，投入资金150余万元。培训下岗失业人员900余人。二是培训下岗失业人员，全年共培训900余人。三是成立困难职工援助中心。该中心自2004年10月成立以来，共救助特困职工3000多人；建立了困难职工档案，共有困难职工9505户。四是开展爱心助学活动。全市有250名应届和往届大学生得到了资助，金额达26万元。

【提高职工队伍整体素质】 按照自治区、贵港市总工会的要求，桂平市总工会采取多种措施，加强职工思想教育工作。一是开展了丰富多彩的文体活动。单独或会同有关部门联合举办了庆"三八""五一"气排球比赛、桂平市首届"最美全家福"征集评选、桂平市第二届"非物质文化遗产"水上疍家婚礼联欢会、慰问演出、文艺会演、放电影等活动，丰富了广大职工的业余生活。二是在企业中深入开展"当好主力军，建功'十二五'"劳动竞赛活动，全市开展竞赛活动覆盖企事业单位2964家，覆盖面达95%以上，参赛职工共17万多人。联合市安监局开展"安康杯"竞赛活动，参赛活动企业82家，参赛职工3518人，参赛率比上年增长5%。三是弘扬工人阶级伟大品格和劳模精神。通过选树自治区劳动模范和先进工作者、召开劳模座谈会、组织劳模到重点工程项目参观和到农村企业一线宣讲、创建劳模创新工作室、在市电视台开设"劳动者之歌"和"劳模风采"专栏等活动，在西山镇中心小学、逸夫实验小学、黎明医院创建劳模创新工

8月26日，桂平市工会金秋助学活动暨阳光就业行动仪式现场

9月7日，桂平市举办首届（2015年）农民工技能大赛

作室，用劳模的先进事迹感召职工群众，努力营造劳动最光荣、劳动最崇高、劳动最伟大、劳动最美丽的良好氛围。

共青团桂平市委员会

【概　况】 2015年，桂平市有共青团员7.58万人，占全市14—28周岁青年总数的21.4%。有党政机关团委26个，基层团总支、团支部109个，专职团干133人。

【基层组织建设】 扎实开展“百县千乡”加强基层团组织建设和基层工作示范创建活动。确定西山镇、木乐镇、麻垌镇、石龙镇、南木镇为农村基层团建示范乡镇。大力开展“两新”组织工作，2015年全市新建“两新”组织团组织30个，并通过团干部QQ群、微信公众号等新媒体不断拓展团建新领域。举办“青春引擎”村级团支部书记培训班、基层团干培训班、少先队鼓乐队培训师培训班和创业创新沙龙等活动，不断提高团干部的业务水平和工作能力。全年累计培训团干部580余人次。调整配备了16名乡镇团委书记和20名学校团委书记。

【青年思想政治工作】 3月份，开展“大力弘扬雷锋精神·践行社会主义核心价值观”活动、“保护母亲河”活动。此后，开展纪念五四活动96周年、反法西斯胜利70周年、少先队建队66周年等重大节庆活动，举办以“青春、成长、感恩、责任”为主题的18岁成人礼，加强青年的爱国主义思想教育，引导和激励全市团员青年在新的历史时刻，积极投身改革发展的伟大实践。

联合宣传部、法制办等部门举办“青春红丝带”禁毒防艾宣传板报一条街活动，在广场、学校巡回展出，累计发放宣传资料3000余份，受教人数1万余人。深化青少年综合服务平台管理工作，继续推进“三千城”社区和长安工业区青少年综合服务平台建设，不断拓展服务对象和工作方式，将服务范围延伸到外来居民子女。

【青年志愿者工作】 建立组织青年志愿者服务队，面向各单位和社会各界招募组织志愿者，组成浔州爱心服务队、桂平同城志愿服务队等一批青年志愿者服务队伍，深入全市大街小巷、各乡镇村屯广泛开展学雷锋献爱心、支持美丽广西清洁乡村、关爱留守儿童、服务空巢老人、美丽桂平等活动。广泛开展“关爱农民工子女行动”，宣传发动青联委员、青年企业家、青年文明号和各类青年社会组织与农民工子女进行结对帮扶。

【服务青少年健康成长】 年内，举办以“我是向上向善好少年”为主题的少先队入队仪式，“让温暖一起回家”等活动，继续做好“希望工程”和“圆梦大学”助学工作。共为20名家庭困难大学新生争取到10万元的助学金，并组织青联委员和各级团组织募集2万多元爱心善款，帮助贫困大学新生圆大学梦。“六一”期间，为2所学校的留守儿童送去价值1万余元的慰问品。争取自治区青基会资助30万元建立10所希望厨房。

桂平市妇女联合会

【概　况】 桂平市妇女联合会属市委领导下的群众团体。2015年，有干部6人。下辖26个乡镇妇联，432个村、街妇代会。

【推进女性素质提升工程】 年内，加大对女党政人才培养力度。选派能力强、有发展潜力的女干部参加中青年干部培训班、少数民族女干部培训班，提高她们的业务能力和综合素质，共培训各级女干部450多人次。联合市科协举办农村实用技术培训1期，共培训农村妇女300多名，着力培养“有文化、懂技术、会经营”的新型女农民。在学校举办家长报告会20场，参加人数达2070人。

【推进巾帼创业创新工程】 市妇联、市人社局、市总工会抽调人员组成“春风行动服务队”，分别于2月2日和3月5日，深入到市劳务输出重点村石龙福平村和南木黎明村进行集中宣传，把就业创业政策、用工信息、维权服务等送到服务对象家门口。市妇联联合人社局等单位于2月22日至3月3日，分别在城区广场和长安工业园区开展“春风行动”就业招聘宣传活动，共发放《劳动合同法》《妇女创业就业政策文件汇编》《新农村妇婴保健手册》等各类宣传资料2000余份。

【推进妇女维权工程】 年内，桂平市三级妇联妇女儿童维权服务岗（站）共处理信访个案52件，信访人数83人次。妇女群众反映的问题主要集中在家庭纠纷、配偶有外遇、同居、家庭暴力、离婚咨询、人身权益等方面。对于所接访的案件，市妇联积极与公、检、法、司等部门联系，尽力维护广大妇女儿童的合法权益。“三八”期间，分别在城区广场和长安工业园区开展了“三八”妇女维权宣传活动，共发放《妇女权益保障法》《国防知识教育进家庭》《新农村妇婴保健手册》等各类宣传资料4000余份，禁毒宣传资料1600余份，“美丽家庭、生态乡村”宣传围裙和环保袋4000份，接待群众咨询共4800余人次。大力开展“双维双促”平安建设工作，将妇女儿童维权工作纳入综治维稳大局，以维护社会稳定的力量促进妇女儿童维权，以维护妇女儿童权益的成果促进社会稳定。

【推进妇女儿童关爱工程】 积极争取“贫困母亲两癌救助”中央专项彩票公益金、中国福利彩票、中国体育彩票资金18万元，慰问了18名“两癌”妇女代表；贵港市妇联救助资金0.5万元及棉被等慰问品，慰问桂平市金田镇、江口镇10名特困妇女；贵港市妇联救助资金1.15万元，慰问了特困船员户20户。争取本级财政资金，慰问了特困妇女117名，“两癌”妇女代表32名，特困船员户5户，慰问了退休老妇干，共发放慰问金5.62万元。组织5名巾帼志愿者以“铁骑行千里、巾帼爱相随”为主题，于2月25日在木乐镇加油站旁开展关爱农民工志愿服务活动暨春风送温暖活动，为农民工提供免费药品、食品、饮用茶水，使农民工在回家旅途都能感受到温暖和妇联姐妹的关爱，并大力宣传预防妇女儿童拐卖、禁毒防艾、妇女创业就业、妇女维权等知识和相关政策，以提高广大妇女儿童尤其是外来务工妇女及儿童的自我防范和自我保护意识，共发放资料500份。5月27、28日，到市妇儿工委乳泉小学和市聋儿语训中心慰问，给小朋友们送去价值8000元的书籍、玩具。5月22—29日，市妇联、总工会和市计生协会在石龙、石咀等乡镇开展下乡慰问文艺演出活动，并慰问了30名独生特困儿童，为他们送上慰问品和慰问金；同时，把92056部队官兵自筹的善款、物品送到石咀镇揽沙村的黄朝湛、黄明锐2名特困儿童手上，各送去慰问金1500元和米、油等食品。

【进推固本强基工程】 市妇联认真贯彻落实上级通知精神，按照党群共建组织、共建阵地、共建队伍的要求，全面推进“妇女之家”“儿童家园”建设。全市已建五星级“妇女之家”82个，四星级“妇女之家”349个。各个“妇女之家”依托村公共服务中心实现了妇女活动阵地的配套建设。已建“儿童家园”151个，其中自治区示范性“儿童家园”2个，贵港市示范性“儿童家园”5个，桂平市本级144个。

桂平市残疾人联合会

【残疾人社会保障工作】 2015年，桂平市对16—59周岁参加新型农村养老保险持证残疾人全部落实个人缴费部分政府代缴政策，为30名贫困残疾人个体工商户和灵活就业人员申请养老保险补贴，对3000多名生活困难的残疾人实施参加新农合补贴，每人补贴54元。

筹措资金478多万元，为全市13287名重度残疾人发放护理补贴，每人补助360元。

对70名精神病住院患者进行救助，每人补

助资金4000元。

对100名贫困残疾人进行无障碍改造，每人补贴4000元，对226名残疾人机动车主进行燃油补贴。

【残疾人康复服务工作】 帮助残疾人改善身体机能，使638名残疾人得到不同程度的康复，其中：智障儿童社区康复90名，聋儿语训16名，聋儿家长培训16名，智残儿童康复救助10名，肢体残疾社区康复197名，低视力家长培训26名，白内障复明手术657例，贫困肢体残疾儿童实施矫治手术、康复训练、装配矫形器补助6名，盲人进行定向行走训练65名，配发残疾人轮椅车50台。

【残疾人就业工作】 做好就业后的残疾人服务工作，不断提高有劳动能力的残疾人的就业率。通过各种途径按比例安排残疾人就业2人，安排集中就业10人，个体从业58人，自主择业200多人，阳光就业60名。

选送8名盲人到贵港市残联参加按摩培训，推荐2名残疾人参加就业指导员远程培训，对455名农村残疾人进行使实用技术培训。

【残疾人扶贫工作】 实施农村基层党组织助残扶贫工程广西“党员扶残温暖同行项目”（二期），对本市425户农村贫困残疾人家庭在种植、养殖、个体经营等方面进行扶持，每户补助1000元。开发残疾人扶贫基地建设项目，扶持55名残疾人就业。对100名贫困残疾人进行无障碍改造，每人补贴4000元，对226名残疾人机动车主进行燃油补贴。

【残疾人维权工作】 做好残疾人维稳信访工作，共接待残疾人来信来访达500多人次，对残疾人的来信来访件件有答复、事事有着落。

桂平市归国华侨联合会

【重要会议】 2015年2月10日，召开桂平市侨界新春座谈会，市侨联全体干部职工、侨联委员、侨界代表100多人参加了座谈会。侨联主席和到会代表共同学习贯彻党的十八届四中全会精神，学习全国和自治区第九次归侨侨眷代表大会精神，总结2014年侨联工作，提出2015年工作计划，要求进一步加强“五侨”之间的沟通和联系，更好地为广大海外侨胞和桂平归侨侨眷服务。会上大家畅所欲言，对新一年工作提出了建议。

7月22日，召开桂平市侨联六届十四次全委会议。桂平市人民政府副市长卢祖荣、市侨联副主席黄佳映、六届委员等18人参加了会议。会上，卢祖荣副市长作了《凝聚侨心侨力 发挥独特优势 努力开创侨联工作新局面》的工作报告，总结了2015年上半年市侨联三个方面工作成绩，对侨联2015年下半年工作及本次选举作了具体指导。各位委员对工作报告进行审议，并提出了积极的意见和建议。通过等额选举的方式，补选了黄佳映为桂平市侨联主席，卸免市侨联兼职副主席3名，选举市侨联兼职副主席3名，委员人数15名。

【献爱心送温暖】 1月份，市侨联开展“献爱心、送温暖”活动，深入各乡镇开展归侨侨眷慰问活动，帮扶特困归侨侨眷40多户，送去慰问金（品）1.7万元。

【捐资助学】 2015年3月，市侨联向广西华侨爱心基金会申请，为城北小学争取到捐赠价值约1.6万元的多媒体一套，为市人民医院争取到善款15万元。协助贵港致公党到桂平市开展捐资助学活动，资助归侨侨眷特困家庭学生10人，捐款约5000元。

【海外联谊】 年内，市侨联、侨联委员及侨眷侨属代表采取各种形式开展海外联谊活动，加强与海外华人的感情联络与沟通，邀请海外华人回桂平观光考察，进一步增进新一代海外华侨华人对祖国和祖籍的归属感和认同感。共接待了从马来西亚、英国、新加坡等国及香港地区回乡省亲、谒祖、旅游的侨胞3批20多人次。

【侨法宣传】 2015年是《中国归侨侨眷权益保护法》颁布实施二十五周年，5月份，市侨联到各社区开展“以侨为本，为侨服务”主题活动10场次，通过开侨法宣传座谈会、在社区“侨法宣传角”搞宣传板报专栏、悬挂宣传横幅、发放《侨法》宣传小册子。11月份，市侨联深入到社区和各乡镇讲法，先后在街道社区及市直其他部门举办“侨务知识讲座”“侨务法规释疑”“侨情报告会”等近20场，重点向干部群众宣传《中华人民共和国归侨侨眷权益保护法》以及《广西实施〈中华人民共和国归侨侨眷权益保护法〉办法》，受众达200多人次。

【服务侨资企业】 7月份，贵港、桂平市侨联领导带队赴重点侨资企业进行实地走访了6家有代表性的侨资企业，召开座谈会5次，先后有10多名侨商和相关部门人员参加，对全市侨资企业情况进行了调研。为侨资企业审批、地方扶持、相关部门配合等方面做了大量的工作，并通过媒体、网络宣传等多种渠道帮助企业开拓新市场，促进企业产品向外销售，把侨资企业做大做强。

【维护侨胞权益】 10月份，市侨联接访涉侨案件2件，都与有关单位、当事人反复联系沟通，进行涉侨法律政策宣传，积极协调、督办，积极做好矛盾纠纷化解工作。

市工商联

【组织建设】 2015年，市工商联认真指导10个乡镇商会到期换届选举工作，一批年轻、有闯劲、有活力的成功人士充实了新一届商会班子。通过对26个乡镇商会走访，了解商会重点亮点工作、骨干会员基础信息、专职工作者办公地点、联网等情况；建立了基层商会会员名册，及时清理部分搬迁、失联会员。

【服务会员企业】 一是搭建了政府与会员企业沟通平台，协助市委统战部召开了全市非公经济会议座谈会，及时汇总会员企业取得的成绩和遇到的共性问题，与市领导及政府相关部门定期沟通，争取支持。二是搭建了民营企业参与混合所有制经济发展服务新平台，激发民营经济与老字号结合发展新活力。指导会员企业引入“互联网+”模式，推动老字号产业重新焕发生机。三是搭建了民营企业用工信息平台，发放《2015年广西部分民营企业用工信息手册》，手册共收集430家企业，提供3.59万个岗位，节约了用人单位招聘和毕业生求职的成本。

【参政议政】 一是积极引导督促全市工商联系统中的人大代表、政协委员参加贵港市、桂平市级两会，认真参政履职，特别就社会经济发展中一些亟需重视解决的经济发展、社会进步、民生改善等热点、难点问题，向市两会提交各类议案和提案64件。2015年两会中，优秀的提案与议案60%以上是非公经济人士撰写，所提提案得到了相关部门的重视。二是民主监督职能作用得到发挥。积极参与人大、政府有关部门的督查协商，就桂平市2015年的国民经济和社会发展第十三个五年规划及预算执行情况进行调研分析，提出了较好的意见和建议。三是深入非公企业开展调查研究，积极协助市政协、市委统战部、市统计局开展系列调研活动，对亿元规模以上企业发展情况等开展调查摸底工作，并就帮扶企业提出很多具有针对性、实效性的意见与建议。

【光彩事业】 市工商联发动部门、企业与部分贫困村订立结对扶贫协议，每个企业分别与结对贫困村确定1—5项帮扶工作，有支持基础设施建设、慰问特困人员、帮助失学困难少年儿童、支持农村发展生产等等。

为支持木乐镇教育基金会的成立，市工商联副主席周立平带头捐款50万元，带动了各企业助捐，基金会已拥有资金190多万元，有力地支持了贫困学生上学就读。

蒙圩镇商会副会长黎明捐款17.2万元，支持家乡的道路建设和贫困老人生活、学生上学。

市商会副会长、西山假日大酒店董事长梁光坚捐资23万元，帮助10名贫困大学生解决入学的学杂费问题。

市金源酒精厂支持2万元，帮助结对贫困村大湾镇山塘村进行基础设施建设；与该村村民签订保价收购木薯协议；出资1.5万元，资助该村村小学贫困学生20名、贫困家庭10户。

1月份，市工商联出资3万多元，到中沙镇开展扶贫帮困送温暖活动，慰问了9个村的45户贫困户。

“八一”建军节，市工商联、商会领导赴91241部队慰问官兵，送去慰问金5000元。

9月份，纪念抗战胜利70周年，慰问了7位抗战老兵。

9有10日教师节，组织部分非公经济人士到浔州高中、市二中、西山镇中心小学慰问教师，送去慰问金35000元。

农历九月九日重阳节，组织工商联班子到南木镇南木村敬老院，慰问了14名孤寡老人，送去慰问金、慰问品近5000元。

12月份，为南海舰队桂平机场雷达站送去17台空调（价值45000元）。

市社会科学联合会

【概　况】 桂平市社会科学联合会于2015年6月份被贵港市编办批准为正科级单位，给予专职编制3名，实有专职干部1人。全市有各类登记备案的学术团体5个。桂平市社科联获评为全区社科联系统工作成绩先进单位。

【学术活动】 9月29日，组织市检察协会参加桂平市在检察院举行的“党的十八届四中全会精神宣讲报告会”。12月2日，组织市教育学会在西山镇中心小学开展“关爱明天·普法先行”青少年普法教育宣传活动。12月23日，协助市宣讲团在江口镇举行党的十八届五中全会精神报告会。

【科普活动】 1月28日，联合市文联到大洋镇石步村举办书法家写春联免费赠送农民活动，市书协7位书法家当场挥毫泼墨，撰写了近300副春联给农民，受到群众热烈欢迎。

5月15日，联合市文联深入到大洋镇石步村开展送社科知识读物进乡村活动，为该村“农家书屋”赠送200多本社科、哲学、法律、历史、社会、科学种养、生活健康常识等书籍。

11月19日，联合市老龄办在南木镇洛连村和金龙村举办《老年人权益保障法》宣传活动。此次活动以“尊老爱老·关爱老人健康”为主题，通过发放《老年人权益保障法》手册、老年人健康知识读本、老年人维权知识宣传资料及购物袋等物品进行宣传，共发放宣传资料600多份，购物袋300多只。

1月28日，市社科联、市文联在大洋镇石步村举行“迎新春.送春联”活动

【课题研究】 完成贵港市社科课题“贵港西江经济带产业发展中的生态保护”的撰写，11月获贵港市社科联颁发的结项证书。完成自治区社科联课题“社会质量与桂平五大建设——对桂平贯彻十八届三中、四中全会决定的若干建议”，11月份经专家组评审通过并获结项证书。积极申报贵港市2016年社科研究课题“从发展新理念和要素组合的视角思辨贵港工业发展的路径与对策”，11月份获批准立项。

【编印刊物】 年内编辑出版《桂平社科联通讯》4期，共60万字。与市政协联合编印《桂平市纪念中国人民抗日战争暨世界反法西斯战争胜利70周年》专刊所编印刊物均免费赠送给社会各界人士学习参考。

市文学艺术界联合会

【概　况】 桂平市文学艺术界联合会（以下简称市文联）是全市性文学艺术工作者协会组成的人民团体，由市委领导；科（局）级单位（1984年，县委根据自治区文件要求确定），事业编制3名，设主席1名，副主席1名，秘书长1名（浔办发〔2002〕52号）；2015年在职4人。

2015年，市文联下属摄影家协会、书法家协会、美术家协会、作家协会、诗词学会、民间文艺家协会、戏剧家协会、文艺理论家协会、舞蹈家协会、音乐家协会、金田起义研究会共11个；在册登记会员580多人，其中国家级会员13人，自治区级会员100多人。

【代表大会】 2015年5月29日，在市委中型会议室召开了桂平市第六次文学艺术界代表大会；100多位领导、代表、嘉宾出席了会议。会议完满完成了各项议程，通过了第五届委员会的工作报告，认真总结了市文联第五次文代会以来的工作，研究安排今后5年的工作，修改市文联《章程》，选举产生市文联新一届领导机构，主席：梁炳荣，副主席：梁汉添，秘书长：许光伟；常委15人：梁炳荣、梁汉添、梁远辉、许光伟、杨亚友、梁冠、韦照明、李卓夫、谢小峰、何毅斌、何琼珍、何桂荣、黄沛佩、丁桦、陈嘉文。

【文艺创作】 出版了16期《浔江》，2期《乳泉》，出版了《桂平书法选集》，创作了粤曲《桂平风光好》《西山咏松》，小品《一袋垃圾》《回访新村》，散文《江那边的父亲》《一场梦，从水乡来》，小说《犀牛湾》，编印了书本《太平天国风云录》（卷一）、《清词丽句可疗饥——李卓夫诗词艺术鉴赏》，出版了画册《桂平市2015年新春书画作品集》等。

【文艺活动】 在元宵佳节，组织筹划了两场粤剧专场演出；在“八一”建军节，协办了慰问联欢演出活动；到了驻浔91241部队军营礼堂进行联欢演出活动；到了驻军92056部队营地进行以“军民鱼水情、和谐一家亲”，“学习践行强军目标，做新一代革命军人”为主题的军民联欢晚会演出；参加了在纪念中国人民抗日战争暨世界反法西斯战争胜利70周年里的纪念演出活动；参加了贵港市总工会“送温暖、送文化、送欢乐”到基层桂平站在市城区广场的演出工作；参加并组织了由桂平市委政府主办的“诗词朗诵”晚会演出；举办了元宵诗会、端午诗会和中秋诗会，2015年中秋节前夕，举办了“月圆中秋夜·辉映浔州情”曲艺晚会，表演了小品《一袋垃圾》《回访新村》；开展“五进”活动，进市财政局、寻旺一中、市实验中学、市二中、西山镇中心小学进行现场书画活动，举办《纪念抗战胜利70周年书画展》，组织书法作品投稿2015年广西艺术展、书法临摹作品投稿贵港市首届书法临帖展，组织10人参加港北区十一书法邀请展、桂平五友十一书画展，组织书法爱好者到南宁观摩2015年广西艺术展，以自由自愿原则组织书法爱好者举行“艺缘书风与经典对话”活动，举办“创建诗词之乡”现场书法活动，召开“桂平市诗词书法创作研讨会”，承办了“文化进万家·共筑中国梦”桂平市庆祝2015国际博物馆日暨第八届社区文艺展演、桂平市首届少儿艺术展演、桂平市浔州微女神才艺大赛初、决赛、桂平市第二届舞蹈比赛、桂平市2016年新春文艺晚会；举办了“2015年新春书画展”“双拥书画展”“欧坚油画展”“浔州五友书画展”、组织会员出席、观摩“韦冰刘瓦秀画展”（贵港博物馆）；组织了由桂平、平南和容县的摄影爱好者组成的泰国摄影采风团24人，到泰国进行了为期6天的摄影创作，组织会员到紫荆、白石山采风写生活动；到覃塘区及桂平市龙潭公园、太平天国策源地金田村，桂平西山风景区举行笔会、年会。邀请了区摄协的老师到桂平进行了风光摄影创作讲座；到武宣参加了“美丽南方·广西”摄影人才培训班，并和来自来宾市兴宾区、武宣县、忻城县、象州县、金秀县和平南县摄影爱好者进行了摄影创作交流。

【获奖作品】 作协副主席黄德良的《江那边的父亲》在广西首届网络文学大赛中获散文随笔组一等奖，《犀牛湾》获小说组二等奖；《十年，梦想在路上》获得广西区联社与《南国早报》共同举办的征文大奖赛优秀奖；诗歌《天下石，在此》荣获“弘扬石文化共筑海丝梦”全国征文摄影大奖赛三等奖；黄琼入选第五届中国书法兰亭奖佳作奖入展作者；摄影获奖作品：梁冠作品《西山日出》在“美丽南方·神奇广西”杯暨第六届“美丽神奇的广西”摄影大赛中获三等奖，韦伟海《古楼传灯》在中国摄影报社主办的富川全国摄影大赛中荣获优秀奖，《鸡棚欢歌》《气吞河山》两幅摄影作品在中国民俗摄影家协会主办的“第17届中国艺术摄影展”荣获优秀奖，作品《乡村赛事》在中国摄影家协会主办的“全国农民工摄影大赛”中荣获手机类铜奖，作品《日新月异》荣获2015《中国摄影报》“走进荔浦”全国擂台赛三等奖，作品《同一个梦想》获中国摄影报社月赛“we拍”第二期优秀奖，2015年11月，作品《晨作归来》获广西摄影家协会主办的“农信杯”书法摄影大赛优秀奖，在广西摄影家协会主办的“2015广西库区移民摄影大赛”中，作品《农家婚庆》（组图）荣获二等奖、《白云生处有人家》《乔迁之喜》《又是丰收年》三幅作品荣获优秀奖，2015年10月《气壮山河》（组照）、《织梦者》两幅作品荣获第二届全国职工摄影大赛优秀奖，作品《寻找春天》荣获第十七届全国艺术摄影大赛花卉动物摄影类铜奖，作品《鸡舍欢腾》在第二届全国职工摄影大展中荣获优秀奖，作品《幼儿园里的陪读妈妈》在广西“书香八桂”阅读摄影大赛中获三等奖，等等；长篇小说《红石矶》获得中国作家协会2015年度少数民族文学重点作品扶持项目。

法　治

政法委及综治

【概　况】2015年，市委政法委有编制17人，实有16人。市委政法委同市防范和处理邪教问题领导小组办公室、市综治办、市委维稳办、市国安办、市铁路护路办合署办公。

【反邪教工作】着力建设无邪教创建示范乡镇蒙圩镇、社步镇，示范村蒙圩镇新合村、林村和社步镇石江村。6月6日，在贵港市“无邪教创建示范工程”工作推进会上，市防范和处理邪教问题领导小组办公室，蒙圩镇党委，新合村、林村、石江村党支部分别在会上作了典型发言。

开展“4·25”“7·22”防控工作，整治邪教“法轮功”制作传播反宣币工作，对思想不稳定的“法轮功”人员李某某实行了严密监视和稳控措施。破获2起邪教反动宣传案，转化痴迷人员4人，调查并教育涉嫌参与“心灵法门”法会人员2人。11月2—3日，在自治区反邪教基层基础工作会议上，市防范和处理邪教问题领导小组办公室作了反邪教基层基础工作典型发言。12月，政法委蒋文华同志获国务院防范和处理邪教问题办公室荣记全国防范和处理邪教工作一等功。

【反恐怖工作】组建了100人的应急处突力量，购置反恐装甲车1辆，明确8个重点屯警执勤部位。实行“见人见物”两个彻查，开展反恐“铁臂行动”5次、反恐演练6次，检查重点场所1022间、清查人员287人、清查车辆208车次、查处治安案件22起39人。对进入桂平的36人次新疆籍人员实施稳控，涉疆人员年内无违法犯罪记录。

【社会治安综合治理】2015年，市综治办有主任（正科）1名、专职副主任（副科）1人。全市有乡镇综治办主任（正科）26人、专职副主任（副科）26人。全市432个村（社区）全部有综治工作中心人员，由村（社区）党支部书记兼任主任。2015年，桂平市社会治安综合治理没有出现被“一票否决”的情形，平安乡镇达25个（南木镇不达标），通过了自治区平安县（市、区）考评验收，得分95.97分。

社会治安防控体系建设　一是建成了城区“天网”、乡镇“天眼”工程，总投资4000多万元。安装了2500个高清探头、30多个点位的电子警察、80多个治安卡口，实现了城区和26个乡镇视频全覆盖；按高标准在26个乡镇超额建成高清治安摄像头1517个，其中日夜红外监控摄像头1405个，标准治安卡口56套，高清抓拍摄像头112个，实现了乡镇监控平台与公安局指挥调度中心平台的实时联网。建成集监控分析研判、警务决策指挥和打击的“三位一体”的新型合成作战指挥中心。4—8月开展了专项打击“两抢一盗”、诈骗等侵财犯罪的“疾风”和“铁臂”

行动。5—9月开展了5次“黄赌毒”大清查集中行动。二是做好综治信息化和综治视联网建设。按照《关于做好桂平市综治信息处理系统建设相关工作的通知》(浔综委〔2014〕4号)推进综治信息化建设要求，安装综治信息系统，在西山镇、城东社区、城中社区、三千城社区，蒙圩镇，蒙圩镇林村、新合村等5个乡镇和20多个社区(村)实施了网格化管理，划分社区(村)网格64个，配备网管员68人。在西山镇、蒙圩镇建立了网格化管理中心。35个乡镇和市直单位的“综治e通”已经开通并投入使用。开通信息化平台账号166个并全部投入使用，信息平台录入数据168.5万多条，占2015年录入任务的110%，账号正常使用率达到90%以上。

治安混乱地区和突出治安问题整治。对存在火灾隐患、被公安部挂牌督办的木乐镇200多家企业开展了专项整治。打击各领域制售假冒违法犯罪行为，立案4件，破案4件，抓获犯罪嫌疑人4人。印发《桂平市集中开展危爆物品、寄递物流清理整顿和矛盾纠纷排查化解专项行动工作方案》(浔综委〔2015〕4号)，目标是实现寄递物流100%收寄验视、100%实名寄递、100%通过X光机安检。

校园法治教育。完成了上级下达的学校“法治之窗”建设任务，投入43万元在二中建设了“法治长廊”，在32间学校各投入1.3万元建成了校园“法治之窗”。

铁路护路工作。南广线贯穿桂平市7乡镇、31个村近200个生产队，全程61.178公里。2015年，高铁沿线乡镇有护路办、村有护路站，有义务护路队员共51名。市政府与相关乡镇继续签订铁路护路责任书，建立“一事一奖”制度。没有发生涉铁路矛盾纠纷，没有发生涉铁刑事、治安案件。

见义勇为表彰。5月30日，市综治委在大湾镇政府召开表彰会，授予在5月22日救援大湾镇安担村育才幼儿园遇险的24名儿童的刘寿军等7人“见义勇为先进个人”称号，奖励每人5000元；对参与救援的刘雪锋等20人予以表扬，奖励每人2000元。

5月27日，市综治委在金田镇召开表彰会，授予梁锦权同志“见义勇为先进个人”称号，奖励5000元。梁锦权为木圭镇龙安村村民，于4月19日勇救落水儿童陈家旺。

12月27日，市综治委授予金田镇茶林村男青年蓝标志、蓝超海、蓝海龙3名同志“见义勇为先进个人”称号，各奖励8000元。该3人于6月23日勇救2名落水女孩温钊华、陈俊玲。

【社会稳定工作】 市委维稳办有主任1人(由政法委副书记兼任)，有专职副主任1名。2015年，社会稳定八项动态工作在自治区排名91名，没有出现三个季度以上倒数后五位的情况，没有发生严重影响社会稳定并造成恶劣影响的案(事)件。

矛盾纠纷排查化解。严格落实《桂平市维护社会稳定“一岗双责”实施方案》《桂平市建立完善行政调解、人民调解、司法调解相衔接的大调解联动工作机制实施方案》，3月和6月分别开展两次矛盾纠纷大排查大化解专项活动，排查各种民间纠纷3476起、化解3251起，化解率96%。印发《关于落实2015年领导包案化解矛盾纠纷工作责任的通知》(浔办发〔2015〕44号)，落实处级领导接访制度，年内市领导共接访群众99批401人次，其中立案受理37批，及时就地解决群众合理诉求31起，依法妥善处置湖南等外地民工30多人横跨街道拉横幅堵塞交通讨薪案、桂平市经作站退休人员陆某某等4人到市政府门口拉横幅上访案等重点信访问题9起。列入贵港市2015年全国“两会”期间16件突出问题和重大不稳定因素，年内化解13件，其他3个案件得到有效稳控。

维稳基石工程。市群众工作部人员有36人，乡镇群众工作中心工作人员共有182人。年内3

个挂职维稳副书记（群众工作中心主任）得到了提拔。开展下乡宣传4次，发放宣传资料3万份，接受群众法律咨询7800多人次。2015年度，市群众工作部获得四星级称号。油麻、木乐、蒙圩、罗播、木圭、木根、厚禄、江口、下湾、西山、寻旺、马皮、石龙、麻垌、紫荆、石咀16个乡镇群众工作中心获得五星级称号，占全部乡镇的62%；社坡、大洋、大湾、金田、白沙、社步6个乡镇群众工作中心获得四星级称号，占全部乡镇的23%；中沙、垌心、罗秀、南木4个乡镇群众工作中心获得三星级称号，占全部乡镇的15%。

【国家安全人民防线工作】 2015年，市国安办有主任1名（政法委副书记兼）、工作人员2人。全市有信息员18名，收集研判信息88条、上报30条。开展11次国家安全查证，打击行动4次，刑拘4人、训诫3人。

【群众安全感和政法队伍满意度“提档进位”】 桂平市2015年1—4季度安全感满意度在自治区111个县（市、区）的排名分别是66名、88名、43名、20名，年度排名53名，达到了既定的排名前70名的目标任务。10月20日，贵港市在桂平召开提升公众安全感和政法队伍满意度工作推进会，桂平市委政法委在会上作了经验介绍。

2015年出台6个文件:《桂平市提升公众安全感和政法队伍满意度总体工作方案》《桂平市提升公众安全感和政法队伍满意度调查考评办法》《桂平市社会公众安全感和政法队伍满意度考核及奖惩办法》《桂平市提升社会公众安全感和政法队伍满意度宣传工作实施方案》《桂平市信访维稳责任追究办法》《桂平市实行维护社会稳定工作一票否决权制的若干规定》。

10月，从法院、检察院、公安局、司法局、广电局抽调了10名干部，成立了市安全感满意度办公室（简称“市满意办”，在政法委大院办公），各乡镇和市直各单位设立了满意办。11月1—15日，对全市26个乡镇、77个市直单位公众安全感和政法队伍满意度进行首轮调查考评并排列出名次，表彰了2015年度排名先进的乡镇3个：第一名紫荆镇、第二名垌心乡、第三名油麻镇；市直单位6个：第一名市委老干部局、市外事侨务办公室（并列第一名）、共青团桂平市委员会（并列第一名），第二名市委组织部，第三名市妇女联合会，第四名中共桂平市委党校。

【民主法治和社会体制改革】 推动公正司法。贯彻落实领导干部干预司法活动、插手具体案件处理的记录、通报和责任追究制度，全市没有出现领导干部干预司法的严重事件。

推动公安改革。建立完善警员职务序列，落实交警大队整体划归市公安局管理的体制改革，主持制定《桂平市公安局警务辅助人员管理办法》《桂平市公安局警务辅助人员工作规范》等管理规范。

推动社会体制改革。推动流动人口居住证制度改革，公安机关为群众办理发放居住证91本。健全基层综合服务管理平台，积极推进网格化服务管理。做好虚拟社会维稳工作，积极处置了“5·22”大湾镇安担村育才幼儿园接送车事件的舆论应对工作。积极组织“三无（无刑事案件、无赌博、无毒品）社区”建设，建设“三无社区”92个，确定社坡镇禄全村为贵港市典型示范小区。推动建立覆盖全市的网上信访受理平台，完善了网上信访工作制度、联合接访制度和信访联动协调机制。推动实行诉讼与信访分离制度，把涉及民商事、行政、刑事等诉讼权利救济的信访事项从普通信访体制中分离出来。健全信访复查（复核）制度，完善信访依法终结程序。

【政法队伍建设】 “强信念、转作风、树形象”专项活动。采取“一村一警、民警包村、一包到底”的办法，组织政法干警进行“三访”（访所有的乡镇、村（社区）、企业，访重点人员、涉法涉诉案件当事人、突出矛盾纠纷当事人或群体、发案户、治安中心户等重点对象，访困难群体），共走访群众5460人次，发放征求意见表4500多份，征集到意见和建议320多条，为群众办实事1800件。5月7日在剧场举办市政法系统警风建设专题讲座。年内对14名民警进行约谈，警告处分1人，对4名工作不力的所队负责人予以停职并调离领导工作岗位。

协管干部。2015年提拔政法部门中层领导干部24人，其中市委政法委1人、检察系统1人、法院系统22人。政法线获得各类奖励54项110人，其中市委政法委4项5人次、公安系统10项28人次、检察系统15项23人次、法院系统21项51人次、司法行政系统4项3人次。

执法监督。对2015年重点信访案件进行质量评查，公检法司四个部门各选3件案件参评。年内受理群众来信来访17件次，解决（办结）17件次，其中涉法涉诉信访案件12件次。召开3次会议协调张某某非法行医重大疑难案件。

筹建市法学会。9月11日政法委申请建立市法学会，市编委作出《关于同意成立桂平市法学会的批复》（浔编〔2015〕84号），批准成立市法学会，核定事业人员编制3人，其中会长1人（由政法委副书记兼任）、专职副会长1人，经费形式为财政全额拨款。

2015年政法队伍建设进一步加强，图为5月7日在桂平剧场召开的警风建设专题讲座

贵港市于2015年6月6日在桂平市召开无邪教社区创建示范工程推进会，图为领导参观蒙圩镇现场

政府法治建设

【规范重大行政决策程序】 在制定城市规划、价格调整、土地出让、重点工程建设等涉及重大公共利益和群众切身利益的重大决策事项前，能坚持通过召开座谈会、听证会、征求意见等方式，广泛听取公众意见；并组织有关专家、职能部门论证、常务会或市长办公会议研究；而且，在制定重大决策和出台文件前，先进行合法性审查，法制部门的负责人列席政府常务会议，有效地推进科学民主决策机制。年内，召开各类决策协调会200次。

【建立政府法律顾问制度】 2014年11月出台的《政府部门聘请法律顾问试行办法》《推进政府部门聘请法律顾问试点工作方案》之后，2015年6月24日，又印发了《人民政府办公室关于建立政府法律顾问制度的意见》。2015年10月，设立了市人民政府法律顾问室，聘请了首批法律顾问3人。

【加强行政执法队伍的监督管理】 2015年按照自治区、贵港市的统一部署，认真组织全市尚未取得行政执法资格的行政执法人员参加行政执法资格考试。2015年共有269人报名参加全区行政执法人员资格考试，实际应考244人，210人通过，合格率为86%，进一步提高了行政机关工作人员依法行政水平。

【加强行政执法监督】 2015年7月中旬组织了对安全生产监督管理行政执法的专项检查。通过听取汇报、询问情况、抽查行政执法案卷等明察方式，对市安监局进行综合检查。另外，还积极配合自治区、贵港市的行政执法专项监督检查组到我市进行行政执法专项监督检查，发现桂平市行政执法整体水平有所提高，但在执法过程中仍然存在一些问题，检查组当场指出问题，提出整改建议，促进了桂平市行政执法工作的扎实推进。

在进行行政执法监督时，主要是事后监督，开展案卷评查活动。2015年度案卷评查，继续采取了自查自评总结与重点抽查相结合方式进行。对市卫生和计划生育局、市食品药品监管局、市水利局等3个部门的案卷进行重点抽查，采取集中评查的方式进行评查。本次报送案卷共9个，其中行政处罚案4个，行政许可案5个。评查结果，5个优秀、4个合格，优秀率为56%、合格率为100%；其中4个行政处罚案：2个优秀、2个合格，优秀率为50%、合格率为100%；5个行政许可案：3个优秀、2个合格，优秀率为60%、合格率为100%。针对在抽查中发现的问题，提出整改措施。通过开展案卷评查工作，全市行政执法案卷质量不断提高，行政执法行为更加规范。

【行政复议和行政诉讼】 2015年10月止，共受理行政复议案件21件，已审结15件。通过依法办理行政复议案件，有效地保护了公民、法人和其他组织的合法权益，监督和保障了行政机关依法行使职权，化解了行政争议，促进了社会和谐稳定。

在贵港市政府作为复议机关受理桂平市作为被申请人的复议案件中，能及时向贵港市政府书面答复，并提交作出具体行政行为的证据、依据和其他材料。

为深入贯彻落实《中华人民共和国行政复议法》及其实施条例，严格按照自治区人民政府办公室《关于进一步加强行政复议工作规范化建设的实施方案》的要求，精心组织，狠抓落实，积极推进行政复议工作五个规范化建设（受理工作规范化、审理工作规范化、裁决工作规范化、指导监督规范化、基础工作规范化）。法制办已设置有行政复议接待室、行政复议听证庭，指定了专人负责行政复议接待工作，严格依法受理行政复议申请，依法受理率达100%；通过政府门户网站向社会公开了行政复议的范围、条件和程序，并设置了专门的行政复议申请平台，提供了行政复议申请书格式文本。审理方面明确了3名工作人员负责市政府行政复议案件的办理。对重大复杂的案件加强了实地调查取证和集体讨论，调查取证由2名以上行政复议工作人员参加，相关单位负责人配合。通过复议规范化建设，大大地提升了桂平市行政复议水平，切实促进行政争议化解，有效维护社会和谐稳定。

【依法行政信息报送】 2015年3月初，法制办印发了《关于进一步加强宣传报道及依法行政信息报送工作方案的通知》，要求各单位将依法行政宣传工作摆上重要议事日程，列入工作计划，明确专人负责具体依法行政信息报送工作。《通知》主要对信息报送的重要性、报送数量、报送内容、报送方法等都做了明确的规定，对各单位信息报送采用任务情况纳入年度依法行政考核。与此同时，充分利用网络、电视、电台、报刊等宣传桂平市依法行政的典型，以政府门户网站、电视、电台、报刊、网络、宣传栏、电子大屏幕等方式，全方位、多角度宣传桂平市法治建设。已完成全年信息50条的任务，广泛有效地宣传了桂平市各项依法行政工作。

【开展依法行政示范点创建活动】 按照贵港市全面推进依法行政领导小组《关于开展贵港市级第四批依法行政示范点创建活动的通知》精神，积极开展第四批依法行政示范单位创建活动。根据各单位的创建活动开展及申报情况，按照创建活动的总体要求和创建程序，桂平市确认了3个单位为第四批依法行政示范单位。与此同时，桂平市国税局积极组织开展贵港市级第四批依法行政示范点创建活动，经桂平市向贵港市依法行政工作领导小组办公室推荐申报，获得了贵港市级第四批依法行政示范单位。当前，通过开展市级依法行政示范点创建工作，建立促进依法行政经验交流的有效平台，为示范和引领提高全市依法行政水平发挥了积极作用。

公 安

【概　况】 2015年，桂平市公安局以创建“平安桂平”为总体目标，围绕“一个中心”（全市经济发展战略部署），实现“两个提升”（公众安全感和群众满意度），深化“四项建设”（基础信息化、警务实战化、执法规范化、队伍正规化建设），突出以“五个着力”为抓手（着力维护社会稳定，着力强化打防管控，着力服务发展大局，着力夯实基层基础，着力加强队伍建设）的工作思路，扎实推进各项公安工作，为实现“平安桂平”和经济社会跨越发展创造了和谐稳定的社会治安环境。全市立刑事案件2941起、破案1060起；抓获刑事作案人员797人，其中刑拘647人，逮捕犯罪嫌疑人623人。有5名民警受到了公安部表彰，1名民警被评为全区优秀人民警察，2个单位被评为优秀公安基层单位，25名民警被评为市先进个人，8个单位被荣记集体三等功，28名民警荣立个人三等功。

【加强警务现代化建设】 一是建成高清视频系统。自2014年8月份开始在全市范围内推广城乡高清视频监控系统（即“天眼工程”），2015年全线竣工，总投入建设资金达1096万多元。26个乡镇全部按照高标准建设，建成高清治安摄像头1517个，其中日夜红外监控摄像头1405个，标准治安卡口56套，高清抓拍摄像头112个，均成功接入市局平台，实现各乡镇监控平台与公安局指挥调度中心平台实时联网。各乡镇“天眼”投入使用以来，在侦查破案方面发挥了重要作用，辅助破获各类刑事案件150多起，其中侵财类（两抢、盗窃、诈骗）刑事案件121起，抓获违法嫌疑人162人，刑事拘留犯罪嫌疑人78人，打击犯罪团伙12个；侦破治安行政案件、处置群体性事件等210余起。二是建成新型合成指挥作战平台。在桂平市委、市政府和贵港市公安局的大力支持下，投资4000万元，在市局建成一个新型合成指挥作战平台。平台运行以来，共协助或独立破案122起，摧毁犯罪团伙26个，抓获犯罪嫌疑人69人，刑事拘留55人，逮捕32人，其他处理14人，追回涉案款物价值65万元。

【全力保障社会大局稳定】 一是主动化解社会矛盾纠纷，促进社会和谐。推行涉法涉诉信访案件评判“三三”机制，扎实推进市纪委及贵港市公安局部署的信访积案攻坚行动，取得较好效果，相关指数明显下降。1—12月份来信来访共245件，比去年同期380件下降35.5%；其中来信168件（重信58件），比去年同期241件下降30.3%；来访（来电）77批154人次，与去年同期139批296人次相比，分别下降44.6%和48%；其中涉法涉诉类共204件，比去年同期276件下降26.1%。多发性侵财犯罪等广大群众和社会关注的热点焦点案件大幅度下降，其中抢劫、抢夺、盗窃类发案率同比分别下降22.3%、32.3%和43.2%，破案率同比分别上升20.7%、25.8%和30.6%。二是狠抓应急处突机制建设，维护社会平安。针对重大突发事件、敏感事件，建立联合应急指挥部及相关机制，实行指挥中心、交巡警、特警、消防、网警等多警种部门集中办公、联合指挥，加强相关硬件建设力度，制定《桂平市公安局应急处突工作规范》等规范性文件，保障联合指挥规范顺畅运作。

【全面推进平安桂平建设】 一是开展创建“三

无”村（小区）活动。全市行政村（小区）创建“三无”村（小区）个数达到20%。根据辖区、治安工作实际，制定了《桂平市公安机关创建“无赌无毒无刑事案件”村（小区）活动实施方案》，明确了工作目标，创建范围和标准、工作步骤、工作要求，成立创建工作领导小组，下设办公室在治安大队，按照工作方案逐步推进。组织各派出所开展宣传发动工作。共悬挂横幅、贴标语150多条，召开村干部动员会70多次，全面开展宣传发动工作，取得了良好的效果。二是着力提升打击犯罪能力水平。开展“破案打击风暴”专项行动。共破刑事案件279起，逮捕149人，打掉犯罪团伙15个29人，抓获逃犯5人。缴获赃物小汽车1辆、摩托车20多辆、电动车25辆、手机13台、赃款人民币42多万元。从4月15日至8月31日开展为期四个多月的“疾风行动”，共破侵财刑事案件200起，逮捕侵财犯罪嫌疑人132人，其中逮捕盗窃犯罪嫌疑人97人、抢劫嫌疑人14人、抢夺嫌疑人4人，缴获赃款7.15万元、摩托车14台、电动车7台。开展“神剑1号”专项行动以来，市局成立领导小组，采取局领导分片负责，成立专业队，实行网络化管理行动，加强宣传等措施，在全市范围内深入开展危爆物品管理大整治活动。至12月31日止，共张贴通告11479份，悬挂横幅298条，排查涉爆单位153家次，发现整改隐患6处；排查涉爆人员424人次，签订承诺书499份；群众主动上缴枪支164支，查缴枪支17支、子弹472发、黑火药1.19公斤、枪管8支、雷管121枚、导火索2000米；破涉枪刑事案件13起，刑拘12人，逮捕6人，抓获涉枪在逃人员3人。10月23日，市局在南木镇查获非法持枪支案件，查获嫌疑人1人，缴获改装射钉枪1支、钢珠16粒。10月27日，市局在紫荆镇抓获4名非法持有枪支嫌疑人，缴获砂枪4支，4人已被刑拘。开展“亮剑”行动以来，从刑侦、网安抽调10人组成专业队，专门跟班入室盗窃等多发性侵财类案件的侦查，全警动员，加大合成作战效能，充分发挥合成作战中心的功能，资源共享，提高研判侦查破案能力。实行“六个加大”措施：加大现场勘查精度、加大收押力度、加大阵地控制力度、加大宣传防范力度、加大“三无”社区建设力度、加大奖惩力度。至2015年12月31日，共破侵财案276起、盗窃案155起（其中入室盗财18起、盗摩托车23起、盗牲畜21起）、诈骗14起、抢劫4起、抢夺8起；逮捕61人，其中盗窃48人、诈骗13人。切实加强治安突出问题整治，组织各派出所开展对辖区的社会面防控和大清查行动，取得了良好的成效。共组织了9次治安清查集中行动，出动警力2488人次、车辆584辆次，设立14个治安检查卡点。共检查网吧669家次、公共娱乐场所316家次、宾馆旅社908家次、出租屋934间次、废旧收购点69家次，其中发现整改隐患17处；清查流动人口452人次、可疑人员161人次，发现重点人员60人次；清查可疑车辆342辆，查缴无牌无证报废车辆60辆；查缴赌博游戏机11台、游戏机币20枚；收缴枪支1把、子弹24发；查处治安案件121起，行政处罚202人，其中查获涉黄案件14起24人、涉赌案件21起43人、涉毒案件77起109人。强化公共安全监管。全力整治超载、超速、酒驾、毒驾等严重交通违法行为，严控交通事故数、死亡人数持续下降。进一步做实基层消防安全“网格化”监督管理，开展区域性、行业性火灾隐患集中整治，对“九小”场所、“三合一”场所等重点地区实行消防安全综合治理。全市火灾万人死亡率逐年下降。

【着力提升公安机关执法公信力】 一是高度重视，加强培训。局党委高度重视执法规范化建设工作，分管领导主动抓，其他领导协同抓，形成齐抓共管的局面。年内召开了3次全局公安机关执法规范化建设工作会议，总结、部署深化执法规范化建设；举办了6期的执法培训班，对全体民警分批进行了接处警、刑事案件办理、行政案件办理、办案区使用管理、警综平台信息录入等业务培训。全部民警均通过了基本级执法资格考试，其中通过高级执法资格考试2人，5人通过国家司法考试。二是严格检查，规范执法。各执法办案单位领导召开专门会议，专题“四个一律”检查工作。在2015年1月份、3月份、5月份组织法制、预审、督察人员组成督查小组，深入到全局一线执法办案单位进行督查，深入单位和民警的执法档案记录工作、涉案财物管理、执法公开为主要内容的执法监督检查工作，对存在的问题予以通报，限期整改。三是强化监督，确保质量。市局法制部门实行案卷审核责任制，严格案件的网上办理，按照流程要求，行政、刑事案件一律从网上办案系统进行录入、审批，严把案件质量关，发布执法监督通报3次，督促有关办案单位认真整改存在问题。四是严谨审核，依法办案。严把案件质量关，积极参与疑难案件的研究和处理，当好领导的参谋助手，为科学决策提供法律服务，参与讨论各类复杂疑难案件20多起。

【深入推进社会公众安全感和政法队伍满意度“提档进位”工作】 一是加强领导，落实措施。局党委制定《桂平市公安局关于提升社会公众安全感和群众感满意度实施方案》，从队伍管理、打击整治、治安防控、改进服务等11大方面展开行动，先后召开多次党委会，为扭转落后局面奠定了坚实基础。先后多次召开提高社会公众安全感和政法队伍满意度工作再动员再部署会议，落实四项措施继续推进：（一）继续提高思想认识，思想要统一；（二）再次明确责任，单位一把手要亲自抓；（三）认真履行职责，完善服务措施，提高办事效率；（四）加大督查力度，确保工作取得成效。二是加大宣传力度，提升宣传效应。共印制《致全市人民群众的公开信》3万份，制作固定标语和张挂横幅200多条；在城区4个公共LED屏幕每日轮番播放宣传资料，在桂平电视台每周播放政法新闻2条以上，举办主题宣传6次，在媒体发表宣传稿件148篇。印发宣传资料10多万份，通过窗口单位发放到群众手中。三是加大打击力度，提升群众安全感。组建了60人的专职巡逻队伍。筹措资金180多万元新购置了警用汽车20辆、摩托车30辆，对讲机设备70台。实行警情每周研判机制。对影响群众安全感满意度的“两抢一盗”“黄赌毒”等突出问题，先后开展了专项反恐、净化治安大整治、禁赌“雷霆行动”，禁毒“旋风行动”，打击“盗抢”百日攻坚行动，打击多发性侵财专项行动（“亮剑”行动）、“神剑1号”等多项系列整治行动，有力遏制了街面侵财犯罪活动的嚣张气焰，广大群众的安全感大大提升。第三季度，破获各类刑事案件332起，破案数同比上升31%，环比上升70%；逮捕139人，同比上升28%，环比上升22%。同时，多发性侵财犯罪等广大群众和社会关注的热点焦点案件大幅度下降，其中抢劫、抢夺、盗窃类发案率同比分别下降22.3%、32.3%和43.2%，破案率同比分别上升20.7%、25.8%和30.6%。桂平市的公众安全感和满意度实现了大幅度提升，第三季度全区排名第43位，比第二季度的88位上升45位。

【加强队伍建设】 为打造人民群众满意的公安队伍，着力提升公安机关凝聚力和战斗力，市局主要抓以下三方面工作：一是加强充实基层班子建设。局党委非常重视派出所的班子建设，及时调整战斗力弱的单位领导主管，选派了工作能力强、思想作风过硬的3名副职分别担任三个派出所主管所日常全面工作。二是加强内部监督管理。执行《贵港市公安机关内部监督管理细则》，实行24小时网上督察制度，确保及时发现违法违纪违规的倾向性、苗头性问题，并及时纠正整改。2015年，贵港市局通报桂平局64人次，扣64分；市局督察大队通报20人次，扣28分。三是加强对后进警员关爱帮扶。滚动排查后进警员关爱对象，共排查出后进警员9人（去年24人），对这9名后进警员逐一制订关爱帮扶计划，实行局党委班子成员包干制，逐一落实关爱责任人，开展三级谈心谈话，防微杜渐，促进转变。目前已有8人精神面貌焕然一新，另外1人也大有改进。四是开展便民亲民活动。市局从规范窗口服务流程、提升服务效能入手，在加强服务群众的督导上下功夫，户政、出入境、交警、“110”服务台等窗口部门坚持服务优先理念，提高窗口部门民警服务意识，推出一系列便民利民措施。如出入境管理窗口，落实了简化申请表格，实行“不限号”延时服务工作制度，设立非工作时间绿色通道服务，提供互联网网上申请和预约办证服务，提供出入境证件办理进度查询服务等十项便民措施，提高了窗口工作效率。共下乡集中办理车辆证件年检13次，上门办理身份证户口本、身份证120多次，送证到家60次；发放安全防范宣传资料5000多份，上门送法6次，入户援助16次。五是加强经常性廉政警示教育。把廉政党课列入全局各项培训的必修课，每季度坚持上廉政党课。坚持每月播放1部警示教育片，已组织播放警示教育片4部，共计6场1800多人次观看。4月14日全体党委成员参加全市公安机关领导干部警示教育大会，观看警示片，会后及时召开专题学习讨论会，撰写个人剖析材料；5月7日组织全局民警参加市政法系统警风建设专题讲座。在局大厅设立了廉政文化墙，25个有独立庭院的单位出版了廉政板报。

【重大案例】 2015年9月11日晚18时许，桂平市金田镇武靖村村民包某耀因宅基地纠纷与邻居包某英发生口角冲突，在自家庭院将包某英杀死后潜逃。次日0时47分，躲过警方追捕后又潜到包某英家中将其母谢某某杀死并继续潜逃。案发后，贵港市副市长、公安局长朱永辉和局党委副书记、副局长罗棋权、副局长甘其航，桂平市公安局长方德贵、政委黄善华等领导赶赴现场，连续两天三夜坐镇指挥破案。组织贵港市公安局以及三个分局、平南县公安局会同桂平市公安局共800名警力开展侦查搜捕，并充分发动干部群众提供破案线索。于9月13日晚22时50分，在金田镇田江小学附近成功将包某耀抓获归案。

检　察

【概　况】 2015年，桂平市人民检察院设15个科室，在编干警97人，在编工勤人员8人。是年，桂平市人民检察院荣获自治区检察院记集体二等功，全院有3个集体和5人获自治区检察院记功或评为先进。

【服务经济社会发展】 积极参与整顿和规范市场经济秩序，加大打击制售伪劣商品、非法集资、合同诈骗等犯罪的力度。年内，依法批准逮捕破坏市场经济秩序犯罪嫌疑人4人，起诉4人。积极开展破坏环境资源和危害食品药品安全犯罪专项立案监督活动，批捕盗伐滥伐林木案4件4人，起诉4件4人；生产、销售假药案1件1人，起诉1件1人；建议行政执法机关移送涉嫌犯罪案件2件，监督公安监管立案侦查6件。深入查办涉农重大案件9件15人，挽回涉农经济损失150多万元。加强刑事被害人救助工作，帮助生活确有困难的18个被害人解决救助资金56500元，促进了全区检察机关9月24日于桂平市人民检察院召开司法救助工作推进会，桂平院作经验发言。

市人民检察院主动适应经济发展新常态，围绕桂平市“四大工程”建设目标，深入汇美制衣厂、大藤峡水利枢纽工程等企业和工程项目开展法律服务27次，协助市教育局、扶贫办等单位完善管理制度。为企业参加招投标和个人诚信提供查询服务，开展行贿犯罪档案查询6816次，有力保障政府投资安全。

【维护社会稳定】 依法惩治各类刑事犯罪，始终把维护人民利益和提升社会公众安全感作为检察工作的一项重要工作来抓。全年侦查监督科共受理公安机关提请审查批准逮捕刑事案 548 件 710 人，审查后批准逮捕 480 件 603 人（纠正漏捕 16 件 16 人），不批准逮捕 62 件 98 人。公诉科共受理公安机关和本院自侦部门移送审查起诉刑事案 481 件 643 人，审查后起诉 411 件 598 人，不起诉 14 件 15 人，有罪判决 444 件 557 人。纠正遗漏同案犯 10 件 11 人，获判决 8 件 10 人。健全重大刑事案件提前介入机制，提前介入罗秀镇唐某某故意杀害卖淫女案等重大刑事案件 10 起，突出打击严重影响人民群众安全的犯罪。依法惩治侵犯弱势群体合法权益的犯罪，批捕拐卖妇女儿童、侵害留守儿童和孤寡老人等犯罪嫌疑人 19 人，起诉 19 人。设立未成年人刑事检察科，指定专人负责办理未成年人刑事犯罪案件，对 37 起未成年犯罪案件实行社会调查、犯罪记录封存制度保护涉罪未成年人。认真做好涉检信访工作，定期排查涉检信访矛盾，依法妥善办结信访案件 110 件，年内没有发生影响社会稳定的重大涉检信访案件。

【查办和预防职务犯罪】 全年立案侦查各类职务犯罪案件 15 件 37 人，其中贪污贿赂案件 11 件 32 人，渎职侵权案件 4 件 5 人。突出加大对征地拆迁、危房改造、社会保障、惠农资金管理等领域职务犯罪的打击力度，其中涉及民生领域立查大案 9 件 15 人。如查办下湾镇村建站站长钟某某伙同该镇村干部梁某某、莫某某等 32 人收受危房改造农户 519000 元集体受贿案。通过查办贪污贿赂案件为国家和集体挽回经济损失 300 多万元。结合司法办案，向发案单位和相关部门发出防控风险、完善制度的检察建议 11 条。选派卢世贤副检察长、预防局黄曼生局长结合办案实际，深入木乐镇、西山镇以及国税局、国土资源局等乡镇、部门，举办预防宣传和警示教育讲座 27 场次，特别是对大藤峡水利枢纽工程，市人民检察院派出专人负责宣传法律知识，以案说法，并联合水利、国土等部门成立预防大藤峡水利枢纽工程桂平市征地拆迁及移民安置项目职务犯罪工作领导小组，截至 2015 年 12 月 31 日，大藤峡水利枢纽工程在征地拆迁补偿等领域没有发生职务犯罪，积极地营造了廉荣贪耻的社会氛围。

【加强法律监督】 严格规范执法行为，更加注重保障人权，坚守防止冤假错案底线。强化刑事诉讼监督，纠正漏捕 16 人、漏诉 8 人，提出抗诉 2 件 3 人。强化刑罚执行和监管活动监督，组织开展减刑、假释、暂予监外执行专项检察，提出纠正监管检察建议 6 件。强化民事行政诉讼监督，提出再审检察建议 1 件。对法院裁判正确的申诉案件，主动做好申诉人的服判息诉工作。监管场所检察正常开展，对羁押必要性审查、监外执行审查，年内，书面纠正监管活动违法数 6 件、书面纠正监外执行履行职责不当数 4 件，加强和改进社区矫正法律监督，参与社区服刑人员的教育矫治工作。

【推进检察工作改革】 围绕检察权运行的重点环节，深入开展规范司法行为活动，建立案件集中管理机制，严格使用检察机关统一业务应用系统，所有案件从受理到办结全部网上运行。实现了办案活动的全程、统一、实时、动态管理和监督，促进了司法规范化水平。加强检察理论研究，组织干警参加各级法学论坛，有 10 项检察理论研究成果获省级以上奖励。投入 120 多万元，建成案件受理、控申接待、律师阅卷、无犯罪记录查询对外窗口“一站式”服务大厅。挂牌成立的木乐检察室和金田检察室，充分发挥检察工作前沿阵地作用，在接待群众来访、提供法律咨询服务、化解基层矛盾、协助职务犯罪线索发掘等方面发挥了重要作用。充分利用案件信息公开系统，将符合公开条件的法律文书全部公布到网上。积极筹建桂平检察门户网站，开通桂平检察微博、微信，积极探索新媒体检务公开渠道，扩大检察宣传力度，着力提升群众满意度。

卢海德检察长（右）带领干警下乡走访调研

法治宣传进瑶寨

法　院

【概　况】 2015年，桂平市人民法院全年共受理各类案件9197件，同比多收1863件，上升25.4%；结案8635件，同比多结1719件，上升24.86%，收、结案件数继续位居贵港市法院首位。全院共有28个集体、39名个人获得地级以上表彰奖励。在贵港中院进行的综合绩效考评中，市人民法院荣获全市法院综合绩效考评一等奖，而且在8个单项考评工作中有7项获得奖励，其中，一等奖4项，分别是执行工作、信息工作、安保和法警工作、新闻宣传报道和舆情导控工作；二等奖2项，分别是信息化建设和司法技术管理工作，以及涉诉信访工作；三等奖1项，是阳光司法工作。另外，在广西高院评先评优中，唐理荣、李达球、卢荣辉三位同志还分别被评为全区法院办案标兵、优秀人民陪审员和优秀书记员；由杨进、黄云英、杨建平组成合议庭审理的（2014）浔民初字第759号案件被评为全区法院100个精品案件之一；由李家治、覃江健、陈锦锋组成合议庭审理的（2015）浔刑初字第310号案件被评为全区法院30个优秀示范庭之一；市人民法院学术研讨工作继续领跑贵港市基层法院前茅，共有8篇论文获得广西高院奖励，占贵港市法院系统18篇获奖论文的45%，连续四年获评全区法院学术研讨工作组织先进单位；有2篇调研课题分别被评全区法院优秀调研成果三等奖和优秀奖，占贵港市法院系统9篇获奖调研课题的22.22%。

【打击违法犯罪】 2015年共受理刑事案件515件，结案504件，结案率97.86%。重点打击严重影响群众生命财产安全的抢劫、强奸、故意伤害、寻衅滋事等暴力犯罪和盗窃、抢夺、诈骗等多发性侵财犯罪，审结此类案件295件391人，切实增强人民群众的安全感。保持司法反腐高压态势，共受理贪污、贿赂、渎职等职务犯罪案件11件34人，审结3件6人，其余8件案件待最高人民法院关于此类案件的司法解释颁布后及时判决。严厉打击“黄赌毒”违法犯罪行为，审结黄守军等19人开设赌场罪等相关案件166件216人，有力遏制社会丑恶现象的发生。

【妥善化解纠纷】 坚持调判结合化解民商事纠纷。2015年共审理民商事案件6559件，结案6175件，结案率94.15%。其中以调解、撤诉方式结案3539件，民商事案件调撤率达57.23%。依法妥善审结涉农纠纷、劳动争议、医疗纠纷、住房消费、交通损害赔偿等涉民生案件3323件；审结离婚、继承、抚养、赡养等家事纠纷案件1217件。依法审理借款合同和金融保险纠纷案件1511件，为防范和化解金融风险，维护公平竞争的市场交易秩序，促进经济转型升级提供有力司法保障。

【促进依法行政】 坚持沟通协调化解行政争议。严格执行新《行政诉讼法》关于受理案件范围、起诉条件等方面的规定，保障当事人诉权。2015年共受理行政诉讼案件71件，审结70件，结案率98.59%。另办结审查行政非诉执行案件33件。积极探索“审前沟通、审中协调、审后疏导”工作机制，经沟通协调，促成当事人撤诉13件，有效推动了行政争议的实质性解决。积极推动行政机关负责人出庭应诉制度的落实，促进法治政府建设。市长陈锦秀率先垂范，积极出庭应诉，带头履行职责，推动依法治市进程。行政机关负责人出庭应诉案件共4件，出庭应诉率在广西基层法院名列前茅。

【加强执行工作】 多措并举破解执行难题。2015年共受理执行案件2051件，同比多收635件，上升44.84%，结案1885件，同比多结589件，上升45.45%，执结到位标的6433.05万元。依托“点对点”“总对总”网络查控系统，查询被执行人账户16500多个，收集执行信息5500多条，涉及案件2000多件；利用电视、报纸、网络等媒介公开曝光失信被执行人名单5批81人；对其中34名失信被执行人依法采取司法拘留强制措施。联合公安、检察机关专项打击拒不执行判决、裁定犯罪行为，对构成拒不执行判决、裁定罪的4案4人依法进行定罪量刑，有效地维护了司法权威。

【强化审判管理】 强化审判管理，破解案多人少难题。积极推进审判权运行机制改革，加大院、庭长办案力度，院、庭长担任审判长或独任审理案件4413件，占全院已结案件的51.11%。积极探索繁案精办细办、简案简办快办工作机制，促进案件繁简分流。强化案件跟踪监督，督促承办法官公正高效结案。在所有已结案件中，审限内结案率达100%，一审服判息诉率达86.43%，裁判准确率达98.95%，案件质效水平名列贵港基层法院前茅。

【做好立案信访】 认真贯彻执行中央政法委、最高人民法院、自治区党委政法委有关立案信访工作意见，结合实际，加强领导，明确责任，进一步完善“一站式”立案信访工作机制。扎实抓好立案登记制改革，严格执行登记立案的范围和程序，对符合法律规定的初始起诉、自诉和申请，一律受理，当场登记立案。对提交的材料不符合形式要件的，当场、当面向当事人释明原因，并以书面形式一次性全面告知应当补正的材料和期限。立案登记制实施以来，共当场立案5283件，当场立案率达99.16%。深入推进诉讼服务中心建设。对诉讼服务中心软硬件设施进行升级改造，为当事人提供立案审查、法律咨询、案件查询、预收诉讼费、信访接待“一站式”窗口服务。积极推行网上立案、预约立案、限时立案等举措，让老百姓“打官司”更省时省力。加大司法救助力度，为419件案件当事人依法缓、减、免收诉讼费用61.02万元，确保经济确有困难的当事人依法行使诉权。为64件案件105名特困申请执行人争取到司法救助金72.77万元，最大限度地帮助当事人缓解生活困难、燃眉之急。

【推进队伍建设】 按照中央和上级法院的工作要求，落实措施，大力推进队伍的思想政治、司法能力和司法廉洁建设，努力建设一支忠诚、干净、担当的法院队伍。通过扎实开展“三严三实”专题教育、“强信念、转作风、树形象”专项活动和“执法不严、司法不公”专项整治活动，强化干警理想信念，坚定干警法治信仰，改进干警司法作风。以创建学习型法院为载体，进一步强化干警职业教育，不断提高干警业务知识和司法能力。2015年共组织干警参加各类业务培训37期1114人次。优化人才结构，大胆任用优秀年轻干部，年内共调整、提拔、任用19名中层领导，进一步充实法院中坚人才力量。坚持从严治院，强化“一岗双责”，认真落实党风廉政建设主体责任和监督责任。坚持以案为镜，警钟长鸣，提高干警廉洁自律的自觉性，确保干警公正廉洁司法。除此之外，市人民法院还积极探索与纪委和组织部门建立“大案要案和职务犯罪案件百分百旁听”新机制。将社会影响恶劣、严重侵害民生民利的职务犯罪案件划入旁听范围，邀请同系统、同行业人员参加反面典型案件的旁听活动，深化桂平市反腐倡廉工作成效。2015年共举行该类活动3次，村镇建设、幼儿教育等行业的500多名党员干部受到了“零距离”的法治教育。

3月31日，桂平法院举行“公众开放日”活动

5月27日下午，桂平法院召开“三严三实”专题教育动员会暨专题党课

【自觉接受监督】 坚决贯彻执行市人大及其常委会的决议，认真做好年度工作报告和规范司法行为情况专项报告，积极配合市人大做好专题调研2次；加强与人大代表、政协委员的联络，共邀请人大代表、政协委员参加庭审旁听131人次，参与阳光评议8件，现场监督案件执行12件。支持和配合检察机关依法履行法律监督职责，认真落实检察长列席审判委员会会议制度，共邀请检察长列席会议13次，讨论案件28件。充分发挥人民陪审员参与审判和监督的作用，人民陪审员参审案件769件，普通程序案件陪审率达100%。进一步拓展接受社会监督渠道，广泛听取各界意见、建议，年内共召开新闻发布会2次，举办“公众开放日”活动3次，开展集中宣判活动4次，近千名各界代表应邀走进法院旁听庭审、评议案件。

【服务发展大局】 坚持从大局出发，紧紧围绕大局来部署和推进法院工作。一是鼎力支持重大项目建设。在重大项目现场设立法官服务点，积极打造安商亲商助商良好环境。先后安排精通行政审判业务的副院长、副庭长等业务骨干脱岗进驻法官服务点，专职服务大藤峡水利枢纽工程、堤园路建设工程等重大项目的征地拆迁及移民安置工作，为桂平市“四大工程”顺利推进提供法律咨询和法律支持，为重大项目建设的土地征用、房屋拆迁提供强有力的司法保障。二是全力化解大案要案矛盾纠纷。切实为政府分忧、为企业解困、为百姓止争。坚持法治思维和法治方式，以积极、稳妥、平和的方式，及时化解大成陶瓷公司拖欠农民工工资系列案件315件，为来自全国各地的320多名农民工追讨欠薪近400万元；以调解、撤诉的方式及时办结149件涉及商品房预约合同纠纷案件，结案金额近1500万元；以“裁执分离”的方式，妥善处理桂平市首例国有土地上房屋征收案件，强制迁出原桂平船厂的26户职工，为加快堤园路建设扫清一大障碍。三是倾力做好挂点联系工作。认真按照市委部署，优先安排10名业务骨干和6万多元资金帮扶挂点村镇建设。2015年第四季度，市人民法院顶住岁末年初的巨大办案压力，优先安排19名干警和8台工作用车参与10个挂点村的“精准扶贫”工作，是桂平市挂点工作后盾单位中投入人员、车辆和经费最多的单位之一。四是努力做好安全感满意度宣传工作。充分利用自建网站、微博、微信，以及遍布全市26个乡镇的法治宣传栏和各级传媒，及时宣传依法治国方略，传递司法正能量，为营造良好的政法工作舆论氛围摇旗呐喊，加油鼓劲。2015年共有1071篇宣传稿件获各级媒体采用，其中电视台采用73篇，报刊采用202篇，宣传工作绩效名列贵港市基层法院首位。

【基础设施建设】 积极应对立案登记制的实施，投入5万元对院部诉讼服务中心进行升级改造，投入33万元在蒙圩、木乐、麻垌3个人民法庭建设功能完备的立案窗口。投入153万元建成科技法庭10个，确保每个人民法庭都有1个科技法庭，庭审过程全部实现同步录音录像，并与上级法院保持实时联通。金田法庭异地重建工作进展顺利，市政府已无偿划拨5.16亩土地用于该庭新址建设。法院新审判法庭建设项目全面进入施工阶段，目前，大楼已完成基础部分的建设，并全部完成上级下达的1125万元国债的使用任务。

司法行政

【概　况】 2015年，桂平市司法局在市委、市政府和上级主管部门的领导下，服从服务于改革、发展和稳定的大局，紧紧围绕党和政府的中心工作，适应依法治国、民主法制建设和改革开放的要求，适应人民群众对司法行政工作的需要，充分发挥人民调解、法制宣传、法律服务、社区矫正和安置帮教职能作用，各项工作取得了显著成效。年内，办理各类公证984件。全市律师担任常年法律顾问93家，承办各种诉讼、非诉讼案件案件583件，避免和挽回经济损失3032万元。全市基层法律服务工作者代理各类诉讼和非诉讼事务1574件。法律援助机构办理法律援助案件698件。各级人民调解组织调解民间纠纷4774件，防止群体性上访38件。全市累计接收574名社区矫正对象，已累计解除349人，在册225人，重新犯罪率低于0.3%；715名刑释解教人员安置帮教工作有效落实，重新违法犯罪率低于3%。全市依托“温馨之家·贴心服务”平台，全面建成市、乡（镇）两级公共法律服务体系，村级法律服务体系建设稳步推进，全市26个乡镇431个行政村建立了一村（社区）一法律顾问制度，实现了村（社区）法律顾问全覆盖，律师和法律服务工作者担任村（社区）法律顾问，常年开展无偿的法律服务工作。全市司法行政干部的精神面貌焕然一新，涌现了一批先进个人，如全国模范司法所长杨海娟、全区司法行政系统个人二等功梁安福、全区社区矫正先进个人杨德华等。

【法律服务】 市公证处积极服务城市建设，对重大事项和重点活动，主动派员现场服务，年内办证984件。律师积极参与法律援助、涉法信访接待，为重大经济项目和涉及社会和谐稳定的重大案件提供专项法律服务，全市律师担任法律顾问93家，代理各类法律事务583件，避免和挽回经济损失3032万元。基层法律服务行业规范运行，内部管理和规章制度进一步完善，法律服务工作者代理各类法律事务1421件。26个乡镇成立了法律援助工作站，积极打造法律援助“民心工程”，“12348”法律援助热线、“法律援助进社区”等工作平台和载体发挥积极作用，实现“应援尽援”目标，办理法律援助案件698件，办案量连

2015年5月6日，自治区司法厅到桂平市社坡镇禄全小学开展捐资助学活动

续三年居贵港三区两县市之首。

【普法工作】 2015 年是“六五”普法收官之年，桂平市全力做好迎接贵港市、自治区“六五”普法验收工作并顺利通过验收。积极开展“法律六进”活动，进一步深化了领导干部学法用法联系点创建成果，不断完善公务员、青少年、农村以及流动人口等重点对象的普法教育机制，年内，举办了领导干部法治讲座 18 期，开展法治宣传活动 79 次，印发宣传资料 141087 份，接受宣传教育群众 220600 多人次。

【人民调解】 近年来，桂平市先后成立了专业性医患纠纷人民调解委员会。2015 年 6 月，在贵港市范围内率先成立了桂平市水运行业人民调解委员会以及沿江 11 个乡镇海事纠纷联合调解工作站。全市 471 个人民调解委员会共调解矛盾纠纷 4774 件，成功调解 4584 件，成功率 96%。全年无一件民间纠纷案因调解不力激化为治安或刑事案件，没有因调解不及时或不恰当酿成重大流血事件和集体越级上访事件。

【社区矫正和安置帮教工作】 2015 年，市司法局围绕“社区矫正质量提升年”的工作目标，进一步做好社区矫正监督管理、教育矫正和社会适应性帮扶工作，推动社区矫正制度化、规范化、法治化建设。结合“走基层、访民情、保平安”活动，由班子成员组成帮教小组分别到 26 个乡镇开展社区服刑人员“面对面”帮教活动。投入大量资金升级改造社区矫正“司法 E 通”管理平台及购置服刑人员学习资料，实现管理“五统一”，完成了对全市社区服刑人员的实时动态全区域监控。截至 12 月底，全市累计接收 574 名社区矫正对象，累计解除 349 人，在册 225 人，重新犯罪率低于 0.5%；715 名刑释解教人员安置帮教工作有效落实，重新违法犯罪率低于 3%，有力地促进了平安桂平建设。

2015年7月13日，自治区司法厅党委委员、副厅长王惠琴（左二）到桂平市蒙圩镇调研

军　事

桂平市人武部

【概　况】 2015年，桂平市人武部按照“遵规守纪创佳绩、改革创新上台阶”的工作目标，圆满完成年度各项工作任务。桂平市人武部被广西军区评为全面建设先进团级单位，政工科科长张银生被广西军区党委评为优秀共产党员，政委欧阳清明被贵港军分区嘉奖一次，8个乡镇征兵办被贵港市征兵办评为年度征兵工作先进单位，8人被贵港市征兵办评为年度征兵工作先进个人。

【思想政治建设】 年内，市人武部认真贯彻落实全军政治工作会议精神，对照“有灵魂、有本事、有血性、有品德”新一代革命军人标准要求，认真开展了“学习践行强军目标，做新一代革命军人”主题教育、“争做新一代革命军人”大讨论和“三严三实”专题教育整顿等活动，增强干部职工强军兴军的使命感和责任感。广泛开展宣传报道工作，及时反映人武部和民兵预备役建设情况，桂平市人武部被《广西武装》杂志评为投稿、用稿先进单位，政工科科长张银生被解放军报社后备力量建设宣传部、中国国防报社、中国民兵杂志社评为优秀特约通讯员。

【战备训练】 2015年市人武部结合所担负的使命任务，及时修订完善了各类战备方案计划，完善了物资器材准备，严格落实各项战备制度。扎实抓好民兵整组工作，优化了民兵组织结构，民兵队伍的整体建设质量有明显提升，5月份，接受广西军区检查，得到了检查组肯定。注重抓好干部训练，半年军事训练考核和年终军事训练考核均取得较好成绩，其中政工科科长张银生在半年军事考核中取得军分区第三名。5月中旬，组织了为期8天共125人的民兵应急分队水上救援训练，培养了一批冲锋舟操舟手骨干，提高了抗洪抢险能力，先后三次深夜出动冲锋舟3台次，圆满完成金田搜救落水儿童和江口、社坡解救受困群众任务。选派24名专武干部参加军区组织的炮兵专业集训和分区组织的专武干部集训。10月份分批组织民兵在各乡镇和长安工业园进行为期10天的集中训练，并接受贵港军分区的检查考核，所考课目均在优良以上，民兵随行多样化军事任务的能力明显提高。

【国防后备力量建设】 年内，市人武部坚持把抓好党管武装工作纳入军事斗争准备全局，在更高的层次和起点上进行筹划部署。结合纪念抗日战争胜利70周年活动，深入开展以“弘扬伟大抗战精神，同心共筑强大国防”为主题的国防宣传教育活动，做到“四个进入”，即进党政机关、进厂矿企业、进学校院所、进街道村屯，有效提高了全民国防意识。先后组织党政机关和企事业单位过军事日活动20余次，协调驻军开展国防知识讲座、国防教育授课等10余场次。按照每个乡镇2万元的标准，给最后4个未实现达标建设的乡镇武装部配发了电脑、打印机、文件柜、桌椅等办公设备；投入20多万元先期完成了8个乡镇“两室一库”配套建设。征兵工作早筹划早部署，确保了征兵工作的顺利进行。严格按照新的体检和政治考核规定，扎实抓好宣传发动、体检、政审、家访、定兵、廉洁征兵等工作落实。通过各乡镇和各部门通力合作，本市网上报名应征数达到3420人，报名应征数、上站体检数、双合格兵员数、大学生征集数（大学生新兵153人，占总数的31.7%）均创历史新高，圆满完成了年度新兵征集任务。

【安全稳定工作】 年内，市人武部坚持把依法从严治军、确保人武部安全稳定作为一项“保底工程”来抓。开展“条令月”活动和隐患排查，把安全保密学习教育和每月一堂法制教育课作为年度政治教育的重要内容，每季度进行一次安全形势分析，对“人车枪弹秘”等方面进行隐患排查。加大安防投入，先后投入8万余元加装了办公楼防盗门窗，完善了自动化室、保密室、作战值班室一体化自动报警系统和摄像系统；营门制作了拒马、修好了自动门，聘请了3名保安。修改完善了处置突发事件应急预案，落实了营区值班应急分队，确保了遇到情况能及时反应，有效处置。

【后勤装备保障建设】 市人武部坚持党委集体理财和军政主官联审汇签制度，做到重大开支集体讨论，请示报告，减少决策失误。坚持经费向战斗力聚焦，严格落实财务制度。把民兵武器仓库作为安全管理的重中之重来抓，加强仓库安防建设，投入20万元对仓库围墙进行加高、对脉冲电网进行改造，进一步夯实了仓库的安防基础。开展枪支弹药和民兵武器装备仓库专项整治活动，先后4次开展拉网式排查，确保了民兵武器仓库的安全。

【双拥共建工作】 市人武部充分发挥联系军地的桥梁纽带作用，积极协调军地开展双拥共建活动。通过市委议军会议，有效解决部队和官兵遇到的实际问题，广泛开展全民国防教育活动，激发各级领导和人民群众热爱军队、支持国防、自觉拥军意识。今年来共协调安排军人子女入学入托63人，定向招考了8名随军家属进事业单位工作。协调组织驻浔部队和广大民兵预备役人员开展扶贫帮困、植树造林、义务献血、生态乡村等拥政爱民活动，密切了军政、军民关系，为桂平市争创全国双拥模范城六连冠和自治区双拥模范城八连冠打下了坚实的基础。

驻　军

92056部队

【思想政治工作】 始终着眼“三个绝对”根本要求，持续抓好思想政治工作，组织官兵认真学习党的十八届四中、五中全会、习主席系列重要讲话和全军政治工作会议精神，扎实开展“学习践行强军目标、做新一代革命军人”主题教育。结合纪念抗日战争胜利70周年，深入开展党史军史学习和优良传统教育。

【从实战出发进行军事训练】 训练紧紧围绕“能打仗、打胜仗”要求，对照大规模作战准备标准，从难从严从实战出发摔打训练，部队核心军事能力稳步提升。根据年度飞行时间包干和人员、装备情况，科学研究制订年度训练计划。积极抓可飞天气，有序组织日常飞行训练，根据季节天气特点和人员技术层次，制订计划做到“一主多备”，提高课目结合率、空域和场次利用率，有力保证时间与课目指标均衡发展。加强重点难点课目训练，加大实际使用武器训练力度。

按照战斗力成长规律制定战斗力培养规划，实行梯次进入、分布落实、连续展开、滚动发展的培养模式，采用“强弱搭配、一对一帮带”的培养方法，结合开展评指评教，使官兵取长补短、相互促进，进一步巩固提高现有骨干队伍的技术水平。

【基层建设投入】 坚持解难帮困，服务基层，持续加大对基层建设投入力度，筹措资金300余万元，完成了指挥所、食堂、新建工作房配套建设、营区文化和军营网吧建设，为官兵宿舍配备了电脑，购置了文体器材，对消耗库、工作房、轮胎工作间、修理厂设备棚等进行整治，基层官兵工作学习生活条件大幅改善。

【双拥工作】 在地方政府的大力支持下，先后协调解决4名官兵家属就业和41名子女上学入托问题，帮助解决11名官兵家庭涉法问题；组织完成军警联席会议，邀请桂平市交警大队到部队进行交通安全宣讲；成功举办军地元旦联欢晚会、庆“八一”联欢晚会、“铭记历史、开创未来”主题文艺晚会；对桂平市逸夫试验小学、第三中学、浔州高中开展国防教育授课，完成桂平市第三中学和浔州高中新生军训工作；继续坚持对桂平市石咀镇榄沙村、西山镇岭头小学莲塘分校贫困儿童资助活动。

91241部队

【思想政治工作】 2015年，部队始终坚持把铸魂育人作为贯彻党指挥枪原则的首要任务，不断强化忠诚意识，把“传承红色基因、当好红色传人”作为重要载体，深化党史、军史的学习，以史为鉴，增强官兵情感认同。坚持不懈抓好党的创新理论灌输，建立每周一晚、每月一课、每人一题的“三个一”学习制度，按照“党委带动机关、机关带动基层”的思路，以《习近平关于国防和军队建设重要论述选编》为基本教材，原原本本学习习近平系列讲话精神。将政治文化作为军营文化建设的重点突出出来，把强军目标在单位红旗墙亮出来，将新“四有”标准在灯光球场立起来，着力打造“鹰”字系列路名文化、“梦”字系列石头文化、“魂”字系列灯箱文化，并融入励志格言、先进事迹、人生哲理。广泛开展“明连训、塑连魂、树连风、唱连歌”活动，激发官兵以连为家、建功军营的热情。

【实战化军事训练】 扭住战斗力建设不放松，不断拓展深化军事斗争准备，科学筹划实战化军事训练，以岗位为平台，以实践为课堂，坚持以比促训，结合“三同三赛”比武练兵活动的开展，激发官兵立足本职练思想、练技术、练作风、练意志的持久动力。按照“深化‘拥抱’、主动服务、落实‘规则’、正规秩序、优质安全”的保障思路，把条令条例和规章制度的学习作为规范保障秩序、提高保障质量的基础。坚持以大规模作战准备为牵引，严格落实装备管理责任制，认真做到日有检查、周有维护、月有保养，深入开展安全隐患大排查、装备物资清查、安全整顿、装备系统行业风气整治等活动，顺利完成年度装备保障任务。按照保障岗位急需、兼顾个人爱好、注重全面发展的思路，为每名士官量身定制成才计划。采取互助对子、新老、强弱搭配和自愿与指派相结合的形式，把学习新知识、驾驭新装备作为提升保障力的基本平台。采取装备未到超前训、利用接装重点训、“三练三强”比武训等方式，助推士官队伍成长建设。

【安全工作】 牢固树立居安思危观念，坚持把防范重大安全问题摆在突出位置，不断加大依法治军、从严治军力度。持续开展条令条例法规学习活动，把安全教育纳入“月课”教育之中，定期组织官兵观看军内外近年来发生的重大安全事故警示教育片，开展案例分析讨论活动，同时采取形势预测预报、保卫巡查、督促检查、风险评估等措施，及时掌握官兵思想动态和部队倾向性问题。坚持从严管控原则，突出营区安全、防间保密等安全工作重点，科学统筹安全工作的部署、检查、落实，坚决杜绝案件和重大责任事故，严防政治性问题和群体性事件发生，确保部队的安全稳定与集中统一。

武警桂平市消防大队

【思想政治建设】 2015年，把学习贯彻中央军委主席习近平系列重要讲话精神摆在首位，将“三严三实”“学习践行强军目标，做新一代革命军人”等教育活动贯穿始终，打牢思想政治根基。狠抓经常性思想工作，坚持育警铸魂，切实抓好主题教育、经常性教育、基础教育和形势教育“四个教育”。牢牢把握好“新兵入伍下队时、入党考学选改时、工作岗位变动时、执行特殊任务时、探亲休假外出时、家庭发生变故时、遇到困难挫折时、面对奖励处分时、形势政策变化时、老兵复员退伍时”10个时机，开展好经常性教育工作。同时，将教育贯穿于平时的学习、训练、执勤和日常生活中，采取集中授课和参观学习、随机教育等多种方式灵活开展，及时缓解官兵的心理压力等问题，教育全体官兵干一行、爱一行、专一行，苦练精兵，献身消防。

【作风建设】 坚决执行部队条令条例及各项规章制度，严格落实值班备勤、请销假、晚点名、查铺查哨和营门出入登记、车辆管理使用等制度，统一标识标牌、统一内务设置，统一行为规范，统一交接班制度、统一车场日制度、统一工作流程，确保部队各项工作规范运转。年内，组织开展了安全“五无”创建、“条令条例学习月”、安全警示教育等活动，切实增强了官兵遵纪守法的意识，形成了部队按条令运行，干部按条例带兵，战士按条令办事的良好氛围。每月组织召开一次安全形势分析会，加强对官兵的安全防事故教育，全年无安全事故发生。

同时，邀请贵港市消防支队和桂平市公安局领导列席大队党委民主生活会，深入开展批评与自我批评，找出党委班子和成员“四风”问题。领导班子和全体党员能对照“四风”问题深刻剖析，敢于亮丑揭短，认真查摆存在的问题。对查摆出的问题分类汇总、逐项研究、细化措施、立行立改，大幅减少会议文电、公务活动。年内，组织召开警民恳谈会2次，面向社会单位述职述廉1次，发放征求意见书300份，征集各方意见建议86条，切实转变工作作风。

【业务训练】 扎实开展实战化训练工作，着力强化指战员培训，科学开展实战化操法训练，着力提升灭火攻坚能力。落实经常性战备工作，严格规范执勤战斗装备配备、灭火救援预案制定、消防水源管理、战评总结制度和日常考评制度。年内，共修订和完善13类灭火救援预案，30份重点单位预案，并结合辖区实际情况，制定了30份“六熟悉”卡，对重点单位进行“六熟悉”和实地演练的次数达60次，对辖区道路、水源熟悉65次。

【消防服务执法】 全面开展消防执法规范化建设，贯彻落实上级关于消防执法服务的要求，按要求缩短项目审核、办理时限。对服务的工程项目，确定消防服务承办人和责任人，实行全程跟踪服务，及时解决遇到的消防问题。开展警务公开建设，在营区醒目位置和业务窗口设置了警务公开栏，公布大队防火监督执法人员的照片、职务、姓名，公布举报投诉电话和设立举报投诉箱，公布消防行政许可和监督执法工作流程，方便群众办事，推行阳光执法。

采取各种措施加强防火工作。一是推动政府部门进一步落实消防责任，推动乡镇实行消防安全网格化管理。狠抓火灾隐患排查治理，组织开展了劳动密集型企业消防安全专项治理、人员密集场所违规设置楼体户外广告牌专项整治、夏季消防大检查、易燃易爆危险品专项整治、抗战胜利70周年纪念活动消防安保、今冬明春火灾防控工作等专项行动。全年共检查单位1282家，发现火灾隐患或违法行为1451处，督促整改1197处。二是广泛开展消防宣传工作，贯彻落实《全民消防安全宣传教育纲要》，积极开展消防站开放活动和消防宣传“七进”活动，严格落实消防监督员"每周半天消防宣传培训"任务，并推动政府、部门深入开展消防宣传教育培训工作。全年建设了1个消防教育馆、1条消防电子宣传街、1个微信宣传平台，推出便民宣传箱、推拉小广播、迷你宣传车"宣传三宝"，在木乐镇设置了50块路灯消防宣传牌，并重点组织开展了"119"消防宣传月活动及消防宣传进寺庙活动。

【拥政爱民活动】 进一步扩大与驻地附近单位的友好关系，参与青年文明号复评活动。全年参加桂平市团委组织开展的青年文明号活动5次，开展"学雷锋"活动10次。同时，积极为民排忧解难，大到灭火、抢险、救灾，小到帮助居民开门、捅马蜂窝、义务送水、冲洗马路、"清洁乡村"活动。开展便民服务100多次，冲洗街道10多公里，义务送水20余吨。

【完成灭火救援任务】 全年接警70起，出动70次（含增援），出动消防车191辆次，消防人员936人次，抢救被困人员100人，疏散人员622人，抢救财产价值341.2万元。在"3・2"槽罐车翻车事故救援、"5・22"接送幼儿车坠塘事故救援、"7・23"金田抗洪救人、"10・5"油麻抗洪救人、"10・24"丰宝大厦火灾扑救等灭火救援战斗中，参战官兵展现了良好的精神风貌和过硬的业务素质，先后抢救了多名遇险群众，出色完成了救援任务，得到了地方党政领导和人民群众的高度赞扬。

深入敬老院慰问孤寡老人

扑救火灾

抗洪救人

武警桂平市中队

【完成任务】 2015年，武警桂平市中队主要担负桂平市看守所外围武装警戒和桂平市区反恐处突任务。全体官兵扎实立足本职岗位，站好每一班岗，做好每一件事，完满完成各项任务。2015年被总队表彰为"基层建设先进中队"，历年先后有15名官兵荣立三等功，中队荣立集体三等功1次。

人民防空

【概　况】 桂平市人民防空办公室为桂平市人民政府工作部门，是桂平市国防动员委员会的成员单位，受桂平市人民政府和人民武装部双重领导，具有政府部门的管理职能，同时又担负国防任务，保护人民生命财产安全的重要职能。桂平市人民防空办公室行政编数2名，机关工勤人员

1名，内设综合股、业务股。年内，做好人防专业队伍方案。

【工程建设与维护】 2015年，按时按质按量完成人防工程维护管理任务，确保人防工程处于正常完好状态，按上级要求完成每年人防工程建设任务。并对战时人口疏散基地西山镇长安村委和蒙圩镇新合村的战时人口疏散接收点进行建设。

【通信警报】 做好人民防空警报系统建设工作调整、扩充、升级等规划。加强了对防空警报的维护检查，定时对警报系统进行维护测试，警报鸣响率和音响覆盖全城区。

【宣传教育】 2015年，市人防办开展多种形式宣传教育活动，不断提高市民防空防灾意识，深入单位、企业宣传人防法律法规。以“9·18”防空警报试鸣活动日为契机，借助新闻媒体宣传人防法律法规，组织西山二中开展人防疏散演练活动。与市教育局共同开展完成每年市二中、西山一中、西山二中的初二年级学生“三防”知识教育工作，提高学生防空防灾的知识。

外事·接待

外　事

【概　况】 桂平市外事侨务办公室是中共桂平市委、市人民政府管理协调全市外事侨务和涉外活动的职能部门。2015 年，有机关行政编制人员 4 名，其中主任 1 名，副主任 1 名，内设机构人员 2 名。单位荣获 2015 年度全区外事工作“先进单位”称号，桂平市 2015 年度群众安全感和政法队伍满意度测评第一名。

【加强对外事工作领导】 2015 年 8 月 12 日，桂平市外事工作领导小组成立，由市委书记任组长，市长和常务副市长任副组长，办公室设在外事侨务办公室，由外侨办处理日常事务工作。进一步健全和完善了涉外案（事）件处理机制和预案，汇同公安局和市政府应急办，加大涉外安全应急领导机构管理，明确外办工作职责和要求，做到分级响应，及时处理，确保无发生境外涉外突发事件。

【严格对因公出国（境）管理】 2015 年以来，市外侨办依据中央关于“总量控制，计划管理”的规定，按 2014 年度出访计划批复数总量“零增长”的要求，对全市科级领导出访总量进行了较大压缩，认真做好领导年度出访计划的申报。对未列入年内计划和以一般性考察名义出访以及不符合有关文件要求的不予支持，从根本上规范因公临时出国管理工作。到 2015 年 12 月 31 日，桂平市未发生一起违纪案件，并杜绝了公款旅游现象。年内经市外侨办呈报因公出国（境）业务 2 批 6 人次，其中处级干部 1 人次赴香港培训学习；1 批 1 名处级领导、4 名党政干部因公赴香港开展招商引资工作。

【做好境外非政府组织排查】 年内，按中央和自治区、贵港市党委、政府的工作要求和统一部署，桂平市成立了境外非政府组织活动管理联席会议办公室，由市外侨办牵头指导和协调有关部门及各乡镇，对在市辖区内境外非政府组织及其活动情况进行排查。本着“全面铺开、深入细致、积极稳妥、务实高效”的方针，坚持“地方为主、部门为辅、群策群力、不留死角”的原则，外侨办不定期组织国安、公安、民政等部门召开工作联席会议，及时通报境外非政府组织在市境的动态，对在市辖区内开展活动的境外社会团体、基金会、民办非企业单位，包括协会、学会、商会、研究院（所、中心）等非政府、非营利组织以及在工商部门登记的非企业经济组织的常驻机构等，进行深入细致的梳理排查，全面梳理其组织、人员、项目、资金及中方合作单位等情况，并根据其活动性质从登记管理、项目审批、资金监管、引导利用、专项整治等方面提出加强分类规范管理的意见和建议。此项工作已进入常态化管理。

【建立外语翻译人才信息库】 年内，建立了桂平市外语翻译人才信息库（简称，桂平市外语人才库），库存有本市优秀外语人才 7 名。

【加大与外国友好城市合作】 根据《中国国际友好城市联合会章程》要求，桂平市自 2006 年起与澳大利亚温拿路市结为友好合作城市。2015 年加大了与澳大利亚温拿路市的联谊，双方确定了友城业务专职联络员。

【为招商引资牵线搭桥】 采取多渠道、多方式加强与海外侨胞和归侨侨眷的联系。2015 年 6 月，市外侨办配合市政府，发动组织市内的华商中小型企业，参加国务院侨办在昆明主办的"东盟华商投资西南项目推介会"，有 8 家外商企业有投资意向。

【推选外派教师】 年内，协调教育部门和中小学校推选了从事华文教育的外派教师 3 人。目前，已有 18 名教师在老挝、柬埔寨等国家援教。

【建立外事服务咨询中心】 年内，建立了桂平市外事服务咨询中心，成为本市高层与境外重要政、商、学界代表联络沟通的机构。已与美国、英国、加拿大、澳大利亚、捷克以及东南亚 11 个国家和地区的 50 多位华侨华人、港澳台同胞加强了联系。

接　待

【概　况】 2015 年，桂平市委、市政府接待办共接待 521 批 18894 人次，其中接待省（部）级团组 25 批 625 人次，省（部）级领导干部 35 人次；厅（局）级团组 165 批 2554 人次；厅（局）级领导干部 424 人次；招商引资 48 批 867 人次。

【接待国家各部委团组】 3 月份，全国人大常委、华侨委副主任、致公党中央副主席杨邦杰，全国人大常委、教科文卫委副主任，致公党中央副主席严以新一行到桂平调研西江流域内河航运。水利部移民局巡视员黄凯一行赴大藤峡水利枢纽工程桂平库区开展移民安置工作专项检查。

4 月份，水利部党组副书记、副部长矫勇率国家防总珠江检查组到桂平市检查防汛抗旱工作。

5 月份，国家稀土办主任贾银松一行到桂平市对中沙镇非法采矿事件进行调研。

6 月份，水利部党组副书记、副部长矫勇一行到桂平市检查大藤峡工程建设工作。审计署驻长沙特特派员办杨修荣处长到桂平市做贵港市土地出让收支和耕地保护情况审计工作。国家煤矿安监局副局长杨富到桂平市就安全生产有关工作情况进行调研。

7 月份，水利部副部长李国英一行到桂平市督导检查农村饮水安全和重大水利工程建设工作。

9 月份，国务院办公厅人事司副司长魏国一行考察组到桂平市考察调研桂平旅游设施建设情况。国土资源部副部长汪民一行到桂平市检查和指导水电工地地质灾害防治工作。

审计署驻长沙特派员办处长杨修荣根据广西壮族自治区在国务院大督查中所发现的问题进行核查和问责。

11 月份，国家土地监察局广州副专员罗中华一行到桂平市进行节约集约用地和不动产登记职责机构整合专项督导。

中国扶贫开发服务有限公司董事长、中国教育扶贫研究中心副主任黄勇嘉到桂平市开展产业扶贫工作考察。水利部建设与管理司督察专员祖雷明一行到桂平市开展 2015 年中央水利建设投资完成情况专项大检查。中国社会科学院院副院长、学部委员、研究员李扬一行专家人员到桂平开展咨询服务活动。水利部纪检组组长田野率调研组到桂平市调研水利项目建设、水利系统党风廉政建设等工作。

12 月份，水利部部长陈雷一行到桂平市大藤峡水利枢纽工程项目开展调研工作。国家保密中心网络综合测评组组长韦佳宏一行到桂平市开展党委机关信息网安全保密测评工作。

【接待自治区领导团组】 1 月份，自治区十一届人大常委会副主任文明一行到桂平市进行新农村建设调研。

2月份，自治区政协副主席刘志勇一行到桂平市开展“兴水利、种好树、优生态、惠民生”主题活动和走访慰问活动。

3月份，自治区副主席张秀隆一行到桂平市调研西江经济带建设工作。自治区党委常委、组织部部长周新建一行到桂平调研大藤峡水利枢纽工程建设及基层党建情况。

4月份，自治区人大常委会副主任覃瑞祥一行在桂平市开展农业产业化发展情况专题调研活动。

5月份，自治区政协副主席彭钊率区政协农业委员会调研组一行到桂平市就“加快转变农业发展方式”“加强养殖业可以追溯体系建设，确保肉食品质量与安全”“家庭农场发展”等开展专题调研。

6月份，自治区人大副主任、公安厅党委书记高雄一行到桂平市调研水上安全保卫工作。

7月份，自治区党委书记、人大常委会主任彭清华，自治区党委副书记危朝安，自治区党委常委、广西军区政委白念法，自治区党委常委、政法委书记温卡华，自治区党委常委、秘书长范晓莉，自治区党委常委、纪委书记于春生，自治区党委常委、组织部部长喻云林，自治区人大常委会副主任、自治区公安厅党委书记高雄，自治区副主席黄日波，自治区副主席张秀隆一行到桂平市调研，考察西江经济带基础设施建设项目——大藤峡水利枢纽工程。

8月份，自治区政协副主席刘志勇一行到贵港市开展项目督查工作，并到挂点联系的扶贫村桂平市下湾镇甘井调研。自治区党委常委、组织部部长喻云林到桂平市调研农业专业合作社等相关工作。

9月份，自治区党委副书记危朝安一行到桂平市调研大藤峡项目。自治区政协副主席、自治区党委统战部部长赖德荣一行到桂平市专题调研大藤峡水利枢纽工程项目及宗教场所管理情况。

11月份，自治区政协主席陈际瓦带领自治区政协特邀常委视察团到桂平市对贵港港桂平港区蒙圩棉宠作业区一期工程、大藤峡水利枢纽工程考察。

12月份，自治区人民政府副主席张秀隆副一行到桂平大藤峡水利枢纽工程进行调研。自治区政协原副主席、自治区关工委主任潘鸿权一行到桂平市对关心下一代工作进行调研，并参加桂平市在西山镇中心小学召开的桂平市“关爱明天，普法先行”青少年普法教育推进会。自治区政协副主席赖德荣一行到桂平市专题调研大藤峡水利枢纽工程项目。

【接待贵港市主要领导团组】 1月份，贵港市市长李宁波一行到桂平参加由区移民局、大藤峡公司、东北设计院共同参与的大藤峡新班子会议。

4月份，贵港市市长李新元一行到桂平市开展农业工作调研。

5月份，贵港市委书记王可、贵港市市长李新元到桂平市检查大湾镇安担村幼儿园接送车交通事故处置情况。

贵港市市长李新元到桂平市调研工业园区项目和旅游项目，并检查党风廉政建设主体责任落实、开展谈心谈话活动情况。

9月份，贵港市委书记王可到桂平市开展扶贫工作调研。

贵港市委书记王可一行到桂平检查指导大藤峡水利枢纽工程项目建设情况。

10月份，贵港市委书记王可一行到桂平检查指导大藤峡水利枢纽工程项目建设情况。

11月份，贵港市市长李新元到桂平开展调研工作。贵港市委书记王可到定点帮扶贫困村桂平市蒙圩镇流兰村宣讲党的十八届五中全会精神，并对精准扶贫推进工作进行调研。

12月份，贵港市委书记李新元到桂平市调研，并出席桂平市委班子民主生活会。

【接待部队领导团组】 3月份，广西军区副司令员周平少将一行到桂平市人武部检查指导工作，听取桂平市人武部工作汇报，检查市人武部全面建设情况。

8月份，广西军区司令员肖运洪率工作组到贵港军分区各区县市检查调研安全和征兵工作。

【接待院校团组】 1月份，广西大学原党委书记阳国亮一行受桂平市委托，到桂平调研与指导广西大学"高铁背景下桂平旅游资源整合策划与营销"课题进行情况。

4月份，广西工业职业技术学院副院长尹子云一行到桂平市组织部，进行有关加强人才培养合作的业务洽谈。

5月份，德国德累斯顿工业大学职业教育和继续教育学院院长佟永强一行到桂平市，进行职业教育考察和开设讲座活动。

7月份，清华大学博士生实践服务团围绕"贵港市现代农业发展"主题，在桂平市开展调研活动。

8月份，广西大学公共管理学院、中国农村改革与发展研究中心"现代农业发展的现状、问题与对策"课题组赴桂平市，开展为期三天的农村调研活动。

10月份，广西大学商学院秦建文教授到桂平市作"执行与激励"专题讲座。北京大学黄有毅教授一行到桂平市调研合作办学工作。

11月份，广东外语外贸大学副校长陈林汉一行到桂平市，进行基础教育合作办学考察。

【接待华人华侨团组】 4月份，英国华夏文化协会、英国广西总商会会长贝学贤一行到桂平市，进行友好访问和考察。

8月份，由自治区政府新闻办主办、香港《文汇报》承办的"美丽南方——海外华文媒体广西行"活动新闻采访团（加拿大、日本、菲律宾、马来西亚、印尼）到桂平市进行实地采访。

【接待港澳台团组】 6月份，香港广西同乡会访问团张桂祥理事长一行到桂平市，为进一步推动桂平市对外交流活动开展访问。

7月份，香港文汇报社派员到桂平市采访报道"四大工程三年攻坚行动计划"，加大对外宣传力度。

9月份，香港客商李显发、澳门客商黄锦光等人，陪同中国国家运动员、国家羽毛球队教练、中国羽毛球队总顾问汤仙虎一行到桂平市考察体育项目。

12月份，澳门商报国家传媒集团一行到桂平市考察采访。

【接待外宾团组】 3月，英国MAYA VISION制片公司摄制组及翻译一行7人到桂平市拍摄介绍中国历史系列片《中华的故事》，拍摄内容涉及桂平大藤峡、金田起义纪念馆、平南县国安瑶族乡太平天国历史遗迹等。

10月份，柬埔寨主流媒体和中国新闻社广西分社联合采访团到桂平市开展考察采访活动。

城乡规划建设与管理

城乡规划

【概　况】 桂平市住房和城乡规划建设局是市人民政府的正科级职能部门，内设政秘股、计财财务股、城市规划管理股、村镇规划建设管理股、建筑工程管理股、技术股、房地产管理股七个机构，机关行政编制为11名（含人防办2名）。下属企事业单位有市房产管理所、市建筑工程公司等12个。

【城市规划编制】 2015年，桂平市中心城区规划人口为35万人，建成区面积34平方公里，市城镇化率为47.8%。

主要组织编制旧城区控制性详细规划、江北新区控制规划、黔江北岸大藤峡片区规划、长安工业区二期（商住片区）调整规划、大藤峡旅游小镇控制性详细规划、西山路两侧控制性详细规划、长安工业区二期（商住片区）调整规划和生态文化公园控制性规划。其中旧城区控制性详细规划、长安工业区二期（商住片区）调整规划和态文化公园控制性规划已完成修编工作，并递交市政府申请审核。

共审批办结各类规划许可和服务项目证608件，其中项目建设工程规划许可证316件，项目建设用地规划许可证256件，选址意见书、乡村建设规划许可证36件。

【城市基础设施建设】 中心城区完成了西山路（原桂金路）、郁江东路、郁江西路、人民西路、浔州北路的改造扩建及美化亮化工程，进一步提高了桂平市城市建设品位及完善了城市配套基础设施，缓解了中心城区交通压力。主要规划建设的重大城市基础设施配套项目有环城东西一环大道、金田大道、长安大道、龙潭大道、江北二号路、兴桂路、桂江东路、光明东路、绿棠西路、浔州路南段、浔高路及城区黔郁江两岸堤园路，其中迎宾大道城市道路部分已基本建成通车。目前正在建设郁江二桥，正在筹建沙岗大桥、江北新区体育活动中心。

城市美化亮化方面，“城区高层建筑灯光夜景亮化，小区美化绿化”工程已基本按规划要求顺利推进，已完成万锦豪园、幸福家园、西山御府、天将花苑、粤桂花城、现代人家、现代豪庭、伦巴国际等50栋小区高楼夜景灯建设，大大提高了城市夜景魅力。

【乡镇规划编制】 完成大洋镇总体规划修编，并组织规划评审。正在修编的有石龙镇、寻旺乡、石咀镇、木根镇4个乡镇，其中石龙镇总体规划已完成设计方案，正在进行评审。完成30个村庄的规划设计等。

【农村危房改造工程】 2015年，桂平市农村危房改造任务4600户，市政府将指标分解落实到各乡镇，制定了实施方案。全部于年内开工、竣工，完成率100%。

【铁路沿线城乡风貌改造】 桂平市2015年铁路沿线城乡风貌改造任务的是木乐、社坡、蒙圩、白沙、厚禄5个乡镇、12个村、19个屯1510户的外立面改造，以及蒙圩镇曹良村曹良屯的综合整治示范村屯建设。由副市长曾在旺主持召开的推进会，明确由市住建局为牵头单位，木乐镇、社坡镇、蒙圩镇、白沙镇、厚禄乡5个乡镇政府为实施主体；外立面改造要尽可能保留本地乡土特色建筑风格；资金补助方式参照桂平市农村危房改造方式进行，先建设后补助，项目竣工后，由各乡镇镇村建站组织人员初步验收合格后，再由市一体办及市住建局组织人员核实验收；各村屯采取分片包干的形式，做到村村有落实、户户有跟踪。通过制定方案、开展宣传、落实资金、积极推进工作开展。在完成铁路沿线村庄地形勘踏和房屋外立面改造方案设计之后，涉及房屋外立面改造工程的1510户全部按期开工、竣工，完成率100%。

【建筑市场管理】 完成14项工程报建，27项工程竣工备案。共核发108个施工许可证，其中公建核发25个施工许可证，私建核发83个施工许可证；办理施工许可证总面积84.1万平方米，总投资15.68亿元。1—12月报监175项，竣工验收68项，验收面积25.77万平方米。

【建筑施工安全和质量管理】 认真开展建筑施工安全生产各项措施，共召开安全生产工作会议4次，组织开展了14次安全生产大检查，共发出建筑工程质量整改通知146份，安全生产整改通知书391份，督促建筑工地及时整改存在问题。根据市政府及市安委会的要求，制定了20项工作实施方案，包括《2015年安全生产工作计划》《2015建设工程生产安全事故应急救援预案》《2015建筑施工安全生产专项整治工作方案》《2015年"安全生产月"活动方案》等，将工作方案贯彻落实到各个工地。在加强安全检查的同时，进一步加强安全宣传教育活动，在工地职工娱乐活动室大量播放与建筑施工有关的安全生产知识和事故案例，在工地张挂了150多条宣传板语。组织各公司的项目经理、施工员、安全员开展六月安全生产月活动，制作"安全生产宣传板报"一期，于"安全生产月"活动宣传日，在市文化广场进行宣传并发放宣传资料500份。

【建筑节能】 广泛宣传、大力营造淘汰落后产能新形式，充分利用电视、报纸、手机短信、广告等媒体对墙改政策法规和节能建筑进行宣传，重点推广广西建设厅推广的新技术和可再生能源在建筑中已得到较普遍应用，逐步形成全市建筑工程执行建筑技能标准的良好氛围。根据市政府节能减排工作，完成了20家符合要求的砖瓦企业备案登记，及时统计并报送相关节能减排报表，完成了广西淘汰落后墙体产能工作目标任务。

根据《国家发展改革委办公厅关于公布第二批禁止使用实心黏土砖县城和限制使用黏土制品城市名单的通知》及《2015年全区"城市限黏县城禁实"工作实施方案》的文件精神要求，桂平市列入2015年"限黏"目标城市，限时于年底前完成"城市限黏"工作任务。按照《关于公布淘汰24门及以下轮窑无顶开口窑等落后窑炉和黏土类烧结砖生产企业名单的通知》的要求，桂平市由市政府召集各有关部门及乡镇政府召开专题会议，明确先由乡镇政府通知24门及其以下轮窑及开口窑等落后砖瓦窑炉企业停产，限时关闭，强调电力供应部门配合行动，取得了很好效果。

桂平市关停淘汰落后生产企业原为57家，经过核实，错报或技改9家，重复报1家，实际关停淘汰落后生产企业为46家。经过各部门的共同努力，这46家企业全部关停，按要求通过了"城市限黏"工作检查验收。

【房地产管理】 加强房地产市场监管，把好商品房预售许可证审批关。全年核发商品房预售许可证27宗，预售面积49.1万平方米。房地产企业完成投资 14.59 亿元，同比上升 7.72%；完成新建商品房销售面积 57.39 万平方米，同比上升 20.27%。

【大藤峡移民安置点规划建设】 以市住建局技术力量为主导的大藤峡水利枢纽工程桂平市库坝区移民安置征地拆迁工作指挥部建设规划组，主要负责 7 个移民安置点的规划设计、建筑设计、招标、建设、竣工结算等工作。南木镇坝区 4 个移民安置点场地已开始施工。大城塘移民安置点第一标的场地平整施工也基本完成。经桂林建筑设计研究院帮助调整，该移民安置点规划设计方案得到了自治区、贵港市和桂平市各级党政领导认可，已落实到施工图设计中。

城市管理

【概　况】 2015 年 5 月，桂平市市政管理局在桂平市住房和城乡规划建设局挂牌办公。其内设机构有 6 个：政秘股、市政工程股、公用事业股、计划财务股、市容环卫股、园林绿化股。局机关行政编制为 10 名，实有 11 人（局长 1 人，副局长 3 人，总工程师 1 人，股室领导 6 人）；机关工勤人员 2 人。局属企事业单位有：市环境卫生管理处、园林绿化管理处、城市建设管理监察支队、市自来水厂、桂平西山风景名胜旅游区、桂平市城市燃气管理站、桂平市路灯管理所。

【重大项目建设】（一）金田、龙潭大道完成工程投资约 1800 万元，完成路基清淤及填土工程，土方工程完成投资约 178 万元。龙潭大道根据政府常务会议纪要十五届第 24 期要求，与施工方签订补充协议，对原签订的协议内容进行修改，实行分段回购。（二）蒙圩大道完成工程投资约 800 万元。由于用地指标、取土场位置未定和征地拆迁的问题，工程暂时停工。根据政府常务会议纪要十五届第 24 期要求，与施工方签订补充协议，对原签订的协议内容进行修改，实行分段回购，并计划尽快复工。（三）桂江西路、绿塘西路经市政府同意已对工程进行了阶段性验收。（四）双孖石路（力车厂路口至西山路）完成了工程施工图设计、工程预算编制、招投标等工作。（五）兴桂路 I 标计划投资 4636 万元，已完成工程施工图及工程预算编制工作。（六）西山旅游风情商业街项目由市住房和城乡规划建设委员会初审，经市人民政府审核后，报广西壮族自治区住房和城乡建设厅审批后方可实施。（七）木乐、金田、江口 3 个乡镇污水处理厂项目已完成建设并顺利进行了通水试运行。（八）21 个乡镇垃圾转运站建设项目已完成前期工作，未开工建设的乡镇有：木根、大洋、罗秀、麻垌、中沙。（九）城市管道燃气项目，累计完成敷设中压管线 36 公里，投资 1440 万元；庭院管网 25 公里，投资 750 万元；居民用户安装 12000 户，投资 1800 万元，投资商业用户 21 户，投资 210 万元；完成投资 4200 万元。

【市政基础设施】 年内共投入资金 1497 多万元，用于基础设施建设。（一）投资约 765 万元完成浔高路具备施工条件的路段的人行道、路灯、电力排管、排水管道等工程。（二）投资 118 万元完成西山路左侧挡墙修复工程。（三）城区零星工程完成投资 114.46 万元。（四）投资 250 多万元完成了桂南路（计生局红绿灯至中山南路生资加油站）路段、万寿街（文体局至厢东村委至公安局至五甲街）、大成北路（国贸大厦至人民路口）路灯改造工作；投资约 150 万元完成黔江桥、航运枢纽亮化工程。（五）大成南路尾段已完成工程施工图。（六）完成人寿桥排污口截污工程和长安工业园区排污口截污工程建设；西山镇官冲口排污口截污工程改为建设污水处理厂，已完成项目选址及项目建议书编制，正在进行项目的立项申请。

【市政公用事业】（一）维修主干道及小区路灯 480 盏，新安装小区路灯 70 盏，更换残旧线路 4120 米，处理主干道突发事件被车撞断路灯 10

座，城市照明亮灯率达 95% 以上。（二）增加了户外广告巡查维护队伍力量，强化了城区户外广告管理。（三）规范燃气行业，完成了经营企业经营许可证的年度检查工作；对符合要求的供应网点核发了《燃气经营许可证（站点）》。（四）全年日处理垃圾量约 370 吨，生活垃圾无害化处理率达 100%。市污水处理厂全年处理废水 906.11 万吨，平均日处理污水约 2.98 万吨，均达标排放，城市生活污水处理率达 83.45%。

【城区供水】 市自来水厂供应优质稳定，全年实抄用水量 1480 万立方米，比去年同期 1402 万立方米增长 5.6%。实现销售收入 2255 万元。新增用水户 672 户。水质综合合格率达 99.25%。完成安装 DN100 口径以上供水管道 5300 米，主要是投资 187 万元安装了大藤峡工程营地 DN200—300 供水管道 4.5 公里，解决了大藤峡工程公司营地的用水困难问题；改造和安装市妇幼路段、凤凰新区和红峰开发区等区域的管道。龙门工业园区水厂正常运转。经自治区物价局和市政府的批准，水厂从 2015 年 4 月份起，开始执行调整后的自来水价格，居民用水价格为 1.74 元 / 立方米。筹建江南水厂。为解决大藤峡工程建设期间对城区供水取水水源造成的影响，同时解决没有备用水源的问题，根据市政府的工作部署，对江南水厂的水源地进行了初步选址。

【环卫保洁】 多方位抓好街道清洁卫生。对城区主干道实行人力清扫与机械化清扫相结合；科学调整路段冲、洗、扫作业时间，机械运作保洁；加强对保洁公司的监管考评；新规划安装临街果皮箱 850 个，方便市民丢放零散垃圾。点面结合加强垃圾收、运工作。通过增加收费人员，改进工作方法，加强有偿服务费的征收，全年自收有偿服务费 155 万元，超任务 5 万元，比去年同期增 7 万元。

【绿化养护】 修剪片植植物 130 多万平方米；修剪街道树木 2167 株；购买各种肥料 16 吨，对绿化植物进行了三次大面积施肥；喷杀除虫剂 3 次，面积 2.4 万平方米；除杂草 70 多万平方米。对安全隐患较大的古树进行了修剪处理。城区绿化植物生长良好，基本无病虫害、无杂草丛生、无成片死缺株现象。生产培育盆花 1 万多盆。

2015 年，城区绿化覆盖面积达 407 公顷，人均公园绿地面积 5.6 平方米、建成区绿化覆盖率 13.25%。

【景区运营管理】 西山风景区 2015 年累计接待国内外游客约 55 万人次，实现旅游经济综合总收入 2400 万元，取得了较好的社会经济和环境效益。在开发与保护并重的基础上，加快旅游开发，规划景区建设，积极推进西山新山门区旅游基础设施、西山新门区旅游与商务度假配套项目、巨赞广场、西山景区保护建设项目、西山佛教丛林建设项目、大藤峡山水旅游公司和北回归线标志公园创建 AAA 级旅游景区项目等项目。

【市容市貌管理】 市城监大队年内共出动 4100 多人次，对城区 10 条主要街道和 20 多条横街小巷进行了全面整治，对大起水果市场、方城食街、小阳区菜市、第三农贸市场、公园西门马路市场均进行了专项整治。城区市容市貌得到了很大改观，“美丽桂平 · 清洁乡村”活动成果也得到了进一步巩固。共发出撤摊通知书 315 份；口头通知 3000 人次；纠正违章经营摊点 995 处；疏散流动蔬果摊点 2450 个，纠正市区报刊亭设置 13 个；清理乱挂横街广告 350 条；整治车辆撒漏现象 10 个；整治马路市场 6 个；教育警告群众 3500 多人次。通过努力，纠正了小摊小贩乱摆乱卖、乱丢垃圾行为，有效缓解了城区各主要重点路段和窗口路段交通堵塞问题。城区市容市貌秩序管理实现覆盖率达到 95% 以上。

房地产管理

【概　况】 桂平市房产管理所隶属桂平市住房

和城乡规划建设局管理，是自收自支事业单位。2015年，有干部职工101人，其中拥有技术职称36人，内设办公室、财务股、城区产权股、乡镇产权股、商品房管理股、抵押登记股、物业管理股、产籍管理股等股室。

【房地产业发展情况】 2015年，桂平房地产业发展速度明显加快，总量规模不断扩大。房地产开发企业从原来的十几家发展到2015年的45家，成为桂平经济发展的支柱产业之一。全市批准预售商品房70.5万平方米，其中预售合同备案面积49.19万平方米。物业管理面积由最初的20万平方米提高到2015年的327万平方米，备案的物业服务企业由最初的几家发展到目前的23家，物业管理从摸索试点到稳步发展，买房看物业已成为购房者首选的重要条件。

【房地产交易与登记管理情况】 2015年办理商品房预售合同登记备案4607宗，比上年增长44%；办理预购商品房预告登记4302宗，比上年增长28%；房屋所有权登记10690宗，是上年的2.35倍；办理房地产抵押权登记1800宗，比上年略有增长，建筑面积163.59万平方米，比上年增长20.82%，贷款金额43.84亿元，比上年增长63.7%；办理预购商品房抵押权预告登记3273宗，比上年增长18.89%，建筑面积37.37万平方米，比上年增长7.32%，贷款金额8.72亿元，比上年增长9.6%；办理预告转现房抵押权登记1269宗，建筑面积13.27万平方米，贷款金额3.43亿元；办理房地产抵押权变更和注销登记480宗，建筑面积69.11万平方米。为更好地支持房地产开发企业融资，对本市新投资的开发企业，在项目建设前期主动介入，避免企业因项目融资与办理登记不对接产生不必要的麻烦。对行政审批事项进行了清理规范，简化办事流程，精简办事收件材料，共取消了5个非行政审批事项，使房屋登记工作更加公开、透明，方便办事群众。

【保障性住房管理】 2015年，相继开工建设了廉租房一至五期项目，对707户住房困难家庭进行实物配租，切实为低收入困难家庭解决住房问题。

【白蚁防治所工作】 2001年成立，隶属于桂平市住房和城乡规划建设局的公益类事业单位。主要职责是依据住建部《城市房屋白蚁防治管理规定》和《桂平市白蚁防治管理暂行办法》，负责桂平市城镇规划区新建房屋白蚁预防与白蚁防治的研究、技术推广、宣传、蚁情蚁害发布等工作，对辖（市）区房屋白蚁防治工作进行日常管理与技术指导。

2015年有职工15人，其中持证的白蚁防治专业技术人员7人，高级工程师2人；内设财务股、工程股、质量检测室、标本展示室、档案室、办公室等股室。防治所硬件设施完备，拥有白蚁防治施工车、白蚁探测仪、电动喷粉枪等一系列专业工具；建立了完善的质量监管、竣工验收、回访复查、档案管理制度等管理体系。

多年来，桂平市白蚁防治所始终贯彻“预防为主、灭治为辅、防治结合、综合治理”的方针，本着“专注利民”的原则，为全市人民提供新建房屋白蚁预防和白蚁灭治服务，取得了较好的经济效益和社会效益，为桂平的城镇建设做出了应有的贡献。2015年，共签订白蚁预防合同611份，合同面积104.62万平方米；完成白蚁预防合同项目施工301项，施工面积90万平方米。

住房公积金管理

【概　况】 贵港市住房公积金管理中心是参照公务员法管理的事业单位，派出机构为市辖4个县市区的住房公积金管理部。贵港桂平管理部为了便民，让4家合作商业银行进驻办公，实行了一条龙服务。

【管理业绩】 2015年，桂平管理部共归集住房公积金 2.5128 亿元，同比增长 24.33%；提取公积金 1.1867 亿元，同比增长 23.8%；发放公积金个人住房贷款 498 户 9674.6 万元。年内，住房公积金提取和贷款政策有所调整和放宽，但桂平公积金个贷资金风险防范控制良好，连续七年公积金贷款逾期率为零。

【扩大住房公积金覆盖面】 2015 年，管理中心加大宣传力度，利用绿化带广告牌、固定和流动的展板、微信、微博等媒介，以不同方式宣传公积金政策。加大对各县市区政府以及各企事业单位政策宣传力度，扩大对非公企业的宣传动员，扩大缴存职工的受益范围。对桂平市未建欠缴单位发出 39 份催建催缴通知书，对 87 个单位分别以上门、电话或电子邮件的方式进行宣传培训。全年新增开户单位 20 家共 402 人。

风景园林绿化

【概　况】 桂平市园林管理处是负责城市道路绿化、公园绿地管理的正科级事业单位，隶属于桂平市市政管理局，内设办公室、生产技术股、财务股。2015 年，事业编制 50 人，实有 64 人。

年末，建成区城市绿化覆盖率 33%，绿地率 29.7%，人均公园绿地面积 7 平方米。

【城市绿化管理】 2015 年，市园林处进一步完善了《桂平市园林绿化养护管理考评办法》，增强了管护班组的责任心。认真抓好城市街道绿化及补植工作，共补植片植植物 5 万平方米，新植秋枫、盘架子、桂花、柳叶榕等乔木 1300 株。结合“美丽桂平 · 清洁乡村”活动，持续做好人民路、大成路、中山路、西山路、郁江路等道路的植物修剪及清洁卫生工作，确保城市主要道路的绿化景观效果。元旦、春节、国庆等重大节日及重要活动期间，在文化广场等重点场所加强花卉造型的摆设，共计摆花 2000 多盆，营造了节日氛围，提升城市景观效果。

【公园建设】 年内，实施中山公园、滨江公园、凤凰公园升级改造工程，开展绿化种植、地砖铺装、夜景亮化和公园环境综合整治，其中绿化面积 3220 平方米，中山公园及文化广场铺装面积 1330 平方米，公园灯光亮化投资 250 万元。完成了滨江公园太平天国文化一条街建设，宣传专栏图文并茂，天王等雕像栩栩如生，成为滨江公园一道靓丽的风景线。

旅游与环境保护

旅　游

【概　况】 桂平境内山川秀丽，有众多得天独厚的自然风光景观、历史人文景观文化及宗教文化景观，是广西首个县级“中国优秀旅游城市”，国家级地质公园。且有高铁、高速公路等便捷的交通设施，吸引着国内外大量游客旅游观光。

2015年，桂平市认真贯彻落实全区旅游发展大会精神，加快创建广西特色旅游名县，打造桂平国际旅游升级版，旅游业保持平稳健康发展。全年接待国内外游客570.32万人次，旅游收入61.492亿元，分别同比增长15.39%、27.35%。

【主要景区景点】 西山。国家AAAA级旅游景区，因在桂平城西郊而得名，古称思灵山（亦名思陵山），主景区总面积13.47平方公里，海拔678米，地处北回归线上，属南亚热带气候。远望西山，像倒罩的巨大莲叶。西山以林秀、石奇、泉甘、茶香、佛圣为五绝，古人盛赞为“南天第一秀山”“胜景追寻第一巅”，是“游踪来绝顶”的旅游胜地。西山丛林似海，浓荫蔽日，林木覆盖率达95%以上，树龄在二三百年以上的古松、古榕、古樟达500多株，是天然的避暑胜地。1943年出版的《旅行杂志》中介绍，西山“很像杭州的云溪竹径，又像灵隐寺的飞来峰路，但树木的种类之多，姿态的清奇，又比灵隐好多了。”西山的岩石属花岗岩，巍峨雄伟，怪石嶙峋，形成了各具特色的碧云天、吏隐洞、姚翁岩、观音岩、八字石、棋盘石、云台石、飞来石、险峰石、仙人峡等诸多景点。西山上有乳泉、天泉、鼎泉、康洛泉等多个水泉，尤以乳泉最为称奇。该古泉宽、深各1米，冬不竭，夏不溢，常年保持一定的水位和水温。《浔州府志》说，此泉“如杭州之龙井，而甘美过之，时有汁喷出，白如乳，故名乳泉。”1800多年前，桂平是壮族先民骆越聚居之地，称泉为“布”，故称西山为“布山”，称桂平以及贵港部分属地为“布山县”。西山雨量充沛，泉甘土沃，阳光充足，唐代便有人种植茶树，清代西山茶已在粤、桂、湘等省享有盛名，20世纪80年代以来多次评为全国名茶。其茶汤碧、幽香、醇厚，民国《桂平县志》称赞说“杭州龙井未能逮也。”“天下名山僧占多”，古代桂平因水路交通便捷，近郊风景秀丽的西山成了佛门僧尼念佛传经的首选。唐代，西山便有佛教寺庙；延及清代，西山寺庙香火鼎盛；如今，西山成为广西著名的佛教圣地，全国十三大佛教圣地之一，洗石庵、龙华寺成为全国重点保护的佛教寺庙，分别是桂平佛教协会、广西佛教协会驻地。许多大德高僧到桂平西山进驻。抗日战争期间，著名佛教高僧、原中国佛教协会副会长巨赞法师和现任香港佛教联合会会长觉光法师，均驻锡西山龙华寺任住持。先后任洗石庵住持的释宽能、释昌慧法师，分别担任过中国佛教协会常务理事、理事，在佛教界享有很高声誉。西山顶上，可东瞰黔郁双江交汇、东塔回澜，南观荔乡白石、青峰，西望罗丛福地，北眺藤峡江流、龙潭森林公园、金田起义丰碑，处处如画诗境，令人流连忘返。

东塔。坐落于浔江南岸，寻旺乡境内，因在城区东郊而得名，距城区4公里，是广西现存最高古塔。1963年被列为自治区重点文物保护单位。

西山半山亭

云雾中的桂平西山景色

桂平西山浴佛节盛况

宋治平年间（1064—1067），进士孙颀为桂阳监使时始建，后倾覆。后明万历初年（1573），桂平知县刘万安倡议集资兴建，嗣后刘万安去世，仅建两层。崇祯年间（1628—1644），御史李仲熊、浔州知府葛元正增建成九层宝塔。1994年集资维修。"东塔回澜"为桂平旧八景之一，指的是正对东塔的一段浔江河面，位于扬澜滩之下，水下暗礁遍布，黔郁两江汇合后，水流湍急，为礁石所阻，激起阵阵旋涡，在长达数里的江面上，波澜迭起，回环激荡，变化无穷，境状壮观。

东塔远景

北回归线公园。国家AAA级旅游景区，位于市区东约5公里南梧二级公路旁，因建在北回归线上而得名，1997年6月21日竣工落成。公园里有广西第一座北回归线标志塔，位于北纬23°26′17″，东经110°08′36″，塔高17.2米，跨度26米，象征极线，弧柱形的塔身犹如美丽的长虹，穿过象征地球的直径为6米的大球体，球体中间有一个10厘米的窥阳孔。夏至日正午，阳光直射其上，竖竿无影。窥阳孔下睹骄阳，可领会到地球斜着身子在黄道十二宫之间转动，太阳直射在南北回归线之间摆动的大自然奥秘。该标志还有一个奇特的现象，当人们站在回归线上讲话，声音特别宏亮，有明显的回音现象，强音范围约3米，以北回归线点为中心，沿东西弦线分别向外延伸，宏亮的声音逐渐减弱。北回归线对于天文、地理、气象、农业和生态等领域的科研，

桂平北回归线公园

均具有十分重要的意义，是科普学习的好场地。

白石山。位于城区东南35公里，麻垌圩西北8公里，海拔650米，道书称“白石洞天”，在全国三十六洞天中名列第二十一位。宋代开始在山上修建寺观，是佛道两家并存的名山。明代地理学家徐霞客曾到此考察，写出《白石山游记》。白石山有双峰，东为独秀峰（俗称公石），孤峰插天，笔直陡峭，无路可上；西为莲花蕊，又称鹅头峰（俗称母石），雄奇险要，是白石山的主峰。为典型的丹霞地貌。清代桂平县官蒋松志有诗赞曰：“石峰晴起拥双环，云际参天不可攀。地劈灵源称洞府，天留图画出名山。”山上有三清观、正一观、寿圣寺、会仙岩、李仙岩、白石洞、青玉峡、仙人棋、炼丹灶、八仙牌坊等古迹。寿圣寺门匾额“寿圣寺”三字为熙宁元年（1068）宋神宗赵顼敕赐。寺后峭壁千仞，上刻“白石洞天”四字，字体硕大，每字约11平方米，为明末桂平举人杨大节所书。

罗丛岩。坐落于莲花山脉前沿零星分布的岩溶残丘地带，距城区35公里，东南距白沙圩约8公里。在方圆五六公里的平原上，平地崛起石山9座，当中一座高70米，长约350米，宽约80米，坐北朝南，状若覆舟，桂平八景之一的“罗丛岩月”，指的就是这座石山。罗丛岩山体内溶洞遍布，岩道通透，较著名的有风岩、黑岩、月岩、水岩，分布着大量形态各异的钟乳石。岩内

白石山白石洞天

白石山三清观

是古人类洞穴遗址。1980年，自治区和县文物考古人员在岩洞内发现了大量夹砂陶片、石器、螺狮壳、兽骨、野猪牙齿等遗物，说明在距今约六七千年前的新石器时代，古人曾在这里生活栖息。东汉末，罗丛岩便有了道观，故被称为道家七十二福地之一的“天南福地”；延及清乾隆、嘉庆年间（1736—1820），均对道观进行修葺，后崩毁。宋代理学家程颐、程颢自洛阳至龚州（今平南县）省父，随同他们的老师周敦颐一道“遍游浔郡诸名胜”，曾于此筑室读书讲学。明代徐霞客曾专程前来游览考察罗丛岩，在其《粤西

罗丛岩道教场所

游记》中记之。清嘉庆年间（1796—1820），还有人在周程三夫子读书遗址上兴建读书讲堂，后崩毁，今遗址尚存。

紫荆瑶寨。紫荆山属大瑶山余脉，在市境北端，东邻平南县鹏化山区，西北与武宣、象州、金秀等县相连，幅员辽阔，面积270平方公里。境内峰峦重叠，林海莽莽。大坪、田心、花蕾三水由北至南，至旧三江圩汇合，再经风门坳破峡而出，奔向金田平原。紫荆山区山雄水奇，洪水顶海拔1313米。由于“山高皇帝远”，明代大藤峡瑶民起义曾“据为窟宅”（《桂平县志》）。清咸丰元年（1851）太平天国起义于金田村，紫荆山又成为这场农民起义的摇篮。进紫荆山，可尽览雄奇的山林风光，更可去瑶乡古寨探秘，领略古盘瑶的种种民族风情。

紫荆盘王节活动一角

太平天国金田起义地址。国家AAA级旅游景区，坐落于城区以北27公里。我国历史上规模最大的一次农民起义——太平天国起义，于清咸丰元年（1851）1月11日在广西省桂平县金田村爆发。金田村位于紫荆山南麓，村中的韦昌辉故居遗址和村边犀牛岭上的古营盘、练兵场，不远的新圩三界庙、傅家寨以及紫荆山区等处，都是当年太平天国进行重要活动的地点。其中犀牛岭金田起义地址已于1961年被列为全国重点文物保护单位，新圩三界庙列为自治区级重点文物保护单位，国内外前来参观游览的人络绎不绝。金田起义历史陈列室位于练兵场东南角，于1980年兴

紫荆乡盘王节景况一角

建。室内陈列着洪秀全发布的诏令，太平军使用过的大刀、长矛、旗帜和打造武器留下的木炭、铁砧，缴获清朝官员的顶戴等实物和史料，再现了金田起义发生的全过程，是太平天国起义的一个缩影。

太平天国金田起义地址天王洪秀全石像

龙潭国家森林公园。国家AAAA级旅游景区，国家地质公园。距城区18公里，总面积71平方公里，是桂东南唯一保存完整的南亚热带原生态季风常绿阔叶林区。园区内峰峦叠嶂，林海莽莽，峡谷、飞瀑、渊潭密布，构成了雄奇险峻的峰谷石崖景观和多姿多彩的森林瀑潭景观。处于三面垂直朱红色岩壁环抱，深达280多米的龙潭瀑布尤为壮观，让人直接观察到“飞流直下三千尺，疑是银河落九天”的磅礴气势。葱郁的森林，蕴藏着丰富的动植物资源，有植物1039种、动物112种，其中被誉为“茶族皇后”金花茶和“活化石”桫椤、五针松、过江龙等国家一、二级保护植物20多种；国家一、二级保护动物瑶山

鳄蜥、猕猴、大鲵等10多种。公园内的大平山自然保护区，林木繁茂，山岚蒸腾，使群山长年处于云封雾锁之中，更似世外桃源。

龙潭国家森林公园

龙潭国家森林公园瀑布景点之一

大藤峡景区。国家AAA级旅游景区。位于城区西北约8公里的黔江下游，全长44公里，是广西境内最大最长的峡谷。传说古时有大藤如斗，横跨江面，昼沉夜浮，供人攀附渡江，因而得名。峡中河道曲折，危岩突兀，险滩密布，暗礁四伏，江流湍急，涛声如雷。峡谷两侧的主要支流分布有雨丝洞、金银潭、铜鼓冲等附属景区，各个瀑布落差各异，渊潭无数。此峡山高峡险，古往今来就是兵家必争之地。有明一代，曾在此地发生了持续200多年的瑶民起义，被改名为"断藤峡"；瑶民起义被镇压之后，又改名为"永通峡"，崖壁上刻有"敕赐永通峡"题字。1974年春，对中国农民起义历史十分精通的毛泽东向人细询了大藤峡情况，亲笔写下

大藤峡——毛泽东主席的题字

大藤峡俯视

"大藤峡"三字，今其字迹放大镌刻于江边峭崖之上。

中山公园。国家AAA级旅游景区，位于城区中心地带，总面积64432平方米，其中绿地面积62698平方米，水面面积16675平方米，绿化覆盖率98%。该园始建于明代，原为私家庭园。民国10年（1921）10月21日，曾任中华民国临时大总统的孙中山先生为与军阀陈陈炯明商谈北伐事宜，从梧州赴南宁途中驻跸桂平，登临西山畅游之后，返城时小憩于公园古榕下，看到园内景色宜人，嘱咐人们要把公园建设好，造福本地人民。民国25年（1936），为纪念孙中山先生，将之命名为"中山公园"。民国35年（1946），为纪念建设中山公园有功之臣黄寅五，又在园内建寅五亭，此亭后毁于"文化大革命"浩劫。新中国成立以来，在原私家庭园的基础上，不断完善改造，近年又大举扩建修葺，使整个公园焕然

一新。园内古木参天，林荫蔽日，奇花异草，百鸟啁啾，亭台榭阁，曲径通幽，中有两湖，波映蓝天，鱼戏莲底，可以荡舟。建了多个游乐场，并竖立孙中山巨型塑像，重建寅五亭，以彰先贤之德。中山公园已成为民众休憩娱乐的好场所。

中山公园一角

此外，还有大藤峡雨丝洞、中沙镇南乡村古宅尚德堂、上国村杜鹃花等许多景点。

【创新旅游营销模式】 桂平市在传统媒体广告宣传、参加国内旅游展销会的基础上，推动旅游营销方式向“旅游+”大营销模式转型和创新。开展桂平城市整体品牌营销，全方位推进网络营销，市内各旅行社推出统一的旅游网站、微博及微信号，大力宣传生态旅游有关产品；举办了西山浴佛节、观音诞和紫荆瑶族盘王节等特色主题节庆活动；参加桂林旅游博览会、广州国际旅游博览会等区内外旅游推介活动；与南宁、桂林、广州、佛山等主要客源地的100多家旅行社合作开展本土化营销和旅游推介活动，深化区域旅游合作；与金秀县联合前往广州、佛山、中山、江门等珠三角主要城市举办“大瑶山旅游风情画廊”系列主题旅游宣传促销活动；引导、支持旅游企业完善自身网络营销平台，推出各类应季旅游、主题旅游和自助旅游产品。并且随着高铁桂平站的开通，扩大了区内外旅游圈，桂平旅游市场呈现快速增长的趋势，游客由以前的玉林地区扩展为全广西以及粤港澳等地区，出行方式以高铁动车和自驾车为主，旅游业进一步蓬勃发展。

【创建特色旅游名县】 2015年，桂平市继续加快推进创建特色旅游名县工作，动工进行太平天国金田起义遗址红色旅游经典景区建设项目、“太平天国”运动文化一条街、西山泉国际养生旅游文化综合区项目、白石山景区项目等旅游项目建设，打造旅游新亮点，突出“红色文化、宗教文化、历史文化、水利文化和生态文化”旅游特色，挖掘“文化体验、休闲度假、健康养生”等优势旅游资源，同时修编相关旅游规划，完善景区基础设施建设，加大旅游宣传推广，推动旅游业提档升级，旅游产业进一步打开新局面。新建、提升了一批乡村旅游区、星级农家乐。至年末，已有乡村旅游点50多个，初步建成从南木镇黎明村至龙潭森林公园景区，桂平市区至金田电站库区、紫荆十八河、木山村瑶乡景区，桂平市区至金田理村、垌心十冬河生态休闲景区3条乡村旅游带和1条环城区乡村旅游带，星级农家乐7家，其中三星农家乐5家，全市农家乐从业人员200多人。接待游客20多万人次，农家乐旅游总收入达2500万元。

【完善旅游规划体系】 2015年，桂平市旅游发展委员会围绕创建特色旅游名县目标，抓好旅游发展规划的制定与编修，出台了《桂平市旅游产业发展总体规划》《桂平市乡村旅游发展规划》《桂平国家地质公园总体规划》《桂平市文化产业发展整体规划》《桂平市文化旅游产业园策划方案》等纲领性的规划。同时，积极修编桂平西山国家风景名胜区、太平天国金田起义地址、龙潭国家森林公园、大藤峡、白石山、罗丛岩、天王谷等主要旅游区的总体规划及部分建设性详规的编制和修编工作。

【旅游项目建设】 2015年，桂平市认真抓好重大旅游项目和旅游配套设施建设。一是西山景区旅游基础设施建设项目，已完成投资1.5亿元，完成了观音岩及李公寺扩建、新门区旅游道路、游客服务中心、环境资源保护等项目，后期会全力推进新门区巨赞广场及停车场的建设。二是西山泉国际养生度假区项目完成投资1.8亿元，完成了700多亩土地征收、禅修主题酒店及旅游体验中心主体建设等。三是太平天国金田起义地址红色旅游景区完成投资6000多万元，完成了200亩土地征收以及金田起义博物馆主体、游客服务中心、停车场等建设。四是龙潭国家森林公园建设，总投资约2500多万元，建成了龙潭大峡谷漂流、旅游道路、游览步道、旅游厕所、业务用房等旅游基础设施项目。五是自治区旅发委下拨大藤峡移民区旅游区建设专项经费500万元。六是桂平国家地质公园建设项目，完成投资2000多万元，并通过了检查验收。七是西山镇前进村特色旅游名村建设项目，总投资1500多万元，完成了旅游道路、游客服务中心、停车场、旅游厕所、文化书屋、农家乐、水上娱乐设施、房屋外立面风貌改造等工程建设，2014年年底被评为广西特色旅游名村。八是桂平市道教协会筹集资金约6000万元，完成了白石山三清观、罗丛岩古雅道观的建设。九是宇洋旅游集团完成投资1.5亿元，完成了新宇洋酒店、西游童话酒店前楼的建成使用。十是投入资金1000多万元，推进了“太平天国”运动文化一条街、高铁桂平站游客集散中心、旅游咨询中心、旅游厕所等旅游配套设施的建设。

【打造旅游经典线路】 2015年，桂平市重点开发和建设市区内一日游、二日游、三日游、太平天国金田起义红色旅游经典景区、文化之旅旅游线路。

一日游

A：上午游览桂平西山，参观西山茶场、购物，中餐后游览大藤峡；

B：上午游览太平天国金田起义地址，进入龙潭国家森林公园用中餐并游览。

二日游

A：第一天，上午游览桂平西山，参观西山茶场、购物，中餐后下午游览大藤峡，晚宿桂平城区；

第二天，上午游览太平天国金田起义地址，进入龙潭国家森林公园用中餐及游览。

B：第一天，上午游览桂平西山，参观西山茶场、购物，中餐后下午游览太平天国金田起义地址，进入龙潭国家森林公园用晚餐，晚宿龙潭公园；

第二天，上午游览龙潭国家森林公园，中餐后下午游览北回归线公园。

三日游

A：第一天，上午游览太平天国金田起义地址，进入龙潭国家森林公园用中餐及游览，晚宿龙潭公园；

第二天，上午游览大藤峡，中餐后下午游览北回归线公园及自由活动，晚宿桂平城区；

第三天，上午游览桂平西山，参观西山茶场、购物，中餐后送团。

B：第一天，上午游览桂平西山，参观西山茶场、购物，中餐后下午游览大藤峡，晚宿桂平城区；

第二天，上午游览太平天国金田起义地址，进入龙潭国家森林公园用中餐及游览，晚宿桂平城区；

第三天，上午游览北回归线公园及自由活动。

太平天国金田起义红色旅游经典景区旅游线路

市区——太平天国金田起义地址——北王韦昌辉故居——太平军前军指挥所三界庙——太平军总部傅家寨——彩村江战场遗址——南王冯云山古林社住所——风门坳古战场——东王杨秀清故乡东王冲——牛排岭古战场遗址——太平军总部陈家大屋。

文化之旅旅游线路

市区——东塔——太塘城新石器遗址——白石洞天摩崖石刻——佛家寿圣寺——道教三清观——古民居群南乡大屋。依据两大主线，设立接待网点，配备交通设施、宾馆、餐饮、邮电通讯设施、娱乐购物中心。

【旅游企业】 桂平市区星级宾馆、酒店有 6 家。

市内星级旅游宾馆、酒店

表 2

酒店名称	星　级	地　址
乳泉井酒店	4 星	人民西路
宇洋国际大酒店	4 星	西山路口
功德山庄	3 星	西山风景名胜区
华联商务酒店	3 星	沙岗路 5 号
金龙大酒店	2 星	郁江东路行政服务中心对面
桂平大饭店	2 星	人民中路 72 号

旅行社。桂平市西山国际旅行社、桂平市环球国际旅行社、广西百事通国际旅行社有限公司宇洋营业部、桂平市假日国际旅行社、广西通泰国际旅行社有限责任公司桂平营业部、广西南宁中国旅行社有限责任公司桂平分社、贵港市教科旅行社有限公司桂平营业部。

桂平市主要旅游景区门票价格

表 3　　单位：元 / 人

景点名称	票　价
西山风景区 AAAA	100
龙潭国家森林公园 AAAA	100
北回标志公园 AAA	10
大藤峡景区 AAA	85
金田起义地址 AAA	25
中山公园 AAA	0

【奇石资源】 桂平市境，三江汇流，山洪较多，积年累月，强势江水对两岸岩层不断强力冲撞切割，形成了石类众多、储量丰富的奇石资源。其中以水石为主，水石又以卵石居多，还有雕塑

赏石名家——桂平市一中退休教师谭元先

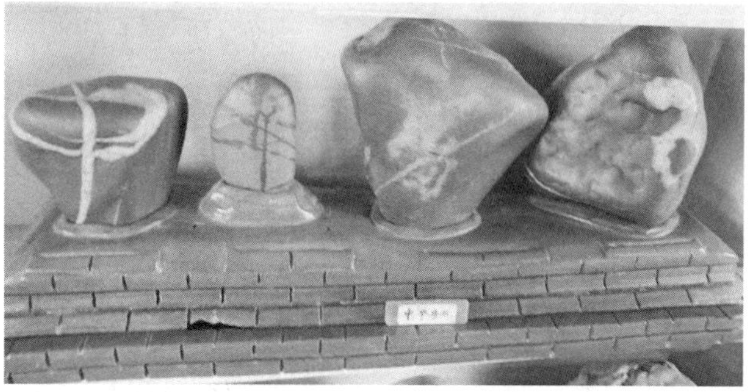

产于桂平的中华奇石

广西观赏石协会为谭元先颁发的证书

石、水冲石、矿物共生石，以及彩纹石、罗容白石、新龙黑石等旱石，极具观赏及收藏价值。

红花石。按照中国民族传统风俗习惯，红色为喜庆吉祥的颜色，红花石正符合国人的习俗。它大约形成于泥盆纪至中生代前期，是砂岩和红铁矿液渗混的产物，摩氏硬度在 4—5 度左右。形状千姿百态，多为黄底或绛红底，图案有花鸟、景物、文字等。

木纹卵石。大约形成于 2.6 亿年前的古生代

红花石

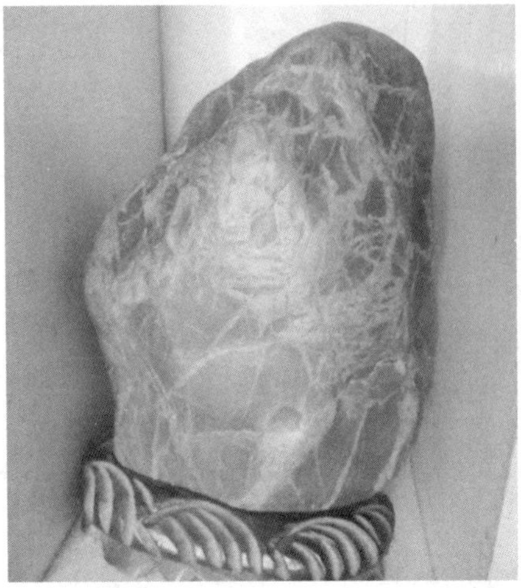

凸纹卵石

木纹卵石

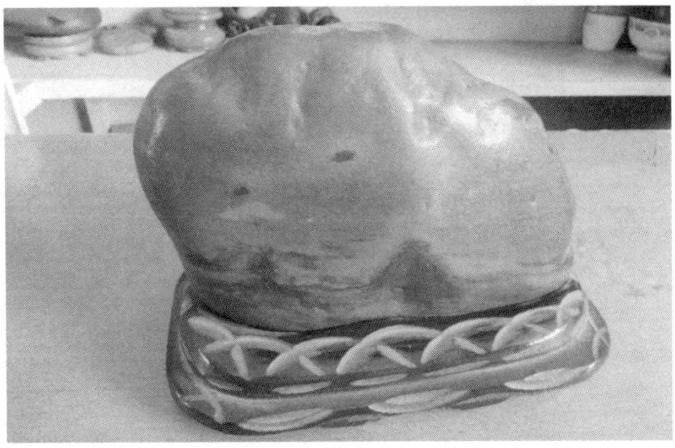

产于桂平市铜鼓滩的影纹石

象形卵石

二叠纪，摩氏硬度6—7度，均呈有规则的逼真度强的树木年轮或木板纹，并在纹心处形成惟妙惟肖的人物、动物、山水画图像。

凸纹卵石。是在地层变迁时，在地热的强温下熔化了的石英岩流注在砂岩之中结合而成，摩氏硬度达到6—7度，石质细腻光滑，由石英脉组成人像、文字、花草、鱼虾、飞禽走兽，以图案清晰逼真者为佳。

影纹石。是砂岩形成中，各种矿液渗入而成的一种平面纹理石。其纹理如同剪影图像，色泽有墨渍状、锈渍状，及黄色、白色、赭色状，以石型好、色彩反差明显、图案清晰者为佳，多为花草、风景图案，亦有文字、动物、人物等。

象形卵石。摩氏硬度6—7度，石质细腻光滑，形态各异，有人物、罗汉、古埕、古壶、元宝和各类动物等，以紫砂色为佳。

雕塑石。为两种硬度不同的石质结合而成。形态有浮雕和透雕两类，纹痕隐约可辨。

水冲石。以象形石为多，有山石、动物状、器皿状，其特大者多作园林置景石，小者作厅堂

雕塑石

矿物共生石

水冲石

摆设。三国时期陆绩任郁林郡太守离开桂平市时就用产于大藤峡至铜鼓滩一带的水冲石压船舱，现存于苏州文庙内（苏州文庙内存放的“廉石”也叫“桂平石”）。

矿物共生石。在地层多次变迁中氧化铁与石英及其他矿物体质在热压的环境下，经江河水长期冲刷而成。硬度达5—6度左右，色泽多变，形态各异，有的粗犷老气，有的细腻光滑。

新龙黑石。产于白沙镇新龙村一带，属石灰岩，因其色黑而名。形成于古生代时期，距今4亿多年，长期掩埋于土中，受酸性土侵蚀而形成漏、透、瘦的形状，亦称之为“桂平太湖石”。石面平滑，形态各异，以有洞穴者为佳。大者作园林置景，小者作厅堂观赏。

罗容白石。产于蒙圩镇罗容村一带，埋于土层之中，属大理石类，石色纯白似玉，少有杂质，多为象形石，形态各异，多似动物、水族等形。

彩纹石。产于变质岩地带的逆冲带断层中，由两组或多组大类物质组成，一种是来自围岩的碎屑，称为岩粉，另一种为在变质过程中形成的结晶矿物，有色彩多样的线状斑纹，摩氏硬度在5—6度左右，纹理凹凸有序，色随纹线而变，石面光滑细腻。大者可重数吨，小者可藏于袖。

罗容白石

彩纹石

环境保护

【概　况】 桂平市环境保护局是市人民政府的正科级职能部门，内设机构有：秘书股、环评股、政策法规股、污染防治总量和控制股。有行政编制10名，工勤人员2名，2015年实有12人。

完成上级下达的2015年度污染减排工作，全面完成“十二五”污染减排任务。城区环境空气质量优良天数达347天，主要河流黔江、浔江和郁江总体达到Ⅲ类水质，城区集中式饮用水源水质达标率达100%以上。生态环境安全得到有效保障，没有发生重特大污染事故和因环境问题引发的群体性事件。

【环境质量】 区域内主要河流浔江、黔江、郁江水质符合Ⅲ类水质标准，集中式饮用水源水质达标率达100%；区域环境噪声达标率为100%；城区环境空气质量达到国家二级标准，优良天数达95%；生态环境安全得到有效保障。

水环境质量持续达标。2015年，境内主要河流黔江碧滩断面（武宣、桂平交界）、郁江大湾断面、浔江石咀断面年均水质均达到《地表水环境质量标准》（GB 3838–2002）Ⅲ类标准。按均值综合污染指数评价，黔江碧滩断面和浔江石咀断面水质评价为清洁，水质优良，郁江大湾断面水质评价为尚清洁，水质良好。

完成每季度桂平城区集中式生活饮用水源地水质监测（分析项目61项），并及时上报数据到贵港市环境监测中心站，获得244个数据。

完成每半年一次的贵港市市控全流域桂平监测断面：画眉江（石梯江与画眉江交汇后）、大洋江（大洋河、木根河交汇后）、崩江河、搬江、独流江、大湟江、万江、维新河、社坡河、群合河、历江水质监测采样工作（分析项目25项），并及时送样到贵港站分析，获得600个数据，年均水质均符合《地表水环境质量标准》（GB 3838–2002）Ⅲ类标准。

桂平市区集中式饮用水源黔江白额断面2015年起监测因子由29项增至61项，完成区控桂平白额、石咀断面江河水水质监测采样工作（分析项目31项），并及时送样到贵港站分析，完成了2015年的采样任务，获得2232个数据，监测数据显示，饮用水源水质达标率为100%。

空气环境质量持续优良。2015年，桂平市区大气环境质量优良，达到国家二级标准。市大气自动站运行正常，共获得约19000个数据，主要污染物二氧化硫、二氧化氮和可吸入颗粒物（PM10）等情况。

二氧化硫年平均浓度为0.007毫克/立方米，优于《环境空气质量标准》（GB 3095–1996）一级标准0.02毫克/立方米。二氧化氮年平均浓度为0.008毫克/立方米，优于《环境空气质量标准》（GB 3095–1996）一级标准0.08毫克/立方米。可吸入颗粒物（PM10）年平均为0.048毫克/立方米，优于《环境空气质量标准》（GB 3095–1996）二级标准0.1毫克/立方米。

桂平市区环境空气自动监测站于2014年8月通过自治区环境保护厅验收正式投入运行以来，由监测数据显示，2015年城区环境空气优良天数为350天，优良率为95.8%，环境空气污染指数（API）范围39—85，平均值为50。

同时做好降雨量、降水pH值、电导率、硝酸根、硫酸根项目的监测，做到逢雨必测，及时向贵港站报送数据。桂平市区降水pH值年均值为6.34，酸雨频率为13.8%。

声环境质量持续较好。2015年，完成城区区域环境噪声100个监测点和5个道路交通噪声监测工作，获得105个数据。市区区域环境噪声昼间等效声级平均值为52.5分贝，达标率为96%。城市区域声环境质量总体达到国家考核指标要求，属较好水平。

市区道路交通干线噪声昼间等效声级平均值为68.1分贝，达标率为100%。道路交通噪声环境质量总体达到国家考核指标要求，属较好水平。

【环境管理】 环评审批服务。2015年，桂平市环境保护局共审批建设项目环境影响评价文件66份，其中环境影响报告表2份，环境影响登记表46份，对应总投资20.6亿元，环保投资2611万元。

重点污染源监测。市环保局对5个国控重点企业（金源酒精厂、金田糖业、桂平市污水处理厂、安顺选矿厂、金雅选矿厂）每季度开展一次国控重点源监督性监测工作。

环保检查。年内，共对227家排污企业进行了排查，47家排污企业存在环境问题，其中责令停产11家（6家被关停取缔），主要是小造纸厂和中沙镇非法洗砂场等；责令36家企业限期改正，对19家存在环境违法的排污企业进行了处罚，罚款金额共为20万元。

环保管理体制改革。一是下放管理权限，着力推进木乐镇国土资源、规划建设、环保环卫及安全监管“四所合一”试点工作。二是积极推进环评审批制度改革。下发《桂平市人民政府关于承接取消调整和增加一批行政审批项目的决定》（浔政发〔2015〕5号），承接做好环境保护行政审批权限下放工作，取消建设项目试生产（运行）环保审查，环保审批效率进一步提高。三是完善环境信息公开制度。通过拓宽公众参与渠道，公开环境信息等手段，依法保障群众的环境知情权、参与权和监督权。

饮用水源保护。开展环境风险大排查，对全市污染严重的小企业进行全面清理。全面关闭了污染严重的乡村小企业，影响饮用水水源地的各类排污口已彻底清除。

对农村1000人以上集中式饮用水水源保护区进行了划分前期工作，全市约有310个1000人以上集中式饮用水点。

危险废物管理。对危险废物进行规范化管理，辖区内危险废物产生单位和经营单位均按规定填报《危险废物申报登记表》，编制了危险废物管理计划和应急预案。

【环境治理】 污染减排。（一）积极推进桂平市污水处理厂管网建设及截污工程，长安工业区污水处理厂，江口、金田、木乐3个乡镇污水处理厂等减排项目建设。（二）加强技术指导，完成年度62家规模化养殖场污染减排任务。（三）广西金源生物化工实业有限公司锅炉烟气脱硫项目建成并投入运行。（四）配合做好汽油提标和黄标车淘汰工作，努力推动机动车尾气污染防治工作。（五）强化污染减排日常督查，主要减排项目市污水处理厂和金田糖业污染物能稳定达标排放。

全市年度预计化学需氧量、氨氮减排量、二氧化硫减排量分别为810吨、162吨和28吨，主要污染物化学需氧量、氨氮、二氧化硫、氮氧化物排放量控制在“十二五”要求的目标范围内。

全面防治污染。贯彻落实“水十条”，加强城区饮用水源保护区巡查，确保饮水安全；全面启动农村集中式饮用水源保护区划分工作。继续开展大气污染防治，联合住建、市政等部门积极开展施工场地、道路扬尘治理；积极推进工业企业脱硫脱硝工程建设，金源酒精锅炉脱硫等年度治理项目全部按时完成；推进燃煤小锅炉淘汰和改造，完成城区卫生和教育系统等52家燃煤小锅炉改造工作。

全力推进规模化畜禽养殖业的减排工作。经过环保局和水产畜牧兽医局共同努力，畜禽养殖污染减排工作成效显著，全年完成了60家养殖场的治理任务，同时着力推进高架床养殖，把养殖业引导向生态、环保的模式发展。

重金属污染治理。推进厚禄矿区重金属污染治理工作，矿区地表水和地下水环境质量符合三类水质标准，土壤重金属污染正逐步改善，整治项目通过验收。

【环保宣传】 邀请自治区环保厅专家在市委党校举办了2期新《环保法》培训班，参加人员包括市直部门分管领导、26个乡镇政府分管领导、重点企业负责人及环保局全体工作人等230多人。开展“6·5”世界环境日宣传月活动，广泛宣传新《环保法》。在文化广场举办环保板报宣传，60多个单位和企业参加宣传活动，发放宣传品3000多份，并到石咀镇和浔州高中等地点开展现场宣传活动。

污水处理示范项目

交通运输业

交通运输

【概　况】 桂平市辖区范围内公路总里程2581.069公里，其中：二级公路365.012公里，三级公路34.58公里，四级公路1760.257公里，涉及26个乡镇408个行政村。公路网面积密度为63.35公里/百平方公里。境内通航河道3条，总长168公里，其中郁江、浔江为二级航道，最大通航能力为2000吨级船舶；黔江为三级航道，最大通航能力为1200吨级船舶。桂平港区属贵港港管辖，运输船舶主要经营航线为贵港、桂平至广东珠江三角洲省际普通货物运输，无定期航班。辖区南宁至广州高速铁路（桂平段）61公里、贵港至梧州高速公路（桂平段）70公里和桂平至来宾高速公路（桂平段）22公里。现有达标客运站14个（其中二级站2个），货运站1个；各类客货运输车辆12262辆，其中货运汽车11520辆71174吨位，客运汽车742辆24173座位；货运船舶635艘75.96万载重吨；客运船舶68艘5036座位；货运码头11个，其中千吨级以上泊位11个，年货物通过能力250万吨；水路运输企业15家。城市营运公交车辆110辆，拥有公交线路16条（6路、10路、11路整合为11路），公交线路总里程达200多公里。

【基础设施建设】 农村公路建设。2015年，自治区下达通村水泥路计划项目45个287.6公里，总投资17668万元，涉及17个乡镇，57个行政村。至12月30日，共完成建设项目21个，完成路基293.8公里、基层255.1公里、路面180.1公里，累计完成投资13285万元，完成投资率73.6%。

农村公路养护　2015年，桂平市农村公路养护总里程2216公里，其中：县道200.2公里、乡道469.4公里、村道1546.4公里。县道路况指标优良路率达46%，乡道路况指标优良路率达34%。完成新垌至北市公路、思盘至珠盏公路、蒙圩至大圩公路、麻垌至木棚公路4个大中修工程项目。累计投入建设资金4480万元，完成水毁修复道路8条53.4公里，修复桥梁6座218.04米。

水运交通基础设施建设。棉宠作业区一期码头工程：该项目1号泊位已通过竣工验收；散货堆场道路已完成硬化，后方堆场已平整；两座50吨和16吨的门座式起重机已调试完毕。码头初步具备试运行条件。自开工至2015年年底累计完成投资11284万元。便民码头建设：2015年便民码头建设任务为3个，已全部建设完成，完成投资25万元。标准化客圩渡船建造：2015年度自治区港航管理局下达更新改造标准化客圩渡船4艘400客位（c级），计划投资104.84万元。已全部建造完成，完成投资104.84万元。

【交通运输业绩】 道路运输业绩。2015年度完成道路旅客运输量1074万人，旅客周转量124527万人/公里；完成货运量3284万吨，货运周转量381536万吨/公里。道路旅客运输量和旅客周转量分别比去年同期减少3.07%和4.59%；货运量和货运周转量分别比去年同期增加10.13%和11.58%。

水路运输业绩。2015年度水路运输货运量累计完成2916万吨，同比增长24%；货物周转量累计完成101.7亿吨公里，同比增长20%；港口吞吐量累计完成750万吨，同比增长3%；客运量累计完成2.3万人次，同比增长24%；客运周转量累计完成46.01万人公里，同比增长24%。

【交通运政管理】 道路运输执法。2015年度共出动人员12366人次，检查车辆55087辆次，纠正违章2234例，查扣非法营运车辆122辆次，查处营运客车不按批准站点上落客143辆次、不按规定线路行驶4辆次。

路政执法工作。2015年度共出动962车次、5190人次，查处路政赔补偿案件80起；检查车辆1863辆次，纠正违章车辆595辆次；查处超限运输案40起；责令当事人清理堆积物37起1098平方米，疏通人为堵塞水沟302米。

水路运输执法。2015年度共组织检查组525次，检查人员1837人次，检查航运企业149个次，港口企业20个次，服务企业24个次，检查运输船舶1051艘次，检查渡口250个次。实施行政处罚6起；送达行业安全反馈意见共32份；发安全管理工作督查通报6份。

【交通安全管理】 一是加强农村公路建设安全管理。抓好项目施工现象监管，规范施工操作，强化安全措施落实。加强对养护路段巡查，及时修复损毁的公路设施。加强白沙车渡现场渡运管理，及时修复和保养船用设备，确保安全渡运。2015年度渡运乘客渡运9500人次，渡运车辆64300辆次。二是加强道路运输安全监管。积极开展“平安车辆”“平安客运站”创建活动，开展“道路客运安全年”“安全生产月”、打非治违和六打六治等专项整治活动。对道路运输企业举办安全演练6次。加强对道路运输驾驶员安全宣传，印发8000多份宣传资料发放到驾驶员手中。深入开展运输企业安全检查，共检查运输企业772家次，整改隐患56处。同时加强对车辆的路面监控，严肃查处车辆违法违规行为。三是规范水路运输管理工作。重点做好重要节假日和重要时段期间港航行业安全管理工作。结合水路运输管理实际，按照“全覆盖、零容忍、严执法、重实效”的总要求，开展水路运输安全生产大检查大整治行动。抓住重点，以危险化学品为重点领域，特别是港口、码头、渡口渡船、人口密集场所等重点部位。开展联合执法、集中整治工作。利用渡船视频监控平台，加强对渡船渡口、游船码头的监控，确保渡运安全。现场监控金源生物化工码头装卸，确保作业安全。四是抓好城市公共交通安全营运管理。进一步健全措施，规范经营管理，落实有效手段，加强对城市公共汽车营运管理。加强公交车消防演练和反恐防恐工作，制定完善应急预案。加强对公交路线巡查和公交车辆出站入站安全检查，防患于未然，确保公交车安全营运。2015年投资了10万元改造了50个公交站牌，改善了乘客候车环境。2015年度全市16条公交线路110辆公交车安全运行约950万公里，安全运送旅客约1000万人次。

桂平市交通主要指标

表4

指标名称	2015年	指标名称	2015年
公路管养里程（公里）	2216	公路客运量（万人）	1074
营运载货汽车（辆）	11520	水路货运量（万吨）	2916
营运载客汽车（辆）	742	水路客运量（万人）	2.3
民用运输船（万吨）	75.96	港口吞吐量（万吨）	750
公路货运量（万吨）	3284	—	—

桂平高铁站

【概　况】 桂平高铁站是一个三级站，车站位于西山镇长安村，站房总面积8500平方米，其中候车室面积3300平方米，设有819个座位，可容纳2000余人；售票厅面积134平方米，设有6个人工窗口，可办理售票、互联网取票、退票、改签等业务，4台自动售取票机，可办理取票和出售本站出发车票。2015年有干部职工42人，临时工35人。

【运营情况】 桂平高铁站自2014年4月18日开始使用，两年多来，运输总量一路飙升，从最初日发送700人，到最高日发送1万人。从桂平站可到达的终点站有：梧州南、广州南、南宁东、南宁、柳州、桂林、百色、钦州东、北海、贵阳。

车站运营情况。2014年开行动车4趟，发送旅客56万人次。2015年开行动车72趟，发送旅客125万人次。

公路管理

【概　况】 桂平公路管理局管辖下桂平路政执法大队，蒙圩、南木、麻垌、加惠四个养护站，负责所辖区域公路养护、建设、路政管理工作。2015年公路养护管理总里程356.012公里，全局在职职工130人，其中合同编制15人。

桂平公路管理局全面贯彻中共十八大、十八届三中和四中全会精神，认真落实上级工作方针和具体部署，进一步转变管理理念，大力提倡科学管理、规范管理、阳光管理，着力提升桂平公路交通服务质量和水平，较好地完成了上级下达的各项工作任务，为地区经济发展和群众出行提供公路交通保障。并顺利完成迎接2015年全国干线公路养护管理检查工作。

【公路建设】 2015年，桂平公路管理局加大对工程的质量、进度、费用、合同等环节监督检查，指定专人跟踪落实整改，确保工程项目施工建设良性运行，重点强化施工现场的质量管理工作，严格按规范和设计要求施工，确保工程质量。路网工程建设情况：

一、X353线桂平至油麻K29+350–K30+000。

二、Z001线林村至岭脚公路K2+300–K2+900段新改建水泥路面工程。

三、X369线罗播至钦善公路K11+550–K12+150段水泥路面大修工程。

四、S323线、S304线、S212线、X348线标志标线工程。

五、S323线梧州至迁江K204+000–K204+260段新改建水泥路工程。

【公路养护】 2015年，桂平公路管理局全面实施沥青路面修补工程，其中挖补沥青路面5800平方米，路面灌缝125公里，修补沥青路面16800平方米；沥青路面刮油54000平方米。完成上级下达给桂平公路管理局路面修补20万平方米的任务。全年养护累计使用乳化沥青235吨，沥青139.5吨，碎石6500立方米。疏通清理边沟及排水沟180公里。疏通清理涵洞780米/80道，修复桥梁护栏25米/2座，维修波形护栏750多米，做好每一座桥的桥梁的定期和不定期的检查和小修养护。

【公路绿化】 2015年，桂平公路管理局进一步对苍贵线、桂油线、麻泗线、玉桂线及武平线进行补植工作，全年共计补植开花叶开花乔、灌木4000多棵，投入绿化经费7万多元。

【安全生产管理】 2015年，桂平公路管理局全年实现安全责任零事故。隐患排查整改管理。开展了多次安全隐患排查活动，排查结果已经形成文字上报贵港公路管理局。对能够消除的隐患安排沿线养护站处理，及时消除隐患。保障安全经费的投入。安全经费落实到位，全年制作标志牌84块，添置标志筒265只，重新安装养护车辆警示灯23台，维护维修钢护栏260米，修剪挡住标志牌及遮挡行车视线的路树16处共1920米，施划减速标线120平方米，恢复路面标线1820平方米/7200米；整治平交道口3处（S323线K180+250江口麻纺厂路口、K187+100银竹路，S304线官桥路口）；制作交通管制告示牌2块；制作安全生产宣传标语120条、宣传横幅8条、宣传板报4幅等。

【路政治超】 截至11月30日，累计办理路政许可26起，查处路损案件44起，收取路产赔补偿款共11.32万元，清理路面堆积物515处2650平方米，清理非标730块。累计上路治超执法4160多人次，检测货运车辆3602多台次，查处超限运输车辆173台次，卸载货物5811.5吨，教育不法超限运输司机、车主2680多人次。

【文明建设】 结合实际和年度规划，加强对各养护站的指导和检查，抓好生活设施改造和文明建设工作，文明成果得到进一步巩固。自全区开展“美丽广西·生态乡村”活动以来，桂平公路管理局积极响应号召，配合桂平市清洁乡村办和治理“三乱”办开展公路圩镇环境整治，抓好道路清洁、局大院环境建设以及各文明站环境建设，提高整体环境建设和文明素质。有效抓好文明建设工作。巩固文明建设成果，获得多项殊荣：保持了自治区级“文明单位”和自治区级“和谐单位”称号；获得桂平市2014年“阳光热线”上线“十佳单位”称号；巩固蒙圩、加惠、南木及麻垌4个“文明养护站”称号；巩固了桂平路政执法大队“青年文明号”称号。开展好各项文体活动。组织女职工气排球队员参加桂平市总工会第五届“三八”女职工气排球比赛和桂平市庆“五一”职工气排球比赛，分别取得了第五名和第六名的好成绩。

信息业

邮 政

【概　况】 2015年5月1日，桂平市邮政局更名为中国邮政集团公司广西壮族自治区桂平市分公司，内设三个机关职能部门：综合办公室、市场与网运部、监督检查与安全保障部。一年来，桂平邮政各项工作取得了显著成绩，被自治区邮政分公司评为2015年度新华社系列报刊发行工作先进单位。

【邮政业务】 年内，邮政代理金融业务主要以业务转型为主导方向，以代发工资、代收款项目为抓手，带动金融业务发展，提高活期占比率。邮务类业务以儿童剧商演项目、迎新春集邮展、集邮品鉴会、国际邮票雕刻大师姜伟杰见面会、“抗战七十周年”纪念特种邮票发行等为载体，促进业务的发展。快递包裹业务于2015年6月实行快递包裹改革，资费降低，区内5元起，区外8元起，快递业务得到了快速发展。邮政业务总收入同比增长8.7%，各项考核指标完成良好。

【邮政综合管理】 财务管理严格控制成本，做到支出事前有预算，事中有控制，事后有监督。人力资源管理通过招用委代办外包用工，弥补了部分岗位的空缺，创新了用工方式。层层签订安全生产责任书，将安全生产措施落到每一个环节，安全生产无事故。强化培训与应急预案处置演练，进一步提高员工安全防范意识及应对突发事件应变能力。邮政视察工作扎实开展，把防范城乡邮政支局所经营、管理、服务、质量及其资金风险作为视察工作的重中之重，加大日常视察的监管力度。配合开展“两岗”履职检查工作，按频次对各单位进行常规检查，并做好跟踪落实整改。专人处理投诉工单，全年处理群众来电咨询25个，“11185”“11183”转来投诉工单共1093个，处理邮件赔偿案件2件（非桂平责任）。

【邮政基础设施建设】 加快推进农邮通星级示范点建设，年内在城区构建了“邮乐”站便民店26个。新增了邮件转运皮带机，提高了邮件转运速度。投入了多台ATM和存取款一体机（CRS）。为每位投递员配备了手持智能终端PDA和电动三轮车，并为每个乡镇支局配备了1辆摩托三轮车。

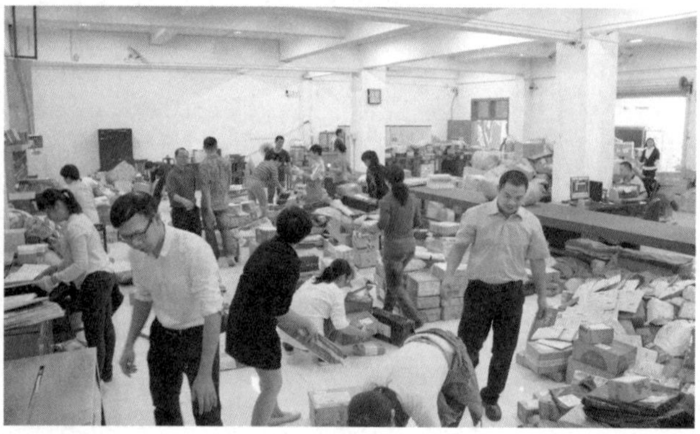

邮件分拣

中国电信桂平分公司

【概　况】中国电信股份有限公司桂平分公司（简称中国电信桂平分公司），设置5个职能部门，管理25个乡镇支局、2个城市支局、2个政企支局。

2015年，电信桂平分公司完成业务收入1.36亿元，同比增长7.47%。荣获广西区电信公司年度AAA称号、一类县“强县”先进单位。

【城市信息化建设】通过“警务E通、综治E通、司法E通、政务助手、农技宝”等信息化应用，推进各行业做好办公信息化建设；通过在城区小学100%开通翼校通信息化学习平台，实现学校、学生、家长有效互动学习；通过整合WFIF、监控、IPTV、天翼等业务，将桂平市旅游、交通、政务、民生、购物等信息集合在“智慧桂平”平台上，打造“智慧桂平”城市新名片。

【综合通信网络建设】全年滚动投资宽带建设项目1600多万元，完成建设光纤专线76条，完成宽带建设项目156个点，开通FTTH端口18768个，实现了“村村通宽带”目标。建设天翼3G基站460个、4G基站100多个，建成了覆盖全市城区、乡镇的技术先进的4G移动通信网络。通过有线、无线及宽带、天翼相结合，为桂平党政军和广大用户提供了完善的信息化通信服务。

中国移动广西桂平分公司

【概　况】中国移动通信有限公司（以下简称中国移动）为世界500强企业，2015年排名55位，1998年在香港、纽约上市，是中国基础信息通信服务老牌全业务主导运营商，其网络规模、客户规模在全球信息通信基础运营商中排名第一。中国移动通信集团广西有限公司桂平分公司是中国移动驻桂平的下属机构，2015年有营业网点385个，其中“沟通100”营业厅31个、社会代理网点354个。拥有信号覆盖广泛、技术先进、质量优良的移动通信网络和组网结构完善、技术先进、超高带宽的光纤网络，可在市境各区域提供各种带宽和高质量的无线、有线接入能力，以及各类信息化资源和服务能力，其客户规模、服务质量在桂平综合排名第一。

2015年，移动桂平分公司运营收入同比增长19%，客户总数约67万户，客户市场份额同比增长0.06%，家庭宽带客户约2万户，手机上网流量同比增长138%。

【网络建设】自2013年广西启动4G网络建设起，中国移动广西公司桂平分公司在原有通信网络基础上，大力建设4G通信基站。2015年城乡累计建成移动通信2G站点440个（其中宏站420个，室分20个，载频5620个，城区93个）；3G站点200个，其中城区56个站；4G站点570个（其中城区站点139个，宏站118个，室分15个），网络服务水平得到了质的提高。

年内开展“家宽大会战”有线业务建设项目，累计开通家庭宽带端口34312个。同时大力推进农村信息化建设，累计建成信息村278个，覆盖了68.64%的行政村。

中国联通桂平分公司

【概　况】中国联合网络通信集团有限公司（简称中国联通）是2009年1月6日经国务院批准在原中国网通和原中国联通的基础上合并成立的国有控股特大型电信企业。中国联通在中国大陆31个省（自治区、直辖市）和境外多个国家和地区设有分支机构，是中国唯一一家在香港、纽约、上海三地上市的电信运营企业。中国联合网络通信集团有限公司桂平市分公司（简称桂平联通）是该公司在桂平的分支机构。

【业务发展】该公司已组建成覆盖全桂平的先进WCDMA网络，实现了有线宽带的全光纤化，新增宽带全部采用全球最先进的GPON技术，10M以上宽带提供能力达到98%。截至2015年年底，桂平联通固定资产总值达到2亿元，GSM网络容量达到30万户，WCDMA网络容量达到40万户，宽带端口容量达到2万端口，在市境内铺设通信光缆超过1500公里，移动、宽带通信网络已覆盖全市所有乡镇，遍布城乡的自有及合作营业厅、专卖店、代办点等服务网点200多处，联通移动用户达到10万户，宽带、固话用户达到1.2万户，为大批单位和行业部门提供了互联网专线、长途专线及视频会议等接入服务。

【技术特色】 中国联通拥有GSM、WCDMA、TD-LTE、FDD-LTE四张移动牌照。其中TD-LTE、FDD-LTE是目前采用国家最多、漫游范围最广、业务品种最全、手机终端最丰富、产业链最成熟的第四代移动通信网络。具有话音清晰、保密性强、无线高速数据传输容量大、安全性高等特点，可为各类移动用户提供前所未有的资讯、娱乐、商务、生活等信息服务，提供无线上网服务的网速高达14.4Mbps，相当于传统上网速度的10多倍。“沃”品牌业务面向个人、家庭、商务、青少年四大客户群体，建立了涵盖所有创新业务、服务的五大业务板块，受到了广大用户的欢迎。

工　业

工业贸易和信息化局

【概　况】 桂平市工业贸易和信息化局（简称桂平市工信局）是科级行政单位，前身为桂平县财委，内设机构有：办公室、政工股、技术信息股、企业管理股、商务管理股、经济运行股、安全管理股、糖业股。现有领导班子局长 1 人、副局长 5 人、纪检组组长 1 人，机关在编在岗干部职工 36 人；下辖商务稽查大队、节能监察中心、市场服务开发中心。

2015 年，桂平市工信局荣获贵港市商务局颁发的贵港电子商务工作优秀奖，贵港市工信委颁发的全市工业和信息化工作一等奖、全市工业经济技改投资工作先进单位；桂平市委、市政府颁发的桂平市招商引资工作先进单位。

【工业工作】 年内，完成工业总产值 345.16 亿元，同比增长 8.1%，完成工业增加值 127.6 亿元，同比增长 6.6%，其中：规模以上工业总产值完成 331.6 亿元，同比增长 8.1%；规模以上工业增加值完成 122.4 亿元，同比增长 6.6%。工业投资完成 108.9 亿元，同比增长 53.9%；更新改造投资完成 74.65 亿元，同比增长 33.9%；制造业投资完成 54.56 亿元，同比下降 10.4%；规模以上工业企业综合能耗 43 万吨标煤，同比下降 1.69%，规模以上工业万元增加值能耗同比下降 7.8%；亿元以上企业 84 家，同比增长 2 家。

【商务工作】 年内，完成外贸进出口额 11712 万美元，同比增长 10.6%；直接利用外资完成 370 万美元，同比增长 15%；社会消费品零售总额完成 103.1 亿元，同比增长 8.46%。

【为企业争取扶持资金】 2015 年，共为企业争取各类扶持资金 2655 万元。有电子商务进农村专项扶持资金、技改节能扶持资金、中小企业发展专项资金、小额贷款风险补贴资金等。直接受益企业有广西远辰锰业有限公司、广西金田木业有限公司等 20 多家。其中，桂平市成为“广西电子商务进农村综合示范县”8 个县市区之一，获得国家专项扶持资金 1850 万元，与阿里巴巴集团合作，建成广西第二个淘宝县，完成桂平市电子商务公共服务中心、桂平特色馆以及阿里巴巴农村淘宝桂平服务中心建设并投入运营（包括 20 多个村级服务站）。

市场开发服务中心

【概　况】 桂平市市场开发服务中心（下称中心）自 2001 年年底与市工商局“分家”及至 2005 年 4 月实质性移交市人民政府以来，按其性质是一个具有独立法人资格，实行自收自支、自负盈亏的企业化管理的事业单位，主要负责城乡各类市场的开发培育和对外租赁，实现市场保值增值；为市场提供良好的服务和经营环境，促进商品的流通，以市场辐射功能带动地方经济的发展。2015 年有干部职工 388 人，设 4 个股室（人教股、业务股、财务股、办公室），下辖 26 个乡镇市场管理所。

【市场设施】 市场“半管”脱钩后，市工商局移交中心的有市场 33 个（110 多幢），占地面积 11 万平方米，建筑面积 9.5 万平方米，多为砖瓦木结构市场，其中城区市场共 4 个（城区第一农贸市场、第二农贸市场、光明市场、大起副食品果菜批发市场），余下的为乡镇农贸市场。市场总资产超过 2 亿元，年收入约 2000 万元，年交易额 16 亿元，主要经营服装、百货、蔬菜、水果、干杂、副食品、日用小五金、鸡鸭鱼、猪牛肉、烧卤熟食等行业。目前规模最大的集贸市场是城区第一农贸综合市场，占地面积 6800 平方米，经营面积约 28000 平方米，固定摊位 800 多个。该市场位于城区中心，地理位置优越，交通便利，基础设施完善，吸引毗邻地区众多客商，年商品销售额 2 亿多元。城区内还有较为大型的城区第二农贸综合市场、大起果菜副食品批发市场，年商品销售额也超过亿元，是桂平市农副产品的主要集中交易区。

【市场管理】 中心成立以来，不断开拓创新，加快市场发展步伐，取得了较好成效。一是健全规章制度，实行科学规范管理。中心制定了市场管理人员守则、市场日常环境卫生管理制度、集农贸市场安全生产经营管理制度、市场收费管理办法等制度，使市场经营管理工作有章可循。二是完善服务设施，美化交易环境。中心不断有计划地增加投入建设市场，完善了各乡镇农贸市场内水电、道路水沟、消防、环卫等配套服务设施，创造了良好的市场经营环境。三是改造市场，提升服务功能。通过招商引资、购置（兼并）市场，合作开发，盘活闲置资产等多种市场化运作模式，改造、新建一批市场，加快了市场向规模化、专业化方向发展。如大起水果批发市场以及垌心新市场、麻垌新市场、木乐新市场、江口新市场、寻旺新市场、社步市场、罗秀新市场等 8 个集贸市场，还改造城区第一、第二农贸市场等 10 多个残旧市场。通过改造，使市场布局更合理，设施更完备，市场综合服务功能进一步提升。

招商促进局

【概　况】 桂平市招商促进局是负责招商引资区域经济合作和根据授权受理市外来投资企业及投资者投诉的市人民政府直属职能部门，相当正科级事业单位。2015 年，人员编制 10 名（其中事业编制 9 名，工勤编制 1 名）；其中局长 1 名、副局长 1 名，纪检组组长 1 名，办公室、招商引资股、投诉法规股领导 3 名。

【招商引资】 2015 年，出台招商引资工作实施细则、考评办法等规章制度，推动招商引资工作规范化、制度化进行。创新工作方式，通过以商招商、商会招商、筑巢招商和产业招商等方式，开展招商活动 69 次，对接洽谈项目 61 个，对接企业 200 多家，成功签约项目 30 个，合同投资总额 118.41 亿元；新开工项目 15 个，占年度任务的 150%。在第十二届中国—东盟博览会成功签约 4 个，合同投资额 15.68 亿元。全市 135 个“四大工程”项目完成投资 85.1 亿元，增长 51%。其中，列入自治区及贵港层面统筹推进的 9 个重大项目完成投资 50.7 亿元，占全年计划的 125%。先后引进广西旅发集团、苏商建设集团、广西铁投集团、阿里巴巴集团、茅台集团成功入驻桂平并开工建设。特别是大藤峡工程项目完成投资 38.3 亿元。

【工作亮点】 一是超额完成内外资到位资金任务。2015 年，全市新上、续建、扩建贵港市外项目 86 个，完成内资到位资金任务 60.495 亿元，占 59 亿元内资任务的 102.53%，全口径实际利用外资到位资金 7430 万美元，占外资任务 6850 万美元的 108.47%，比去年增长 230 万美元，增幅 3.19%。完成内资、外资均排在贵港市前列。

二是全面完成项目策划包装和标准厂房入驻任务。完成项目包装 40 个，其中 10 亿元以上包装项目 12 个，包装项目总数及 10 亿元以上包装项目分别占贵港市下达给桂平任务的 100% 和 300%。入驻标准厂房面积 88208.94 平方米，占已建成空置面积 92461 平方米的 95.49%，超过贵港市下达桂平任务的 40%。

三是参加招商引资活动项目多落地快。桂平市抓住自治区、贵港市组织开展各类“节会”的有利机遇，积极组织一批投资额均超过亿元的大项目好项目进行签约，签约项目数量和投资额均排在贵港市第一。一是深圳桂平市招商推介会签约 2 个，投资总额 15 亿元；二是佛山贵港市投资环境说明会暨合作项目签约仪式上签约 4 个，计划投资总额 16.7 亿元；三是广西绿色产业投资洽谈会签约项目 1 个，投资总额 1.2 亿元。

供电公司

【概　况】 桂平供电公司属于国有企业，2015 年有 9 个职能部门：办公室、人力资源部、财务部、计划建设部、市场营销部、生产设备管理部、安全监管部、监察审计部、党群工作部；9 个二层机构：输变电管理所、电力调度控制中心、物资仓储配送站及 6 个供电所。总人数 821 人，大学专科及以上学历占 53.96%，中高级职称占 6.21%。

现管辖 35 千伏变电站 22 座，主变 43 台，变电容量 305.35 兆伏安；35 千伏线路 507.412 公里；10 千伏线路 3380 公里；低压线路 16498 公里。共有 10 千伏配电变压器 4848 台，总容量 763.578 兆伏安，其中 10 千伏公用配变 3136 台，容量 394.608 兆伏安；专变 1712 台，容量 368.97 兆伏安；担负着桂平市的主电网运行维护及供电任务，供电面积 4074 平方公里，用电客户 42.5742 万户。现有固定资产原值 2.59 亿元，净值 1.25 亿元。2015 年完成售电量 14.17 亿千瓦时，主营业务收入 7.69 亿元，利润 1418.36 万元，经济增加值（EVA）394.30 万元；电费回收率 100%；客户平均停电时间 11.4038 小时 / 户，同比减少 2.0084 小时 / 户；城市供电可靠率 99.991%；农村供电可靠率 99.953%；全市综合电压合格率 99.890%；完成固定资产投资 1.04 亿元。

该公司先后荣获了全国“安康杯”竞赛优质企业；国家电监会“居民用电服务质量监管专项行动先进单位”；南方电网公司 2010 年度“县级供电企业基础管理达标优秀企业”；自治区文明单位、广西五一劳动奖状、“工人先锋号”、南方电网公司及广西电网公司两级审计工作“先进单位”、广西电网公司先进单位等荣誉称号。

【电网规划建设】 2015 年，桂平主网架工程及农、配网工程均列入桂平市政府“四大工程”项目清单，得到政府统一协调推进；不断完善“十三五”规划，将重过载低电压台区和“一所一册”融入到规划，提升规划的科学性和可行性。成立前期项目部，落实属地化管理责任，规范项目管理。加强承包商“五个严禁”考核管理，基建工程安全、质量、进度可控在控。2015 年完成固定资计投资 10426 万元，增加配变容量 64 兆伏安，新建、改造 35 千伏线路 24 公里，10 千伏线路 180 公里。

【电网运行与安全生产】 结合《新安全生产法》，层层落实安全生产管理到位标准、主体责任、监督责任和责任传递，“党政同责、一岗双责、齐抓共管”的安全生产责任体系得到有效贯彻。坚持季考、月考、调考和“体系知识每日一题”，员工体系知识水平不断提升，并将安全体系与规范化、班组建设有机融合。针对风险分析评估落实好 98 项预控措施。全年现场检查监督达到 4120 人次，各类专项检查发现问题整改完成率 100%。

抓好应急管理工作，全年共发布防风防汛预警7份，成功应对“彩虹”等台风和突发强降雨天气影响，顺利完成抗战胜利70周年特级保供电活动等21次保供电工作。加强设备缺陷管控，紧急缺陷、重大缺陷及时消缺率100%；对30条故障次数超过2次的线路进行综合清障整治；安装故障指示仪，增加分段开关，促使配电设备故障次数同比下降28.23%。2015年，体系审核过程得分73.11，完成网局下达体系建设目标。

【市场营销】 强化前台人员培训，编制《日常业务应答手册》，提升服务形象和质量。做好客户分群差异化管理，推广片区经理工作模式，推进台区管理“三个一”活动，对重点关注用户落实“点对点”客户经理专人跟踪。完成7个住宅小区资产接收。进一步简化业扩流程，从申请用电到装表接电提速10.7个工作日。把配电业务划回供电所，“设备主人制”更加到位，建立完善设备“黑点”档案，做实“一线一册”“一线一案”“一故障一报告”，配电故障次数同比下降30%，重合闸成功率达70%以上。设立服务调度岗对客户停电集中监控，服务事件投诉处理及时率100%，服务质量投诉事件下降了56.25%。严格执行停电计划管理“六步法”，促使停电计划执行率提高到96.5%；强化故障抢修联动，抓好快速复电“三步法”“一线一案”流程化作业和“三次握手”，抢修复电时间下降了11.45%。针对低电压问题，加快配变投运力度，累计投运配变220台，建立重过载及电压低台区档案和电压质量事件闭环管控机制，新建38个电压监测点，专项开展低电压整治，565台配电变压器得到整改，改善1.5万户居民电压质量。建立生产、营销微信互动群，加快客户诉求响应速度；开通“所长热线”，减少诉求传递环节。充分运用新媒体，打出宣传“全、准、亮”组合拳，针对低电压整治、安全用电专题开展了客户满意度提升专题晚会等大型宣传活动6项，“茶歇会”等小型宣传活动40多项，发送各类宣传资料60余万份，发送用电信息180万余条，大大提高了群众的感知度和认知度，取得了良好的效果。

【人力资源管理】 实施中层干部“能上能下”竞争上岗，加大职务轮换，编制《桂平供电公司干部约谈实施方案（试行）》，加大干部约谈问责力度，累计对16名干部实行问责，8名干部进行职务轮换，3名干部得到网局提拔，选送4名干部参加上级优秀干部培训，拓展员工发展渠道，新增2名后备技术专家。人力资源管理“1+2”信息系统顺利上线运行。分层分类实施“大培训”，建设配电、营销实训场，满足实操培训需求；突出新进员工执行力、员工准入资格持证与职业技能鉴定资格持证、岗位胜任能力等技能培训，183人通过各类技能鉴定评审，在岗员工素质当量提升到0.7。全面推进“人力资源部门+直线经理”建设和划小工资分配单元管理，赋予部门直线经理5%的其他绩效工资的二次分配权，调动员工工作积极性。抓好“三基”管理，基础管理，实行台账资料动态管理，电子档案准确率、电子化移交及时率100%；“6+1”信息系统稳步应用；信息化水平评级达A级。基层班组生产类和营销类管理资料分别减少了43.6%和41%；“计划+表单”工作模式促进班组计划自动生成率提高到98.8%。基本技能方面，狠抓技能提升，员工技能等级鉴定证书匹配率从34%提高到53%。

【经营管理】 强力推行预付费制度，抄表轮换、“人盯人”、GPS导航抄表机、电费回收“说清楚”机制强化考核等措施，严防抄表和电费回收“跑、冒、漏、滴”，电费回收率连续两年颗粒归仓。完成用电普查任务180.91万元，超额完成年度考核目标。严惩违反业扩报装“五项禁令”等损害群众利益的行为，查处违规行为为225宗，完成用电普查任务140万元，完成年度指标的127.49%。严格执行“新居配”管理办法，提前完成6个小区接收任务。推行抄表机加附GPS

导航功能，提升抄表到位率和准确率；推广台区低压集抄系统应用，实现14个小区低压集抄；积极推广线损“一册一案”创先成果，将指标、管理职责分解到线路和台区，线损异常处理实现流程化，台区线损异常处置完成率达到100%；10千伏线路线损参与比对率达65%以上。完成8.5万户户表改造。加强小水电管理，实现上下网电量远程自动抄表和电费电子化结算。财务管理系统顺利上线运行；优化预算安排，实行“两表”重点管控，自控费用完成97.57%，专项费用完成99.60%。严格开展财经纪律和“小金库”专项治理，进一步规范费用开支，清理3个银行账户，对网银支付实行专房、专机、视频监控，确保资金安全。物资信息系统实用化水平达到A类，各项管控指标均高于年度目标值。13个急救包通过了南网评审验收。报废物资实现周期性清零。审计项目覆盖率达到100%，完成各类工程结算审计305项，减审工程投资促进增收节支377.68万元。落实法律风险事前事中风险防范和事后整改，“六五”普法检查验收全桂平排名第二。分部门、分专业全面加强对多经企业延伸管理，依法经营管水平有提升。

市长安经济管理委员会

【概　况】 桂平市长安经济管理委员会成立于2004年6月，属事业性质，主要职能是负责长安工业集中区的开发建设和对集中企业的管理服务工作，以及市人民政府交办的其他事项。核定事业编制12人。桂平市长安产业园规划总面积39平方公里，由4个功能区构成：分别为以生物化工、机械制造、电子信息和轻纺服装为主导的长安工业区；以建筑陶瓷及相关配套产业为主导的龙门陶瓷工业区；以纺织服装及其配套产业为主导的木乐服装工业区；以船舶修造及其配套产业为主导的西江船舶修造工业区。长安工业区2008年1月被认定为自治区A类产业园区，荣获了2008—2010年、2012年“广西招商引资项目大兑现示范园区”称号；龙门陶瓷工业区被评为第七、八届中国陶瓷行业新锐榜“年度产区”；木乐服装工业区被授予“广西休闲运动服装生产基地”称号，2015年5月，中国纺织工业联合会、中国服装协会授予木乐镇“中国运动休闲服装名镇”称号。

2015年，长安经管会坚持以科学发展观为指引，全面贯彻落实党的十八大和十八届三中、四中、五中全会，学习习近平总书记系列重要讲话精神，紧紧围绕2015年市政府工作主要目标任务，着力抓好“四大工程”三年攻坚行动计划项目建设、园区基础设施建设以及园区三产回建地等重点工作，积极推进园区各项工作。2015年获自治区基础设施建设扶持资金500万元。

【主要经济运行指标】 2015年，市四大园区工业总产值111.88亿元，增加值36.51亿元，税收1.31亿元。工业区入园企业114家，其中已建成投产企业79家，在建30家，未建5家。

【园区落地项目】 2015年，长安工业园区有2个项目落地，分别是建颖科技项目和延龙新能源汽车项目；龙门陶瓷工业园有2家企业项目落地，分别是10万吨生物酵素项目和6万吨硫酸锰项目。

【园区“四大工程”三年攻坚行动计划项目】 长安工业集中区列入“四大工程三年攻坚行动计划”项目的项目共6个，其中重点项目4个，分别为广西源安堂药业技改扩建项目、长安污水处理厂项目、长安工业集中区生活服务配套区项目、翔隆纺织项目；其他项目2个，分别为长安综合市场项目、捷力电池技改项目。

【园区基础设施建设】 长安污水处理厂项目续建工程完成土建工程量90%，正在进行设备安装，下一步将进行调试；完成长安工业园区生活排放口截污工程项目建设；完成福山三路延长线、长安三路北段工程建设前期工作；消防站选址已确定。龙门污水处理厂已作初步选址；龙门一路西段已进行设计，东段已完成地质钻探外业工作；龙门二路、三路已完成地形测绘及地址钻探外业工作。

【园区三产回建地工作】 长安工业园区规划18号三产回建地共110亩，初步规划已确定、土地已平整，地块的抽签工作已完成，市政府已批复开展建设，前期工作（可行报告、项目建议书、规划设计、概算等）已完成。规划22号三产地共100亩，已完成土地征收回收，土地已平整及地块的抽签工作，主干道路等基建在建中。280亩三产回建地，已填地250亩。

【园区规划工作】 长安工业集中区三期规划前期工作已和西山镇、社步镇以及国土、住建、林业、水利、环保、交通、农业、工信等到有关部门对接，对初步选址进行了外业调查数据收集。龙门园区二期控制性详细规划及高新园规划工作由广西城乡规划设计院修编，已完成初稿，正进行编制单位内部审核。

【优化园区企业服务】 积极为企业排忧解难，协助园区企业招工，协助招工300人，并配合就业中心做好2016年企业招工用工工作；帮助茂荣等3家企业解决用电难问题；协助长安综合市场项目用地线杆迁移；协助威颜、捷力公司办理土地证前期手续。协助9家企业办理土地出让。

工业区

【概　况】 从21世纪初开始，桂平市陆续开工建设了长安工业区、龙门工业区、木乐服装工业区等一批工业园区，作为招商引资、筑巢引凤的乐园，逐步投入巨额资金，不断完善园区基础设施建设。

【长安工业区】 位于城区东南部的西山镇长安村，距市中心6公里，背靠郁江，桂平至玉林二级公路横贯其中，南宁至广州高速铁路火车站和梧州至贵港高速公路出入口在园区旁边。长安工业区是桂平第一个建成的工业园区，2004年6月开始建设，2008年1月被确定为自治区A类产业园区，荣获了2008—2010年、2012年“广西招商引资项目大兑现示范园区”称号。

长安工业区以生物化工、机械制造、生物制药和电子信息为主导产业，规划总面积16平方公里，其中一期规划面积5.8平方公里，二期

2015年2月15日，桂平供电公司召开七届八次职工代表大会，全面部署2015年各项工作

为做好迎峰度夏保供电工作，2015年4—6月，桂平供电公司在各变电站开展设备预试，图为预试现场

2015年7月2日，广西电网公司揣小勇到桂平供电公司调研

规划面积10.2平方公里，累计投入4.5亿元全面完成路网、排水、排污、供电、供水、绿化、路灯、标准厂房等基础设施建设。截至2015年12月，入驻长安工业园区企业47家，合同投资总额约50亿元，其中投资亿元以上项目17个；已有31家企业40个项目投产。全年实现工业生产总值52.83亿元，同比增长4.98%；完成工业增加值18.07亿元，同比增长4.52%；创税0.81亿元。

下一步将加快基础设施和生活服务配套设施建设，全面提升园区的吸引力和承载力，把长安工业区建成西江经济带的工业示范园区。

【龙门工业区】 龙门陶瓷工业区位于桂平城区西部，距市区16公里，紧靠西江黄金水道郁江边，并建有新龙码头，梧州至贵港高速公路园区附近有出入口站，交通便捷，地理位置优越。

园区规划总面积17平方公里，其中一期为陶瓷产业园区，二期计划建设为机械制造、高新技术装备园区。园区全部建成后年产值可达400亿元，提供就业岗位8万个，实现年税收15—20亿元。

截至2015年12月，入驻龙门陶瓷工业区企业22家，其中，建筑陶瓷生产企业6家，技术装备制造企业4家，配套企业9家，其他3家；投资亿元以上项目12个，已有8家企业投产。全年园区实现工业生产总值12.99亿元；完成工业增加值4.22亿元；创税4300万元。

园区一期计划投资60亿元，建设83条陶瓷生产线，目前已经建成投产的陶瓷企业5家，共16条生产线，安置就业人员5000人，其他签订的入园企业20家。6家陶瓷企业计划投资63亿元建设83条生产线，项目全部建成后，年产建陶5亿平方米、实现产值166亿元、创税8.3亿元，安排就业3万人。园区2011、2012连续两年荣获中国陶瓷工业协会新锐榜“年度产区”称号。

龙门园区在不断地完善基础设施的建设，累计投入4亿多元建成中心大道、一期集洪沟、河道改造和进港大道等工程，建成可供10万人用水的龙门水厂，现在正在加紧建设防洪堤、桂平港区棉宠作业区一期码头项目。其中龙门码头项目计划投资3亿元，建设3个2000吨级散货泊位、1个3000吨级多用途泊位，预计年吞吐散货130万吨、集装箱8万标准箱、件杂货20万吨、110千伏龙门变电站、龙门大道和龙门中心大道西面二期排涝渠等基础设施。下一步，将把龙门工业区建成西南地区最大的集约化建陶生产基地和高新技术装备制造基地。

广西灵海陶瓷有限公司。成立于2008年8月，坐落于龙门工业区，总占地面积1000亩。计划投资10亿元，建设13条生产线，年产陶瓷7000万平方米，年产值15亿元，是桂平市东部产业转移和最早进驻龙门工业区的企业。自公司成立以来，不断引进世界一流生产设备，全面运用国外先进生产技术，已经建成投产3条抛光砖生产线，主要产品有：布拉格系列、聚晶玉石系列、线石系列、自然石系列等10多种产品。产品销往全国各地和东南亚国家。为了顺应市场的需求，公司投入2000多万元对原有生产线进行升级改造。2015年，共生产抛光砖1200万平方米，年产值3.2亿元，税收336.5万元。目前就业用工人数近1000人，待全部建成投产后，能解决就业岗位2500个。

桂平市高贵陶瓷有限公司。成立于2009年9月，是桂平市东部产业转移和最早进驻龙门工业区的陶瓷企业。公司占地面积700亩，计划总投资10亿元，建设13条生产线，年产建筑陶瓷7000万平方米，产值20亿元。

至2015年年底，公司累计投入资金2亿多元，建成3条外墙砖生产线，以及厂房和生活区的基础设施。2014年年底又投入1000多万元，对原第一条生产线进行升级改造，于2015年8月完成。该公司目前年产建筑陶瓷1450万平方米，年产值2.1亿元，年创净利1800多万元，上缴税收176万元。产品主要销往广东、广西以及东南亚市场，供不应求。安置劳动力约600人。

桂平市新金盛陶瓷有限公司。位于龙门工业区，成立于2010年3月份，注册资金4000万元，占地面积1100亩。是一个集建筑陶瓷的研发、生产、销售为一体的大型环保企业。计划总投资10亿元，建设13条生产线，年产建筑陶瓷7000万平方米，年产值20亿元。

公司建成投资5条生产线，产品以仿古砖、连锁瓦和外墙砖为主，2015年生产总值2.6亿元，完成税收138.5万元。产品主要销往国内以及东南亚市场，销路较好。提供就业岗位800多个，以本地农民工为主。

桂平市新权业陶瓷有限公司。位于龙门工业园，成立于2010年8月，注册资金5000万元，占地2000亩，由广东四会权盛陶瓷有限公司出资组建，是目前进驻桂平计划投资最大、生产最多的现代化陶瓷企业。主要生产各种瓷片、仿古砖、抛光砖。

该公司计划总投资20亿元，建设25条生产线，其中瓷片生产线10条，仿古砖生产线10条，抛光砖生产线5条。年生产建筑陶瓷达1.25亿平方米，年产值达18亿元。项目分四期五年建设，其中一期工程投资2.8亿元，建设4条生产线，2010年9月开工建设，2011年7月开始点火烘窑，9月正式下线陶瓷产品。一期项目建成后，年可产建筑陶瓷3000万平方米，年产值8.36亿元，年税收4000万元，可提供就业岗位2000个。之后又于2014年投入2000万元进行技术改造升级，使生产更加节约环保，降低了生产成本，优化了产品质量。2011年10月，公司二期工程开工建设，计划投资1.6亿元，建设2条抛光砖生产线，年产抛光砖1500万平方米，于2014年年底建成投产。公司产品主要销往广东、广西、云南、贵州和四川等地。2015年，由于陶瓷价格变动，实现工业总产值6.59亿元，销售收入6.39亿元，上缴税金2023.74万元。公司第7条抛光砖生产线正在建设中，预计于2016年年底建成投产。

【造船工业】 桂平船舶制造业历史悠久，造船技术优良，具有较好的船舶制造工业基础，是桂平市的传统主导产业。2015年，桂平市有造船修造企业13家，共建造普通货船202艘，年造船32.4万载重吨；修船228艘。船舶修造实现产值52.9亿元，上缴税金866万元。

大众船厂是最大的船舶企业，有船台42个，具备修造钢质一般船、特种船、游船、渔船等能力，并获取拆船资质，最大可建造6000载重吨级别的船舶。《广西西江流域舰艇工业发展规划》（2010—2020）把该厂确定为广西骨干造船企业。2015年造船52艘。

【木乐休闲服装生产工业园区】 木乐镇是广西休闲运动服装生产基地和中国休闲运动服装名镇，以运动休闲服装生产加工为主要产业，拥有针织、纺织、印花、印染、制衣等生产销售产业链，具有产、供、销和自主研发一体的产业格局。现有46家有限责任公司，288家个体户，43个注册商标，年产量达1亿件，畅销全国以及东南亚、中东、南非等国家和地区。拥有“中健”“良美”“竞技神”“对克”“诚宇”等服装品牌，“中健”牌服装被评为广西著名商标和广西名牌产品，是广西服装类企业唯一获得此项殊荣的企业。服装企业主要集中在木乐工业园区一期二期，一期企业33家，占地325亩，厂房面积达16万平方米；二期规划建设2800亩，已建成26栋标准厂房并全部入驻生产。在二期将建农民工创业产业园，占地300多亩，建设50多栋标准厂房。提供就业岗位1万多人，全部建成后将进驻规模企业200家，提供就业岗位3万多个。

2015年，全镇完成工业总产值56.04亿元；完成社会固定资产投资9.67亿元；完成财政税收3260万元。

二轻城镇集体工业联合社

【概　况】 桂平市二轻城镇集体工业联合社（简称桂平市二轻联社）是桂平市人民政府直属的正科级事业单位，内设办公室、生产技术股、财务审计股，在编人员 14 人。其主要职能是：制定二轻工业生产、技术改造计划，组织生产建设项目的立项、审核、衔接和落实，指导、监督二轻企业经营管理及相关工作。

【特色产业】 2015 年，市二轻联社主动与中国纺织（服装）产业集群沟通对接，积极做好桂平市木乐服装产业的申报授名工作，获中国纺织工业联合会和中国服装协会授予“中国休闲运动服装名镇”称号。

几年来，一方面继续抓好木乐服装、罗秀米粉、社坡腐竹产业的发展。另一方面，着力培育发展金属工艺品、根艺木雕工艺品产业。组织产品参加全国和自治区展销会，提高了产品的知名度，使销售、产值不断攀升。

2015 年，桂平市传统特色金属工艺品、根艺木雕工艺品均获广西壮族自治区级奖励

农业·水利

农业综述

【概　况】 2015年，桂平市农林牧渔总产值102.13亿元（当年价、下同），同比增长8.74%。其中农业总产值46.53%，同比增长5.37%；林业总产值5.91亿元，同比增长13.28%；牧业产值29.73亿元，同比增长7.83%；渔业产值16.06亿元，同比增长20.59%；农林牧渔服务业总产值3.91亿元，同比增长6.7%。农民人均纯收入9635元，同比增长12.5%。农产品质量得到提升，获"三乡""四村""四保护产品"称号：即金田淮山之乡、社坡腐竹之乡、麻垌荔枝之乡；罗秀镇露棠米粉之村、西山镇前进西山茶之村、金田镇金田村淮山之村、金田镇禾益黄沙鳖之村；金田淮山（全国）地理标志保护产品、白石山铁皮石斛（全国）地理标志保护产品、麻垌荔枝（全国）地理标志保护产品、西山茶（全国）地理标志保护产品。

【现代农业示范区】 年内，桂平市实施国家级现代农业示范区建设，创建了厚禄乡、石龙镇万亩水稻全程化社会服务示范区、金田淮山产业示范区和麻垌荔枝产业示范区。示范区内主导产业突出，产值领先，基础设施得到进一步完善，标准化生产、机械化作、专业统防统治、荔枝回缩嫁接换种等取得成效。培育了农民专业合作社52个，注入农业产业化龙头企业6家，建立农作物病虫害统防统治专业队4支，专业防治员72人。

2015年万亩水稻高产示范片之一

【农业特色产业】 年内，桂平市实施农业部粮食高产创建项目，面积29.21万亩示范（其中水稻种植面积19.07万亩，冬种马铃薯面积10.14万亩，列入自治区2015年绩效考评。据贵港市组织专家实地验收，19.07万亩水稻，平均亩产509公斤，总增产产9.7万公斤，总增收29.10万元；10.14万亩马铃薯，平均亩产鲜薯1.52吨，总产15.41万吨。全年完成粮食种植面积155.15万亩，总产57.03万吨，排名广西第一。其中优质稻108.23万亩，总产48.5万吨，特色优质米畅销全国各地。完成以金田为中心的特色淮山产业种植面积5.48万亩，总产鲜淮山12.60万吨，推广"洞穴＋禾秆"标准化定向栽培，产量和品质不断提高；完成特色蔬菜产业种植面积50.19万亩，总产61.03万吨，除27.5万吨自给菜外，有33.53万吨外销型商品菜；完成水果产业总产10.93万吨，其中荔枝、龙眼总产6.79万吨，占水果总产的62.16%；完成油料产业种植面积16.6万亩，总产3.97万吨，实现油料自给有余；生物质能源（木薯）产业种植面积20.5万亩，总产12.03万吨（干品），为市内酒精、淀粉生产企业提供原料；铁皮石斛新兴产业种植面积600亩，总产142吨，产值1.2亿元；茶叶产业种植面积1.2万亩，总产465吨，桂平西山碧水茶园有限公司、桂平市国有金田林场生产茶叶获“2015年度全国名特优新农产品”称号。优质米、淮山、水果、蔬菜、油料、铁皮石斛、茶叶7大特色产业总产值39亿元，占农业总产值的83.82%。

【农产品质量安全】 一是加强农业执法。年内，出动执法车辆114辆次、执法人员436人次，检查农资生产经营摊门店382个，巡查农资经营单位532个次。抽查种子品种15个，抽样送检肥料样品16个、农药品种5个，抽样检查肥料、农药、种子标签品种18个，取缔违法经营种子、农药流动摊点12个，没收违法经营种子300多公斤、假农药1批，立案查处1起。二是加强农业产品质量监管。全年完成果蔬农产品安全质量监测样品18520个，检测合格18470个，不合格50个，合格率达99.7%，全市没发现因食用果蔬出现中毒药事件发生。三是开展“三品一标”（无公害农产品、绿色食品、有机食品、农产品地理标志产品）认证和管理。全市有21个种植业农产品获得“三品一标”标志使用权，总面积38.44万亩，占贵港市66.13万亩的57.70%，“三品一标”产品19.40万吨，占贵港市45.74万吨的42.41%。其中无公害产品14个，生产基地面积5.854万亩，产品3.012万吨；绿色食品3个，基地面积0.18万亩，总产0.0075万吨；地理标志农产品4个，保护面积32.41万亩，保护产品16.30万吨。桂平市被列入广西蔬菜、水果、粮食生产无公害示范基地县。

【农村综合改革】 年内，农村土地承包和流转管理得到加强，农户承包土地流转面积13.95万亩，新增0.65万亩。农村承包土地确权登记颁证试点工作取得初步成果，启动了马皮、垌心两个试点乡镇，至年末止，马皮乡已完成了发包方调查134个队，占队总数94%。承包方调查7896户，占承包农户的96%。地块调查、地块指认、地块登记7896户，占承包农户96%；登记承包耕地面积24793亩，占承包耕地面积87%。第一次公示142个队，占队总数100%。垌心乡已完成发包方调查135个队，占队总数100%。承包方调查4571户，占承包农户95.1%。地块调查、地块指认、地块登记4303户，占承包农户89.52%；登记承包耕地面积9154亩，占承包耕地面积93.72%。第一次公示128个队，占队总数的95%。建立土地法承包确权登记信息录入平台，与北京苍穹数码测绘有限公司签订合同合作，负责农村承包土地相关信息录入，为全面普开农村承包土地确权登记工作提供做法和经验。加强农村职业农民培育工作，2015年桂平市列入全国、全区新型职业农民培育工程项目示范县。完成554名新型职业农民认定，排列为广西首批,《广西日报》作了专题报道。加强新型农业经营主体培育工作，全市共有农业产业化重点龙头企业38家，新增3家；工商登记注册成立农民专业合作社365个，新增95个；家庭农场285家，新增38家。

粮油生产

【概　况】 2015年，落实惠农政策，加大粮食

2015年向各乡镇农产品检测站发放检测取样车

生产扶持力度，重点实施粮食稳定增产增效行动“133”工程、粮食高产创建和千亿斤新增产能项目，促进粮食单产、质量、效益提高。完成粮食种植面积 155.15 万亩，同比增 1.53%，粮食单产 367.58 公斤，同比增产 2.6%；总产 57.03 万吨，同比增产 1.33%。其中水稻 126.27 万亩，总产 49.2 万吨，同比减产 0.04%；玉米 13.08 万亩，总产 4.78 万吨，同比增产 13.4%；豆类种植 3.24 万亩，同比增加 9.28%，总产 0.36 万吨；薯类种植面积 12.56 万亩，同比减少 0.24%，总产 2.69 万吨，增长 7.18%；油料种植面积 16.60 万亩，总产 3.97 万吨，其中花生种植面积 15.77 万亩，总产 3.89 万吨，芝麻种植面积 0.82 万亩，总产 0.083 万吨。

【工厂化集中育秧】 年内，为解决农民分散育秧水源难解决、管理不一、风险大问题，开展集中育秧可插大田 9.5 万亩，其中筹集资金建设 7 个育秧工厂，面积 70 亩，每一季播秧 2 次以上，可供大田插秧 7 万亩；露地农膜集中育秧 1250 亩，可供大田插植 2.5 万亩。

2015 年石龙镇工厂育秧一角

【粮食高产示范】 全年建立了 29 个万亩粮食高产创建示范片，其中 19 个水稻高产创建示范片，面积 190730 亩，涉及 10 个乡镇 53 个村，54035 个农户；10 个万亩马铃薯高产创建示范片，面积 100368 亩，涉及 10 个乡镇 76 个村，55617 个农户。早稻实施面积 9.035 万亩，平均亩产 509.6 公斤，总产 4604.24 万公斤，比项目实施前亩增产 11.1 公斤，总产增产 100.29 万公斤；晚稻实施面积 10.038 万亩，平均亩产 492.3 公斤，总产 4941.71 万公斤，比项目实施前亩增产 2.5 公斤，总产增产 25.10 万公斤。示范片全年实施 19.073 万亩，平均亩产 500.5 公斤，总产 9545.95 万公斤，比项目实施前亩增产 6.6 公斤，总产增产 125.39 万公斤，按平均价格 3 元 / 公斤算，总增收 376.17 万元，平均每亩增收 19.72 元。10 个万亩马铃薯高产创建示范片面积 10.14 万亩，平均亩产鲜薯 1.52 吨，总产 15.41 万吨。

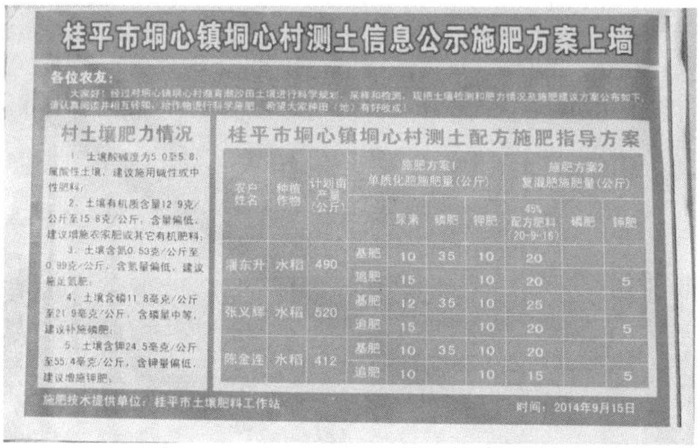

上墙公布测土配方施肥卡之一

【土肥技术推广】 年内，一是开展农作物测土配方施肥项目。年内，全市完成农作物测土配方施肥技术面积 145 万亩（早晚稻合计），上级下达项目经费 35 万元，测土配方施肥推广技术覆盖 398 个行政村，免费为 25.56 万农户提供配方施肥服务；共举办了测土配方施肥培训班 24 期，印发施肥建议卡 13.1 万份，宣传横幅 120 多条（幅），在行政村进行测土配方信息上墙公示 432 幅。完成土壤样品化验 1500 个，化验项目 9000 多次 / 项。年末组织专家验收，测土配方施肥区平均亩产 415 公斤，农民常规施肥区早、晚稻平均亩产 403.4 公斤，测土配方施肥区比常规施肥区平均亩产增产 12.1 公斤，增产 3%，平均每亩节本增效 36.5 元。其他经济作物每亩增收 65.3 元。2015 年测土配方施肥项目的实施，总节本增效达 4307 万元。二是开展耕地保护与质量提升项目。上级下达项目资金130万元，覆盖12个乡镇38个村进行项目实施，其中种粮大户和农民专业合作社31个，每亩按3公斤发放，共发放了钙镁磷肥590.3吨，实施面积1.97万亩，完成了任务的141%；绿肥种植在12个乡镇实施，其中以村为单位集中播种或分发农户发放的14个村，发放农民专业合作社、农业公司、家庭农场13个，种粮大户19个，易于连片集中统一播种和统一管理。共发放了红花草11.25吨，油菜种25000包，完成绿肥播种面积2万亩。

植保统防统治专业队开展防治一角

【病虫害防治】 年内，一是开展农作物重大病虫害统防统治与绿色防控工作。利用中央专项资金234.44万元，其中物化补助68.04万元，资金补助166.4万元，实施统防统治面积15.64万亩次，其中建立绿色防控0.2万亩，统防统治与绿色防控融合试点0.8万亩次，挽回粮食损失7820吨，有效地防止农作物重大病虫害发生，把暴发性、迁飞性和流行性重大病虫害控制在5%以下。二是开展荔枝木毒应急防治工作。4月份，麻垌、社步等乡镇荔枝产区，大面积发生木毒蛾幼虫（毛毛虫）危害，毒蛾幼虫取食荔枝叶片及幼果，受害重的每张叶有幼虫5—8头，多的8600—11000头/平方米，树干、枝、叶爬满毛毛虫，每棵树虫多达1万—1.5万头，成片荔枝树被吃得只剩枝条，受害的树光秃枯萎一片，面积约6500多亩，在广西荔枝团队专家指导下，安装频振灯129盏，大幅度扑杀成蛾，减少成蛾产卵量，减少毒蛾幼虫为害基数，并做好荔枝木毒扑灭数据收集和监测工作。三是开展蝗虫应急防治工作。6月10日，蒙圩镇新田、新塘、官桥村的石头江、捍江沿江两岸发生严重蝗灾，虫口密度达到5—7头/平方米，严重地块23—31头/平方米，受灾面积983亩，沿江的甘蔗、玉米、牧草等作物的叶片全部被吃光。启动农业重大有害生物灾害应急预案，投入资金2.46万元，于6月15日组织3个统防统治专业合作社，使用植保无人机、高效远程喷雾机、烟枪等集中扑杀，至7月3日将蝗虫扑灭。

【超级稻推广】 年内，完成超级稻种植面积55.02万亩，其中早造种植面积34.35万亩，晚造种植面积20.67万亩，早晚造各创建万亩示范片1个、千亩片2个、百亩核心示范片3个，示范面积25472亩。经广西农业厅和贵港市农业局组织水稻科研、推广的专家来桂平超级稻示范区现场验收，示范区平均亩产585.5公斤，总产10714.65万公斤，比非超级稻平均亩增产59.9公斤，总产增产1096.17万公斤，按每公斤稻谷2.8元计算，每亩增收167.72元，总增收3069.28万元。其中早造示范面积9.15万亩，平均亩产589.3公斤，比非超级稻亩增产58.7公斤，增幅11.06%，总产增产537.11万公斤；晚造示范面积9.15亩，平均亩产581.7公斤，比非超级稻亩增产61.1公斤，增幅11.74%，总产增产559.07万公斤。推广主要超级稻品种Y两优1号、特优582、桂两优2号，杂交稻：Y两优302、Y两优143、特优

2015年冬季马铃薯万亩示范片一角

5058、特优969。

【**马铃薯生产**】 建立10个万亩马铃薯高产创建示范片，面积100368亩，涉及10个乡镇76个村，55617个农户，面积10.14万亩，平均亩产鲜薯1.52吨，总产15.41万吨。

【**经济作物**】 年内，经济作物种植面积48.68万亩，其中花生种植面积15.778万亩，总产3.89万吨；木薯种植面积20.5万亩，总产12.03万吨；淮山种植面积5.4万亩，总产3.76万吨（干品）；芝麻种植面积0.82万亩，总产0.08万吨；甘蔗种植面积5.75万亩，总产33.67万吨（其中糖蔗总产24万吨、果蔗总产9.67万吨）；棉花种植面积0.11万亩，总产0.0095万吨。

【**恢复蚕桑产业**】 桂平蚕桑生产面积最多年份1992年，种桑面积达0.45万亩，蚕茧总产311吨。1994年受特大洪水灾害，95%的桑园被淹浸死苗，加上蚕茧价格降低，种桑养蚕跌入低谷，当年桑园面积只有0.04万亩。2010年起恢复蚕桑生产，至2015年年末种桑面积0.36万亩，蚕茧总产496吨。

【**水果生产**】 年内，水果种植面积45.92万亩，总产10.93万吨。水果品种主要有荔枝、龙眼、大蕉、香蕉、柚子、柑（温州蜜柑、扁柑、蕉柑、松皮柑、大红柑、金柑）、橘（年橘、砂糖橘、红橘、酸橘）、橙（新会橙、柳橙、雪橙，夏橙、脐橙）、柠檬、芒果、菠萝（菲律宾、卡因、本地种）、梨、枣、柿子、桃子、李子、酸梅、番石榴、杨桃、葡萄、橄榄（黄榄、乌榄）、人脸果、百香果等。其中，荔枝、龙眼种植面积36.78万亩，占水果种植面积的80%，荔枝、龙眼总产6.79万吨，占水果总产的62.16%。两次邀请广西荔枝团队专家到麻垌进行荔枝管理技术培训，完成回缩嫁接换种800亩，重点调整荔枝早中迟熟结构，增加优质品种换种；完成老树果园间伐和回缩修剪1450亩。

【**蔬菜生产**】 本市蔬菜品种较多，有叶菜、白菜、根茎、瓜菜、豆类、茄果菜、葱蒜、水生菜类等，所产蔬菜自给有余。至年末，全市种植蔬菜面积50.19万亩，总产61.03万吨，除27.5万吨自给菜外，外销蔬菜33.53万吨，主要销往广东、香港等地。市内建立了无公害蔬菜协会，下联8家专业合作社，建立7000多亩无公害蔬菜生产基地，年产蔬菜近5万吨，并在城区大起市场建设120平方米蔬菜配送商店，形成合作社+协会+配送中心+基地的运行方式，开展蔬菜生产配送社会全程化服务，稳定城区蔬菜供应。久负盛名的下湾芹菜，利用秋冬季种植面积2500亩，亩产2.5吨，总产6250吨，大部分产品销往粤港澳等地，深受消费者欢迎。江口镇三布村利用冬闲田发展大白菜，形成稻+稻+菜种植模式，种植面积625亩，亩产菜3吨，总产1875吨，产品绝大部分销往广东。寻旺、金田种植苦麦菜6300亩，亩产1.8吨，总产11340吨，味甜、脆口，多为外销。

【**基层农技推广**】 年内，承接了以促进农技推广

2015年麻垌荔枝丰收一角

2015年开展无公害蔬菜生产基地一角

体系建设为目标的“基层农技推广改革与建设补助项目”获得项目补助资金90万元，以“包村联户”为主要形式的工作机制和“专家+农业技术人员+科技示范户+辐射带动户”的技术服务模式，建立市、乡、村农业科技试验示范网络，带动全市基层农业技术推广体系的改革与建设。确定水稻、蔬菜、荔枝、淮山为主导产业。至年末，实施覆盖全市26个乡镇423个村，遴选培育科技示范户500户，其中水稻产业示范户300户、蔬菜产业示范户50个、淮山产业示范户50户、水果产业示范户100户，共遴选种植业技术指导员100人，建立500个试验示范项目，推送220名农技人员到区内外大中专院校培训。

2015年开展职业农民培育一角

【农村中等专业职业人才培养】 中央广播电视学校桂平分校，是培养乡村中等专业农业技术人才的学校，主要对乡村干部、种植大户、专业户、专业作合社、家庭农场业主等进行培养，学制2年，考试合格，发给国家承认的中专毕业证书。1999年恢复成立以来，已培养了2800多名农村实用人才，其中2015年招生283人。

农业区划

【概　况】 桂平市农业区划办公室是正科级单位，2015年有编制干部5名。

【农业区域成果应用】 2015年，全市农业区划工作围绕现代农业发展总体目标，突出抓好农业区划队伍建设和推进新一轮农业区域，农业遥感监测预警和农业区划成果转化应用，促进农业经济发展方式转变，推动农业产业结构优化升级，提高农业应对市场风险的能力，增强农业区划工作在“三农”工作中的保障，提高服务水平。着重抓好以下工作：一是推进农业区域和农业遥感体系建设。重点抓好桂平市国家级地面样方网点县的监测工作，协助自治区、贵港市在桂平、平南、梧州等县（市）开展的蚕桑、木薯、甘蔗、水稻等大宗农作物常态化定点遥感监测工作。二是推进广西美丽乡村遥感助建规划之麻垌荔枝主题景区遥感助建项目。在农业区划和部门规划成果基础上，以遥感技术为手段，运用了3D技术直观地展示麻垌荔枝主题景区的美丽景象。三是推进广西农业资源区域信息（数据库）系统建设工作。重点做好上年全市农业资源和农村经济信息材料的收集、汇总和上报工作，为自治区对监测数据的深度开发利用、扩充数据库以及对文档进行电子化、标准化处理及录入库提供保障。四是加强农业资源持续高效利用实验示范项目建设管理。五是牵头制定全市农业发展“十三五”规划修编工作。

林　业

【概　况】 2015年，桂平市林业局以抓好造林绿化、森林资源保护和管理工作为重点，全面推进桂平林业发展。2015年，全市森林覆盖率达47.8%，森林蓄积量达945万立方米，分别比2014年增长0.12%和2.17%。

【造林绿化】 年内，在抓好山上造林的同时，积极组织开展村屯绿化建设。完成山上造林3万亩，完成自治区级村屯绿化示范点58个，一般村屯绿化点1370个。

【森林资源保护】 重点抓好森林资源源头管理，严格凭证采伐林木制度，及时打击各种破坏森林资源违法犯罪案件。年内，共查处各类林业案件

18 起，处罚违法人员 23 人次，处理木材 12.5 立方米，价值 1.386 万元，处理违法占用林地 0.54 公顷，罚款 5.849 万元。

【森林防火】 认真贯彻落实“预防为主，积极消灭”的森林防火工作方针，重点抓好重大节假日的森林火灾防范工作。年内，共发生森林火灾 13 起，过火面积 170 公顷，森林受害面积 39 公顷，森林火灾受害率为 0.2‰。

【沼气池建设】 年内，在加强建池技术指导，确保建池质量的同时，建立健全沼气池档案资料。新建沼气池 950 座，全市累计建设沼气池 7.13 万座。

2015 年农村户用沼气池培训现场

【林业有害生物防控】 年内，在抓好林业有害生物预测预报工作的同时，及时做好组织防治工作。共实施林业有害生物施药防治面积 47959 亩，施药预防面积 1 万亩；林业有害生物成灾面积 1281 亩，成灾率 0.44‰。

【集体林权制度改革】 年内，在继续抓好集体林权制度改革的同时，积极组织开展有关配套改革工作。完成林地流转登记发证 2.9 万亩，完成林权抵押贷款 650 万元，完成政策性森林保险面积 85 万亩，参保金额 128 万元。

2015 年林业有害生物飞防作业

【国营金田林场】 桂平市国营金田林场位于市境西北部，是广西经营面积较大的县属林场，经营面积 42.8 万亩，其中：国有林地面积 30.7 万亩，租地造林面积 12.1 万亩。森林蓄积量 130 万立方米，森林覆盖率 78.8%，林木绿化率 90.1%。林场设有机构 12 个，下辖 8 个国营分场和 8 个联营分场，以及龙盘茶厂、龙潭国家森林公园和大平山自然保护区共 19 个单位，并与广东商人合资兴办广西金田木业有限公司。2015 年，在职干部职工 509 人。实现经济总收入 5500 万元，全场经济保持年均增长率 9%。职工年收入 3.25 万元，同比增长 9%。经过几年恢复发展，林场各项工作已逐步进入正常发展轨道，逐渐发展成集营林、森林旅游、茶叶种植加工、木材加工业健康发展的综合发展型林场。

近几年，林场切实抓好营林生产，不断提高森林蓄积量，认真抓好 4 万亩速丰桉林基地、马尾松、杉木用材林培育基地、经济用材林基地和珍稀树种培育基地建设。全年完成造林面积 3450 亩；抚育作业面积 4.92 万亩；追肥面积 1.99 万亩；木材生产及销售 5.43 万立方米（吨）。

林场开设的广西金田木业有限公司完成中密度纤维板生产 9.6 万立方米，同比增长 10%，实现销售收入 1.17 亿元。

林场开设的广西龙潭国家森林公园多渠道筹措资金，使旅游基础设施日臻完善，服务水平不断提高。2015 年，接待游客 615 万人次，门票收入 203 万元，同比增长 26%，荣获 2015 年“广西生态旅游示范区”称号。

林场开设的龙盘茶厂 2015 年生产干茶 16 吨，出售生猪 300 头，实现销售收入 338 万元。是年，荣获农业部授予“全国名特优新农产品”称号；

“西山正庄牌”西山茶商标荣获2015年广西著名商标。

水产畜牧业

【概　况】 2015年，桂平市水产畜牧兽医部门在抓好基础性、常规性工作的基础上，不断巩固和发展水产畜牧经济工作。全年无重大动物源性食品质量安全事故、重大动物疫情和重大渔业安全生产事故发生。

年内，全市肉类总产量118329吨，同比增长2.54%。生猪出栏105.02万头，同比下降2.76%；家禽出栏1506.4万羽，同比增长2.23%，其中鸡出栏1065.27万羽，同比增长5.20%；蜂蜜产量508吨，同比增长12.14%。

【落实强农惠农政策】 桂平市从2007年至2015年，连续九年获得全国生猪调出大县奖励，2015年获得全国生猪调出大县奖励与畜禽渔业标准化健康养殖、畜禽良种补贴等项目扶持资金共908万元。完成能繁母猪保险1.71万头、育肥猪保险10.93万头。

【养殖业产业化建设】 2015年，全市有市级农业产业化生猪龙头企业9个，有养殖业农民专业合作社184个，养殖业家庭农场199个。当年新增市级农业产业化养殖业龙头企业1个，新增养殖业农民专业合作社8个，新增养殖业家庭农场24个，带动全市20000名农户发展水产畜牧业，提升了养殖业组织化水平，加快了本市养殖业转型升级和促进农民增收，增强了农村发展活力。

【畜禽标准化养殖】 引导养殖企业参与国家级、自治区级畜禽养殖标准示范场创建活动。2015年，全市有1个国家级生猪标准化示范场、4个自治区生猪标准化示范场。1个生猪养殖企业获得了畜禽标准化健康养殖项目。

开展高架床生态养猪技术推广，推进生猪产业提档升级。在2015年生猪调出大县奖励资金中，安排补助资金302万元，扶持3个生猪龙头企业和7个较大生猪规模场，进行新建高架床猪舍建设，示范推动桂平市生猪养殖污染减排、产业转型升级。

【水产生产】 2015年，完成桂平市养殖水域滩涂规划修编工作并经市人民政府发布和正式媒体公布，让全市有规划地发展渔业生产。

全年水产养殖面积6672公顷。其中，池塘养殖3698公顷，山塘水库养殖2259公顷，河沟养殖54公顷，其他养殖661公顷；水产品总产量78815吨，同比增长7.62%。根据“先用油后补助”政策，全市共发放2014年渔业用油财政补贴资金584.1686万元，惠及机动渔船449艘，渔民440多户。

继续推广黄沙鳖无公害养殖，树立“桂平黄沙鳖”地理标志产品品牌。2015年，全市黄沙鳖庭院养殖面积12400亩，产量7320吨，同比增长4.5%，产值10.26亿元，同比增长5.6%，庭院黄沙鳖无公害养殖已成为桂平市水产业特色优势产业，也是农民养殖增收重要途径。

发展健康养殖，创建水产健康养殖示范场。2015年，桂平市白沙鱼场、桂平市渔业增殖站、桂平市金田镇永锋水产品养殖专业合作社获得了农业部级“水产健康养殖示范场”称号。

开展水生生物资源人工增殖放流活动。2015年，向江河投放青鱼、草鱼、鲢鱼、鳙鱼、鲤鱼、斑鳠等品种91万尾，超额完成50万尾任务。

【渔业执法】 圆满实施2015年珠江禁渔期制度。禁渔期间，由渔业部门牵头，渔政、公安、海事相关职能部门配合，开展禁渔期联合执法，组织巡查执法45次，出动执法人员320人次，没有发现违反禁渔期规定行为。禁渔秩序良好，渔民社会稳定，达到禁渔管理目标。

打击非法捕捞行为，加强渔政执法与司法衔接。加强日常巡查与专项行动、区域联合执法与部门联合执法相结合的方式，加强与公安、检察、法院等司法部门的衔接，严厉打击电炸毒鱼等各种非法捕捞行为。全年共组织开展江河巡查、各种联合执法行动277船（车）次，派出执法人员1340人次，检查各种渔船1350（艘）次，查获非法捕捞案件8起，立案8起。

【产品质量安全监管】 2015年，桂平市水产畜牧兽医部门继续开展渔牧产品质量安全监管行动、水产苗种专项整治行动、渔牧业养殖环境隐患问题大排查大整治等专项行动，打击违规使用氯霉素、孔雀石绿、硝基呋喃类、乙烯雌酚、盐酸克伦特罗、莱克多巴胺、沙丁胺醇等违禁药物的行为和其他违规养殖行为。全年开展16次监督检查行动，共检查检疫申报点33个次、定点屠宰场56个次、规模养殖场220个次，产地检疫申报受理率100%、屠宰检疫率100%，规模养殖场报检率100%、持证率100%，对规模养殖场监管52次、兽药生产经营企业监管65次，饲料生产经营企业监管50次，检查畜产品经营摊点3876个次、监测场所29个、抽检猪尿1170批，检测盐酸克伦特罗、莱克多巴胺、沙丁胺合格率100%，监督病死猪无害化处理2522次共3796头，对水产品分4批次抽取25个样本（其中苗种样本5个）送检，同时开展水产品质量安全快速检测28批次，没有检出违禁药物，所有样品全部符合安全要求。

【动物防疫】 桂平市重大动物疫病防控工作继续实行辖区负责制，明确“政府保密度、畜牧兽医部门保质量”，层层落实责任制。重点开展“春秋季动物疫病强制免疫月活动”，坚持“常年补针”，对全部应免畜禽进行了二次免疫，建立了免疫档案，全市主要动物疫病免疫抗体监测合格率达70%以上，禽流感、口蹄疫、猪蓝耳病和猪瘟4种疫病在春秋两防期间免疫密度均达100%，常年免疫密度维持在较高水平，全市无区域性重大动物疫情发生。2015年全市投入资金117万元共开展各项动物疫病监测1989份，免疫抗体监测合格率为70%以上；按计划开展了4次流行病学调查，超额完成了各项监测、送样和流调任务，每月通过“全国动物疫病监测和疫情信息系统”报送监测结果信息，经监测和流行病学调查，没有发现阳性动物和异常疫情，各项指标均达到国家和广西控制标准。

农业机械化

【概　况】 桂平市农业机械化管理局是市政府直属正科级事业单位，参照公务员管理。内设办公室、管理股、财务股，编制8人，2015年实有在职干部11人。辖市农机监理站、市农机推广站、市农机学校、市机耕队、市农机公司5个二层单位和26个乡镇农机推广站。主要负责全市农业机械的管理、农机新技术新机具的引进示范推广、农机安全的监督管理、农机教育培训、农机服务体系建设和农机购置补贴的落实等工作。

2015年，全市农机总动力达124.6万千瓦，拥有各种农业机械17.5万台；完成水稻机耕面积114万亩、机插面积25万亩、机收面积102万亩，农业耕种收综合机械化水平达50.1%，其中水稻耕种收综合机械化水平达79.2%；完成农机教育培训2300人；完成农机购置补贴1000万元，受益农户达6571户；完成拖拉机年检6062台。

【落实农机补贴政策】 2015年，国家和自治区两级财政继续对农机购置进行补贴。农机购置补贴由市农机局实施，市财政部门负责监督，补贴业务集中在本市政务大厅统一办理，按照先购置、后补贴，先申请、先补贴、补完为止的原则，申办补贴公开、公正、透明。全年全市共完成农机购置补贴资金1000万元，补贴各种农机具6571台套，拉动农民投入购机资金3500万元。

【农机推广】

水稻全程社会化服务试点项目。2015年，桂平市是承担全区水稻全程社会化服务试点项目县之一，项目资金规模为1000万元，其中农机部门负责实施750多万元，农业部门负责实施250万元。项目补贴的主要对象是向服务对象提供服务的各类社会服务组织（主要是农民农机专业合作社），补贴的服务环节为：提供工厂化育秧或大田集中育秧服务、水稻病虫害统防统治服务、机械化耙耕服务、机械化插秧服务、机械化收获服务、谷物烘干服务6个服务环节。项目实施时间为一年。项目实施覆盖8个乡镇9个农机合作社，共完成机耕整田43455亩，工厂化育秧（含大田集中育机插秧）19131亩，机插43455万亩，机收17412亩，烘干5869吨。

水稻生产全程机械化推广示范项目。项目实施主体为南木镇天天农机合作社，理事长罗燕霞。项目总投入405万元（其中上级农机主管部门补助资金为100万元）。项目当年完成。共建成年育秧能力达5000亩的育秧生产线1条，烘干能力达日产120吨的烘干生产线1条，生产车间3间，建设面积2500多平方米。在项目实施的带动下，全市拥有市水稻育秧中心4个（其中2015年新增2个），水稻烘干生产线8条（其中2015年新增6条）。实施农机深松整地作业补助项目。全年共补助深松整地农机172户，补助深松整地面积2.21万亩，补助资金90万元。

【农机培训】 2015年，农机培训以市农机局牵头，市农机学校、市农机推广站、市农机安全监理站联合组织实施。培训方式以集中办班、随来随学、田间地头展示演示为主。主要培训农机操作（驾驶）、维修保养、政策业务、管理知识、安全知识等内容。全年共培训各类技术人员2300多人，发放农机技术资料5000多份。

【农机服务】

农机示范社创建活动。2008年以来，在国家农机法律法规的带动和桂平市农机主管部门的扶持下，全市农机合作社到得了较快的发展，截至2015年，全市农机专业合作社达53家。市农机部门组织了石龙振龙、永和等一批经济、技术基础较好的合作社参加争创全区农机示范社建设。通过技术、管理等方面的培训和农机项目的支持，提高了全市农机合作社的经营管理水平和自我发展能力。全市累计荣获全区农机示范社称号2个，贵港市农机示范社称号6个。

农机服务活动。春耕期间，组织农机服务队深入村屯指导有机户检修农机具，动员农机投入春耕生产。“三夏”期间，组织农机合作社和农机大户开展跨区域农机生产作业。秋冬时节，组织农机投入马铃薯等冬菜种植。全年全市共指导有机户检修机具3.5万台次，组织投入农业生产机具4.5万台次。

【农机安全】 按照“一岗双责”“党政同责”的要求，认真贯彻落实安全生产“预防为主、综合治理”方针，不断深化开展“打非治违”、“平安农机”创建活动，认真落实农机安全生产“宣传教育、技术检验、执法治理”三大措施，全年农机无死亡事故发生。共举办安全教育培训班4期，开展安全宣传活动6场次，组织农机安全检查整治活动15场次，检查各种拖拉机1183台次，完成拖拉机年检6062台，纠正各种违法违章行为172起。

扶贫开发

【概　况】 桂平市扶贫开发办公室是市人民政府直属的正科级管理机构，主要职责是贯彻落实中央、自治区关于扶贫开发工作的方针、政策、法规；研究拟订全市扶贫开发规划并组织实施；负责扶贫开发责任目标的考核；搞好扶贫开发项目的考察、评估、论证、审核和权限范围内项目的审批工作，拟定扶贫资金的分配方案；组织全市社会各界参与扶贫开发和对口帮扶工作；会同有关部门抓好扶贫培训，承办市政府交办的其他事项。2015年，桂平市扶贫办设秘书股、业务股，有干部7人，文化程度均大专以上。

【扶贫项目】 2015年，本级财政专项扶贫资金23万元，上级拨付扶贫项目资金4289万元。新建硬化村屯道路133.61公里，新建桥梁5座共98米，解决了6万多人行路难问题；维修人饮工程1处，引水管1500米，受益村民270多人；投入资金396万元，实施“生态乡村·村屯绿化”项目33个；给贫困家庭子女学历教育补助资金964.8万元，受益学生2722人，其中受理申请2015年农村贫困户子女普通高校本科学历教育培训补助学生741人，受理申请2015年农村贫困户子女职业学历教育培训补助学生929人，继续受理2014年农村贫困户子女职业学历教育培训续补学生1052人。免费向38个贫困村1082户贫困农户发放油茶和百香果种苗，免费向19个贫困村660户发放油茶树苗66万株，推广种植优质油茶5523.24亩；免费向25个贫困村422户发放百香果苗50.4万株，推广种植优质百香果3150亩；编印《油茶丰产栽培实用技术》和《百香果种植管理技术》资料1000多份，分发给种植户学习。实施“十百千”百香果产业化扶贫示范工程项目，投入610.4万元，其中财政扶贫资金300万元，群众自筹310.4万元，在大湾安担、必祝、榄塘、新安、双岭村，罗播乡陈岭村、下湾镇贝团、龙岭村和南木镇高塘村9个贫困村种植百香果1700亩。

【精准扶贫】 一是做好精准扶贫信息录入。自2015年10月20日开始，市扶贫办制定了工作方案，要求各乡镇将2015年建档立卡工作识别出的贫困户、贫困村相关信息，录入广西壮族自治区精准扶贫信息平台。2015年年底，全市共完成26个乡镇151个贫困村和13.3324万贫困人口相关数据的录入；完成3.138万户贫困户帮扶措施的录入，做到有进有退，动态管理。并于2015年12月召开了全市“精准扶贫建档立卡暨‘两项制度’有效衔接培训会”，共核实低保户0.3235万户，1.549万人；扶贫低保户，0.4944万户，2.1839万人。二是分解落实精准减贫目标。分解目标、落实减贫任务。年初，市扶贫办配合市政府，将全市扶贫开发工作目标任务一一分解，明确到26个乡镇，并签订了目标责任书。同时以市扶贫开发领导小组《关于下达2015年减少农村贫困人口计划任务的通知》将1.89万人减贫目标任务分解落实到乡镇，按照精准扶贫要求，明确各乡镇再将减贫目标任务认真分解落实到贫困村、贫困户，按照“脱贫必须有项目扶持、必须列入年度脱贫计划、收入必须超过扶贫标准”的要求，有针对性制定切实可行的帮扶措施，明确帮扶负责人，实行“精准”管理，有效推动减贫目标任务落到实处。三是信贷支持精准扶贫。为了充分发挥财政扶贫资金的杠杆作用，桂平市扶贫办积极与自治区金融办、信用联社驻市部门联系，印发《桂平市信贷支持精准扶贫工作实施方案》，努力推动各乡镇开展小额信贷金融扶贫试点，安排200万元作为小额风险基金资金，推动金融资金投入。

水　利

【概　况】 2015年，新增和续建水利水电项目354个，总投资约4.65亿元。水利水电固定资产投资累计完成2.45亿元，为计划的100.8%，比上年实际完成投资增长0.72亿元。

【水库除险加固】 全市实施除险加固的水库有65座，下达投资2984万元，垌井塘、苏莲塘、鲤鱼塘、庙王塘4座水库通过合同工程完工验收；果粘、莲塘、大虫塘、南蛇塘4座水库已基本完成建设任务；大浪、长塘、横广塘、枇杷塘、羊塘、上堰、龙奎塘、天心塘8座水库已完成主体工程建设；其余项目均已开工建设，累计完成投资960多万元。

【抗旱救灾】 2015年，降雨充沛，抗旱措施得当，全市未发生重大旱情。

【防汛抢险】 2015年，发布气象灾害预警信号67次（暴雨预警65次、台风预警1次、干旱预警1次）；发送各类预报预警服务短信410次，接收对象约580多万人次；通过预警大喇叭发布预报预警信息500次。9次暴雨红色预警和1次台风预警均通过通讯运营商全网发送。启动2次桂平市防汛Ⅳ级应急响应、1次防台风Ⅳ级应急响应、1次防台风Ⅲ级应急响应、1次桂平市抗旱Ⅳ级应急响应。成功防御了18次较强降雨过程和7次强降雨过程（最大降雨量达372毫米），抵御了两次超警戒水位洪峰（最高水位达36.75米，超警戒水位3.55米）。全市没有出现较大的险情，无人员伤亡，确保了全市安全度汛。

【农村饮水安全工程】 2015年，实施的农村饮水安全工程189个，总投资1.63亿元，其中中央投资1.0817亿元、地方配套投资0.55亿元，解决29.2307万人的饮水不安全问题，已有16处工程通水运行，其余工程项目的水塔、水池、泵房等主体工程已基本完成，正在进行管道的铺设，累计完成投资1.41亿元，占总投资计划的86.5%。工程项目全部建成投入运行后，将进一步提高桂平市农村饮水安全保障水平。

【防洪工程建设】 2015年防洪工程建设有三项：一是浔江防洪堤（三布堤段）水毁修复与加固工程，工程按10年一遇防洪标准进行加高加固，项目总投资1595万元，于2014年3月开工建设，2015年4月底已完成建设任务，在汛期发挥了重要的防洪作用；二是山洪灾害防御县级非工程措施，工程总投资380万元，建设自动雨量站35个、自动水位站6个、卫星通讯备用信道3个、图像监测站18个，其中自动雨量站和自动水位站于2015年12月初全部安装完成。完成投资110万元。三是主要支流治理项目。实施的是城区河道治理工程郁江大桥至大关码头段项目，已下达投资2545万元，其中中央投资1527万元、地方配套投资1018万元，截至2015年年底已完成工程建设投资1472万元，本级财政投入资金3200万元，基本完成了拆迁征地工作。

【中小河流治理工程】 2015年，在建的项目有社坡河社坡圩镇段整治工程、大湟江金田镇南木镇河段整治工程、官江河宁江河口段整治工程。其中社坡河社坡镇段整治工程总投资1429万元，工程于2014年10月底开工建设，至2015年年底累计完成投资1300多万元；大湟江金田镇南木镇河段整治工程总投资2672万元，于2015年4月中旬开工建设，至2015年年底完成投资700万元；官江河宁江河口段整治工程于2015年12月开工建设，该工程概算总投资917.33万元。另外，计划总投资1945万元的大洋河大洋圩镇段整治工程初步设计已获批复，待上级下达投资。

【灌区节水配套改造工程】 一是中央财政小型农田水利重点县建设项目，2015年实施的主要是2014年度项目和2015年度项目，项目总投资2800万元，于2015年6月底开工建设，至年底已经完成投资约950多万元；2015年度项目已下达中央总投资1200万元、自治区资金1200万元，工程于2015年12月底开工建设。二是农业综合开发金田灌区节水配套改造工程，项目总投资1800万元，工程于2014年11月底开工建设，至2015年年底已完成投资1600多万元。

【冬春水利建设】 总投资1.25亿元的2014至2015年度冬春水利建设工作已经全部按计划完成了各项建设任务；2015年至2016年度冬春水利建设计划2015年5月1日至2016年4月30日完成投资45.1839亿元，累计完成3.85亿元。

【农村小水电增效扩容工程】 2015年实施的项目是金田水库电站增效扩容改造工程，主要是对1号、2号、3号机组进行增效扩容改造，工程总投资1727万元，其中2号、3号机组已完成改造并于2月投入使用。截至年底，累计发电2100万千瓦时，发电收入588万元。至年底，1号机组正在安装中。累计完成投资1600多万元。

【水利项目验收年活动】 2015年计划竣工验收项目266个，有258个项目完工、112个项目完成工程结算并报审、完成审计28个、完成竣工前质量抽检23个、完成验收资料17个、完成合同工程完工验收19个、完成下闸蓄水验收13个、完成竣工验收61个。

【水行政执法】 一是以水资源管理“三条红线”为抓手，全面落实最严格水资源管理制度的各项工作。利用世界水日和中国水周出动宣传车10车次、发放宣传画册和宣传资料1200多份、悬挂横幅6条、发短信2000多条、板报2版，设立固定禁采区标志牌5块，接受群众来访咨询200多人次，在全市范围内大力宣传水法律法规和规章，提高了群众对最严格水资源管理制度的认识；二是1—11月，按要求办结水行政审批40项，办结率100%。组织开展了“春雷行动”，全市共出动执法人员230多人次、执法车辆20余辆次，执法船只15艘次，下达水事违法行为通知书8份、行政处罚告知书4份、行政处罚决定书3份；三是开展了全市水土保持规划工作。全面开展水土流失动态监测，全市审批水土保持报告书7个，备案8个，开展土保持设施专项验收1个；全年完成水土流失治理面积45.75平方公里，累计完成水土流失治理投资9240多万元。

水　文

【概　况】 桂平市水文水资源局是贵港市水文水资源局下属正科级单位，2015年有职工11人（在职在编人员5人，聘用人员6人），工程师以上职称3人，设置领导2名。其主要职责是：负责辖区水文监测、巡测、巡检和水文应急测报；辖区水文、水位、雨量、蒸发、墒情测站及其测报设施设备运行、维护和管理；辖区水质监视、采送样和信息报告；辖区水文分析、水文资料整编和水情预警预报等水文信息服务；承担辖区其他水文工作；完成市局以及桂平市委、市政府交办的其他任务。

桂平辖区已建成水文（位）站20处（流量站16个、水位站4个）、雨量站74个、蒸发站1个、泥沙站1个、水质监测断面5个，初步形成覆盖桂平大部分河流与乡镇，布局较为合理，项目较为齐全的水文站网体系；水文（位）站网平均站网密度达到203.7平方公里/站，雨量站网密度为55.1平方公里/站。

【水情测报】 严格执行水情值班工作制度，汛期做到24小时坚守工作岗位，按时收拍水、雨情电报，做好洪水水情分析预报和洪水预警工作。2015年，共向桂平市政府及防汛指挥部报送水情专报2期、水情简报1期、水情快报1期、水情旬报24期、水情月报12期，发布水情预警10次，其中蓝色预警9次、黄色预警1次，为地方政府领导及时掌握水、雨情信息和抗洪抢险，赢得宝贵时间，使灾害损失减少到最低限度。

2015年桂平市雨水情概况：桂平水文站2015年降水量2141.0毫米，较去年同期（降水量1560.5毫米）增加580.5毫米，增加37.1%，最大日降水量116.0毫米（5月8日）。全年较大洪水有8场，其中达到中洪水位有6场，达到警戒水位以上有2场，最高水位36.75米，出现在6月16日，超警戒水位3.55米；最低水位21.93米，出现在1月1日。大湟江口水文站2015年降水量2271.0毫米，较去年同期（降水量1356.5毫米）增加914.5毫米，增加67.4%，年最高水位33.15米，出现在6月16日，超警戒水位1.45米；最低水位20.74米，出现在1月3日。南义水文站2015年降水量1756.0毫米，较去年同期（降水量1485.0毫米）增加271.0毫米，增加18.2%，年最高水位96.96米，出现在10月6日，超警戒水位2.26米；最低水位91.38米，出现在1月3日。

【水文测验】 水文测验是水文服务国民经济和社会发展的基础性和先行性工作，桂平市水文局首先抓好汛前准备工作，对各水文站人员思想准备、设施设备维护、测洪方案和应急预案、物资准备、安全生产等环节进行全面检查督查，对存在问题提出书面整改意见并限时整改。二是做好水文资料整编。平时注重检查指导基层测站认真做好“四不”、“四随”工作，确保收集到的第一手水文资料真实准确并具有代表性。配合贵港市水文水资源局完成2014年度水文资料审查，在全区水文系统组织的复审验收中质量达到优秀等级，名次排在全区前列。及时整理2014年度水文资料数据库并按时上报全国版数据库，为水文资料的使用和深加工提供基础保障。配合贵港市局完成水资源简报、泥沙公报以及水资源公报编制，为各级各部门准确把握辖区内水资源状况提供可靠成果数据。三是水文应急测报成效显著。年初成立桂平市水文应急测报队，配备相关仪器设备。在应对2015年多次强降雨和台风应急测报工作中，应急测报队争分夺秒抢测洪水，为各级党委政府及相关部门现场抢险指挥决策提供科学准确的水文数据支撑。

【水准点大断面测量】 完成全市水文站水尺零点高程汛前、汛后校测。同时，完成对基本水准点联测，大断面测量，保证各水文站资料考证工作顺利进行。

水库移民

【概　况】 桂平市水库移民工作管理局是桂平市人民政府直属管理的正科级全额拨款事业（参公）单位，职责是负责全市水库移民安置工作的管理、协调、监督、检查、指导，内设办公室、政策法规安置股、计划财务股、后期扶持股4个职能科室，事业编制18人。2015年，实有在职干部职工25人（其中领导4人、普通干部职工21人）。

桂平市涉及的移民搬迁的大中型水利水电工程共12座，有大中型水库移民19332户，78255人。其中：搬迁移民13543户，55897人；淹地不搬迁移民5789户，55899人。分布在24个乡镇、170个村民委员会、681个村民小组。核定登记大中型水库移民后期扶持人口指标78255人。其中，核定登记到户13543户，登记到人55897人；后期扶持确定直补到人55897人。

【大藤峡水利枢纽建设工程移民安置】 2011年10月10日市委、市政府成立大藤峡水利枢纽工程桂平市库坝区移民安置工作指挥部，由市委书记、市长任指挥长，抽调了180多名干部，组成办公室、征地拆迁工作组、政策法规调处组、建设规划合同组、资料组、财务组、维稳组、后勤保障组、工作督查组、宣传报道组、乡镇库区联系工作组11个工作组，开展大藤峡水利枢纽工程征地拆迁和移民安置工作。征地拆迁工作组又分15个小组，每个小组包干负责一个生产队的征地拆迁和移民安置任务，乡镇库区联系工作组负责组织指导西山镇、南木镇、石龙镇开展库区征地拆迁和移民安置工作，其他工作组负责日常协调工作、资料的整理归档、财务管理、维护稳定、处理信访、矛盾纠纷排查调处、后勤保障、工作督查、宣传报道、安置区规划建设等工作。指挥部高度重视大藤峡水利枢纽工程建设，把工程建设作为“一号工程”来推进，从全市抽调180多名群众经验丰富的干部组成工作组专职开展征拆工作，并成立临时党委，克服了各种困难，发扬“白加黑”“5+2”“雨加晴”的拼搏精神，走家串户“攀亲戚”，实施“包宣传到底、包征拆到底、包帮扶到底、包解难到底、包安置到底”的“五个一包到底”和“领导在一线、工作在一线、吃住在一线、落实在一线、考核在一线”的“五个一线”的工作方法，坚持“不怕走破脚皮、不怕磨破嘴皮、不怕扛破肩皮、不怕饿破肚皮、不怕撕破脸皮”的“五不怕”精神，站在群众的利益上作决策和办事，实现了平稳征拆、有序征拆、快速征拆，在广西推进的重大项目中首次出现了“土地等项目”的典范。其《党建助推大藤峡项目建设》的工作经验得到了自治区党委书记彭清华书记的表扬，并在《广西督查》刊物上印发全区推广，纪录片《为了大藤峡》荣获全区党员教育电视片评比先进经验类一等奖，2015年自治区“两会”期间《广西日报》用一个版面刊发了名为《用心用情，全力推进大藤峡工程建设》的专题报道。桂平市水库移民工作管理局党组书记、局长李进清同志兼任指挥部办公室主任也因此荣立一等功。

2015年，大藤峡水枢纽工程已征地38858亩，发放征地补偿款1.8亿元。其中，坝区完成征地18016亩（陆地11600亩、水域6416亩），库区完成征地23042亩，安置区完成征地1400亩。

为了使移民安置工作顺利进行，充分征求移民意愿，使得95%的群众选择了安置区的安置方式。同时认真落实自治区党委书记彭清华的重要批示精神，高水平规划设计移民新村，使得移民安置区的产业发展、村民就业、环境配套、建筑风格的规划设计完善，规划为大藤峡旅游小镇，富有田园诗情画意特色的水乡景观，经自治区人民政府召开的大藤峡水利枢纽工程大成塘安置区规划设计评审暨建设协调会上评审通过。三是高标准建设移民新村，将实行统一规划、统一建设，回建房建设资金以协调移民贷款等途径解决。在工程建设期间，桂平市在紧急用地范围，精心组织了三次紧急搬迁，共完成帮助656户共2599名农民搬迁，拆除房屋83175平方米、发放房屋补偿款1.02亿元。

【水库移民新村建设】 2015年，自治区下达桂平市大中型水库移民新村建设任务为46个，年度投资2674万元，其中村屯道路建设项目4条，总投资301万元，修建麻垌镇南江村、南木镇长清村、社坡镇理竹村、紫荆镇象军村等水库移民村屯道路；新村新建项目26个，年度投资1937万元，计划旧房改造315户，外墙装修414户，主道硬化30.56公里，次道硬化4.38公里，建文化室12间，篮球场8个，排水沟4.48公里（含涵管），村牌23座；新村续建项目16个，年度计划投资436万元，计划屯内主道硬化6.82公里，次道2.52公里，建文化室7间，篮球场6个，村牌16座。经村屯乡镇申报，经市水库移民工作管理局实地

大藤峡工程船闸工段的移民搬迁、房屋拆除工作陆续展开

大藤峡水利枢纽船闸上引航道施工正以每天1万余立方米的开挖速度推进

大藤峡水利枢纽工程船闸开挖工程正在紧张施工，为主体工程开工做准备

考察调研，报上级部门审批后，所有项目于2015年10月开工建设，并按工期如期完成建设任务。

【和谐稳定水库移民】 年内，高度重视水库移民信访和矛盾纠纷排查化解工作，落实领导接访下访制度，明确领导包案责任制，努力把矛盾纠纷化解在萌芽状态，确保在重大节庆活动期间没有移民赴省进京非正常上访，移民社会保持稳定。1—12月，共妥善处理移民群众来信来访99批次184人，均得到妥善处理，办结率100%。办理上级交办信访件19件，已按时办结并上报处理结果，办结率100%。

【实施大中型水库移民后期扶持政策】 建立完善后期扶持人口自然变化的动态管理，做好后期扶持人口核定登记。已完成长洲水利枢纽工程库区农村移民后期扶持认可核定登记、录入电脑及申报工作；西江航运干线桂平一、二线船闸工程后扶人口调查录入登记和后扶计划及申报工作。做到足额精准发放移民后期扶持资金，保障水库移民生活，确保水库移民不“吃空饷”。全市全年应发放大中型水库移民后期扶持资金4258.07万元，已全部发放到位。配合监测评估第三方机构完成后扶政策实施监测评估工作。完成了2013—2014年度水库移民新村及基础设施建设项目的市级竣工验收，完成验收项目99个，完成投资5133.7万元。

同时，围绕水库移民与全市人民同步建成小康目标，继续实施水库移民收入倍增计划。自治区水库移民工作管理局于10月初下达水库移民收入倍增计划项目7个，计划投资103.8万元，其中下达移民一村一品项目1个，上级补助60万元，移民自筹25.8万元，受益移民60户293人；下达扶持移民微型企业项目6个，安排补助资金18万元。截至12月31日，已进入实施阶段。

【水库移民教育培训】 年内，采取移民培训基地、学校培训、社会培训等多种形式，做好移民培训工作。至年底，共培训移民435人次，完成年度任务145%。其中，依托移民培训基层培训移民方面，组织36名水库移民到桂林恭城黄竹岗培训，完成任务的103%；依托学校培训移民136人，完成任务的117%；依托社会机构培训移民263人次，完成任务的205%。

【绿化移民村屯】 年内，争取自治区水库移民工作管理局拨款216万元，对紫荆大坪6队等18个移民村屯进行绿化、美化。至5月底，已完成任务。据验收情况反馈，所种花、树生长良好，成活率在95%以上。

财政 · 税务

财　政

【概　况】桂平市财政局是市人民政府主管全市财政工作的正科级行政部门，内设办公室、人事教育股、预算股、国库股、经济建设股、农业股、财政监督检查股（稽查分局）、政府采购监督管理股、债务管理股、农村财务管理股、行政事业单位财务管理股、会计管理股、社会保障股、国有资产管理股、农业综合开发管理办公室、工资统发中心和财政信息中心 17 个职能股室，财政预算编审中心、财政国库支付中心、非税收入管理中心和财政投资评审中心 4 个局属二级事业单位，下辖 26 个乡镇财政所。2015 年，有在职干部职工 298 人。

【财政收入】2015 年，桂平市财政收入 14.7 亿元，同比增加 2.3 亿元，增长 18.6%；其中：一般公共预算收入 10.04 亿元，同比增收 2.44 亿元，增长 32.2%，地方一般公共财政预算收入首次突破 10 亿元；非税收入占一般公共预算收入比重 25%，低于全区 3 个百分点。

【财政支出】2015 年，桂平市一般公共预算支出完成 55.79 亿元，完成预算的 90.51%，同比增加 13.99 亿元，增长 33.5%。民生支出中：教育支出 17.15 亿元，比上年增长 23.8%；财政文化体育与传媒支出 3302 万元，比上年增长 59.5%；社会保障和就业支出 5.68 亿元，同比增长 27.96%；医疗卫生和计划生育支出 9.03 亿元，同比增长 15.75%；住房保障支出 2.40 亿元，重点支持廉租房、公租房建设和城市棚户区改造；农林水支出 7.04 亿元，其中：投入 1170 万元支持金田淮山产业示范区、粮食产业全程社会化服务示范区、麻垌荔枝产业示范区 3 个现代特色农业示范区建设，筹集资金 4478 万元推进基本农田建设重大工程，完成江口镇、寻旺乡、木乐镇高标准农田建设项目；投入财政资金 4503 万元，新建和硬化村屯道路 173 公里，解决了 58.1 万人行路难问题；核拨移民生活补助资金 2234 万元，稳定了库区移民生产生活；通过预算安排及整合各类资金，投入精准扶贫资金 8020 万元，以支持全市开展贫困村、贫困户精准识别和建档立卡工作，支持贫困村产业开发、道路硬化、人饮工程、危房改造和文化设施建设。

【财税改革】全面贯彻落实新《预算法》，出台了《桂平市深化财税体制改革重点工作实施方案》，确立财税改革框架。推进预决算公开，年内已有 112 个一级部门预算单位实行部门预算公开，并完成全市财政预算、财政决算、“三公”经费预决算公开及指导部门预决算信息公开，非涉密单位预算公开达到 100%。推进预算绩效管理，加强预算绩效管理机构的筹建工作。对 116 个一级预算单位全面开展部门整体支出绩效管理，选择市政协等 26 个单位开展财政专项支出绩效评价试点，财政专项支出绩效评价资金预计达到15.54亿元。2015年，桂平市财政局获得全国1959个县级财政管理绩效综合评价第153名，全区75个县财政支出管理绩效综合评价第6名。实行中期财政规划管理，根据经济发展情况和宏观调控方向，做好了全市经济运行情况分析，预测未来三年财政收支情况。推进政府购买服务试点，选择10个部门27个公共性及公益性强、购买意愿足、市场供给条件成熟的项目开展试点工作，涉及财政资金841.16万元。

【财政监督】 按照2014年年末财政厅桂财监〔2014〕144号文印发的《进一步抓好民生政策落实情况监督检查整改工作的通知》，明确从2015年起，各级业务主管部门每年要开展对所负责领域民生政策落实情况自查自纠及重点抽查，同时各级财政部门每年要选取2—3项涉及面广、社会关注度高的民生资金实施重点检查，年底前将市县民生政策落实监督检查情况报本级政府及上级财政部门。根据要求，2015年桂平市财政局组织人员重点检查了教育局的教育资金、住建委的农村危房改造资金、水利局的人饮资金和农机局的农机购置补贴，检查内容包括：检查“民生专项资金”支出是否合法合规、是否真实；是否按照要求进行公开，公开内容是否真实、详细；是否挤占挪用专项资金等情况。

桂平市2015年财政收入分析表

表5

收入项目	调整预算数（万元）	12月实绩（万元）	本年累计（万元）	完成实绩占年预算（%）	上年同期（万元）（12月31日止）	比上年增减（%）	比上年增减金额（万元）
一、本级税收收入	67782	12759.89	71941.80	106.14	55208	30.31	16361
国内增值税17%	3735	312.01	3496.69	93.62	3889	−10.09	−392
改征增值税60%	1200	129.04	1300.13	108.34	927	—	—
营业税60%	17500	2083.63	17139.08	97.94	16154	6.10	985
城市维护建设税	3800	399.81	3675.75	96.73	3848	−4.48	−172
个人所得税25%	1400	123.07	1298.28	92.73	1171	10.87	127
资源税	1100	82.27	1076.42	97.86	1460	−26.27	−384
房产税	1100	607.54	1557.19	141.56	1180	31.97	377
印花税	550	109.67	724.02	131.64	525	37.91	199
城镇土地使用税	1200	410.73	1623.11	135.26	992	63.62	631
土地增值税	7250	823.28	7954.35	109.72	5827	36.51	2127
车船使用税	1200	97.50	1132.15	94.35	900	25.79	232
耕地占用税	16233	6245.47	18611.04	114.65	4799	287.81	13812
契税	5714	727.36	6703.16	117.31	8527	−21.39	−1824
企业所得税30%	5800	608.51	5650.43	97.42	5009	12.81	641
其中：地税	2600	119.62	2117.74	81.45	2771	−23.57	−653
国税	3200	488.89	3532.69	110.40	2238	57.85	1295
二、非税收入	28570	1682.87	28459.35	99.61	20755	37.12	7731
（一）其他收入类	12300	−597.67	11515.72	94.39	10648	8.15	868
1. 罚没收入	2400	292.97	2473.51	103.06	3564	−30.60	−1090
其中：财政罚没收入	1900	292.71	2111.57	111.14	3479	−39.31	−1367
税务罚没收入	500	0.26	361.94	72.39	85	325.81	277

续表 5

收入项目	调整预算数（万元）	12 月实绩（万元）	本年累计（万元）	完成实绩占年预算（%）	上年同期（万元）（12 月 31 日止）	比上年增减（%）	比上年增减金额（万元）
2. 行政性收费	7800	-896.14	7069.18	90.63	7034	0.50	35
3. 其他收入	2100	5.50	1973.03	98.65	50	3，846.06	1923
（二）专项收入	6440	1802.78	6756.61	104.92	2329	190.11	4428
1. 排污费	320	61.69	388.08	121.28	246	57.76	142
2. 水资源费收入	200	7.20	194.78	97.39	153	27.31	42
3. 教育费附加	2000	190.98	1827.91	91.40	1823	0.27	5
4. 地方教育附加收入	1200	122.11	1187.01	98.92	—	—	1187
5. 残疾人就业保障金收入	120	49.91	60.40	50.33	—	—	—
6. 教育资金收入	—	721.13	721.13	—	—	—	721
7. 农田水利建设资金收入	600	504.79	504.79	84.13	—	—	—
8. 育林基金收入	900	52.80	830.63	92.29	—	—	—
9. 森林植被恢复费	50	—	34.36	68.72	—	—	—
10. 水利建设专项收入	750	83.57	716.85	95.58	—	—	—
其中：地税	600	54.10	487.54	81.26	—	—	—
国税	150	29.47	229.31	152.87	—	—	—
11. 矿产资源专项收入	200	—	183.12	91.56	27	569.54	156
12. 其他专项收入	100	8.60	107.55	107.55	80	33.72	27
（三）国有资源（资产）有偿使用收入	9830	477.76	10187.02	103.63	7778	30.97	2409
公共财政预算收入合计	96352	14442.76	100401.15	104.20	75963	32.17	24438
一、上划中央收入小计	31650	2900.9	30049.42	94.94	32463	-7.44	-2414
1. 消费税	212	11.97	206.11	97.22	2434	-91.53	-2228
2. 增值税 75%	16478	1376.51	15426.57	93.62	17157	-10.08	-1730
3. 个人所得税 60%	3360	295.37	3115.87	92.73	2811	10.84	305
4. 企业所得税 60%	11600	1217.02	11300.86	97.42	10062	12.32	1239
其中：地税	5200	239.24	4235.48	81.45	5586	-24.18	-1351
国税	6400	977.78	7065.38	110.40	4475	57.88	2590
二、上划自治区收入小计	16998	1898.6	16600.75	97.66	15590	6.48	1011
1. 国内增值税 8%	1758	146.83	1645.50	93.60	1830	-10.08	-185
改征增值税 40%	800	86.03	866.75	—	618	—	—
2. 营业税 40%	11667	1389.09	11426.05	97.93	10769	6.10	657
3. 个人所得税 15%	840	73.84	778.97	92.73	703	10.85	76
4. 企业所得税 10%	1933	202.84	1883.48	97.44	1670	12.81	214
其中：地税	866	39.87	705.91	81.51	924	-23.58	-218
国税	1067	162.96	1177.56	110.36	746	57.88	432
上划收入合计	48648	4799.5	46650.2	95.89	48053	-2.92	-1403
财政收入合计	145000	19242.25	147051.32	101.41	124016	18.57	23035
其中：国税部门	35000	3721.49	34946.70	99.85	34314	1.84	633
地税部门	86000	14284.72	87799.38	102.09	70855	23.91	16944
财政部门	24000	1236.04	24305.24	101.27	18847	28.96	5458

续表 5

收入项目	调整预算数（万元）	12 月实绩（万元）	本年累计（万元）	完成实绩占年预算（%）	上年同期（万元）（12 月 31 日止）	比上年增减（%）	比上年增减金额（万元）
基金类收入合计	45600	785.75	45066.07	98.83	102496	-56.03	-54770
其中：墙体材料专项基金收入	150	—	78.15	52.10	206.0	-62.06	-128
国有土地使用权出让金收入	41100	-2859.67	39185.95	95.34	92783	-57.77	-53597
城市公用事业附加收入	450	—	459.92	102.20	411.0	11.90	49
国有土地收益基金收入	1900	1990.74	1990.74	104.78	4998.0	-60.17	-3007
农业土地开发资金收入	—	346.14	346.14	—	—	—	—
城市基础设施配套费收入	—	1325.74	1343.67	—	—	—	1344
水土保持补偿费收入	—	-17.20	220.11	—	—	—	220
污水处理费收入	—	—	1186.91	—	—	—	1187
其他政府性基金收入	2000	—	254.48	12.72	1092.0	-76.70	-838
地方教育附加收入	—	—	—	—	1217	—	—
育林基金收入	—	—	—	—	1121	—	—
地方水利建设基金收入	—	—	—	—	564	—	—
残疾人就业保障金收入	—	—	—	—	104.0	—	—
财政收入、基金收入总计	190600	20028.0	192117.4	100.80	226512	-15.18	-34395
个人所得税	5600	492.28	5193.12	92.73	4685	10.85	508
企业所得税	19333	2028.37	18834.77	97.42	16740	12.51	2095
营业税	29167	3472.72	28565.13	97.94	26923	6.10	1642
增值税	23971	2050.42	22735.65	94.85	24421	-6.90	-1685

注：①公共财政预算收入合计 = 本级税收入 + 非税收入；②财政收入合计 = 公共预算收入合计 + 上划收入合计

国家税务

【概　况】 2015 年，桂平市国家税务局内设 9 个行政机构、1 个直属机构、1 个事业单位和 5 个派出机构，在职干部职工 149 人，管辖纳税人 1 万多户。全年组织税务总局考核口径税收收入 40086 万元，同比增收 1165 万元，增长 2.99%；组织桂平市政府考核口径税收收入 35046 万元，同比增收 732 万元，增长 2.13%；减免退税 7693 万元。

【加强税收执法管理】 认真落实税务行政审批制度改革，全面清理行政审批事项。严格执行税收执法权力清单制度，对全部涉税审批事项的条件、流程、时限进行公开，利用现代化手段及时将有关审批事项的进度通知纳税人。对造船、陶瓷、房地产、金融、砖厂、疑点企业和个体“双定”户等 27 个行业进行税收清理检查。2015 年，桂平市国家税务局获“贵港市第四批依法行政示范单位”称号。涉税投诉、涉税争议、涉税行政复议、涉税行政诉讼、涉税大要案件等均零发生。

【税务稽查成效明显】 2015 年，桂平市国家税务局共立案检查各类纳税人 8 户，结案 6 户，督导纳税人自查 242 户，累计查补入库税收 1806 万元，同比增收 135 万元，增长 8%，选案准确率、结案率、税收违法案件平均处罚率均为 100%。

【纳税服务不断优化】积极抓好全国县级纳税服务规范推行工作，纳税人报送的资料、办税时间平均减少35%以上，即办事项增加50%以上，其中备案类事项可以全部在办税服务厅即时办结。积极推行办税“免填单”服务，简化办税手续，提高办税效率。充分利用“办税便利通”、网站、QQ群等平台，实现便民办税新常态。全面推行增值税发票系统升级版、金税三期优化升级版、纳税服务规范、办税便利通等各类信息系统上线和技术保障任务。共推行增值税发票系统升级版1116户。9月1日，金税三期工程优化版成功上线，至年底，共办理19.56万笔业务。积极推进纳税人信用等级评定工作，共评出2014年度纳税信用A级纳税人140户。

地方税务

【概　况】2015年，桂平市地方税务局（简称市地税局）机关共设7个股室，下辖派出机构税务所2个、税务分局16个，在职干部职工196人，管辖桂平市辖区及26个乡镇地方税纳税户4027户（家）。其中：国有企业72家，集体企业61家，股份合作企业11家，联营企业2家，股份公司1629家，私营企业442家，其他企业93家，个体工商户1532户，外商投资企业7家，港澳台投资企业8家，非企业单位170家。

全年地税部门组织各项地方收入9.35亿元，同比增收1.58亿元，增长20.34%。实现本级收入（不含金融保险营业税、工会经费）8.8亿元，增加1.72亿元，增长24.24%；实现公共财政预算收入（不含文化事业建设费、防洪保安费、地方教育附加、工会经费和残疾基金）9.1亿元，增加1.57亿元，增长20.89%。

【地税收入特色明显】一是收入规模实现新突破。组织收入9.35亿元，首次突破9亿元大关，增收总量和增幅均排在贵港市第一位。二是地税收入出现新常态。作为地税收入的最大行业房地产业，因去库存能力较差，减收较大，采矿业和制造业因经济下行无法扭转下滑趋势，住宿、餐饮、娱乐和服务业减收持续，但地税收入依靠重大项目的支撑和行业规范化管理推动小税种的强劲增长，出现逆难而上、高速增长的新常态。三是地税收入增收集中重大项目。大藤峡水利枢纽工程、贵梧高速和南广高铁3个重大项目入库2.56亿元，占全市地税收入的28.16%，增加2.18亿元，占全市地税收入增收额1.57亿元的138.8%。四是重点税源企业税收减收较大。受房地产业和电力行业税收减收影响，126家列入自治区局重点监控的企业入库3.81亿元，减收0.59亿元，下降13.4%。五是工业集中区税收入库所占比重较小。工业集中区企业受国内外经济因素影响，订单大幅减少，企业效益下降，入库税收大幅减少，税收入库2683万元，下降18.03%，在全市地税收入所占的比重仅占2.95%。其中：长安工业园入库2019万元，下降14.23%；龙门工业园入库482万元，下降20.85%；木乐工业园入库182万元，下降41.29%。

【加强重点税源监控】2015年，市地税局加强重点税源、重点行业和重大项目税收管理，成立了重大建设项目税收政策服务领导小组，完善税源档案管理、信息交换、定点联系、纳税服务、问题提醒等制度，对重大建设项目负责人、财务人员进行一对一的税收政策宣传和纳税辅导，提供优质的税收服务。加强126户重点税源企业监控，入库税收3.81亿元；加强重大项目税收管理和服务，对60个重大项目逐个落实专人进行跟踪管理，全年入库税款2.5亿元，同比增收1.5亿元，增长150%，占全市地税收入总量的26.73%，其中，大藤峡水利枢纽工程全年入库近1.8亿元，占全市地税收入的19.25%。

【强化税收征管】2015年，市地税局对制砖、石灰石开采、沙石场和造船等行业开展税收征管专项整治活动，清理入库税款973万元，增长137%，其中，采石行业入库426万元，增长7倍多。做好贵港市地税局“金税三期”试点及系统上线运行工作，顺利完成数据迁移、业务测试、双轨试运行和单轨实施等各阶段工作任务。组织开展第24个税收宣传月活动，举行“新常态·新税风”税收宣传志愿服务活动暨税收宣传月启动仪式，创建“桂平地税”微信公众号，开展“税法宣传大篷车”“税收知识进微企进房企”等活动，发放税收宣传手册、资料及印刷品23000份。开展土地增值税清算，全年清算入库8家企业10个项目土地增值税3100万元。强化欠税清理，对欠税企业采取集中约谈和上门约谈方式督促清欠，下达责令限期缴纳通知书，依法对部分欠税企业采取税收保全措施、税收强制措施，公告、曝光欠税户5户，查封3户，拍卖1户，全年清理追缴入库欠税6400万元。

【加强纳税评估】 2015年，为适应稽查管理体制改革后税收征管与稽查业务衔接与协作需要，市地税局对纳税评估工作作出重大调整，设立专职纳税评估机构——纳税评估中心，制定《桂平市地方税务局纳税评估业务操作规范（试行）》，全年评估重点业户42户，通过纳税评估处理税款（费）1.1亿元；督促纳税人自查申报入库税款2200万元；深入开展税收评估，为税务稽查输送案源，协助玉林地税稽查局化解稽查积案9件，入库税（费）款、滞纳金、罚款共计957.3万元；对市区内行政事业单位进行税收专项清理，清理行政事业单位5户，补缴税（费）金额80.7万元；联合市国税局进驻2户纳税企业开展纳税评估，评估申报地方税收980万元。

【推进法治建设】 2015年，市地税局开展“问题整改年”“积案化解年”活动，强化执法素质，提高依法行政水平。贯彻《广西壮族自治区税收保障办法》和《税收规范性文件制定管理办法》，推行税务行政处罚权力清单制度，规范税收执法文书、进户执法工作，开展法治税务示范基地建设。强化税收执法监督，健全税收执法风险内控机制，加强对执法权力运行中的重点环节、重点岗位、重点人员执法风险的防范，聘请6名特邀监察员对市地税局及其执法人员履行职责、廉洁勤政和贯彻执行税收法律、法规、政策等情况实施监督。设立法律顾问室，聘请法律顾问为重大政策措施和规范性文件制定、重大涉税案件等提供法律咨询、论证服务，解决日常工作中行政管理和税收执法的难点疑点问题，从源头防范和化解涉税风险。严格执行减免税集体审批和重大税务案件审理制度，简化审批流程，推进案件审理制度化、规范化。规范税务行政处罚裁量权行使，严格执行《税务行政处罚裁量基准》规定，组织开展行政执法案卷评查。2015年，市地税局被自治区地税局命名为“广西地税系统第一批法治税务示范基地”。

【优化纳税服务】 2015年，市地税局结合开展“便民办税春风行动”活动，全面贯彻落实《全国县级税务机关纳税服务规范》。规范6大项128个事项的办税流程，将41项税务行政审批事项统一由后台前移至办税服务厅办理，实现并提供115项业务、53种表单“免填单”服务，全年办理免填单业务15103件，对48项办税业务实行即时办结、28项办税业务限时办结，每项业务平均提速半天以上。实行“先批后审”“先办后审”，将涉税咨询、登记、发票、申报、审批、投诉六个方面部分涉税事项审批下放到办税服务厅办理，明确职责、时限，简化整合办税服务厅涉税事项流程。推行“网上税务局”“电子税款”结算、发票真伪查询、自助办税、财税库银、免填单、24小时自助办税服务等，网上税务局注册用户2450户，网上申报26119户次，网上申报缴纳税款3.5亿元。实行纳税人税务登记、申报征收、门征代开发票等5大类涉税业务“同市通办”。推进“三证合一”和“一照一码”。全年贯彻落实税收优惠政策，共减免4643万元税款，其中减免企业所得税386万元、车船税228万元、契税2168万元、印花税68万元、城镇土地使用税34万元，满2年住房减免营业税253万元，对涉农金融机构减免960万元，落实小微税收优惠减免营业税546万元。

2015年桂平市重点税源企业分行业

表6

行　业	户数（户）	2015年（万元）	同比增减数（万元）	同比增减（%）
房地产业	29	16998	-4934	-22.50
建筑业	19	6001	631	11.75
电力、热力、燃气及水生产和供应业	3	1488	-1682	-53.06
金融业	23	8220	1215	17.34
采矿业	3	97	-295	-75.26
制造业	19	1402	-487	-25.78
住宿、餐饮和娱乐业	4	208	81	63.78
服务业	3	95	-90	-48.65
“营改增”行业	7	423	-1040	-71.09
其他行业	16	3213	699	27.80
合　计	126	38145	-5902	-13.40

2015年桂平市地方税收收入统计表

表7

指　标	年度累计（万元）	同比增减数（万元）	同比增减（%）
收入总计	93532	15809	20.34
税收收入合计	88785	15440	21.05
营业税	33476	2154	6.88
企业所得税	7059	-2222	-23.94
个人所得税	5193	508	10.84
资源税	1077	-383	-26.23
城镇土地使用税	1623	631	63.61
城市维护建设税	3676	-172	-4.47
印花税	724	199	37.9
土地增值税	7954	2127	36.5
房产税	1557	377	31.95
车船税	1132	232	25.78
耕地占用税	18611	13812	287.81
契税	6703	-1823	-21.38
税务罚没收入	362	277	325.88
教育费附加收入	1828	5	0.27
文化事业建设费收入	16	-35	-68.63
水利建设基金	696	110	18.77
地方教育附加	1187	-26	-2.14
工会经费	594	31	5.51
残疾人就业保障金	64	7	12.28

金　融

【概　况】2015年，桂平市金融业继续贯彻落实国家稳健货币政策，加大金融对实体经济的支持，降低融资成本，服务“三农”金融资源配置，促进经济结构调整，加大金融基础设施建设，推进社会信用体系建设，金融生态环境有效改善。辖区经济运行态势良好，国民经济总体保持平稳发展。截至年末，桂平市金融机构有：中国人民银行1家，银行业监督管理机构1家，政策性银行1家，银行业金融机构9家，保险业机构12家，证券机构1家。

银行业。2015年，桂平市辖区金融机构网点127个，从业人员1290人。至年末，辖区银行业金融机构本外币各项存款余额305.07亿元，比年初增加25.1亿元，增长8.96%同比少增加6.94亿元，增幅同比低3.96个百分点。全年存款呈如下特点：

1. 非金融企业存款增长强劲，增幅同比上升。2015年年末，非金融企业存款余额23.34亿元，比年初增加5.34亿元，增长29.68%，同比多增加6.9亿元，增幅同比高37.66个百分点。

2. 住户存款稳步增加，增速同比减缓。2015年年末，住户存款余额243.35亿元，比年初增加26.11亿元，增长12.02%，同比少增加0.99亿元，增幅同比低2.28个百分点。住户存款增速同比减缓的原因主要是2015年银行理财产品利率较高，种类多，居民投资理财趋向增多，分流部分储蓄存款。

3. 广义政府存款大幅度下降。2015年年末，广义政府存款余额37.97亿元，比年初减少6.27亿元，下降14.17%。该项存款下降的原因主要是：一是年末实现地方工程进度拨款、发放工资等各方面支付超10亿元；二是根据地方财政资金管理相关规定上划区财政厅5亿元。

4. 大部分金融机构存款增长。2015年年末，辖内银行存款农发行和建行存款下滑，其余增加。其中四大国有商业银行存款余额平均增长3.05%，两家法人机构平均增长21.45%，邮政储蓄银行增长5.14%。北部湾银行增长33.22%。

各项贷款保持增长，贷款增速增量低于贵港、广西及全国平均值。2015年年末，全市金融机构贷款余额151.25亿元，比年初增加17.47亿元，增长13.05%（贵港9.05%，贵港三区3.86%、平南20.16%，广西13.29%，全国14.25%）。各项贷款余额占贵港辖区贷款余额的25.35%，同比高0.9个百分点。贷款增加额占贵港辖区贷款增加额的35.28%，同比高11.61个百分点。

5. 各金融机构贷款持续增长。2015年年末，全市各金融机构新增贷款17.47亿元，增长13.05%。其中北部湾银行、村镇银行、邮储银行、中行和信用社贷款余额增幅较大，分别增长95.56%、61.83%、40.16%、38.55%、15.5 %；信用社、中行、村镇银行增量较大，分别增加 10.4 亿元、3.52 亿元、2.13 亿元。

6. 住户贷款增长较快，非金融企业及机关团体贷款增速趋缓。2015 年年末，住户贷款余额 79.06 亿元，比年初增加 10.81 亿元，比年初增长 15.84%，其中以住房按揭贷款为主的个人消费贷款余额 45.48 亿元，比年初增加 8.09 亿元，增长 21.64%，同比多增加 2.93 亿元。非金融企业及机关团体贷款余额 72.20 亿元，比年初增加 6.65 亿元，增长 10.15%，同比少增加 1.73 亿元，增速同比低 4.85 个百分点。

7. 信贷结构进一步优化，支持实体经济发展作用明显。2015 年，桂平市金融部门认真执行国家经济政策和货币信贷政策，优化信贷结构，大力支持“三农”和中小微企业等实体经济发展，着力满足个人消费贷款需求。一是大力支持“三农”发展。年末，涉农贷款余额达 117.17 亿元，占全部贷款比重 77.47%，比年初增加 11.82 亿元，增长 11.22%。二是继续对企业发展提供支持。年末，企业贷款余额 72.20 亿元，比年初增加 6.65 亿元，增长 10.15%。企业贷款余额占全市各项贷款余额的 47.74%。三是满足个人消费贷款需求。年末，个人消费贷款余额 45.48 亿元，比年初增加 8.09 亿元，增长 21.64%。

8. 存量存贷比略有上升，新增贷存比大幅上升。2015 年年末，全市人民币存量贷存比达到了 49.58%（贵港 61.21%，贵港三区 71.55%、平南 55.68%），比年初上升 1.79 个百分点。新增贷存比 69.59%（贵港 73.55%，贵港三区 48.04%、平南 117.53%），同比上升 20.19 个百分点。

受经济下行影响，企业经营困难，流动性不足，不良贷款增加。2015 年年末，全市不良贷款余额 3.87 亿元，比年初增加 0.45 亿元。不良贷款率 2.56%，与年初持平。不良贷款主要集中在批发和零售业、农林牧渔业、制造业和建筑业等行业。

全市银行业金融机构中间业务收入 7236 万元，比上年增加 190 万元，增长 2.7%。

保险业。2015 年，桂平市保险主体公司有 12 家，其中财产保险公司 8 家，人身保险公司 4 家。全市保险机构保费收入 52175 万元，比上年增加 17530 万元，增长 50.6%。其中中国人寿保险股份有限公司桂平支公司总保费收入达 2.082 亿元，获 2 亿元标杆县奖。

证券业务。2015 年年末桂平辖区依然只有国海证券一家证券机构。证券业务全面增长，开户 2145 户，比上年增加 1688 户；成交额大幅攀升，达 185 亿元，比上年增加 120 亿元，增长 184.6%；证券业利润达 2533 万元，比上年增加 1427 万元。

2015 年 11 月 12 日，由全部银行业机构、证券公司及部分保险机构代表组成的桂平市金融工会联合会隆重成立并召开第一次会员代表大会，这是广西首家由县市级人行牵头组建的金融工会联合会。

主要银行金融机构

中国人民银行桂平市支行

【货币政策实施】 2015 年，中国人民银行桂平市支行落实国家稳健货币政策，传导政策信息，完善监测分析体系。利用再贷款政策工具，调控辖区地方法人金融机构的信贷投放和节奏。辖区金融机构加强对实体经济及涉农信贷的支持力度，推进民贸民品优惠贷款政策，支持地方民族企业发展。推进村镇银行等新型农村金融机构的发展；推进就业小额担保贷款政策的实施；围绕“三权”（土地承包经营权、农民住房财产权、林权）抵押贷款试点；加快农村金融产品创新和服务方式创新。年末，人行桂平市支行办理人民币银行结算账户行政许可业务，共办理核准类账户 1519 户；各金融机构通过账户管理系统办理单位报备类账户 8586 户，个人银行结算账户 2587210 户。

【加强金融稳定】 2015 年，中国人民银行桂平市支行根据上级行《金融业重大事项报告制度》的精神，引导和协助金融机构防范和化解事件可能引发的风险，有效维护辖区金融稳定。强化对非金融机构、民间借贷等融资活动可能引发风险的监测，及时报告高利贷、非法集资、企业资金链断裂等风险事件，对各类金融风险隐患做到早发现、早提示，推动风险早处置。配合 2014 年桂平市防范打击非法集资领导小组开展现场宣传教育活动，宣传普及与非法集资相关的金融知识，向民众介绍非法集资的特征、表现形式和常见手段，提高民众的识别能力。重点关注金融风险事件，做好辖区经济金融形势问题的反馈。

【社会信用体系建设】 2015 年，人行桂平市支行加大信用体系建设，受理企业信用报告查询 94 次，受理个人信用报告查询 3832 人次，受理个人信用报告异议处理申请 12 户。做好机构信用代码在应用范围和应用深度的推广，探索推动机构信用代码在人民银行、金融机构业务、社会信用体系建设等领域的使用，并逐步从银行业向证券业和保险业拓展，将机构信用代码建设成为覆盖全社会的机构“经济身份证”。积极创建信用乡村，营造鼓励诚实守信的社会氛围，全市共评定出社坡、紫荆、油麻等“信用乡（镇）”3 个，评定出“信用村”43 个，评定出“信用农户”57323 个。

【金融消费权益保护】 2015 年，人行桂平市中支加强辖区金融消费权益保护工作管理，印发《桂平市人民银行系统处理金融消费投诉暂行办法》《桂平市金融消费权益保护工作评估办法（试行）》等制度，完善金融投诉处理流程和辖区人民银行系统消费者投诉管理制度，保障金融消费者合法权益。

2015 年桂平金融机构本外币存贷款情况表

表 8　　单位：万元

项　目	余　额
一、各项存款	3049599.76
（一）境内存款	3049080.71
住户存款	2433536.37
非金融企业存款	233362.99
财政性存款	30160.13
机关团体存款	349522.41
非存款类金融机构存款	2498.82
（二）境外存款	519.05
一、各项贷款	1512534.38
（一）境内贷款	1512527.89
1. 住户贷款	790556.90
2. 非金融企业及机关团体贷款	721971.00
（1）短期贷款	460760.80
（2）中长期贷款	242315.00
（3）票据融资	18895.19
3. 非存款类金融机构贷款	
（二）境外贷款	6.49

中国农业发展银行桂平市支行

【概　况】 1997 年 3 月成立，至 2015 年年末，正式员工 15 人。各项贷款余额 51028 万元，其中：粮棉油购销储备贷款 19788 万元；短期贷款 21240 万元；中长期贷款 10000 万元。各项存款 7080 万元。

中国工商银行股份有限公司桂平市支行

【概　况】 2015 年，中国工商银行桂平市支行辖内支行有营业部、桂南支行、光明支行、西山支行、新区支行营业网点共 5 个，员工 70 人。全年信贷总投放 84348 万元。12 月末，本外币各项存款余额 15.92 亿元，各项贷款余额为 16.19 亿元。年末不良贷款率为 0.1%，信贷资产质量优于行业平均水平。

2015 年，中国工商银行桂平市支行根据工总行行业信贷政策导向，加强行业信贷投放监测引导，促进积极进入类行业贷款增长，严格控制谨慎进入类行业贷款增速，压缩限制进入类行业贷款。2015年主要以房地产开发项目为重点，与当地房地产开发商建立长期合作关系，力促个人住房贷款快速发展，同时扩大个人经营、个人消费贷款和银行卡分期付款业务规模。年末，个人贷款余额10.09亿元，比年初增加0.59亿元。

2015年，工行桂平市支行持续关注财政、社保等重大项目动态，随着人社部民生领域服务推出金融社保卡项目建设及当地社保“五险合一”项目建设的推进，借县级社保机构重组契机，与当地人社局建立新的合作关系，社保基金账户成功落户该行。年内，通过与市政府、市财政局、人民银行在三方对接，成功开通财政集中支付业务，实现财政支付在工行桂平市支行的重大突破。

桂平市农村信用合作联社

【概　况】 2015年年末，桂平市农村信用合作联社内设办公室、人力资源部、计划信贷部、资产风险管理部、市场开发部、财务电脑部、法律合规部、稽核审计部、监察室、安全保卫部10个业务管理部门，下辖66个对外营业网点，包括一个营业部、30个信用社和35个分社；其中城区网点15个，乡镇网点51个，同时在各村屯设立安装有“桂盛通”POS机的便民服务点380个，是桂平市唯一实现营业网点乡镇全覆盖，金融服务行政村全覆盖的银行业金融机构。在岗从业人员603人。资产总额136.3亿元，负债总额129.24亿元，所有者权益7.06亿元；各项存款余额126.67亿元，各项贷款余额77.53亿元；当年财务总收入6.46亿元，财务总支出5.26亿元，实现账面利润1.2亿元。

【存款业务】 各项存款余额126.67亿元，其中，对公存款27.12亿元，储蓄存款99.55亿元，各项存款存量市场份额、增量市场份额均为同业第一。存量市场占有率42.50%，增量市场占有率117.71%，分别比上年上升2.65%、29.19%。存款余额在全区91家农村合作金融机构中居第6位，是11家存款超100亿元的农村合作金融机构之一，2015年9月被自治区农村信用社联合社授予“十年改革发展存款超百亿元奖”。

【贷款业务】 2015年年末，各项贷款余额77.53亿元，其中：涉农贷款余额72.93亿元，占贷款总额的94.07%，小微企业（包含个体工商户）贷款余额52.3亿元，占贷款总额的67.45%，贷款投向重点支持带动效应突出的农业产业化龙头企业，发展现代农业经济；支持农村居民适度集中居住的新型社区建设；支持农村道路、农田水利、电网改造等农村基础设施建设。并重点加大对市辖内长安、龙门、木乐三大工业园区的支持力度。继续加大小微企业信贷扶持力度，优先满足当地小微企业有效信贷资金需求。

年内，着力推广公务员信用消费贷款，放宽了辖区公务员、国有企（事）业单位员工信用贷款条件、增加了信用贷款额度，积极向讲信用、收入稳定的公务员、国有企（事）业单位员工发放消费信用贷款。

持续开展“阳光信贷”业务，实行贷款“三上墙六公开”，设立反腐倡廉“高压线”警示牌，并配备了支农联络员，扩大农户贷款覆盖面，改善农村信用环境，着力解决“农民贷款难”问题。同时，创新小微企业贷款抵质押方式，在提升风险管理水平的前提下，拓宽小微企业融资服务渠道，通过抵押担保方式创新如收费权质押、企业经营权质押、农副产品质押、商标权抵押、林权抵押、土地承包经营权抵押等多种方式为小微企业提供信贷支持，2015年年末创新担保方式贷款余额20643万元，累计受益企业15家、受益农户31户。

【普惠金融】 至2015年年末，已在全市380个行政村的小商铺、小卖部、杂货店等农户日常消费密集的场所，设立便民服务点380个，安装“桂盛通”POS机，可为农村群众办理缴费、查询、小额取现、小额存现、转账汇款等业务，有效改善了农村金融支付结算环境，实现了“助农取款服务”村村通。2015年，新增了桂平市浔州高中、西山御府、桂平市文化馆3个离行式自助服务点，离行式自助服务点总量达6个；当年新增自助设备12台、新增桂盛通户25户、新增网银用户581户、手机银行1239户。开展“五个挺进”拉近与社区居民距离。以春节前大批外出人员返乡为契机，深入校园开展“农信之春”迎春晚会、在桂平火车站开展“情暖回乡路”金融公益宣传及赠送春联活动；以基层社为单位，采取进村入户，与居民、商户进行“零距离”接触等方式，针对不同的群众需求推介金融业务知识和系列优惠政策，以及桂盛卡、手机银行、网上银行等电子银行便利业务。以“美丽广西·清洁乡村”活动的开展为契机，与桂平市“美丽办”合作，赞助市“美丽办”制作“美丽桂平·生态乡村”宣传标语牌2000块，引导村民自觉讲卫生、比清洁、爱护公共卫生环境。

【金融扶贫】 提高金融扶贫精准度，扶持贫困农户脱贫。根据市扶贫办提供的已建档立卡的贫困农户清单，对有劳动能力、有致富愿望、有贷款意愿、有收入保障、信用观念好、遵纪守法好，

为推进金融知识进村入户，丰富广大群众的文化生活，2015年2月16日，桂平联社在社坡镇第三中学举办“农信之春”迎春晚会，晚会上演受到当地群众的热烈欢迎

2015年11月4日，自治区信用联社理事长韦家干（左三）到桂平市信用联社调研，桂平联社理事长陈锡忠（左一）向韦理事长介绍桂平联社情况

并参与扶贫产业开发或自主选择了较好的小型生产经营项目（即“四有两好一项目”），全面进行评级授信，建立信用档案，给予信贷扶持。同时，制定了《桂平市农村信用合作联社贫困农户小额信用贷款评级授信管理暂行办法》，下调贫困农户评级授信标准，提高授信额度，把更多有需求、符合条件的贫困农户纳入评级授信范围。同时，号召干部员工发扬扶贫帮困精神，捐款助力扶贫攻坚，于2015年10月19日开展“奉献爱心、帮贫济困”爱心募捐活动，共捐款60543元，用于帮扶贫困村、贫困户。

中国银行股份公司桂平支行

【概　况】 2015年，中国银行股份公司桂平支行设置2部1室（营业部、业务发展部、办公室），营业网点4个（本部储蓄专柜、人民路支行、商贸城支行、糖厂路支行），自助银行7个，其中4个分别依附于4个营业网点；3个为离行式自助银行（市人民医院、桂南路、明珠广场自助银行）。在职员工66人。该行业务品种有：对公存款、储蓄存款、信用卡、代发工资、保险、基金、理财、贵金属销售、金融消费、爱家分期、公司贷款、零售贷款、小微企业贷款、消费贷款等。2015年，中国建设银行股份公司桂平支行党支部被中国银行股份有限公司广西壮族自治区分

行授予“先进基层党组织”称号。

【存款业务】 年末存款余额22.9亿元，比上年增加2.1亿元，增长10.6%。

【贷款业务】 年末贷款余额12.6亿元，比上年增加3.5亿元，增长38.5%。资产质量优，不良贷款比率0.07%。

中国建设银行股份有限公司桂平支行

【概　况】 2015年，中国建设银行桂平支行内设部门3个，机构网点3个，在岗员工41人。经营产品有清算网络、房地产金融、银行卡、个人消费信贷、个人电子汇款、个人理财、网上银行、手机银行等。拥有“建行金”“乾元”“利得盈”“E路通”“E贷通”“快贷”“百易安”“助保贷”等品牌。主营业务收入5802.85万元，全年实现利润4498.26万元。全口径存款余额13.45亿元，各项贷款余额10.11亿元，新增0.18亿元。中间业务收入851.33万元。桂平支行党支部分别荣获2015年度“中国建设银行先进基层党组织”“建行广西区分行先进基层党组织”称号。

【个人业务】 年内，完成代发工资、信用卡、专项分期等重点产品任务；提高保险、基金等产品质量。加强渠道建设，强化客户体验，发挥网点、设备、电子三大渠道的作用。优化网点布局，新增离行自助服务区1个；助农取款服务点2个，城区网点附行式及离行式自助设备22台，实施金库集中供钞；开通全辖自助设备（CRS）12台现金循环功能；实现浔州高中校园一卡通项目上线；大力推进装修分期、汽车分期业务。

【信贷业务】 开展“信用贷”“税易贷”“善融贷”“创业贷”和“结算透”等产品业务；成功开展评分卡信贷业务等多项创新业务，成功与核心企业广西扬翔股份有限公司搭建供应链贷款平台，2015年共为扬翔公司下游经销商发放12笔贷款，共计240万元。大力支持中小企业发展，2015年共发放中小企业流动资金贷款24220万元。并且为桂平西山风景名胜区发放固贷2600万元，支持本市旅游业的发展。同时，作为国务院批准确定的流域防洪控制性枢纽工程的大藤峡水利枢纽项目，共向金融机构申请银团贷款173.6亿元，作为贷款行之一，中国建设银行占有贷款额度中的30亿元，其中，桂平建行已为其发放3225万元贷款。桂平支行也加大个贷业务的发展力度，与多个楼盘建立良好合作关系，投放9621.1万元个人住房贷款，个贷余额突破6亿元大关，达到6.046397亿元。

【风险防控】 稳健推进信贷结构调整，加强信贷风险和操作风险管理，健全内控和案件防范长效机制，各项业务稳健运行。

广西北部湾银行股份有限公司桂平支行

【概　况】 2015年，广西北部湾银行股份有限公司桂平支行设营业网点、离行式自助银行各1间，24小时自助服务机器6台，有员工12人，其中正式编制员工11人，劳务派遣员工1人。设主持全面工作的副行长1名，分管副行长1名，辖综合部、业务部和营业部三个职能部门。

截至2015年12月31日，该行存款余额25433万元，比年初增加7000多万元，增幅39%。其中公司存款10901万元，储蓄存款14532万元，开办业务种类有人民币活期、定期、通知存款等品种。贷款余额12278万元，其中公司贷款2950万元，个人经营贷款1290万元，个人住房贷款8038万元。

广西桂平桂银村镇银行股份有限公司

【概　况】 广西桂银村镇银行是由桂林银行作为主发起行，经中国银监会批准成立的一家具有独立法人资格的银行业金融机构，注册资金人民币5000万元。广西桂平桂银村镇银行于2012年1月6日挂牌营业，按照“立足城乡、服务三农、支持中小企业和个体工商户”的市场定位，面向农村、农户和农业经济组织，大力支持中小企业和个体工商户的发展，以打造“桂平人民自己的银行、中小企业伙伴银行”为目标，为桂平社会经济发展服务。2015 年，广西桂平桂银村镇银行内设信贷业务部、微贷部、财务会计部、风险管理部、个人金融部、办公室 6 个工作机构。下辖 8 家营业网点（总行营业部、木乐支行、商贸城支行、三千城支行、郁江西路支行、金田支行、蒙圩支行、南木支行）和 2 个社区自助银行网点（国贸自助银行、郁江东路自助银行）。有员工 112 人。截至年末，各项资产总额 117933 万元，存款余额 10.30 亿元，贷款余额 5.56 亿元，上缴各项税费 494 万元，实现利润 624 万元。监管评级达到三级 A 类行。

2015 年，继续加大对农业、农民的信贷支持，新增“涉农”贷款 662 笔 5.27 亿元。年末，涉农贷款余额 5.41 亿元，占比 97.22%，户均 89.13 万元，同比增 2.07 亿元，增幅 61.94%，高于各项贷款平均增速（61.83%）0.11 个百分点。其中农户贷款 4.77 亿元，占贷款总额 85.75%，农户贷款数占总贷款户数的 83.24%；小微企业贷款余额 4.89 亿元，户均 103.99 万元。小微企业贷款增速（64.48%）高于各项贷款平均增速（61.83%）2.65 个百分点，小微企业贷款户数余额（470 户）高于去年同期小微企业贷款户数（350 户）120 户，小微企业贷款申获率（83.66%）高于去年同期小微企业贷款申获率（83.06%）0.6 个百分点，实现监管部门“三个不低于”的监管目标；单户最大贷款 500 万元，单户最小贷款 2 万元，符合单户比不得高于 10% 的监管要求，有效地发挥金融“支农”“支小”作用。

在原有贷款品种基础上，推出了接易贷、快捷贷、船舶贷、微小企业贷款、个人汽车贷款、一手房按揭贷款、小额农户信用贷款、银行承兑汇票等信贷产品，以高效、快捷、便利的服务方式，为中小企业、个体工商户和农村经济的发展提供信贷资金支持。全年发放贷款 5.38 亿元，年底贷款余额 5.56 亿元，同比增加 2.13 亿元，增幅 61.83%。

2015 年，在国内外经济下行的大环境下，桂平桂银村镇银行调整经营思路，以“个金业务发展”为中心，加强营销团队建设、拓宽宣传渠道。以全年各节假日为契机，开展丰富多彩节日主题营销活动，带动业务发展，提高群众认可度；响应上级监管部门号召，积极开展小微企业金融服务宣传月、反假币金融知识宣传、消费者保护权益保护宣传以及金融知识万里行送金融知识下乡等行业主题活动，提升品牌认可度。积极创新拓展系列活动，如小小银行家、养生沙龙座谈会、企业家联盟座谈会、信贷知识座谈会。参与各类公益活动，春节期间开展“送服务进车站”，给回家过年的市民免费提供候车的地方还有热水。慰问贫困学生、爱心捐助等，收到良好的社会效应，努力提高品牌影响力。

桂平桂银村镇银行不断健全内控管理体系，完善制定各项规章制度。定期组织内控学习，全力防范操作风险，加强信贷风险管控，强化安全保卫和信息科技安全生产工作，开展各项案件防控工作，签订案件防控目标责任书和安全保卫责任书，明确责任和义务，层层落实。共组织开展了 2 场全行案防警示教育培训，2 次全行员工思想排查，4 次内控检查及 4 次安全检查工作。通过检查，起到监督指导的作用，提高了员工的思

桂平桂银村镇银行开展反假币金融服务宣传活动

想觉悟和案件风险防范意识。通过多种措施对信贷资产进行风险管控，截至2015年年末，桂平桂银村镇银行信贷资产质量良好：正常类贷款余额55420.82万元，不良贷款余额为223.58万元，不良贷款率仅为0.4%。

桂平桂银村镇银行开展“金融知识进校园”活动

中国邮政储蓄银行桂平市支行

【概　况】 2015年，中国邮政储蓄银行桂平市支行内设3个部门，共有营业网点22个，金融从业人员311人。主营业务有三大类：个金业务、信贷业务、公司业务。

该行积极践行“普惠金融”责任，不断深化改革，加快转型，稳健经营，各项业务总体发展态势良好。截至年末，各项存款余额53.51亿元，各项贷款总额3.42亿元。

【业务发展亮点】 一是贷款投向主要用于支持本地特色行业发展。如种养殖业、服装加工业、内河船舶运输业等，贷款对象主要为“三农”、个体工商户及小微企业主。二是大力发展再就业小额担保贷款。为广大妇女、大学生、农民工创业提供融资服务。三是稳健控制信贷风险。加大风险客户和不良资产处置力度，加强信贷风险和操作风险管理，健全内控和案件防范长效机制，各项业务稳健发展。四是充分发挥网点、设备、电子三大渠道的作用。2015年年末，营业网点附行式和离行式自助设备共有84台，为客户提供了更多便利服务。

保　险

中国人寿保险股份有限公司桂平支公司

【概　况】 2015年，中国人寿保险股份有限公司桂平支公司全年总保费收入2.082亿元，顺利突破了2亿元大关。短险赔款支出438万元，同比增长2%；上缴各类税费295万元，同比增长60%。荣获2015年广西区分公司“2亿元标杆县奖”和全国国寿系统“实力百强县支公司”称号。

年内，该公司积极推进农村小额保险、五保、优扶、孤儿、残疾等政策性保险业务，同时发挥商业养老保险和健康保险等的保障功能，配合城镇职工、居民基本医疗保障和新农村合作医疗保障体系建设，为促进当地社会稳定、经济发展做出了应有的贡献。

中国人民财产保险股份有限公司桂平支公司

【概　况】 2015年，该公司以业务发展为主题，以合规经营为底线，以农网建设为支撑，以风险管控为手段，以政策激励为动力，以督导帮促为保障，乘势借力快发展，强化管控防风险，优化结构增效益，努力实现各业务险种平衡稳健发展。年末，累计完成保费收入5143万元，历史上首次突破5000万元大关，市场份额28.3%，居贵港地区财产保险行业第一位。综合成本率96.43%，实现保费规模与效益协同发展。共缴纳营业税268.8万元，代收车船税198.1万元，保险赔款3018万元。

年内，该公司紧紧围绕“对标市场、增量第一、问题导向、突出重点、长短结合”的工作方针，坚持“以客户为中心”的全面转型，巩固城市市场，开拓乡村领域，成功推进大病保险，努力打好对标发展攻坚战。多渠道、多形式加强服务，提升行业影响力和核心竞争力。以车险业务带动非车险业务发展；以农房保险发展的基础带动一系列政策性农业保险的发展；全面推动公司有质量有效益可持续的发展。并着重扎实推进三农保险基层服务体系建设工作，着力开展“示范镇、示范村”创建活动，巩固和提升公司在农村市场的领先地位。网点遍布桂平城乡，有3个三农营销服务部、26个三农乡镇营销服务站、128个三农乡村营销服务点。2015年金田镇三农营销服务部在总公司的考核评比中荣获了“中国人民保险示范三农营销服务部”称号，获得了“三农保险服务车”的奖励；罗播乡三农保险服务站在总公司的考核评比中荣获“中国人民保险示范三农服务站”称号，获得了“三农保险服务电动摩托车”的奖励。

深化整肃理赔队伍，提升理赔队伍遵纪守法观念；加快结案速度，梳理理赔流程各个环节，缩短内部流转时效；提高杭流系统的管理能力，推进保险送修资源的管控力度和调配功能作用；强化成本管控，推进实施人伤案件理赔服务管理新模式和非车险案件集中管控等全面降低理赔成本；继续开展车险查勘“五个一”标准化作业，加强理赔队伍理赔服务能力提升，在行业协会车险现场查勘服务测评中排名第一；加强保险反欺诈的核查工作，加强与执法部门的合作，严厉打击保险反欺诈行为，同时加强理赔环节中的材料核查工作，筛查虚假索赔材料。

中国太平洋保险（集团）股份有限公司

【概　况】 该公司是国内领先的“A+H”股上市综合性保险集团，太平洋人寿保险桂平营销服务部是该公司人寿保险的四级机构，隶属于太平洋人寿保险贵港中心支公司管辖，设有营运柜面、个人业务、服务营销、法人业务4个运营渠道，2015年有合同制员工11人，代理制营销员1036人。

太平洋寿险桂平营销服务部在售险种100多个，覆盖人寿保险、健康保险、意外伤害保险等多个领域。2015年，实现保费收入6592万元，其中新保保费收入2311万元、续期保费收入4281万元；理赔给付金额681万元，处理赔案、给付件6628件。同时，为桂平提供了595个就业岗位，为保障桂平的社会稳定和经济发展做出了应有贡献。

行政管理

发展和改革

【概　况】 桂平市发展和改革局是桂平市人民政府正科级职能部门，其职责是负责研究提出国民经济和社会发展战略、规划、年度计划，进行总量平衡、结构调整、投资管理，指导和推进全市经济体制改革。内设机构有：办公室、发展计划股、投资管理股、工业交通能源信息股、市国防动员委员会国民经济动员办公室、重大项目稽查特派员办公室。2015 年，核定行政编制 11 名，工勤编制 2 名。设局长 1 名，副局长 4 名。

【编制“十三五”规划】 2015 年，市发展和改革局根据中共桂平市委员会《关于制定国民经济和社会发展第十三个五年规划的建议》（浔发〔2016〕10 号），着手组织编制“十三五”规划工作，成立了桂平市编制“十三五”规划工作领导小组，为提高规划编制质量，通过公开招标方式，国家发改委宏观经济研究院国土和地区经济开发研究所作为桂平市“十三五”规划编制的合作研究单位。确定了桂平市“十三五”规划编制重大课题为：“十三五”时期桂平市经济和社会发展规划的各个方面研究，包括桂平市的发展定位、思路与目标研究，承接产业转移与促进产业发展研究，新型城镇化与城乡统筹发展研究，社会事业发展与社会治理研究，开放合作与体制创新研究，基础设施支撑体系建设研究 6 个专题。在规划编制工作中，强调要吃准吃透国家投资方向及产业政策，有针对性地汇总、筛选、储备、上报一批能够带动全市经济社会发展的重大项目，超前谋划和推进项目前期工作，为“十三五”发展提供强有力的投资支撑。广泛征求社会各界和专家的意见建议，召开了“十三五”规划编制调研工作启动会、桂平市“十三五”规划编制调研工作系列座谈会，加大规划编制工作的透明度和公众参与度。同时，确定了 15 个重点专项规划，分别是：桂平市工业和信息化发展“十三五”规划、桂平市农业和农村经济发展“十三五”规划、桂平市旅游业发展“十三五”规划、桂平市综合交通运输发展“十三五”规划、桂平市水利发展“十三五”规划、桂平市环境保护和生态建设“十三五”规划、桂平市国土资源“十三五”规划、桂平市科学和技术发展“十三五”规划、桂平市教育发展“十三五”规划、桂平市卫生和计划生育事业发展“十三五”规划、桂平市文化发展“十三五”规划、桂平市人力资源和社会保障事业发展“十三五”规划、桂平市扶贫攻坚“十三五”规划、桂平市安全生产“十三五”规划、桂平市食品药品安全“十三五”规划。

“十三五”规划指导思想：高举中国特色社会主义伟大旗帜，以邓小平理论、“三个代表”重要思想和科学发展观为指导，深入贯彻习近平总书记系列重要讲话精神，以“四个全面”战略布局为统领，贯彻创新、协调、绿色、开放、共享发展新理念，坚持发展是第一要务，以提高发展质量和效益为中心，以建设珠江—西江经济带重要枢纽城市为目标，主动适应和引领经济发展新常态，大力实施“东进融合”战略，着力聚焦产业攻坚，着力实现城市跨越，着力提升交通枢纽地位，加快建设富饶幸福美丽家园，加快构筑体制机制新优势，统筹推进“五位一体”建设，努力开创桂平经济社会发展新局面，奋力实现全面建成小康社会的宏伟目标。战略定位为：立足于桂平区位条件、比较优势和发展潜力，围绕打造珠江—西江经济带重要枢纽城市的总体目标，加快建设成为广西一流、粤港澳及东南亚知名的观光、休闲、度假、养生和历史文化体验的新兴旅游目的地，西江经济带综合交通重要枢纽和广西重要的现代装备制造、生物化工、纺织服装和新型建材基地。基本原则为：坚持创新发展、坚持协调发展、坚持绿色发展、坚持开放发展、坚持共享发展。发展导向为：突出城市转型提质，突出工业做大做强，突出大文化大旅游，突出大开放大合作。发展目标为：到2020年，地区生产总值达到470亿元，年均增长10.5%，人均地区生产总值达到30646元；公共财政收入达到30亿元，年均增长15.8%；科技创新对经济发展的贡献率不断提高，产业结构明显优化，三次产业比重预期为15∶54∶31。珠江—西江经济带重要枢纽城市框架基本形成。基础设施支撑能力显著提升，城市综合功能特别是要素集聚和经济辐射功能明显增强，城市建成区面积扩大17平方公里，到2020年力争达到50平方公里以上；城乡结构进一步调整，常住人口城镇化率达到60%。美丽桂平建设取得显著成效，改革开放取得重大突破，人民生活水平和质量显著提高。

【固定资产投资】 2015年，全市实施“四大工程”“三年攻坚行动计划”项目135个，以此来推动全市投资和项目建设，全年完成全社会固定资产投资217.4亿元，增长31.4%。其中，固定资产完成投资187.3亿元（城镇+农村非农户），增长29.1%。城镇投资完成181.8亿元，增长38.3%；农村投资完成35.6亿元，增长5%。

【自治区层面统筹推进重大项目及西江经济带基础设施大会战项目】 2015年，列入自治区层面统筹推进项目有4个，分别是：广西中星投资有限公司（桂平）大型农产品交易市场综合建设项目（新开工项目），项目建设内容及规划为：农产品市场交易区、冷链保鲜区、物流区、配套设施，总建筑面积59.5万平方米，总投资8亿元。累计完成投资32518万元。桂平市西山泉国际养生旅游文化综合区项目一期（续建），总投资36亿元，项目建设内容及规划为：国学养生休闲区、湿地旅游养生区、禅茶养生养老区、浔州文化旅游区、温泉会议度假区及游客集散配套区等功能建设区，总建筑面积约80万平方米，累计完成投资61497万元。广西桂平乳泉液酒业有限公司产品优化升级及易地改造项目（续建），项目建设内容及规划为：改造后年产8000吨乳泉井酒，项目总投资3.16亿元，累计完成投资25828万元。贵港港桂平港区蒙圩棉宠作业区一期码头工程项目（竣工），项目建设内容及规划为：主要建设内容为3个2000吨级多用途泊位（水工按3000吨级预留），设计年吞吐能力为328万吨（其中集装箱10万标集装箱）。项目计划总投资3.06亿元，累计完成投资5600万元，项目按计划要建3个泊位工程不能全部按时竣工，只完成了1个泊位，主要是受市场变化及运输货源影响以及建设项目中的三产用地问题没有解决，影响了建设进度，另2个泊位暂停缓建。

2015年自治区启动西江经济带基础设施建设大会战，桂平市列入的项目有3个：大藤峡水利枢纽工程、贵港港桂平港区蒙圩棉宠作业区一期工程及来宾至桂平航道工程前期工作项目。大藤峡枢纽水利工程项目主要建设内容及规模为总库容34.3亿立方米，电站装机160万千瓦，船闸通航标准按3000吨级建设，总投资357.3614亿元，2015年度计划投资42亿元，完成投资38.28亿元，累计完成投资44.28亿元。2015年主要进行船闸土石方开挖、左岸泄水坝及左岸厂房工程完成纵向围堰子堰填筑并开始纵向围堰施工。

【中央预算内投资项目】 2015年，获得中央预算内投资项目218个，年度计划投资2.67亿元，其中中央预算内资金1.92亿元，自治区资金3666万元。是年，开工建设项目189个，完成投资1.6777亿元。

桂平市发改局还依照上级有关政策，会同财政部门对中央预算内投资项目清理和资金盘活，共清理中央预算内投资项目20项，盘活资金2267万元，提出调整安排新项目29项，经市政府审查后上报自治区发改委、自治区财政厅备案。

【石漠化综合治理工程】 年内，继续推进2014年度石漠化综合治理工程项目建设。主要建设内容为：项目治理岩溶面积9平方公里，建设排灌沟渠7.07公里，总投资224万元，其中中央预算内投资200万元，自治区配套12万元，地方配套12万元。是年，项目基本完工。

【项目审批】 2015年，全年共立项审批了29个项目，计划投资10.76亿元；备案项目35项，计划投资53.81亿元。

【公车改革】 年内，市发展和改革局会同市财政局、人社局、机关事务局、审计局等部门，按照上级部署，对全市公车数量、费用、司勤人员情况进行普查，掌握了车改基本情况，制定了《桂平市公务用车改革实施方案》。12月30日，经贵港市公务用车制度改革领导小组批复而开始实施。

【稳增长政策落实】 自2015年自治区出台千方百计稳增长48条、贵港市42条政策措施后，桂平市发改局也出台了千方百计稳增长42条政策措施，以遏制经济下行，确保经济运行在合理区间。结果全市GDP增长了8%。

市国土资源局

【概　况】 桂平市国土资源局内设14个股室，直属事业单位8个，派驻乡镇国土资源所共26个，全系统在职在岗干部职工469人，退休干部职工163人。报批方面。全年获取新增建设用地指标71.30公顷。获得新权业陶瓷二期16.5096公顷、龙门工业大道8.9087公顷、太平天国金田起义博物馆11.6507公顷用地批复；大藤峡水利枢纽工程项目用地（坝区）报批工作从6月份正式启动，10月中旬报批材料上报到国土部，12月17日获得用地批复。另外，完成桂平市2015年第七（木乐污水处理厂、大洋加油站项目）、第九（兴达泡沫项目）、第十批次镇建设用地（桂东南工业品市场项目），第二（西山风情街）、第三（郁江二桥）、第四（人民医院扩建、精神病医院等项目）批次城市建设用地报批工作，材料已上报自治区国土厅。

【项目征地】 大藤峡水利工程项目在桂平市坝区征地总面积18222亩，2015年丈量公示土地12700亩，9个移民安置区已经全部确定，其中已有4个移民安置区和移民大道全部开工建设，船闸工程区域急需用地所涉及过渡搬迁的279户、1111名群众已基本完成过渡搬迁；完成木乐镇过境公路征地90亩，其他农产品交易市场项目、西山泉国际养生旅游项目等项目也按期推进。

【土地储备】 组织了招拍挂出让地块23宗，面积1442.254亩，成交价20595.5万元，协议出让供地17宗，面积24.50亩，划拨供地10宗，面积1602.2亩。

【土地整治整理】 一是马皮乡水秀村项目元月份动工，12月21日通过竣工初验，；二是整县推进高标准基本农田土地整治23个项目（含2个为民办实事项目）完成了规划设计、施工图评审、财政评审、招投标等前期工作，12月25日全部项目开工，超额完成广西国土厅“年底90%项目开工”任务。三是完成石龙、厚禄等6个乡镇共7810亩“小块并大块”项目的土地平整工作，完成第三方复核单位招投标工作，目前正在收集材料，办理资金奖补。四是开展旱地改水田情况调查摸底，积极推进石龙镇五狮村旱改水项目，该项目实施面积62.3公顷，旱改水面积57.0273公顷，11月20日开工，目前已竣工，进入工程验收阶段。五是金龙村土地整治项目，7月份恢复开工，进入了竣工验收阶段，正收集材料申请初验。六是完成南木镇珠盏村面积42.4349公顷耕地开垦项目立项，该项目投资588.71万元，实施后增可加耕地32.3288公顷，12月25日已获贵港国土局立项批复。

【地籍管理】 完成了2014年度土地变更调查工作；农村宅基地确权调查登记发证二期工程（重点区域）工作在5月中旬通过区国土厅验收，全市已确权登记发证15434宗，发证率达到了96.13%。全面启动不动产登记前期工作，成立了不动产工作领导小组，3月份向市编委办提交了不动产登记局的职能整合申请，10月21日，桂平市不动产登记局正式挂牌成立。

【土地利用】 完成桂平市基准地价数据库建设，形成新一轮土地级别与基本地价更新初步成果；积极开展国土资源节约集约模范县（市）创建活动，建设用地节约集约利用更新评价工作通过自治区的评审。全面铺开城镇存量建设用地盘活等工作，贵港市下达给桂平市的盘活存量土地任务共147.6808公顷，截至12月31日，桂平市完成盘活任务共173.2207公顷，达年度任务总量的117%。

【国土资源执法监察】 共拆除“双违”建筑123间，建筑面积1.8万平方米。集中力量打击中沙镇、油麻镇的非法开采行为，共组织了大行动3次，捣毁工棚3间，沉淀水池16只，没收用于涉嫌非法开采稀土矿用草酸、硫酸铵、碳酸氢铵共78吨，稀土矿产品4.128吨（94袋），彻底捣毁非法开采现场。立案查处11宗矿产违法案件（10宗为2014年立案、2015年结案），其中年初发生的中沙镇上冲村非法开采稀土案件，移交了公安部门处理。2014年度土地卫片执法监督检查工作，2014年度桂平市土地矿产卫片图斑1080个，经查实，属伪变化的627个，有合法用地用矿手续的80个，属违法用地用矿的373个。立案查处341宗违法用地用矿行为，复耕复绿面积81426.67平方米，通过了自治区国土资源厅和国土资源部检查验收工作。

【矿政管理】 开展桂平市第三轮矿产资源规划编制工作；全年共组织了5次矿山安全生产大检查。完成年度矿产资源开发利用检查及延续登记工作。征收矿产资源补偿费49.5966万元，采矿权价款50.5960万元；对桂平市砂石土矿产资源开发利用基本情况进行调查摸底。

【地质灾害防治】 制定了全年的防治工作方案和应急预案，落实地质灾害隐患点监测员补助经费14.25万元；全面对地质灾害隐患点进行摸底排查，对高切坡建房户进行了登记造册；组织在紫荆镇寻篷村寻篷屯开展地质灾害应急撤离演练。完成了罗秀镇中东村社坪屯、紫荆镇花蕾村新屋屯、油麻镇北佛村六屯、油麻镇北佛村瓦窑坡屯、社步镇榕罗村共5处地灾点治理工程工作；罗秀镇独堆村环塘屯地灾治理点现已进场开工；完成了紫荆镇民族初级中学滑坡、白云村白石屯不稳滑坡2处地质灾害治理工程验收工作。

【土地权属纠纷调处】 开展土地权属纠纷工作，立案调处案件共18件（其中积案5件、新排查案8件、重作案5件）；接待群众来访共43批次136人，收到来信41件（其中区厅转来10件、贵港局转来15件、贵港市人大转来2件、贵港市信访局转来1件、桂平市信访局转2件、市督办室转1件、群众来信5件），网络举报12件，已全部处理答复完毕，网络信访25件，已处理23件。

【干部队伍建设】 组织系统人员参加国土部、区国土厅、贵港市局的各类培训，并自主举办执法工作培训班。全年共举办执法监察等业务培训班三期，邀请区国土厅专业老师到国土资源局讲课，参训人员500多人次；与广西师范学院联合举办2015年领导干部业务知识培训班，共74人参加。

工商行政管理

【概　况】 2015年，按照全国工商行政管理体制调整改革要求，桂平市工商局结束了由自治区工商局16年垂直管理的状态，划归属地管理。现有行政编制180名（含局机关行政编制21名，工商所行政编制159名），其中：局长1名、副局长4名，内设机构领导职数20名，每个工商所各配所长1名、副所长1—2名。机关工勤人员控制数十名。内设机构9个，下设机构2个，辖30个工商所（其中，把原理端、中和、思宜3个工商所撤销，新组建西山风景区工商所、长安工业园区工商所、龙门工业园区工商所，其他27个工商所保留不变）。实有在职人员164名（含3名工勤人员）。

年内，桂平市工商行政管理局全市企业在业累计4732家，其中外资企业32家、私营企业3731家，内资企业注册资金179728.6011万元、私营企业注册资金1151932.5580万元；个体工商户在业累计19973户，从业人员72134人，注册资金185441.6369万元；农民专业合作社在业累计519家，出资额达141135.5800万元；受理消费者咨询、申诉举报323件，为消费者挽回经济损失2.51万元；查处经济违法案件852件，罚没款128.21万元。

【企业与个体私营经济登记管理】 2015年，市工商局继续深化商事制度改革，于9月1日起与全区统一推行"三证合一、一照一码"登记模式（全国10月1日起推行），发出首批13份加载有全国统一代码的"三证合一、一照一码"营业执照。截至2015年12月31日，市工商局共发出统一代码营业执照1036份。

年内，新增私营企业724家、个体工商户4624家、农民专业合作社163家，与去年同期相比，私营企业增长40.68%、个体工商户增长83.27%、农民专业合作社增长103.75%。帮助企业解决融资难题，为19户经营主体办理动产抵押登记，融资4.66亿元；为12户办理股权出质登记，融资3.59亿元。

【市场主体年报工作】 2015年，企业年检改为年报公示。2013年度企业年报率为91.10%，个体工商户年报率为81.20%；2014年度企业年报率为90.29%，个体工商户年报率为83.27%，农民专业合作社年报率为88.24%。

【非公经济党组织建设】 年内，按照上级关于"小个专"党组织建设百日攻坚工作方案要求，市工商局通过建立示范点，以点带面，逐步铺开等方式，有序推进非公经济党组织建设工作。找到"小个专"分散党员494人；建立非公经济组织党支部31个，其中联合组建28个，单独组建3个；在新城、马皮等乡镇建立4个"小个专"党支部示范点；在全市工商所建立"小个专"党建工作指导站27个，选派党建工作指导员84人。

【商标广告管理】 年内，市工商局针对驻马店市王守义十三香调味品集团有限公司的"十三香"、广州穗宝家具装饰厂的"穗宝"、西铁城时计株式会社的"Q&Q"、中山市芬娜日用化工有限公司的"JANESE珍妮诗"、广西洁宝纸业有限公司的"榴花"、星巴兹烟草有限公司"STARBUZZ"、施华洛世奇股份有限公司的"SWAROVSKI"、贵州省茅台酒股份有限公司的"茅台"、宜宾五粮液股份有限公司的"五粮液"、泸州老窖股份有限公司的"泸州老窖"、四川绵竹剑南春酒厂的"剑南春"等商标侵权违法行为进行了8次专项打假行动。共查处各类商标违法案件12件，案值6.34万元，罚没款7.34万元，没收了侵权调味品、床垫、手表、洗发露、卷纸、白酒、首饰等产品一批。共有有效注册商标1530件，其中中国驰名商标2个（源安堂、肤阴洁），广西著名商标6个（乳泉井、中健、御豆、福满家、金田木业、西山正庄）。

【农资市场监管】 2015年，市工商局加强农资市场日常规范管理，建立以信用监管为基础，随机抽查与重点检查相结合的农资市场日常监管机制，进一步规范农资市场秩序。同时，大力开展“红盾护农”行动，全年共查处农资违法案件28件，案值13.49万元，罚没款5.2万元。

【商品和服务监管】 2015年，开展了“关爱儿童”消费维权集中整治行动、央视曝光案件问题（汽车4S店“小病大修”问题、电极式暖手宝问题、消费者个人信息保护问题）等相关执法检查，严厉打击销售假冒伪劣商品、商标侵权商品等违法行为，切实加强流通领域商品质量监管。全年共出动执法人员1000多人次，检查各类市场主体1800多户次，其中，发现包装、标识不符合商品质量安全标准的儿童用品并督促经营者停止销售，下发了2份责令改正通知书。

【“美丽桂平·建设乡村”活动】 2015年，市工商局与各工商所，工商所与地段监管责任人、临街门店经营者层层签订了《门前三包责任书》，各工商所在当地党委政府的统一领导下，主动配合有关部门和市场开办单位开展全面治理“五乱”现象大行动工作。全市工商系统共出动执法人员789人次，车辆25台次，检查城乡临街门店、摊点1792户次，责令整改违反“门前三包”行为102户次。

【消费者权益保护】 2015年3月12日，市工商局以市政府的名义组织市消会成员单位和企业代表集中在南百超市门前广场举行了2015年纪念“3·15”宣传活动。各部门现场发放法律法规以及相关宣传资料2500多份，接受消费者咨询60余人次，现场展示假烟、假酒、假洗衣粉、假电器等假冒伪劣商品10余种。活动期间，借助市电视台、广播电台、网络等新闻媒体集中进行了消费维权知识宣传。同时，配合自治区工商局开展消费维权海报、动漫系列公益广告宣传。

市粮食局

【概　况】 2015年，桂平市粮食局认真贯彻执行国家粮食政策，负责本市粮食流通行政管理、行业指导，对粮食收购资格进行核查。实行粮食流通的宏观调控、调剂，保障军粮供应，做好灾区、生活救济等粮食供应。落实地方储备粮规模，增强宏观调控能力，抓好各级储备粮保管，积极开拓粮食购销市场。

市粮食局行政编制8人，内设办公室、人事监察股、财务股。属下7个国有企业，分别是：桂平市木乐粮食购销有限公司、桂平市大洋粮食购销有限公司、桂平市石龙粮食购销有限公司、桂平市江口粮食购销有限公司，桂平市储备粮管理有限责任公司、桂平市粮食企业资产管理有限公司、桂平市粮油军供站。

2015年4月15日，马刚年任桂平市粮食局局长。

【粮食直补】 2015年，全市累计收购储备粮直补订单4.6万吨(原粮)，其中普通稻5000吨，优质稻41000吨，兑付售粮农民直补款1104万元，占自治区下达桂平市储备粮直补订单收购计划的100%。

【粮食销售】 按照自治区和贵港市有关做好粮油市场购销和市场供求工作的精神，把维护粮食市场和价格的基本稳定作为粮食流通工作重要任务。1—12月份，全市销售粮食9万吨，实现营业收入17758万元，实现盈利113万元，同比增长40%。确保了全市粮食供求平衡，社会稳定。

【储备粮规模】 2015年，为落实地方储备粮规模，增强宏观调控能力，结合落实粮食工作行政首长负责制的精神，市粮食局积极向市政府和上级主管部门提出进一步完善市本级储备粮体系建设的意见和建议，得到市政府的高度重视，2015年市政府下达市级储备粮规模为9460吨（原粮），比2014年6720吨增加了2740吨，从而增强全市抗御粮食风险能力，确保国家粮食安全，社会稳定。

【应急储备】 履行职责，确保粮食应急供应。全年市本级应急成品粮储备平均库存达0.035万吨，在贵港市排名第一；全年县级储备粮平均库存达0.45万吨（贸易粮），在贵港市排名第三。从而确保粮源，及时供应，维护全市社会稳定。

【仓储管理】 确保国家储粮安全，是粮食部门的工作职责。2015年以来，市粮食局十分注重抓好全市仓储管理工作，结合贵港市开展的春季、秋季粮油安全普查，积极推进仓储规范化管理工作，落实工作责任，推进和应用科学保粮，到12月底，全市科学保粮占总存粮保持在99%以上，有效提高了仓储管理水平，巩固和发展了“一符四无”粮仓，确保储粮安全。

【粮油统计监测】 认真履行职责，按上级业务主管部门的要求，加强对粮油市场监测、收集、上报工作。全年上报市场监测情况48期，为国家粮食宏观调控提供了决策依据。

【军粮供应】 认真贯彻落实国家和军队有关粮油供应政策，加强与自治区和贵港市军粮配送中心的联系与沟通，做好配送军粮的接收和供应工作，搞好服务，确保部队的需求，让部队满意，政府满意，为部队的建设做出贡献。

【放心粮油】 2015年积极推进“放心粮油”工程建设工作，按照自治区和贵港市有关加快推进“放心粮油”工程建设精神，结合桂平的实际，扎实推进全市“放心粮油”工程建设。全年投入资金2万多元，完善配送中心等4家店的网络平台建设，全面完成贵港市下达的计划任务，促进了全市放心粮油工程的稳步发展。

【评先表模】 2015年，桂平市粮食局获贵港市粮食局表彰为2015年度粮食统计工作先进单位，被评定为2015年度“一符四无”粮仓单位。

食品药品监管

【概　况】 桂平市食品药品监督管理局是市人民政府直属正科级部门，增挂桂平市食品安全委员会办公室牌子，内设机构12个：办公室、综合协调股（应急管理股）、政策法规股、食品生产监管股、食品流通监管股、食品餐饮监管股、药械综合股、药品流通监管股、行政审批股、保健食品化妆品监管股、人教股、财务股。机关行政编制31名（含从桂平市工商行政管理局机关划转16名，从桂平市质量技术监督局机关划转1名），其中，局长（桂平市食品安全委员会办公室主任）1名，副局长4名（其中2名兼桂平市食品安全委员会办公室副主任），为建立桂平市食品药品监督管理局与桂平市卫生局加强药品与医疗卫生统筹衔接、密切配合的机制，由1名副局长兼任桂平市卫生局副局长；股长12名，副股长12名，机关工勤编制3名。2015年在编在岗人员28人。有直属单位2个，桂平市食品药品稽查大队，编制20人，2015年在编在岗18人；桂平市食品检验中心（2015年筹建中），编制5人，尚未有人到岗。桂平市食品药品稽查大队在26个乡镇设派出机构（乡镇食品药品监督管理所），共有编制124人，2015年在编在岗88人。

2015年，桂平市食品药品监督管理局在各级各有关部门的大力支持下，认真贯彻落实桂平市委、市政府的决策部署，按照“四个最严”（即最严谨的标准、最严格的监管、最严厉的处罚、最严肃的问责）和“四有两责”（“四有”指有责、有岗、有人、有手段，是对地方政府的要求；“两责”指日常检查责任和监督抽检责任，是对监管部门的要求）要求，进一步完善监管体系，健全监管制度，提升监管能力，加大监管执法力度，守住了不发生区域性、系统性重大食品药品安全事件的底线，各项工作都取得了新成效，迈出了新步伐。

加强生产、流通、餐饮三大环节食品安全监管，推进食品流通企业自检，全市有6家超市设立了“果蔬农药残留快检自检机构”，进一步推进食品餐饮量化分级管理和“名厨亮灶”改造工作；强化药械、化妆品监管，扎实开展药械、化妆品不良反应监测工作；依法行政，推进政务服务“四级一体化”建设，解决政务服务群众“最后一公里”；组织开展食品安全共治大行动，深入开展食用植物油小油坊专项整治和学校食堂（幼儿园）专项治理行动，加大稽查执法力度，全年共查处食品药品违法案件378起；加强综合协调，组织开展联合执法检查，顺利举行了2015年中小学校食品安全应急演练活动，开展了食品安全宣传周活动，举办了新修订《食品安全法》培训班和有关宣传活动，提高全市食品安全共治水平。

【监管体系进一步完善】 一是监管体系健全。全市26个乡镇成立食品安全委员会及其办公室，组建村级食品安全协管员队伍，县、乡、村三级食品药品安全机构基本完善。二是检测技术建立。获得自治区首批食品检验检测资源整合试点项目，完成桂平市食品检验中心立项工作，争取上级扶持资金274万元，购置了一系列检测技术设备。三是监管队伍充实。全系统新增人员27人，到岗率为76.4%，较2014年上升15.2%。其中木乐所、社坡所、寻旺所、西山所和金田所到岗率均达100%。

【监管效能进一步强化】 一是在食品生产环节，深入推进食品质量安全追溯体系建设。全市鲜湿米粉、腐竹、白酒、糕点生产企业100%建立食品质量安全追溯制度及食品生产企业质量安全授权人制度。积极开展鲜湿米粉“零点行动”，全市鲜湿米粉抽检合格率达100%，共对获证食品生产企业监督抽检各类样品210批次，合格203批次，不合格7批次，合格率96.67%，二是在食品流通环节，强化对重大节假日食品市场的专项整治。全市大型超市、食品批发企业建立食品进货索证索票、进货台账率达90%，街道、乡镇食杂店建立食品进货台账率达85%。推进食品流通企业自检，全市有6家超市设立了“果蔬农药残留快检自检机构”；大力推进保健食品安全示范工程建设。三是在食品餐饮环节，进一步推进食品餐饮量化分级管理工作。全市实施持证餐饮企业量化分级管理653家，评定率达85.6%；积极开展“名厨亮灶”改造91户，占全市持证餐饮企业的10.2%。全力做好重大活动期间食品安全保障工作，共开展保障重大活动23次，抽检食品38批次，合格率71%，快检样品235份。四是在药品流通监管方面，通过跟踪检查、GSP认证、药品抽验、含麻黄碱类复方制剂专项检查等措施，进一步规范全市药品经营行为；五是在医疗器械监管方面，严厉查处非法经营和使用医疗器械的行为。另外，药品不良反应监测、医疗器械不良事件报告、化妆品不良反应监测工作成绩斐然，全年共上报药品不良反应1536例，药械不良事件报告数274例，化妆品不良反应监测报告66例，分别完成任务的182%、179%、146.7%，其中化妆品不良反应监测工作完成任务比例名列贵港第一。

【违法行为治理】 开展“食品安全共治大行动”，对乳制品、白酒、肉制品、米粉、腐竹等重点品种开展综合治理。集中开展冷冻肉品、水产品、农村食品市场、保健食品等专项整治行动。组织开展含特殊药品复方制剂、中药饮片、中药品、使用银杏叶提取物的保健食品等重点产品的专项检查及规模以上宾馆酒店化妆品专项检验和集中整治。开展定制式义齿生产企业等专项检查、体外诊断试剂综合治理等专项整治。集中开展学校食堂（幼儿园）专项治理行动。深化食用植物油小油坊治理行动取得明显效果。据统计，全年共查处违法案件378起，罚没款入库金额128.37万元。

【依法行政稳步推进】 深化审批制度改革，启用新食品生产许可证，推动食品经营许可制度改革，按照区局部署实现流通和餐饮服务“两证合一”，继续推进政务服务“四级一体化”建设，解决政务服务群众“最后一公里”问题；认真做好政务服务标准化建设，推动审批事项快速审批，基本实现许可网上审批。年内共受理本级行政审批事项1812件，办结1812件，其中网上申请1143项，网上申报率63.8%，无违纪、无超时办结现象。大力推进依法行政，积极梳理行政权力清单，确保执法的合法性。

【加强学校食堂食品安全监管】 学校食堂是餐饮监管工作的重中之重，市食品药品监管部门与教育等部门联合，采取措施，综合治理，开展春秋节开学、高考中考期间学校食堂及学校周边餐饮食品安全专项监督检查工作：一是从细处着手，分别对学校食堂、幼儿园食堂食品操作间的环境卫生状况、工作人员的健康状况、进货台账记录情况、消毒设施运转状况、餐厨垃圾处理情况以及食堂内部食品安全工作机制建立和食品安全责任制落实情况等进行全面检查，发现问题及时整改；二是加强学校食堂外围监管，对给各学校食堂供货单位开展严格规范监督检查，明确要求各供货单位必须资质健全，无证单位一律不准给学校食堂供货；三是加强对学校周边200米内的食品经营户、经营摊点、餐饮单位、小作坊（含现做现卖的）、小卖部进行整治。检查覆盖率100%，每间学校查检次数达3次以上，全面保障中小学生饮食安全。

【加强信息公开和宣传】 一是在全区政府信息公开统一平台公开行政处罚案件信息337件，食品药品监管信息176条。二是健全宣传教育机制，全年举办食品、药品等各类培训班7期，培训人员846人次。三是扎实开展科普宣传工作，以“食品安全宣传周”“药品安全用药月”“12331”食品药品安全投诉举报主题日、“3 · 15”消费者权益日等为载体，大力开展食品药品科普宣传活动，努力营造社会共治的良好氛围。四是联合市教育局、卫计局、公安局等部门组织举行2015年中小学校食品安全应急演练活动，指导市食品安全委员会成员单位开展2015年全国食品安全宣传周活动，组织举办新修订《食品安全法》培训班和有关宣传活动。

安全生产监督管理

【概　况】 桂平市安全生产监督管理局是市人民政府的正科级职能部门，还挂桂平市安全生产委员会办公室牌子，内设办公室、综合股、监督管理一股、监督管理二股和安全生产执法监察大队。其职责是管理全市安全生产工作，依法行使全市安全生产综合监督管理职权，指导、协调和监督有关部门安全生产监督管理工作；依法组织安全生产事故的调查处理，并监督事故查处的落实情况；负责综合监督管理危险化学品和烟花爆竹安全生产工作；依法监督辖区范围内的工矿商贸生产经营单位安全生产。有编制19名，其中行政编制12名、事业编制5名、工勤编制2名。2015年，实有干部职工18人。

该局坚持安全第一、预防为主、综合治理的方针，以安全生产年活动为主线，不断加强安全生产监督管理，全力防范事故发生，深入开展安全生产执法、治理和宣传教育三项行动，深化专项整治，确保了全市安全生产形势的总体稳定，全年未发生较大以上的生产安全事故。

【隐患排查治理】 2015年，根据市政府统一部署，深入开展了“打非治违”、重点行业领域安全专项整治工作。

烟花爆竹。共出动执法人员258人次，出动车辆142台次，检查了烟花爆竹批发企业3家，零售点197家，共查出安全隐患185处，当场整改169处，限期整改16处，185处安全隐患已完成整改，整改合格率达100%。注销烟花爆竹经营（零售）经营许可证149本。下发执法文书40份，其中现场记录24份、限期整改指令书8份、复查意见书8份；没收非法烟花爆竹1189件，折合人民币12多万元。

非煤矿山。本市统计记录在册的非煤矿山企业共48家，其中：地采矿山10座，坑钻探矿6座，露天矿山27座，尾矿库5座。持有合法有效的《安全生产许可证》的仅有16座，其中地采矿山2家，尾矿库2座，露天矿山12家。共检查68家（次）非煤矿山企业，发出现场检查记录68份，排查出安全隐患122项，当场责令完成整改121项，还有1项已在年底前完成了整改。下达限期责令改正指令书7份，现场处理措施决定书4份，强制措施决定书3份，复查意见书6份。持证企业安全生产许可证到期延续，至年底已延续9家，有1家矿山企业通过了非煤矿山建设项目安全设施设计审查，关闭了6家非煤矿山企业，注销非煤矿山企业安全生产许可证6本。

危险化学品。共出动执法人员114人次，检查危化企业76家，发现隐患198处，当场整改174处，限期整改24处，年底前已完成198处整改。下达责令整改通知书15份，整改复查意见书9份，现场处理措施决定书2份。有18家加油站通过了危险化学品经营许可证延续审查，有3家加油站完成了危险化学品建设项目“三同时”手续，取得贵港市安监局颁发的危险化学品经营许可证。

全市安全生产大检查，深化“打非治违”和专项整治工作中，组织检查单位、部门339个，检查企业1240家；排查一般隐患672项，打击非法违法行为210起，整治违规违章行为146起；停产整顿101家，关闭取缔17家。

【重大隐患项目整改】 2015年，桂平市没有自治区级安全隐患整改项目，列入贵港市级隐患有2项，桂平市级隐患有10项。列入贵港市级的2项隐患分别是梧贵高速公路桂平蒙圩出入口交通安全事故隐患和南梧二级公路桂平蒙圩官桥西路口（S304线158公里+0.7公里处）道路安全隐患。年底前，12项安全隐患整改项目均已完成整改。

【安全生产标准化建设】 年内，积极开展工贸行业企业安全生产标准化建设工作，共有广西玮力裕电子科技有限公司、桂平市东升福利机械铸造厂、桂平市长兴造船厂、桂平市永圣船厂、桂平市罗氏船舶修造厂、桂平市捷力电池有限公司、广西远辰锰业有限公司、桂平市威颜保健食品厂、桂平市联润棉纺厂、桂平市和信船舶工程有限公司10家企业通过了三级评审。

【安全生产宣传教育】 在2015年全国第十四个“安全生产月”活动中，市安监局发动各乡镇、各成员单位、相关生产经营单位共征订新《安全生产法》2000多册。

6月1—30日，全市各乡镇、各部门认真按照全国安全生产月活动安排，组织本单位职工，采取专家点评、事故责任人、目击人现场说法，职工互评等形式，开展警示教育活动，全市共开展警示教育活动82场次，参加人数1013人次。

6月16日，市安委会办公室组织了22个重点部门，在人民广场举行主题宣传咨询日活动，其他各乡镇及各有关部门、各单位各自设立咨询点，组织开展多种形式的宣传咨询活动，利用悬挂横幅、板报专栏、现场解答等方式面向社会公众集中宣传安全生产红线意识、法律法规知识和安全常识咨询与服务。活动当天发放宣传资料3万余份，受教育群众达3万余人次。

【应急救援演练】 2015年6月25日，市安委会办公室组织了金源物流有限公司、奔马运输有限公司、顺达汽运有限公司、恒大运输有限公司等15个单位企业进行了道路交通应急预案演练。演练周活动期间，全市组织各种预案演练50余场次，其中市政府安委会办公室组织3次，参加人数256人，乡镇、工业园区组织演练3次，参加人数215人，企业组织演练23次，参加演练638人。

【安全事故情况】 2015年，全市共发生各类事故24起（其中工矿商贸企业事故1起，道路交通事故23起），同比下降11.1%；死亡9人（其中工矿商贸企业事故死亡1人，道路交通事故死亡8人），同比下降25%，占全年控制指标的64.3%；受伤34人，同比持平；直接经济损失15.7万元，同比下降12.3%，四项安全生产控制指标均控制在贵港市安全生产委员会下达的控制指标范围内。

审　计

【概　况】 桂平市审计局是市人民政府的正科级智能部门，内设局办公室、经济责任审计办公室、财政金融审计股、行政事业审计股、固定资产投资审计股。2015年，桂平市审计局行政编制18人，参公编制9人；在编行政人员13人，在编参公人员8人。

2015年，桂平市审计局完成审计项目180个，按时完成了年初制订的审计计划。审计查出主要问题金额12490万元，管理不规范金额11617万元，违规金额873万元，应减少财政拨款或补贴9201万元，审计专项资金总额52635万元，审计发现非金额计量问题33万元，审计期间整改金额327万元，应归还原渠道资金496万元，完成政府项目投资额75849万元，核减投资额9201万元。审计提出建议36条，被采纳的审计建议34条，被审计单位制定整改措施28项，提交审计专题3篇，被批示、采用的审计信息8篇。提交审计工作报告、信息192篇，被采用192篇。无移送司法机关、纪检监察部门处理事项。

【财政审计】 年内，市审计局通过对本级财政预算、三个部门预算执行情况审计，审计查出主要问题金额1216万元。向政府提出建设3条，向被审计单位提出建议6条，揭露制止和纠正了财政收支活动中存在的违法、违规行为。

【行政事业审计】 年内，市审计局完成对7个行政事业单位的审计任务，审计查出主要问题金额2064万元。

【固定资产投资审计】 年内，市审计局在开展固定资产投资（政府投资）审计168个，审计查出主要问题金额9209万元，完成项目投资额75849万元，核减投资额9201万元。

【经济责任审计】 年内，市审计局对4个行政单位、7个乡镇的主要领导干部进行了经济责任审计，审计查出主要问题金额541万元，违规金额35万元，损失浪费35万元。管理不规范金额505万元，增收节支3万元，已上缴财政3万元。提交审计报告和审计结果报告8份。

【专项资金审计】 年内，市审计局在开展专项资金审计（调查），涉及资金总额52635万元，审计没有查出主要问题。

统　计

【概　况】 桂平市统计局，办公地址设在桂平市西山镇大城北路旧政府大院内。早在1953年3月桂平县人民政府设立统计科（1955年10月撤销统计科设立计划统计科，1961年12月撤销计划统计科恢复统计科），1962年12月撤销统计科，1962年10月设立统计局，1968年12月撤销。1979年10月恢复统计局，1984年、2002年、2011年的三次机构改革都保留统计局（其间1994年5月桂平撤县设市，由县统计局更名为市统计局）。现统计局是市人民政府工作部门，负责制定本市统计调查计划并组织实施，监督检查桂平市执行有关统计法律、法规、规章的情况，依法进行统计管理工作，拟订全市地方统计调查方案；

实施国民经济主要经济指标质量评估；组织管理全市统计调查项目，审批各部门及社会团体、中介组织等统计调查计划和调查方案，组织国家统计调查、地方统计调查，牵头组织实施全市重大国情国力普查，统一核定、管理、公布全市性的基本统计资料。局机关内设三股一室（农业服务业股、工业交通运输能源股、综合核算股、办公室），下设一个参照公务员管理事业单位——市经济调查中心（无级别），现共有在职人员19人，退休人员7人。

【统计服务工作】 2015年，贯彻落实自治区人民政府下发的《关于进一步加强统计工作的决定》（桂政发〔2014〕71号），为市委、市政府、各部门和社会公众提供统计服务。每月提供月度统计指标数据，季度GDP预测，并对桂平市经济运行情况进行分析，为市委、市政府决策提供参考。全年向“两办”报送统计分析12篇，提供统计资料25次，为有关部门提供统计数据30人次。

【改革和完善统计方法制度】 将各统计专业统计制度方法改革工作作为2015年全市统计工作首要任务来抓。贯彻执行制度改革，组织局专业统计人员参加自治区、贵港市的制度改革方案、业务知识培训，并组织企业统计人员参加全区业务知识培训，不定期对企业事业单位统计人员进行统计业务知识培训。

贯彻地区生产总值核算制度改革。利用第三次全国经济普查的数据资料，结合GDP核算方法改革，在做好专业数据衔接的基础上，继续修订在2013年及以前年度GDP总量，使GDP总量和速度衔接。与部门的数据衔接，不断完善国民经济核算部门统计联席会议制度。开展分季度GDP核算改革，规范GDP核算及基础资料的收集整理。

推进人口就业统计改革。一是推进1%人口抽样调查，以市政府办公室名义下发《开展2015年1%人口抽样调查工作的通知》（浔政办通〔2015〕39号），查准2010年第六次全国人口普查以来或近期有变化的行政村街，并上报，供自治区进行样本抽定。完成桂平市被抽中的53个村开展调查区图绘划工作，调查小区划分列表，对“两员”等有关人员培训，完成样本调查小区的摸底工作，11月1日起入户登记。人口调查由传统纸介质填报向PDA（掌上电脑）采集数据，通过联网直报系统向国家报送数据转变。全市对53个抽中样本调查小区调查，登记户数为3601户，其中空户275户；登记总人数14436人，调查时段内出生158人，死亡58人。二是季度劳动工资统计的范围由全面调查改为“四上”全面调查，“四下”抽样调查。召开了全市各乡镇和市直各单位服务业联网直报业务培训会。使基层统计人员在较短时间内掌握操作方法，在统计局专业人员的指导下，按时完成上报工作。

开展固定资产投资改革试点工作。年初召开全市乡镇固定资产投资联网直报业务培训会，部署2015年推行投资试点工作，新老制度方法“双轨”运行，即固定资产投资统计按两种方式分别上报。按新方式，固定资产投资调查对象由投资项目业主转变为法人单位；统计对象由单个项目变为法人单位，统计对象相对固定；将固定资产投资额计算方法由形象进度法转变为财务支出法，按财务上相应科目填报即可；改变原来的制度估算程度大的弊端，达到“简洁、友好、可核查”的目的。2015年大藤峡枢纽建设项目顺利开工并入库统计，全市亿元及亿元以上项目增加，年内有项目14个（旧制度），新制度是6个项目，有2家正在办理入库申请。

实施乡镇经济基本情况、社会综合统计在“一套表”平台联网直报工作。

继续实施规上工业联网直报工作。对企业统计人员再培训，完成工业成本费用调查工作。

利用第三次全国经济普查资料，完善基本单位名录库建设。进一步开发利用第三次全国经济普查数据，发布桂平市第三次全国经济普查主要数据公报第一号（基本情况）、第二号（工业）和第三号（服务业），并在政务公开信息平台公开，撰写上报普查数据分析4篇。

完善能源统计制度及核算方法，基本实现能耗总量、单位GDP能耗数据衔接。

2015年组织开展第三次全国农业普查前期工作。开展普查方法适用方面的调研调查。编制普查经费预算。

其他如建筑业、文化产业等专业统计正常开展。全年主要经济指标如下：

桂平市2015年主要经济指标核实数

表9

指标名称	计量单位	2015年	2014年	同比增长（%）
一、地区生产总值	亿元	295.38	264.85	8.1
第一产业增加值	亿元	60.02	55.39	4.5
第二产业增加值	亿元	143.94	138.46	8.3
工业增加值	亿元	127.55	124.90	6.6
第三产业增加值	亿元	91.43	71.00	9.9
二、农林牧渔业总产值	亿元	102.13	93.92	4.59
三、规模以上工业总产值	亿元	332.0	307.4	8.1
规模以上工业增加值	亿元	122.40	117.82	6.6
四、全社会固定资产投资	亿元	217.4	165.4	31.4
五、社会消费品零售总额	亿元	103.11	95.07	8.46
六、财政收入	亿元	14.70	12.40	18.5
七、金融机构存款余额	亿元	304.96	279.88	8.96
金融机构贷款余额	亿元	151.25	133.79	13.05
八、城镇居民人均可支配收入	元	24164	22457	7.6
九、农村居民人均纯收入	元	9635	8775	9.8
十、全社会用电量	亿千瓦时	15.14	16.84	−10.1

【部门统计工作】 完善国民经济核算部门统计联席会议制度、加强与相关部门沟通，争取建设统一的基本单位名录库。各部门根据统计任务的需要设立统计机构或统计工作岗位，组织、协调本部门统计工作。

【其他工作】 开展清理部门权力清单，填报取消2项非行政许可审批事项。9人通过了2015年行政执法培训考试，完成2015年度统计从业资格、统计专业技术资格报考工作。

物　价

【概　况】 2015年，以稳定市场物价为目标，以服务民生为切入点，进一步推进价格机制改革，切实加强价格监管，确保了全市价格总水平的基本稳定。

年内，居民消费价格指数累计上涨1.4%，消费品价格指数累计上涨0.6%，低收入居民费用指数累计上涨0.8%，食品类价格指数累计上涨1.7%，工业品价格指数累计下降0.3%。

【推行价格机制改革】 桂平市物价局“坚持市场决定，坚持放管结合，坚持改革创新，坚持稳慎推进”的原则，认真贯彻落实《中央国务院关于推进价格机制改革的若干意见》的要求，凡是能由市场形成价格的都交给市场，进一步深化价格改革，最大限度地缩小定价机制规划，变管定价为监督行为，加强事中事后监管，最大程度地实现公开透明，使价格权力在阳光下运行。2015年，放开部分铁路运输价格、民用器材出厂价格、烟叶收购价格、港口竞争性服务收费、部分邮政业务资费，交由市场自主定价。

【清理行政事业性收费项目】 2015年，根据自治区相关文件通知精神，认真对全市行政事业性收费进行清理，取消和暂停了一批收费项目，降低了一批项目的收费标准，降低、取消和免征、暂停征收项目包含人事关系及档案保管费、矿产资源勘查登记费和采矿登记费、企业注册登记费和个体工商户注册登记费、办理户口变更更正、房地产网络信息服务费等26项行政事业性收费和3项服务性收费，涉及人社、国土、公安、工商、农业、林业、住建、卫计、民政、水产畜牧、质监、交通、农机等部门。

【推进资源产品价格改革】 根据自治区物价局文件的要求，推行阶梯电价、阶梯水价、阶梯气价的改革，进一步完善居民生活用阶梯电价政策，建立合理的水价形成机制，促进水资源保护和合理利用，逐步推行阶梯气价改革，完成桂平城区和江口镇自来水厂供水价格的调整。

【推进药品价格改革】 按照国家、自治区价格改革文件，自2015年6月1日起，除国家规定的麻醉药品和第一类精神药品外，取消原政府制定的药品价格。市物价局组织召开全市药品价格改革政策提醒告诫会，要求各医疗机构和药品生产、经营者，要严格按照国家药品价格政策依法经营，保持药品价格基本稳定，并做好放开后的药品价格跟踪监测调查和监管工作。

【做好价格监测】 一是加强重要商品市场价格监测，特别是加强粮油、肉蛋、禽、蔬菜等群众生活必需品价格的监测，每周三按时向自治区上报监测数据。年内报送数据1400多条。二是开展农资农产品价格监测。按旬报告制度向贵港上报化肥、农药、农膜、农机用油等价格监测数据670条。按周报告制度向贵港报送豆粕、麦皮、玉米等饲料价格监测数据280条，按月报告制度每月20日前向贵港上报蔗糖价格监测数据。三是做好农村居民服务价格监测，对水费、电费、有线电视维护费、高中学费、托儿所保育费等服务价格进行监测，每月20日前向贵港上报相关监测数据共150条。四是加强价格形势分析和应急监测。每月撰写一期《桂平市价格运行分析报告》报送市委市政府和上报价格主管部门。做好重大节日市场采价、监测分析，应急监测和专项调查，准确研制价格走势，为市委、市政府领导及时掌握市场物价提供有力决策依据。年内共报送分析报告12期，专项分析材料10篇。

【强化市场价格监管】 一是加强价格法律法规宣传，开通“12358”电话举报平台，受理调处群众来信来访问题。年内，利用节假日和“3·15”开展价格宣传和接访活动12场次，发放宣传资料1万份，受理价格举报14件，电话咨询22起，来访咨询8起，件件有落实有回馈，办结率100%。二是开展价格监督检查和市场巡查，在元旦、春节、“五一”、中秋、国庆等重大节日期间，加强对客运中心、汽车总站客运票价和农贸中心市场、粮油门市、大型超市销售的粮油、鱼、蛋禽、肉、蔬菜以及群众日常生活重要商品的价格的巡查监管，规范市场价格行为。三是围绕民生收费热点问题，组织开展了教育收费、药品市场价格和医疗服务价格、中介服务价格、涉企行政事业性收费、养老福利机构生活用电和商品流通领域不正当价格行为等专项检查，清理各类不合理收费行为，查出涉嫌价格违法案件3件，涉嫌价格违法金额146.8万元，实施经济制裁45.8万元，其中没收价格违法所得35万元，退还缴费者10.8万元。

【做好价格认证服务】 一是创新机制，不断拓展价格认证新领域，开展如涉案、涉纪、涉税财物价格鉴定、价格认定、价格认证业务工作。2015年，共受理各类价格鉴定、价格认定、价格认证委托926件，涉及金额2.65亿元，其中，涉案涉纪价格鉴定364件，涉案涉纪标的总额278.87万元，涉税物价鉴证541件，鉴证金额25875.37万元。二是发挥专业优势，为重点工程项目建设和重大突发事件快速处置提供服务。2015年，为大藤峡水利枢纽工程建设用地补偿、迎宾大道补偿、国贸中心广场项目用地拆迁补偿，干部清退违规多占住房、贵高速公路建设施工爆破造成44户民房损毁、中沙非法开采矿等重点工程建设和政务涉及的价格认定，确保了重点工作项目顺利推进和社会稳定。

【推行行政权力清单制度】 10月份，市物价局根据《桂平市人民政府推行部门权力清单制度实施方案》的要求，按照“谁行使，谁清理”的原则，全面清理各部门行政权力事项，并按“法定职责必须为”的要求，认真研究编制了各部门的责任清单。

现有行政权力17项，其中：行政许可0项、行政处罚6项、行政强制0项、行政征收1项、行政给付1项、行政检查1项、行政确认3项、行政奖励1项，其他权利4项。

清理后，拟保留行政权力12项，其中：行政许可0项，行政处罚5项，行政强制0项，行政征收1项，行政给付1项，行政检查1项，行政确认1项，行政奖励1项，其他权利2项。行政权力精简29.41%。

取消事项：（一）行政处罚事项中取消“责令停业整顿”（该事项已包含在其他处罚事项中）。（二）行政确认事项中取法（2—3项）“银行贷款房地产价格评估”和“法院办理的民事经济案件涉及的财物价格评估”。（三）行政其他权利中取消（3—4项）“收费许可证核发”和“收费许可证年度审验”。

盐 业

【概 况】 桂平盐务管理局（公司）是桂平市辖区盐业主管部门，负责全市盐业行政管理、盐政执法和 食盐专营工作，担负着市辖区内盐产品的供应和消除碘缺乏病的任务。公司性质为国有企业，局司一套班子、两块牌子、职能分开、合署办公。内设办公室、盐政股、财务股、运销股。2015年，公司在岗干部职工13人。全年共销售各类盐品4200吨，其中，直接食用盐销售3508.43吨、多品种盐3086.09吨、加工用盐233吨。

【食盐专营】 2015年，全市设置食盐零售点2380个。规范管理食盐计划。探索建立食盐产品供应体系，完善信息反馈制度和送销服务机制，加强食盐销售网络建设，丰富食盐市场供应，提升服务质量。积极配合实施减盐防控高血压项目，全面推广低钠盐、绿标盐和海晶盐等食盐产品，满足人民群众的多样化需求。开展食盐安全隐患排查工作，建立“食盐安全排查清单”，排查市辖区生产用盐大企业，熟食加工150家，食盐零售商店1580个，学校及单位食堂50个，饭店及小吃摊65家。对发现的问题做到及时整改，并跟踪落实，确保质量安全。

【盐政执法】 开展有针对性的食盐市场专项整治行动。采取检查与宣传、服务与供应、教育与惩处打击相结合方式开展工作。第一季度针对元旦、春节期间，农民工返乡高峰，食盐销量增多，私盐贩子容易利用假盐、劣质盐冲销食盐市场的特点，开展了“第一季度食盐市场监管专项行动”。4—5月份，针对涉盐违法分子贩销手段隐蔽、贩销方式改变，从原来以流通渠道为主转为直达消费终端和农村用户为主，盐政稽查难度加大。为及时发现问题，开展了“盐政工作进‘百村千户’专项行动”，采取倒查方式，从农户盐缸查起，发现问题，追根溯源，惩处涉盐违法分子。6月份，针对饲料生产企业私自购进饲料加工用盐，造成食盐安全隐患的情况，开展了《饲料加工用盐专项检查整治行动》。7—9月份，针对北京、江苏警方破获制售超万吨假盐特大案件的信息披露，开展了为期三个月的“开展打击制售假冒伪劣食盐‘夏日风暴’专项行动”。针对本次国家及自治区关于治理制贩假盐工作要求，市盐务局迅速开展了从11月11日至12月31日攻坚50天的“治理制贩假盐专项行动”。把盐务局全体盐政人员分为4—5人一组，分区划片，网络定责，实行双休日、节假日每日有一组在市场轮值巡查，不给涉盐违法分子有可乘之机，做到食盐市场时时有人管、人人有责任、处处有人查。采取了检查监控与宣传并举办法，通过走村串户、新闻媒体等宣传，让百姓真正了解碘缺乏、食用劣质盐、假冒盐的危害，自觉拒绝假盐。全市出动盐政执法人员300人次，执法车辆53辆次，查获涉盐违法案件110起，罚没盐品5847公斤，查扣车辆1台，发放宣传资料12000份，在村一级发放举报名片，设立了举报网点，粉刷宣传标语100余条。

【调整盐品结构】 2015年，桂平盐务局认真贯彻落实上级关于食盐品种结构调整工作部署，加大食盐市场管理和宣传引导力度，合理安排计划和积极组织购进，提高配送能力和改善服务态度，及时掌握市场动态和客户需求，适时调整销售策略和供应品种，确保了市场平稳有序，完成了食盐品种结构调整目标任务。

【盐业知识宣传教育】 一是开展防治碘缺乏病宣传。5月15日，桂平盐务局（公司）联合市卫生局、市疾控中心、市计生委等13个部门开展防治碘缺乏病日宣传咨询活动，现场设置咨询台、真假碘盐辨别台各一处，工作人员向过往群众发放宣传资料，宣讲碘缺乏病防治的相关知识，接受群众咨询，解答相关问题。此次活动共发放宣传单、册页、海报3.8万余份，展出宣传展板25块，接受群众咨询2200余人次，市电视台现场采访和晚间新闻联播 。平时还出动宣传车，到各乡镇宣传派发宣传单、贴海报，广泛宣传碘缺乏病防治知识和政策。

烟草业

【概　况】 2015年，桂平市烟草专卖局坚持“政府主导、部门联合、各方参与、密切协作”的工作思路，依法行政，扎实开展市场监管工作，为辖区卷烟销售保驾护航。当年，该局市销售卷烟35379箱，上缴地方税收3984.5万元，同比增长47.03%。

【强化烟草市场监管】 分类管理市场和客户，与工商部门联合，有效打击无证经营、低价竞销的行为，维护市场经营秩序稳定。与工商部门联合开展市场监管专项行动，重点整治辖区宾馆、酒店、酒吧、茶餐厅、“名烟名酒店”等的无证（照）经营烟草制品、经营假冒烟草制品等违法行为。定期和不定期对辖区内的货运部、物流中心等运输企业的监督检查，打击非法运输、装载、转运假冒伪劣卷烟草制品行为，打击为非法运输卷烟提供便利服务等违法行为。全年共立案查处无证经营卷烟案件47起，其中：工商自查案件34起，烟草移送工商处理13起。

【开展打假破网专项大行动】 开展政府主导的市场清理整顿专项行动，在元旦、春节、清明、“五一”、中秋、国庆等重大节假日，联合公安、海关、交通等部门开展专项整治“利剑行动”和“百日行动”等一系列打假破网专项大行动，重点治理冲击市场较严重的红塔山、阿诗玛、玉溪、芙蓉王、中华、海韵真龙等品牌的假私非烟违法行为，及时截断假私烟的主要销售渠道，整治非法卷烟存放窝点、物流货运站和非法运输烟草专卖品的车辆，依法查处涉烟违法经营行为。全年查处涉烟违法案件138起，其中：查获5万元以上案件2起，1万—5万元卷烟案件28起，500元—1万元以下案件108起，查获各类非法

2015年3月15日，桂平市烟草专卖局联合工商局在城区某超市门口，开展法律法规宣传活动

2015年12月28日，桂平市烟草专卖局联合工商执法部门，开展元旦节前市场清理整顿专项行动，夜间巡查城区某超市的卷烟经营情况

卷烟59.14万支；移送公安机关处理案件2起，逮捕1人，判刑1人。

【开展遵守烟草法律法规宣传活动】 运用“3·15”国际消费者权益日、“12·4”国家宪法日暨全国法制宣传日和“阳光热线”等宣传平台，组织人员深入到社区、圩集和村屯，开展法律法规宣传活动，提高群众遵守烟草法律法规的自觉性，为辖区烟草市场营造良好经营环境。

市供销社

【概　况】 2015年，全市供销社系统认真贯彻落实《中共中央关于深化供销合作社综合改革的决定》（中发〔2015〕11号）等有关文件精神，结合供销社工作的实际，抓改革，保稳定，促发展，各项工作取得了较好的成绩。

根据贵港市作为全区供销社的综合改革试点，并要求桂平市推出一个基层社作为试点单位的要求，市联社在三季度中确定以金田中心社为试点单位，并派员分批次、先后参加了自治区社、贵港市社组织到山东、桂林等地的参观学习和业务培训。市联社陈电波主任还亲自带队，组织社机关有关领导和干部及金田中心社副职以上干部，赴贵港三区综合改革试点现场进行了参观学习，回来后又对在金田镇如何开展综合改革试点工作进行了调研，金田中心社也在年底前完成了圩镇综合服务中心、村级综合服务站、农民专业合作社联合社的选址、筹建工作。

2015年1月1日起，全市供销社系统各企业正式实施《桂平市供销社企业资产集中统一管理暂行办法》和《桂平市供销社企业财务收支集中统一管理暂行办法》（简称“两个办法”），在资产管理方面，在上年度进行彻底清产核资并建立资产存量及变动数据库的基础上，实行了以“清、统、控”为原则的管理。企业各类门店、场地等资产的租赁经营和处置，必须报市联社批准并原则上实行公开招投标，防止资产的流失和确保企业收益最大化。5月和10月，在市联社的指导下，先后组织了大湾供销社商场、金田供销社相邻5间铺面及二楼的租赁公开竞标。在财务管理方面，以“收支两条线”为方式，各项费用的开支，实行定额分项和每月上报审批核算，加大了对下属企业的财务监督力度，严把了费用开支关，杜绝了铺张浪费等不良现象。2015年与上年度对比，资产收益增长19.3%，费用水平下降38.6%。

【项目建设】 2015年，“桂平市供销大厦”和“木乐供销商厦”项目被定为桂平市“四大工程”三年攻坚行动计划自行推进项目。为催促项目尽快开工建设和按既定的进度推进，市联社召开了两次有项目投资建设方负责人和市联社有关人员参加的项目建设促进会。主要领导、分管领导还多次陪同联系、分管供销社的市领导，到施工现场实地察看并督促项目的建设。桂平市供销大厦当年完成投资3000多万元，完成了大厦基础及地下两层的基本建设。另外，市人民政府批复建设的麻垌供销商厦等8个项目，项目地块在春节前公开挂牌出让时全部流拍。5月，市联社重新向市人民政府作出了《关于打包挂牌出让麻垌供销商厦等8个项目地块的请示》，有关部门年内没有重新组织公开招标。

【绩效管理】 市联社在按照市绩效管理工作领导小组的部署和要求，抓好机关的绩效工作的同时，参照市绩效办和有关单位的绩效管理办法，结合我市供销社企业的实际，制定并于年初工作会议上与各企业签订了《桂平市供销社企业2015年工作目标绩效管理责任书》。市联社于7月下旬和12月底分别派出了由分管绩效工作的副主任带队的督查组，对各企业年中和年终列入工作目标绩效管理的经济指标、租赁经营、安全生产、维护稳定、收支情况、工作纪律、开源挖潜等方面工作进行了督查，总结工作成绩、查找存在问题，探讨今后各项绩效管理工作如何开展。绝大部分企业按责任书要求完成了当年绩效考核指标。

【农资商品供应】 全市供销社系统上下继续坚持为农服务的宗旨，一是加强对原来改造建设的“万村千乡市场工程”、“新网工程”农家店巡查指导、信息服务、经营合作等一系列后续服务工作。二是利用3个农资配送中心、356个农资供应点等购销网络，开展农资商品的组织供应工作。全年供应各种化肥227548吨，各种农药3053吨。助农增收约5000万元。

教育·科学

教 育

【概 况】2015年，桂平市有中小学校765所，在校生28.67万人。其中：普通小学688所（民办2所）、特教学校1所，在校生16.63万人；初中55所（民办1所）、在校生8.8万人；普通高中19所（民办5所，示范高中3所）、在校生2.69万人；中职学校2所（民办1所）、在校生0.55万人。幼儿园323所，在园幼儿4.8万人。全市在编在岗教职工1.5万人。

【安全工作扎实有效】紧紧围绕建设“平安和谐桂平”主线，狠抓学校安全工作，制定健全管理制度，落实安全责任及量化安全考核细则，确保了学校安全稳定，全年确保了学校不出现重大校园安全责任事故。

【学前教育快速发展】通过全面实施第二期三年行动计划，加大幼儿园特别是公办幼儿园的建设力度，提高学前教育保教质量，全市学前一年毛入园率达98.04%、学前三年毛入园率达85.52%。

【义务教育均衡发展】加大对《桂平市推进义务教育均衡发展的实施方案》实施力度，促进义务教育均衡发展。全面完成小学、初中、高中招生任务，九年义务教育巩固率达93.07%，完成了贵港市下达的93.01%目标任务。积极开展消除“大班额”“大通铺”攻坚工作并取得了预期成效，义务教育学校平均班额明显下降、“大班额”班数及人数减少、“大通铺”人数大幅减少。

【职业教育扩大发展】全面落实《桂平市推进县级中等专业学校综合改革实施方案》要求和工作部署，坚持加强职业学校基础能力建设、加快推进职业教育布局优化，扩大中职教育办学规模，扎实推进职业教育综合改革工作。2015年，贵港市下达桂平市中职全日制招生任务4476人，实际招生4823人、完成率达107.8%；年末，有中职在校生5463人。

【教师素质有力提升】2015年，桂平市通过公开招聘、考试、考核等方式，共招聘录用教师562名（含特岗教师464名、教育部直属师范大学免费师范毕业生1名、事业单位公开招聘工作人员87名、小学全科教师10名），并选送了80名高中和初中优秀毕业生到师范院校进行定向培养，进一步优化教师结构。抓好教师培训工作，认真落实教师“国培、省培、市培”计划，积极开展教师培训。年内共选派了9500多人次参加县市级以上各类培训，促进教师知识更新和专业成长。认真抓好中小学校级领导轮岗交流工作，共轮岗交流校级领导59名。对228名教师给予教师资格认定，其中幼儿教师89人、小学教师97人、初中教师42人。广泛开展“弘德育人、廉洁从教”师德师风集中教育活动，加强师德建设，涌现出了一批师德典范。有3人被评为自治区特级教师，3人被评为自治区优秀班主任，13人被评为自治区“八桂乡村优秀教师”，64人被评为贵港市中小学优秀班主任，有500人、200人、150人、150人分别被评为桂平市优秀教师、优秀班主任、优秀特岗教师、先进教育工作者。温铁群获得“国务院特殊津贴专家”的荣誉和奖励。

【教育教学质量提高】 通过开展社会主义核心价值观教育活动，加强未成年人思想道德建设。组织中小学“体育、艺术2+1项目”展演、“六一”儿童节中小学生艺术展演、“墨香书法”展示、“中华诗词之乡”书画作品展，举办中小学生田径运动会等，促进青少年学生综合素质不断提高。

2015年，高考本科上线率、一本上线率和中考A+等级、A等级考生人数均有较大幅度增长，其中高考报名9398人；上一本线797人、二本以上4872人、专科以上8824人，被清华大学等10大名校录取7人。桂平市教育局荣获贵港市2015年普通高中教学质量管理先进奖。

【落实惠民政策】 2015年，对贫困家庭学生给予补助。按时足额共发放各级各类资助金、补助金、义务教育阶段公用经费补助、生源地信用助学贷款等30204.198万元，惠及学生41.5万多人次，为贫困家庭学生完成学业提供了坚实的经济保障。

落实农村教师岗位补助政策。一是实施农村边远地区学校教学点教师生活补助计划，2015年全市有173个乡村教学点、782名教师受益，发放补助金额159.4万元。二是对在乡镇工作的中小学教师实行乡镇工作补贴，补贴标准300元/月，从2015年1月1日起执行。三是从2015年起，特岗教师与公办教师工资待遇和津贴补助相同，不足部分由市财政负担（中央财政每年人均按3.1万元标准下达，桂平市发放标准是：研究生年人均4.18万元、本科生年人均4.02万元、专科生年人均3.87万元）。

【办学条件明显改善】 围绕全市教育均衡发展、中小学校舍标准化建设规划目标，全力推进学前教育项目建设、农村义务教育学校建设项目、新建义务教育学校项目、普通高中学校基础能力建设、教师周转宿舍、教师公共租赁住房等项目建设，不断改善中小学办学条件。

扩大农村学前教育资源项目。建设项目为下湾镇中心幼儿园、木圭镇中心幼儿园、寻旺乡中心幼儿园、金田镇中心幼儿园、石龙镇中心幼儿园、罗播乡中心幼儿园6所幼儿园，总共投资2300万元，建筑面积13200平方米，已于年底开始施工。

农村义务教育学校建设项目。一是续建2014年度农村中小学校舍维修改造项目，截至2015年年底，大部分项目按照要求全部竣工并交付学校使用，少数项目预计2016年年初可竣工并交付学校使用。二是开展2015年农村义务教育学校建设（农村中小学校舍维修改造）项目，总共112个，总投资6566万元，建筑面积31810平方米，全部项目已于2015年12月开工，预计2016年8月前全部竣工。三是2015年薄弱学校改造计划建设项目，共有67个项目，总投资10173万元，建筑面积59850平方米，全部项目已于2015年年底开工，预计2016年11月可全部竣工并交付使用。

新建义务教育学校项目。包括续建木乐镇腾飞小学项目、新建（迁建）义务教育学校奖补资金项目的长安工业园区小学（教学楼）、新建（迁建）义务教育学校奖补资金项目的市第四中学（教学楼）项目。木乐镇腾飞小学项目二号教学楼已经竣工验收，一号教学楼主体已封顶正在进行装修，预计2016年2月前可竣工；分别投资400万元和700万元属新建（迁建）义务教育学校奖补资金项目的长安工业园区小学和市四中教学楼工程（迁建项目）已完成项目选址、地质勘探、图纸设计、工程预算及预算审核、招投标等所有前期工作，并于2015年12月开工建设。

普通高中基础能力建设项目。主要是市实验中学学生宿舍工程和市第四中学学生宿舍工程，由自治区财政分别投资300万元，两所学校分别建设学生宿舍一栋。项目已经完成了方案编制、审核、上报备案以及项目地质勘探、项目环评、设计、预算等一系列前期工作，已于2015年11月开工建设。

边远地区教师周转房建设项目。一是续建2014年度边远地区教师住房项目，投资1392万元、建设教师周转宿舍232套。全部项目已于2014年12月底正式开工建设，截至2015年12月底，除石龙新源小学工程因道路问题造成施工进度慢之外，其余项目已全部竣工验收。二是2015年度边远地区教师住房项目，投资1167万元、建设教师周转宿舍184套，全部项目已于2015年11月底正式开工建设，预计2016年6月可竣工。

续建2014年度、新建2015年度教师公共租赁住房建设项目。2014年教师公共租赁住房项目，总投资4716万元、建设教师公共租赁住房1048套（套型建筑面积30平方米/套）、总建筑面积31440平方米，项目于2014年开工建设，于2015年9月全部完工；新建2015年教师公共租赁住房项目，总投资10200万元，建设教师公共租赁住房2000套（套型面积30平方米/套），总建筑面积60000平方米，全部项目于2015年9月全部开工建设，部分项目工程已经封顶并进入装修阶段。

城区学校“扩容提质”建设项目。城区学校扩容项目安排在西山镇中心小学、市一中、市二中、实验中学、市一职5所中小学校实施，计划投资3273万元，新建校舍16450平方米。其中西山中心小学教学楼2500平方米，投资425万元；市二中学生宿舍2200平方米，投资374万元，修建运动场地7100平方米，投资174万元；实验中学学生宿舍3400平方米，投资600万元；市一职学生宿舍2栋6000平方米，投资1020万元；实训楼4000平方米，投资680万元。截至2015年年底，市一中、实验中学的土地划拨工作还没有落实，正在积极与国土部门协调，做好土地划拨工作。西山中心校教学楼项目已封顶装修；市二中学生宿舍项目正在主体施工阶段；实验中学学生宿舍项目于2015年4月份获上级补助资金300万元，学校自筹资金300万元，目前正在基础施工；市一职项目于2015年1月份动工建设，学生宿舍已竣工投入使用，实训楼正在主体施工。

教学装备不断完善。每个乡镇有6所村小成为图书项目学校，生均图书达到30册。信息化“薄改”项目2897万元，装备了计算机教室42间，班班通多媒体教室649间。

科　学

科学技术

【概　况】 桂平市科学技术局是市人民政府的正科级职能部门，内设机构有：政秘股、业务股，下辖二层机构有：生产力促进中心。2015年，市科学技术局党政领导班子4人，行政编制6人，工勤编制1人，事业编制3人。

是年，市科技局按照市委、市政府工作部署，积极实施创新驱动发展战略，大力培育科技创新主体，完善科技创新服务体系，加强科技创新人才培养，强化专利和知识产权保护和运用，积极推进企业与区内外高校、科研院所合作，着力提升科技促进经济社会发展的支撑作用，取得了较好成绩。

【出台科技发展政策】 桂平市先后出台了《关于推动科技进步若干规定》《桂平市科学技术进步奖励办法》《关于进一步加强人才工作的决定》《科技人员、大中专毕业生到乡镇企业工作的暂行管理办法》《关于建设桂平市人才小高地的意见》等文件，从政府扶持、税收、资金投入、人才培养、分配方式等方面，提出了一系列优化科技发展的政策。

【实施科技项目】 2015年度，桂平市积极申报和实施自治区、贵港市科技项目共10项，获得支持项目经费 350 万元。项目涵盖了农、林、牧、卫生、生物等大部分行业，一批科技项目已成为经济发展的新亮点，开始产生较好的经济、社会和生态效益。其中科技综合示范项目优质稻、优质蔬菜、庭院经济、科学养猪等 10 多个种养业和能源开发示范项目，实施之后，项目区粮食产量突破千斤，人均经济收入突破千元，高于全市平均水平，在提高农业生产效益，增加农民经济收入方面取得了较好示范效果。

重点之一是打造农业传统特色优势产业升级版，抓好金田淮山产业示范区、麻垌荔枝产业示范区和粮食产业全程社会化服务示范区等特色核心示范区建设，力争建成一家自治区级现代特色农业示范区。

重点之二是建设新能源汽车、机械制造、特色农产品加工、生物化工等产业配套项目，培育电子信息、现代物流、休闲养生、生物制药等战略性新兴产业。

【培育科技创新基地】 至 2015 年年底，建立了自治区工程技术研究中心 1 个：广西金源生物化工实业有限公司，并成为桂平第一家国家级农业产业化龙头企业和高新技术企业；贵港市工程技术研究中心 9 个：广西金源生物化工实业有限公司、广西桂平市巴帝食品有限责任公司、广西清隆机械制造有限公司、广西桂平市维斯顿硅业有限公司、广西远辰锰业科技有限公司、广西新权业陶瓷有限公司、广西广德利腐竹有限公司、桂平市大众船舶修造厂、广西信业生物技术有限公司；县市级研发中心 10 个。广西金源生化实业有限公司、广西桂平市巴帝食品有限公司、广西远辰锰业科技有限公司、广西信业生物技术有限公司 4 家获高新技术企业认定。

【科技成果与专利】 2015 年，桂平市完成科技成果登记项目 5 项，获得农业“三品一标”企业 9 个、产品 24 个。“三品一标”农产品认证在全区县级市名列前茅。广西源安堂药业有限公司获得 2014 年度九里香产业链支撑技术研究及应用广西卫生科教管理学会奖、民族医药科学技术奖，成为广西唯一拥有 2 个中国驰名商标的企业。

是年，全市共受理发明专利申请 203 件，完成 183 件目标任务的 110%。获得发明专利授权 50 件，比上年增长 66.7%。每万人口发明专利拥有量为 0.33 件，比上年增长 65%。广西信业生物技术有限公司“一种壳聚糖生物成膜胶及其制备方法”专利获第五届广西发明创造成果展银奖。组织 10 多家企业、20 多个特色产品参加第 24 届广西科技活动周和第五届广西（玉林）科技发明专利成果展。

【科技交流与合作】 2015 年度，组织市内企业 10 家，参加了第二十四届广西科技活动周、第五届广西（玉林）发明创造成果展览交易会，参展科技项目（产品）达 28 项；第十八届中国北京国际科技产业博览会、第二十二届中国（陕西）杨凌农业高新科技成果博览会、第十七届中国（深圳）国际高新技术成果交易会，展示了桂平特色产业重大科技成果，为企业搭建了良好的科技交流合作平台。

桂平市科技局还积极探索“产、学、研”模式，主动引导企业与高等院校、科研单位“联姻”。通过组织企业参加深圳高交会、广西科技活动周等，促成 10 多家企业与广西农科院、广西大学、江南大学等高校、科研单位开展合作。

【科技普及】 2015 年，在全市开展“科技进机关、进企业、进社区、进农村、进乡镇、进校园”活动，扩大科技教育在基层的建设力度；把科技培训、科技扶贫、种养知识送到农户家门；聘请专家到桂平市开展技术培训；举办市场营销、科技农业种养、科技项目申报、专利知识等各类培训班 16 期，发放资料 8000 多册，普及广大干部群众的科技知识水平。

【科技服务】 利用桂平市工业园区的优势和现有基础条件，建立园区知识产权信息服务中心网站，引导园区企业与“中心”联网，以加强园区专利数据库的管理和信息传递。成立了桂平市专利技术转移服务中心、桂平市知识产权中介咨询服务中心，选择优秀的服务队伍，开展专利转让、许可和保护等工作。通过政策引导积极引进南宁专利事务所服务机构，帮助企事业单位申报专利。

科学技术协会

【概　况】 桂平市科学技术协会（简称市科协）是群团机构，2015年有主席1人、党组书记1人、副主席兼党组成员1人、纪检组组长1人，党组成员1人，在职工作人员8人，内设办公室、学会普及部。统管全市老年科协1个、企业科协2个、学会16个（会员2390人）、农技协48个（会员7500人）、农村科普示范基地25个。全市26个乡镇都设立科协组织机构，431个行政村（社区）都有科普工作领导小组，形成全市科协组三级网络。

【创建广西科普示范县】 市科协协助市委、市政府拟定《桂平市创建广西科普示范市工作实施方案》，将创建“广西科普示范县（市、区）”工作纳入党政机关年度工作目标考核，牵头考核各乡镇、市直单位的创建工作。建立健全三级科普组织网络，26个乡镇均成立有乡镇科协，431个行政村（社区）都组建有科普领导小组，配备有431名科普宣传员，市、乡镇、村（社区）均建有科普志愿者队伍。

【“基层科普行动计划”项目评选】 2015年，在推荐参加“基层科普行动计划”奖补项目评选中，木根平合水库网箱养殖协会获全国“基层科普行动计划”先进单位称号，桂平市沛源龟鳖养殖科普示范基地、金田镇蓝锋分别获全区“基层科普行动计划”先进单位、个人称号。

【“百技进百村”活动】 由市科协协助制定的《桂平市“百技进百村”活动实施方案》，确定了符合“百技进百村”扶持条件的27个村屯，选派了27个“百技进百村”活动技术指导员到各村屯进行技术指导。活动共有17项技术进村（屯），建立了科普示范基地27个，培育科技带人166人，举办了各种培训班80期，培训7000人次，发放技术资料2万份，进行了技术咨询13899人次。

【组织参加“农超对接”】 12月份，组织桂平市江口镇三友砂糖橘科普示范基地、大湾镇汇源百香果科普示范基地、桂平市健生源科普示范基地参加广西“科普惠农兴村计划”优质农产品“农超对接”成果交流展销会，展示桂平市20多种特色优质农产品基地与3家超市对接，现场达成40万元资金项目。

【“五个一”培训】 市科协独立或会同农业、水产畜牧兽医等部门开展养牛技术、砂糖橘种植技术、黄沙鳖养殖技术、淮山无公害栽培技术等一系列科技培训，先后举办实用技术培训班（讲座）15期，培训农技协会员、种养大户、基层干部、农村党员2500多人次，印发各类技术学习资料5000多份。

【青少年科技教育活动】 围绕“科学创新·放飞梦想”主题，与教育局联合举办桂平市青少年科学节。活动收上各类优秀作品308件，其中150件作品参加贵港市、自治区青少年科技创新大赛，有95件作品获贵港青少年科技创新大赛奖，其中一等奖3项、二等奖13项、三等奖79项；西山镇中心小学杨蕊幔、谢湘云发明制作的“一次性滤网茶杯”荣获广西青少年科技创新大赛一等奖。

市科协指导了桂平市第二中学申报广西中小学生发明创造示范单位，学校严格按照示范学校标准制定规划及发明创造活动目标实施方案，定期开展活动，青少年科普工作显著提高，经自治区专家组考评桂平市第二中学获广西中小学生发明创造示范学校。

9月7日，市科协联合教育局在市青少年校外活动中心举办青少年科技辅导员培训班，培训青少年科技辅导员110人次。

【开展科技工作者调查站点工作】 7月、12月份，分别开展科技工作者创新创业调查、“职称和收入调查”，在13个不同类型单位进行问卷调查，选取不同工作，不同年龄段人员开展调查工作。按时将检查回收调查问卷整理寄回北京调查项目办公室，并按时完成站点信息报送。2015年，桂平市科协被自治区科协评为A级调查站点。

【开展科普宣传活动】 春节期间，市科协响应深入南木镇、石龙镇圩集，开展“科技下乡”活动；全国食品安全宣传周、全国禁毒日，开设宣传咨询点；开展“下基层进学校”活动12次，展示《埃博拉病毒预防》《中东呼吸综合症主要症状》宣传展览5次。开展科普宣传活动期间，共发放科普宣传资料、农业技术资料8000多份，现场接受群众各种问题咨询1100多人次。

在市区文化广场、滨江花园、实验小学三处人流量聚集的地方建设200米科普长廊，按季度更新；在方城路口安装LED科普显示屏，播放公益内容及科普动态；在金田农业产业化项目区内建设淮山、黄沙鳖科普馆。

地　震

【概　况】 桂平市地震局是市人民政府正科级参公单位，2015年，内设综合管理股、震害防御股、检测预报与应急股；下辖地震监测站。有在编干部11人（行政编制8人，事业编制3人）。年内，桂平市在强化地震监测管理，注重发挥地震群测群防作用，依法加强城乡建设工程抗震设防监管，开展丰富多彩的防震减灾科普宣传活动，修订完善26个乡镇专项地震应急预案，扎实推进广西地震烈度速报与预警系统6个基本台站的基础设施建设。

【地震监测网点基础设施建设】 市境东南西北区建设有宏观观测网点7个，构成了宏观观测、科普宣传、灾情速报三网合一的群测群防网络体系。每个网点都坚持专人负责，落实观测制度，加强监测仪器设备维护，认真做好地震监测预测工作。2015年，共监测记录到远近水震波38次。

是年，桂平市获得广西地震烈度速报与预警系统基本台站建设项目6个，分布在金田、木乐、中沙、下湾、石龙、西山等乡镇。该项目是自治区防震减灾“十二五”重点项目之一，自治区负责下拨设备及设备的安装、维护，桂平市财政负责划拨项目配套资金42.7万元，完成了台站台址初勘、复勘、租地等工作，正在进行土建施工、装修等。

【应急救援】 在市地震局指导下，全市26个乡镇政府按照《桂平市地震应急预案》要求，分别完成了地震应急预案的制定和修订，构成了桂平市地震应急预案体系。

【防震减灾服务】 按照工程建设要求，所有项目在设计时，必须确定抗震设防要求，报请地震部门提供抗震设防参数，在市行政大厅办事窗口统一受理和办结。2015年，市地震局确认工程建设抗震设防项目65项，包括新开工的保障性住房和棚户区改造工程52项，为建设方及时提供了科学合理的抗震设防参数，服务满意度100%。

【科普宣传】 5月9日至12月31日，在市电视台、广播电台等主流新闻媒体设立防震减灾宣传专栏，电视台每晚20:20分播放防震减灾知识宣传片共播60天，广播电台每周六、周日，每天2次播出3分钟防震避震知识，共播140次，在“防灾减灾日”期间做广播、电视新闻防震减灾宣传报道。

5月12日“防震减灾日”，在文化广场开展防震减灾科普主题宣传活动，摆放展板20块，设立咨询台1个，发放防震减灾宣传彩页1500余份，解答群众咨询100多人次，受教育人数达5000余人。当天，在桂平市二中、桂平市逸夫实验小学、南木一中等350所学校开展防震逃生演练，参与人数15万多人次。开放学校教育基地3个，受教育人数5000人次。

6月16日，桂平举办“安全生产月”咨询日，市地震局摆设展板、咨询台，开展防震减灾安全知识宣传活动，解答咨询问题100多人次，发放宣传资料1000余份，受教育人数2000余人。

【重要会议】 5月26日，桂平市2015年防震减灾工作会议在桂平召开，出席会议的有：市政府副市长卢祖荣、市防震减灾工作领导小组全体成员以及市地震局全体干部职工共50多人。会议贯彻落实全国、自治区防震减灾工作会议精神，总结2014年桂平市防震减灾工作，部署2015年防震减灾工作。主要任务：一是要依法加强城乡建设工程抗震设防监管，将地震安全融入到城乡建设中；二是要加大对农村危房改造的指导和支持力度，积极推进地震安全民居建设；三是积极开展好防震减灾示范社区、示范学校、示范县、示范城市建设，加快推进防震减灾治理体系和治理能力现代化建设；四是要加强震情监视，强化应急准备工作，加大防震减灾科普知识宣传力度；五是要全面完成年度防震减灾绩效考评指标工作，努力推动防震减灾与经济社会发展相融合，不断提高桂平市地震灾害综合防御能力。

气　象

【概　况】 气温。2015年，桂平市年平均气温22.4℃，与历年平均相比偏高0.5℃；最高温度37.7℃，出现在7月13日，最低温度6.4℃，出现在2月6日；月平均气温最低出现在12月，为14.1℃；月平均气温最高出现在8月，达28.6℃。

降水。2015年，桂平市降水量2088.0毫米，与历年平均相比偏多352.6毫米；5月份，城区降水量456.9毫米，达全年峰值；日最大降水量103.1毫米，出现在10月5日。

日照时数。2015年，桂平市日照总时数1265.6小时，与历年平均相比偏少2成。

【主要气候事件】 2015年主要气候事件有：春季干旱、暴雨、台风、寒露风等灾害性天气。与往年相比，气象灾害的种类有所减少，其强度也不算大，属中等气候年景。

春季干旱天气。2015年1—4月全市降雨严重偏少，其中4月份降雨偏少程度突破历史极值，市境大部出现了特旱，春季用水严重紧缺，对春耕春播造成不利影响。

暴雨。2015年，全市总体雨量充沛，但在空间上呈现明显的分布不均，且在时间上也呈两极分化：1—4月全市降雨严重偏少，其中4月份降雨偏少程度突破历史极值，市境大部出现了特旱，春季用水严重紧缺；而进入5月后，形势突变，旱涝急转，强降雨过程激增，暴雨、雷电大风等灾害性天气频发，出现了5月8日、5月16日、5月20日、5月22—23日、6月9—12日、6月14日、7月10日、7月16—17日、7月23—27日、8月15日、8月20日、8月30日、9月1—4日、9月7—8日、9月11—12日、10月4—5日等16次较强降雨过程，其中5月8日、5月16日、6月9日、7月23—25日、9月2日出现了大暴雨天气，10月4—5日还出现了特大暴雨天气。5月以来累积雨量达1573.9毫米（有的乡镇超2000毫米），与历年同期相比，偏多三成到一倍。

台风。受台风“彩虹”及其外围环流影响，10月4日08时至6日08时，市境普降暴雨，南区、北区、东区大部有大暴雨，南北部局部地区出现了特大暴雨，最大雨量为罗秀乐雅397.3毫米。另外，4日下午到夜里，市境大部出现6—7级大风，部分地区出现8—9级阵风，最大风力出现在4日19时41分紫荆镇24.3米/秒（9级）。

寒露风天气。10月10日起，市境出现了一次3—4天的寒露风天气过程，对晚稻的抽穗和传花授粉造成不利影响。

【气象服务】 积极做好决策气象服务。2015年，共启动6次重大气象灾害应急响应，发布决策气象服务材料95期（其中重大气象专报3期），发布各类气象灾害预警信号98次（暴雨预警62次、雷电预警24次、台风预警1次、干旱预警1次），发送各类预报预警服务短信280次，接收对象约350多万人次，8次暴雨红色预警和1次台风预警均通过通讯运营商全网发送。

严格执行《桂平市关于重大气象信息和重要汛情旱情报告各级党政主要负责人的规定（试行）》。2015年5月、10月，市气象局按标准向本级党政主要负责人报告重大气象信息2次，发布了重大气象信息专报3期，并第一时间通过书面报告、电话或短信等方式向市委书记、市长、分管副市长进行汇报，专报同时网传各乡镇以及防汛、应急、国土等有关部门。市领导均予以高度重视，对重大气象信息专报均作出重要批示或指示，相应开展了防灾工作部署。

积极开展公众气象服务，通过提供短临天气预报、短期天气预报、一周天气预报、节假日天气预报、专题预报等服务产品做好春节、清明节、劳动节等节日，春运、大藤峡重大活动仪式、高考等重大社会活动，以及本市“四大工程”重点项目的气象预报保障服务工作。

【“三农”气象服务专项建设】 2015年，桂平市开展中央财政“三农”气象服务专项建设，着重农业气象服务体系和农村气象灾害防御体系建设。全市在水库下游和地质灾害隐患易发区安装了172套农村气象预警大喇叭，大大提高了气象预警信息的传播速度。建设了县级气象现代化服务平台和县级农业气象服务平台，提升了桂平市气象业务现代化水平和农业气象服务的能力。

【人工影响天气】 2015年1—4月降水严重偏少，市境大部出现了特旱，春季用水严重紧缺。市人工影响天气办公室紧密联系农、林、水等部门，及时掌握农情、旱情，严密监视天气变化，抓住每一个有利时机，全力开展人工增雨工作。分别于1月10日、11日，4月10日、29日、31日抓住时机实施了人工增雨作业5次，共发射增雨火箭17枚，作业后影响区内均出现明显降雨，为有效缓解旱情、减轻森林火险压力、改善生态环境等发挥了重要作用。8月底，国家人工影响天气业务督查组到桂平市开展人影业务督查，对桂平人工影响天气工作给予高度肯定。

【气象探测环境保护】 2015年，气象、住建、国土、市政等部门严格规划与建设审批、加强宣传力度，强化联合巡查与执法，未出现影响气象探测环境评分的违规事件。9月，市气象局向政府办、住建、国土、发改、环保等部门报送备案了《气象探测环境保护规范（地面气象观测站）》等四项强制性国家标准（2015年1月1日正式实施）；同时气象、住建签订了相关合作协议，初步建立了气象探测环境保护协作机制。

【气象现代化建设】 2015年，全面深化改革，积极推进气象现代化建设。加强气象监测预警预报服务能力建设，加强天气监测、预警和预报技术方法的研究应用，提高台风、暴雨、干旱、雷电、大风、霜冻、寒露风等灾害性天气的监测和预报能力，提高天气预报的准确率和精细化水平，及时发布气象灾害预警信号。积极推进桂平国家气象站搬迁治理工作，实现气象站探测环境达到国家规定标准，确保气象探测数据的代表性、准确性、连续性。建设县级气象现代化服务平台，完善西江流域（桂平辖区）致洪暴雨监测预警系统、桂平国家突发公共事件预警信息发布系统。进一步健全气象预警信息发布传播体系，大力推进公共气象服务均等化进程。加快农业气象服务体系和农村气象灾害防御体系建设。健全基层气象防灾减灾体系，加强乡镇气象信息服务站和气象信息员队伍建设，提高了农村气象防御能力。

【气象科普宣传】充分利用“3 · 23”世界气象日、“5 · 12”防灾减灾日、科技活动周、世界环境日、安全生产月等重要时间节点开展气象科普宣传，全年共发放气象灾害防御指南等科普资料5000多份。1—4月旱情较重，市气象局多次派出气象业务人员到田间地头，指导农民开展农业生产及气象灾害防御，推动气象科普进农村。

文化·体育·传媒

综　述

【概　况】 桂平市文化体育和广播电视局是市人民政府的正科级职能部门。2015 年，内设机构 7 个：办公室、人教股、文化文物业务股、文化产业和市场管理股（行政审批办公室、新闻出版办公室）、体育业务股、宣传管理股、科技和传媒管理股。有行政人员编制数 18 名（实有 14 人），工勤人员编制数 2 名（实有 3 人）。下属单位 10 个：图书馆（编制 9 人，实有 9 人）、文化馆（编制 8 人，实有 10 人）、博物馆（编制 10 人，实有 12 人）、人民剧场（编制 5 人，实有 11 人）、业余体育运动学校（编制 10 人，实有 17 人）、体育馆（编制 2 人，实有 2 人）、体育场（编制 5 人，实有 4 人）、文化市场综合执法大队（编制 6 人，实有 10 人）、广播电视台（编制 55 人，实有 53 人；另聘用人员 26 人）、电影公司（无编制，实有 95 人）。全系统共有干部职工（含聘用人员）266 人。

2015 年，该局围绕弘扬“正能量”，圆“中国梦·文化梦”“中国梦·体育梦”“中国梦·广电梦”为主线，以先进文化建设为己任，实现了文广工作的新突破，文广事业呈现繁荣发展的好势头，全市的群众文化活动、文化下乡、文化艺术创作、免费开放工作、文化业务辅导培训、文物保护、文化遗产保护利用、文化产业、文化市场管理、文化资源信息共享工程、农家书屋、群众体育、竞技体育、广播电视电影以及城乡文广基础设施建设等工作都取得了可喜的成绩。继续保持了“全国文化先进县（市）”“广西壮族自治区特色文化产业示范县（市、区）”“中国民间文化艺术之乡”“全国体育先进县（市）”“全国武术之乡”“广西竞技体育后备人才培养基地”等荣誉称号。

【文学艺术创作】 2015 年，桂平市文学艺术精品迭出。作家陈谊军创作的抗战题材长篇小说《红石矶》（34 万多字），入选中国作家协会 2015 年度少数民族文学重点作品扶持项目（2016 年 10 月由作家出版社出版，中国多民族文学丛书第二辑）。作家黄德良创作的散文《江那边的父亲》、长篇小说《犀牛湾》，参加广西人民出版社有限公司、麦林文学网主办的广西首届网络文学大赛，分别获得散文组一等奖和长篇小说组二等奖。市文化馆创作员、作家黄树新（笔名：丁桦）创作的民族文化理论专著《大藤峡起义研究》（约 12 万字），入选第三批广西桂学研究会扶持课题立项；其创作的报告文学《桂平杖头木偶戏：木魂·人魂·戏魂》，入选自治区党委宣传部组织的广西 2014—2015 年重点文学创作精品扶持项目；创作的现代诗《生产流水线》获由全国总工会主办的“大唐杯”第二届“中国梦·劳动美”全国职工诗词创作大赛三等奖；创作的散文《品味家乡祭牛》，获湖北省“北斗山·利川红”乡情征文大赛三等奖。组织诗音舞节目《我的祖国》参加贵港市委宣传部、市文广新局主办的“勿忘国耻·圆梦中华——抗战爱国经典诗词配乐诵读大赛”，获三等奖。组织国画《养莲贵在高洁》参加自治区文化系统庆祝建党93周年廉政文化书画展获优秀奖。组织油麻镇红丰业余文艺队有理采茶戏《好邻居》到南宁参加第四届全区基层群众文艺会演获优秀奖。文广系统干部职工在省部、地、县（市）级等有关刊物、网站，亦不断有文学作品、文广信息宣传报道发表。

【文物　博物】 一是抓好文物保护宣传工作。利用元旦、春节、“三月三”、“5·18”国际博物馆日、文化遗产日、“十一”等重大节日活动组织开展文物法和文物保护知识等宣传活动。在博物馆、社区、学校举办了文物保护法和文物知识巡展及有奖竞猜活动10多场，现场发放文物保护宣传资料8300多份，设置宣传展板逾100块次。二是基本完成了韦昌辉故居文物征集工作，并征集到同一历史时期的民俗文物12件，特别是征集到了毛泽东手书“大藤峡”真迹。三是完成了年度文物保护修缮任务，对白石山寿圣寺、西山李公祠、中沙南乡尚德堂进行了抢修加固。市级文保单位太平军总部——傅家寨遗址保护和环境整治工作已于11月底正式动工，计划2016年1月完成。三是完成了第一次可移动文物普查第二阶段工作。经联合专家组对区级、地市级、桂平市级文物进行了认定，共认定古籍68件/套（3208册）。文物数据采集、登录1398件/套，数量5110件，完成报送进度100%。四是进行南木弩滩巡检司城址发掘。2015年9月，广西文物考古研究所、四川大学历史文化学院与桂平市博物馆联合对南木弩滩巡检司城址进行考古发掘，是继2006年长洲水利枢纽工程西江沿岸库淹区考古发掘工程之后在桂平市开展的又一次规模较大的考古发掘，是中国目前发掘的最大规模的明巡检司城址。截至12月底，已发掘面积3800平方米，城内发现各时期遗迹类型有道路（2条）、房址（30座）、作坊（1处）、沟（62条）、水井（2口）、灰坑（106个）、古代地面（13处），基本廓清了弩滩巡检司城址的结构和布局。出土陶瓷器数量丰富，以青花瓷器为大宗，占全部出土陶瓷器的70%以上。

【非物质文化遗产】 桂平市非物质文化遗产资源丰富，目前整理入编成册的有29项，重点项目还配制了音像资料。其中,《桂平木偶戏》《桂平紫荆瑶族婚礼八音》(《广西八音》的扩展项目)、《桂平西山佛教音乐》《桂平罗秀米粉制作工艺》入选自治区级保护名录;《桂平中沙南乡南拳》《桂平油麻有理采茶》《桂平社坡腐竹制作工艺》《桂平石龙春牛舞》等入选贵港市保护名录。这些非物质文化遗产已在市中山公园、西山洗石庵和龙华寺、西山镇前进村建设有传承所。文化馆创作员、作家黄树新创作的反映桂平市非物质文化遗产题材的纪实文学《瑶族经书手抄传奇》，获国家级（中国作协）立项扶持。

2015年，在文化遗产日（每年6月的第二个星期六）宣传活动期间，组织开展了形式多样的宣传展示活动，分发“非遗”宣传资料3000多份。完成了组建桂平“杖头木偶戏”麻垌传承点工作，正在筹建桂平“杖头木偶戏”金田传习所。

【非物质文化遗产名录】 桂平木偶戏。桂平白话亦称“木甩戏”，属杖头木偶戏类。木偶戏是劳动人民在长期的农耕社会中创造出来的一种民间戏剧艺术，流行于国内许多地方。

表演木偶戏时，木偶穿着各种戏服，扮演各种角色，艺人操纵连着木偶人头的主杆、两侧连着木手的悬杆，来舞动木偶，配以说唱和锣、钹、木鱼等打击乐器进行表演。演出剧目主要是人们喜爱的历史故事、民间传说，唱词通俗易懂，曲调简单动听，表演诙谐有趣，具有较强的艺术感染力和较高的审美价值。

据史料记载，桂平木偶戏于清同治年间（约1871）由外地传入。民国时期，桂平木偶戏发展成熟并形成了固有的表演程式及唱腔曲调。20世纪六七十年代，木偶戏几乎绝迹。改革开放后，桂平木偶戏才逐渐恢复，八十年代曾风行一时。2009年召开过一次全市木偶艺人会议，到会木偶艺人有50多人。近年，随着木偶艺人的陆续去世和其他娱乐活动的冲击，桂平木偶戏濒临灭绝，只有寥寥几个老艺人不时演出。2002年，中央电视台和《中国文化》对桂平木偶戏进行了专题采访报道，引起了社会的广泛关注。

目前健在的几个老艺人是：韦芳，女，70岁，西山镇新岗村沙岗屯人，1958年开始向木偶艺人学习表演木偶戏，后得师傅温健仁真传，辗转于桂平城厢及周边乡村演出，深受群众欢迎。她热衷于木偶戏艺术，带了几个徒弟。中央电视台、《中国文化报》《贵港日报》等为她做过专题报道。梁雁玲，女，48岁，西山镇新岗村沙岗屯人，1984年跟随师傅温建仁学习木偶戏表演，近20年在桂平市内外各地演2000多场。2013年5月25日，应广西电视台公共频道邀请，到《好鬼有才》节目现场表演木偶戏。现为贵港市民间文艺家协会理事、桂平市木偶戏艺人协会会长。李国权，男，69岁，金田镇彩旺村烟村屯人；陈皋荣，男，72岁，金田镇新圩村人，他们在1960年代跟师傅温建仁学习木偶戏表演，50年来在市内外各地演出5000多场。2014—2015年《贵港日报》《广西日报》曾做过专题报道《两个男人一台戏》。两人现为桂平市木偶戏艺人协会副会长。这几个老艺人都被确认为桂平木偶戏传承人。

桂平紫荆瑶族婚礼八音。桂平紫荆瑶族婚礼八音与广西八音基本相同，一般由八人组成乐队，以唢呐、长号、皮鼓、小钹、中钹、小锣、沙锣、牛角等吹打乐器，在婚礼上演奏。

瑶族的婚姻有其民族习俗，男女双方可根据各自家庭的情况以及居住环境的优劣，选择女嫁男家或者男入赘女家。男女平等，无性别歧视。女嫁男家的，男家请八音；男入赘女家的，女家请八音。

办喜事的主家要提前发请帖邀请八音队，其领队再去组织吹奏人员到时前往。八音队开始吹奏时，要举行一个小小的仪式：主人给八音队奉上一个红包，八音队为首师傅回赠一个象征性红包，讲上几句祝颂的话语，然后才开始吹奏。办喜事的人家在厅堂靠门左角放置一张八仙桌，台面摆两个味碟，八个八音队成员分坐四边，视喜事进行的程序而吹奏各种不同曲调。按礼仪顺序为：起（开）台、接（迎）客、请（敬）茶、洗脚、出茶、请坐（入席）、敬酒、收碗、出拜、收拜、送客、洗台等，办婚礼时贴对联的加一曲“贴对联调”。有时遇到人手不足，八音队便简化从事，只吹一支唢呐，或只敲一对钹，或将一只钹放在桌子上（用一个布圈承托其突出握柄），把锣挂在桌旁，由一个人操作，左手打钹、右手打锣。新居进宅的，要沿着新居四周吹奏一圈才回到厅堂吹奏。接亲路上举行“串亲”仪式时，唢呐手要按规定顺序绕着送亲的人吹奏迎客调，接亲方还要应答送亲方人的提问，直至答对、答完送亲方才肯起走，这时八音队才算完成吹奏任务。

八音队在每次喜庆活动吹奏结束时，主人会将两条一指宽、六七寸长的红布条送给八音队，分别系在两支唢呐上。唢呐上系的红布条多少，就是八音队当年出行次数的记录，每年清理一次。

桂平西山佛教音乐。佛教传入桂平已有一千多年历史。清代，县内佛教大盛，各地兴修寺庙成风。清末民初，县内共有寺、庙祠、坛286座，其中佛教寺庙249座，占87%。

桂平西山佛教音乐是西山佛教徒在举行宗教仪式和习佛之时所歌咏的曲调，这些曲调最初是由梵呗开始的。梵呗就是摹仿印度曲调创为新声，用汉语来歌唱。时至今日，桂平西山佛教音乐也已溶入了一些本地民间音乐元素。

桂平西山佛教音乐没有纯器乐曲。据搜集到的“斋天”“佛诞”选曲来看，均是带唱词的梵呗。常用的专用打击乐器（法器）有：大磬、引磬、吊钟、鼓、铛子、铪子、大木鱼、小木鱼、小鼓九种。

洗石庵的梵呗分为两大类：一是赞，二是偈。赞，也叫唱赞，唱词多不规整，旋律有起承转合，唱时需一气呵成。偈，唱词和曲调均由上下两句组成，需押韵，曲调反复，少变化。词则根据需要，可五言体、七言体，也有极少六言体。

斋天，佛教活动的名称，通常根据功德主的要求，随时可以进行。斋天法仪梵呗曲牌较多，约有 20 多种。佛诞，佛的诞辰，大凡到了观音诞、释迦牟尼诞辰等日子都举行。佛诞祝仪梵呗曲牌则简单些，约有 10 多种，唱词则根据各种佛事不同而变换。

桂平西山佛教音乐斋天法仪梵呗选曲有：1.举赞；2.三请之一；3.三请之二；4.礼请；5.愿此花香；6.请圣之一；7.请圣之二；8.请圣之三；19.佛宝赞；10.僧宝赞；11.三宝赞；12.炉香赞；13.赞佛偈；14.香赞；15.圆满偈；16.施食偈；17.赞；18.三皈。

释迦牟尼佛圣诞祝仪梵呗选曲有：1.香赞；2.赞偈；3.绕佛；4.拜愿；5.三皈依；6.祝韦驮；7.韦驮赞。

桂平西山佛教音乐是吟诵性音乐，曲调较为明朗，旋律以级进为主，无多大起伏，多为四四拍子，演唱时一人举腔，众人齐唱，唱念相间，用法器（打击乐器）点板伴之。

桂平西山是全国闻名的风景名胜区和佛教圣地，佛教音乐也在平时修习佛法和重大佛事活动中得到有效的传承与保护，并给广大游客予以展示欣赏。也有制作好的西山佛教音乐光碟，供游客购买。

桂平罗秀米粉制作工艺。罗秀米粉是桂平著名的特产之一，被誉为“中国一绝”。罗秀米粉的主产地为桂平市罗秀镇，现有 21 个村共 120 多个米粉制作作坊和工厂，2015 年年产量超过 400 万公斤，产品供不应求，远销广州、深圳、南京、大连等地及港澳地区、东南亚一带。

罗秀米粉以条细匀称，外观洁白、油亮，质地柔韧，耐煮，细腻，润滑，食之爽脆。有人做过一个试验：将晒好的米粉摺成一卷，用力向墙壁猛掷 20 次而不碎；用刚切好的粉丝 150 根（重约 200 克）挂在横木上，能将 70 公斤重的小伙子吊起在上面荡秋千。1985 年，中央电视台、深圳都乐影视公司以《奇特的米粉》为题，将罗秀米粉摄入大型电视系列片《中国一绝》后，知名度即时飙升。

罗秀米粉具有悠久的历史，清末民国就已成名。其手工制作工艺独特，以当地所产的优质白米，配以山区特有的清水精制而成。整个生产流程包括选米、浸米、磨浆、蒸粉、晒粉、以及摺粉皮、切粉丝、晒粉丝、扎米粉、包装等。

罗秀米粉可煮可炒，可根据不同口味烹制成肉汤粉、老友粉、螺蛳粉、凉拌粉和炒粉。冬天打火锅吃狗肉，以狗肉汤煮罗秀米粉，加少许辣椒、葱花，其味尤佳。

公共文化

【群众文化活动】 2015 年，举办了庆新春文艺活动、“文化进万家·共筑中国梦”文化惠民演出、贯彻落实自治区文化厅文化文艺创作与文化惠民演出“十百千”计划文艺演出、“服务关怀洒真情·落实国策作贡献”主题的文化惠民送戏下乡文艺晚会、“三下乡”文艺演出和诗词书画影进农村活动、“三月三”民族传统文化活动与文艺展演、桂平军民纪念中国人民抗日战争暨世界反法西斯战争胜利 70 周年文艺演出和文艺晚会、“月圆中秋夜·辉映浔州情”首届曲艺小品晚会、“科教进社区”暨庆国庆文艺演出、“快乐周末”粤曲演唱、庆祝2015国际博物馆日暨第八届社区文艺展演晚会、第二届舞蹈比赛总决赛晚会、桂平“非遗”水上疍家婚礼欢叹歌会、送戏下乡暨重阳节“夕阳欢歌”主题文艺演出、以“九九重阳节·浓浓敬老情”为主题的“龙浔传艺聚金龙”即柳州、桂平文艺交流晚会、重阳节文化活动暨桂平老年大学成立25周年文艺展演与书画展览、贵港、桂平、平南三地老年大学才艺交流会等文艺活动；2015“世界艾滋病日”防治艾滋病宣传活动文艺演出4场，并编排宣传板报一期参加市在文化广场举办的世界艾滋病日宣传活动；编排法制宣传板报一期参加市在文化广场举办的“12·4”法制宣传日宣传活动。《浔城春秋》展和“浔城春秋”历史文化巡展、欧坚油画展、“感受生命之美——走进斑斓的蝴蝶世界”科普展览、文化遗产日宣传展示文化活动、“天才小画家·五一欢乐行”主题少儿绘画比赛、端午诗会暨文化惠民文艺骨干培训、“凝聚正能量·共筑中国梦”主题的首届少儿艺术展演、中国象棋第二届等级赛。年内，结合免费开放工作，组织市图书馆、文化馆、博物馆和业余文艺团队开展文化下乡送戏、送图书、送法律法规和科技知识到乡村活动10多次。组织开展了新春“三下乡”活动、文化下乡惠民演出活动、“三月三”壮族民间文艺展演活动、文化惠民“十百千”送戏下乡文艺演出等。至2015年12月，桂平市比较活跃的业余文艺队有60多个，文化馆积极组织指导各业余文艺队，于节假日配合党委政府的中心工作，在城乡举办文艺演出活动逾100场。据统计，全年全市组织开展各项社会群众文化活动183场（次），参与的人员（受众）约达6.9万多人次。

【文化艺术培训】 组织文化艺术专业人员深入城乡、社区、学校、企事业单位、业余文艺团队，开展文化艺术辅导活动。组织开展了免费开放的书法培训班、艺术辅导培训班（美术、舞蹈、器乐古筝等）、少先队鼓号指导师培训班、端午诗会暨文化惠民文艺骨干培训班、暑期舞蹈、音乐（器乐、鼓艺）、书法、美术培训班、老年人音乐知识讲座和老年人音乐（声乐）培训班。还组织举办了乡镇文广站文化业务工作培训班、文广系统创建“诗词机关”诗词辅导培训班。组织专业文化艺术人员到城乡社区、乡村、乡镇文广站，指导开展文化活动和督查指导村级文化建设工作。老年大学亦长期举办诗词、书法、国画、器乐、粤曲、音乐、舞蹈等培训班。

【图书及文化信息资源共享工程】 一是抓好图书管理和全国文化信息资源共享工程桂平支中心服务工作，继续抓好桂平市“农家书屋”建设提升完善和乡村“共享工程”工作。自2012年全市411个行政村全部建成农家书屋后，逐年对农家书屋建设进行提升和完善。2015年，完成了上级下达142个农家书屋出版物配送（每家价值7000多元图书）和5个示范数字农家书屋（卫星接收设备1台、电脑1台、电视1台等）配送任务。二是积极抓好读书活动、图书下乡活动。二是市图书馆月均书刊阅览800人次，书刊外借900册次、650人次，流通900人次。市文化信息资源共享工程支中心电子阅览室全年按计划开放，月均上网阅览人数逾500人次。三是充分利用市级支中心和26个乡镇文广站“共享工程”平台，开展公共电子阅览服务。四是古籍图书保护工作取得了显著成绩。市图书馆获“广西古籍保护工作先进单位”称号；经广西壮族自治区人民政府批准，市图书馆收藏的《昭明文选》（清乾隆版）入选《广西壮族自治区珍贵古籍名录》。

【“三馆一站”免费开放】 市图书馆、文化馆、博物馆以及26个乡镇综合文化站、已建成的98个村级公共服务中心、411个行政村农家书屋等公共文化体育基础设施都是开展免费开放服务，包括文艺演出、视听、展览、阅览、借阅、培训、讲座、游艺、体育活动都是免费开放。并编排出版的各种宣传墙报（板报）107 期，印发文博、“非遗”、新书信息等群文辅导宣传资料 2.3 万多份。

文化基础设施建设

【文体设施建设】 一是抓好村级公共服务中心项目建设。2015 年，根据自治区文化厅和财政厅下达桂平市建设 28 个村级公共服务中心项目建设任务，完成了 28 个村级服务中心总投资 814.5 万元。其中：自治区财政补助 560 万元（每个村 20 万元）；桂平市财政配套 140 万元（每个村配套 5 万元）；20 个村自筹建设资金 114.5 万元。至 11 月底，项目建设工作全部完成。28 个村级篮球队和文艺队已于 8 月份全部完成组建工作。二是抓好体育健身工程项目建设。2015 年，积极做好上级下达的 8 个乡镇农民体育健身工程项目（每个乡镇补助 20 万元）、11 个村级篮球场项目（每个村补助 5 万元）建设工作。于 12 月底，全部完成了项目建设工作任务。

【广电设施建设】 一是完成马骊山发射机房建设任务。经过两年多的努力，于 2015 年 7 月份，将西山顶机房的所有设备设施全部搬迁到马骊山机房，并按计划正式开始在马骊山机房播出广播电视信号。二是抓好广播电视无线覆盖工程建设工作。根据自治区村村通广播电视办公室下达给桂平市“村村通”乡镇（紫荆镇）广播电视无线覆盖工程建设点任务要求，抓好乡镇无线发射基站建设工作。完成了紫荆镇无线发射基站建设任务和按计划交付玉林技术中心进行设备安装并已正式开始试播。

文化市场

【行政审批】 2015 年，受理行政审批事项 238 件，其中办理出版物发行单位设立及变更审批 3 件，设立其他印刷品印刷经营活动的打字、复印、影印单位审批 2 件，音像制品零售单位设立审批 1 件，网络经营许可证变更 34 件、新办 3 件，文化经营许可证变更 1 件，年审 194 件，办结率为 100%，评价率为 100%，满意率达到了 100%。没有因不正当理由对行政审批申请不予受理。

【文化执法】 年内，在不断加强日常监管工作的同时，组织开展了 2015 年元旦、春节期间文化市场专项整治行动、“两会”期间文化市场安全生产大检查行动、“扫黄打非”专项行动、人员密集场所违规设置户外广告牌消防安全专项整治行动、“五一”和“十一”等节前文化市场安全专项检查以及暑期文化专项行动、健康暑期专项整治行动和校园周边娱乐场所整治检查、卫星有线电视传输网清理整治等专项行动。其间，共出动 5442 人次，检查场所 1386 家次，整改 5 家，处罚 86 家次，停业 7 家。

书　法

【活动与作品】 2015 年，桂平市书法协会有会员 130 多人。市文化馆常年免费提供场地，联合市文联组织他们学习、交流、磋商、探讨、创作，举办各种书法辅导培训和展览，发扬传承桂平的传统书法文化。同时，文化馆还在每年寒假、暑假免费组织举办少儿书画培训班。2011—2015 年，在上级文化部门组织的少儿书画比赛中，获金奖 8 个，银奖 12 个，铜奖 17 个。组织成年书法家参与各级书法展览和比赛，黄云海、卢梅珍、杨亚友 3 人获贵港市文艺创作书法类“荷花奖”，韦照明、卢雪梅 2 人分别获全区“魅力北部湾”书画赛三等奖和优秀奖。黄琼的书法作品《道德真经》获第五届中国书法兰亭奖佳作奖。

诗 词

【活动与作品】 桂平市诗词学会现有会员65人。2015年，桂平市诗词学会先后举办元宵诗会、端午诗会、中秋诗会，会员在会上朗诵自己的新作，相互切磋。截至2015年，学会出版的诗集有:《两布衣诗词选》(李卓夫、谢心声著)、《水仙子诗词》(何公卓著)、《龙月杏诗词集》(龙月杏)、《罗绍馨诗词选》(罗绍馨著)、《容峰桂平风景诗选》(容兆坤著)、《梁郁藩诗选》(梁郁藩著)、《小草诗存》(陈炳华著)、《岁月欢歌》(杨敏楷著)、《夕阳红》(刘国本著)、《田寮塘诗词集》(莫启平著)、《清词丽句可疗饥》(陈谊军主编著)、《桂平风光诗词选》(李卓夫主编)、《2013年桂平诗词选》(李卓夫主编)、《2014年桂平诗词选》(李卓夫主编)、《2015—2016年桂平诗词选》(李卓夫主编)、《桂平历代诗词选》(李卓夫主编)、《乡土诗苑》4期。会员诗词作品发表在《中华诗词》《八桂诗词》《长白山诗词》《广西日报》《贵港日报》等，有的会员诗词作品也在全国性诗词大赛中荣获奖项。

体 育

【群众体育】 组织举办了庆元旦桂平市“百货家电杯”城乡象棋对抗赛、“南百家电杯”汽排球对抗赛活动，贺新春门球比赛、象棋应众赛、乒乓球比赛，庆祝“五一”国际劳动节“龙潭杯”门球比赛，“学而优杯”第二届全市中小学生乒乓球赛，第七届广西体育节桂平市系列活动启动仪式暨千人太极球和健身舞展演，第三届“桂银村镇银行杯”气排球比赛，“2015武术展演”晚会等形式多样的群众性体育健身活动。9月份组织马皮村男子篮球队代表桂平市参加了第四届广西万村农民篮球赛贵港市级赛。

【竞技体育】 年内，组队参加广西少年儿童武术套路锦标赛暨第十三届自治区运动会资格赛，获3金1银；到内蒙古北重三中参加2015年全国中学生武术锦标赛暨全国武术段位制比赛，获2金3铜。组织桂平市武术代表队参加第五届中国·四川国际峨眉武术节暨第十二届全国武术之乡套路比赛，获6金5银6铜；到贵港市参加广西区第十三届运动会，获1金2银1铜的好成绩；南木镇青年黄俊华参加印尼雅加达2015年第十三届世界武术锦标赛夺冠。

【体育产业】 全市有体育彩票销售点35个，其中：城区15个，乡镇20个，体育彩票销售达2074万元，销售额位居全区县（市）级第2位。被自治区体育局评为2015年县级体育彩票工作先进单位。

新闻出版

【新闻出版经营】 2015年，全市共有新闻出版经营单位121家，其中：图书零售店24家，报刊亭40家，音像制品销售出租8家，印刷厂28家，打字复印21家。

【行业检查执法】 年内，节假日及“两会”等重大活动期间，在文化市场安全专项整治活动时，同时对出版物经营市场进行专项整治，有效地打击了各类非法出版物发行行为。

广播 电视

【概　况】 以广播、电视为载体，积极深入宣传党的十八届三中、四中、五中全会，全国“两会”和习近平总书记系列重要讲话精神，紧紧围绕市委、市政府中心工作，以提高节目质量、增强宣传效果为重点，围绕中央、自治区及桂平市重大工作部署，高质量完成各项重大宣传报道任务。同时，在电视台、电台设立了“四大工程”“三年目标攻坚”项目建设，“大藤峡工程”

项目建设、“美丽桂平·生态乡村”“重大项目突破工程”“旅游产业攻坚工程”“城市形象提升工程”“城乡一体化推进工程”“人口与计生”、“三严三实”等专栏，新开设了“精准扶贫·圆梦小康”专栏。办好《阳光热线》《桂平新闻》《浔州大舞台》《思灵天地》等栏目，有效发挥舆论监督作用。积极做好抗战胜利70周年的宣传工作，电视台设立了抗战胜利70周年专栏。积极做好对外宣传并完成上送稿件任务。全年广播电台播出自采新闻2290条（次），电视台播出自采新闻2215条（次）。广播电台自办专题200多期，电视台举办浔州故事专题24期。广播电台上送贵港台采用播出稿件310条、广西广播电台采用播出稿件88条、中央人民广播电台采用播出稿件8条；电视台上送贵港电视台采用播出稿件480条、广西电视台采用播出稿件50条、中央台采用播出4条。同时，认真贯彻执行新《广告法》，加强对医疗广告播出的监管工作。

广播电视信息网络

【概　况】 广西广播电视信息网络股份有限公司桂平分公司于2004年6月30日挂牌成立，是由原桂平有线电视台改制重组产生的国有企业，直属广西广播电视信息网络股份有限公司，经营桂平市行政区域内有线广播电视节目传输业务及综合数据信息业务。内设机构有5个中心（企业管理中心、播控中心、农网管理中心、营销中心、客户服务中心），直辖26个乡镇的18个广电网络服务站，2015年年底在岗员工110人。

【有线广播电视覆盖】 分公司成立以来，加大基础设施投入。2015年投入网络建设项目资金1057万元。全市26个乡镇已全部实行了城乡有线光缆联网，到2015年年底，有线电视网络覆盖桂平市区和乡镇247个行政村，用户7.8万户（城网3.6户，农网4.2万户），入户率为51.14%。

【广播电视节目传输】 桂平市城乡有线广播电视实现了数字化传输。共有传输有线广播节目42套；基本数字电视节目77套（含中央台16套、各省区卫视49套、广西8套、贵港台2套、桂平台2套）；付费数字电视节目44套；高清电视节目31套（含基本高清电视节目16套，高清付费电视节目15套）。

【创新广电网络业务】 在做好有线广播电视节目传输业务的基础上，注重开拓市场，适应“三网融合”的经营竞争。首先，做好以电视机为主的家电销售工作；其次，做好乡镇社会治安监控“天眼”工程等专网项目建设，与13个单位签订专网建设合作合同；再次，全力发展广电宽带业务，全年新增广电宽带近万户。

【履行公共服务职能】 履行广播电视公共服务职能，发挥广播电视的宣传喉舌作用，保持免费传输7套中央和地方模拟电视节目；参加“美丽广西·清洁乡村”活动，派出工作队协助做好“精准扶贫”工作，履行企业的社会职责；注重回馈社会，为桂平市领取最低生活保证金等八类特殊人群用户减免收视费近13万元。

电　影

【放映情况】 2015年，积极抓好农村公益电影放映工作，全年公益电影放映总场次4958场，受益观众668246人次，超额完成全年4944场的放映任务。其中，围绕“抗战暨反法西斯胜利70周年”为主题共放映了抗战故事片125场。同时，配合市林业局放映科教片《森林防火》300多场；与南方电网合作放映《安全用电》宣传片480多场。

档　案

【概　况】 桂平市委档案局（馆）坐落于桂平市委大院，是桂平市委直属的集中管理桂平市档案资料的文化事业机构，一套人员两块牌子合署办公，原内设政秘股、业务股，2015年增设行政审批股。现有事业编制8名，实有在职干部职工11人。

【档案执法检查与宣传】 年内，由市委办、市政府办转发《自治区档案局关于做好迎接国家档案局行政执法检查工作的通知》《自治区党委办公厅、自治区人民政府办公厅印发〈关于加强和改进新形势下档案工作的实施意见〉的通知》，开展全市档案行政执法检查，将结果通报全市，顺利通过贵港市、自治区、国家档案局开展的档案行政执法检查。

6月9日国际档案日，在城区主街道悬挂跨街档案宣传标语，在《新桂平》出版1期档案法制建设宣传专刊。

【基础设施建设】 市档案馆扩建项目自治区有关部门已有意向纳入"十三五"城乡建设规划建设。争取市财政资金配置防磁柜，改善市档案馆声像档案保护设施。

【档案保管与收藏】 认真做好馆藏档案资料"八防"管护安全工作，保障馆藏档案资料绝对安全。5月19日举办1期121人参加的全市档案管理人员档案业务培训班。市档案馆开展馆藏档案信息化、数字化工作，方便快捷提供利用，完成了馆藏档案20多万页全文扫描、32714条文件级目录录入工作。接收513卷档案资料进馆，完成年任务128.3%。争取国家重点档案抢救保护工作经费10万元，修复、裱糊市档案馆馆藏国家重点档案100卷。

加强档案业务指导，规范归档工作，确保全市年度文件资料归档质量。转发《广西壮族自治区档案局关于印发〈广西壮族自治区各级机关档案工作年度检查办法〉的通知》到全市贯彻执行，重点指导公安局、桂平农调队、水产畜牧局、民政局、信访局、编委办、长安管委会、桂平大藤峡谷文化旅游有限公司、广西中星投资有限公司、招商局、妇联、政务中心及石龙、木根、蒙圩、社步镇政府等16个单位归档。完成广西中星投资有限公司（桂平）大型农产品交易市场综合建设项目、广西桂平西山泉国际养生旅游文化综合区项目等2个自治区级重大建设项目点建档监管、指导、备案登记工作。

【档案利用服务】 市档案馆提供档案利用服务接待利用者356人次，调出档案资料469卷（册），提供档案资料1083份，为社会各界人士特别是为1000多名公务员、参公人员职务与职级平行确定工作提供了大量依据。

【大事记】 2015年12月22日上午11点，广西壮族自治区档案局（馆）长黎富文在广西壮族自治区档案局（馆）馆（室）处处长韦家友、信息化处处长何拥军、法规科教处主任科员冯华的陪同下，到桂平市调研档案工作，着重了解、解决桂平市档案馆馆库基础设施设备、档案信息化建设及桂平市档案馆扩建项目申报存在的问题。贵港市档案局（馆）长龚洁青、副局（馆）长韦炳常、副调研员李敏及桂平市人民政府市长陈锦秀，桂平市人民政府副市长卢祖荣、郭执生，桂平市档案局（馆）长唐圣惠陪同调研。

2015年12月22日上午广西壮族自治区档案局（馆）长黎富文到桂平市调研档案工作。图为黎富文局（馆）长（左一）实地察看桂平市档案馆馆库基础设施设备及基础业务建设情况

卫生·计划生育

医疗卫生

【概　况】 2015年4月，由原市卫生局和市人口计生局合并组建成立桂平市卫生和计划生育局，是市人民政府的正科级职能部门。下辖卫生机构1623个（含村卫生室），医院9个（公立医院2个，民营医院7个）；其中，三级医院1个、二甲医院1个；基层医疗卫生机构1584个（乡镇卫生院27个、社区卫生服务中心3个、门诊部和诊所105个、村卫生室1450个）；专业公共卫生机构30个（疾病预防控制中心1个、妇幼保健院1个、卫生监督所1个、计划生育技术服务机构27个）。全市卫生计生人员总数8882人（含乡村医生1546人和卫生员139人）。其中：卫生技术人员5817人（执业医师1237人、执业助理医师642人、注册护士1853人）。农村有乡村医生和卫生员1685人。全市医疗卫生机构有床位4635张，其中医院床位2307张，妇幼保健院201张，卫生院2042张，民营医院85张。全市拥有万元以上设备1433台，其中，50万—100万的设备有68台、100万元以上的设备有54台。

【医疗卫生服务】 全年医疗卫生机构总诊疗人次数848.5万人次（其中公立医院94.1万人次；民营医院13.14万人次；妇幼保健院22.37万人次；基层医疗卫生机构中社区卫生服务中心5.41万人次，乡镇卫生院170.5万人次；村卫生室500.9万人次；个体诊所、医务等42.1万人次），入院人数19.0万人，病床使用率为89.01%，医院平均住院日为7.1日。

【主要医院简介】 桂平市人民医院。该院是一所集医疗、教学、科研和预防保健、康复于一体的国家三级综合医院，是国际紧急救援中心网络医院、广西高等医学院校教学医院和全科医师培训基地以及桂平市人才小高地。是桂平市近200万人民的医疗、急救、预防保健中心和突发公共事件紧急医疗救助中心，同时也为周边邻县市群众提供健康安全保障，服务覆盖区域人口达300万人以上。该院先后荣获“全国文明医院”“全国爱婴医院”“全国模范职工小家”及“自治区百佳模范职工之家”“全国妇女创先争优先进集体”“全国三八红旗集体”以及“全国卫生系统先进集体”和“全国敬老文明号”等荣誉称号，医院质量管理工作获得自治区卫生计委表彰会上通报表扬。

该院有卫生技术人员1420人，其中临床医师472人、护理人员774人，医技人员174人，高级职称专业人员86人，硕士研究生20人，在职研究生50人。开设临床专科有：心血管内科、呼吸内科、消化内科、神经内科、内分泌科、肾内科、血液内科、肿瘤科、儿科、新生儿科、儿童保健科、烧伤整形外科、神经外科、心胸外科、普通外科、骨科、泌尿外科、小儿外科、眼科、耳鼻咽喉科、妇科、产科、生殖医学科、康复医学科、重症医学科、口腔科、皮肤科、医疗美容科、传染科、结核病科、急诊医学科、麻醉科 32 个。其中神经内科、普通外科、生殖医学科为贵港市重点学科，骨科和重症医学科为贵港市重点建设学科。医技科室有：药剂科、核医学科、医学检验科、手术室、病理科、输血科、放疗科、放射科、超声科、病案信息科、消毒供应室、营养科 12 个。该院按照卫生部《医疗机构基本标准（试行）》要求配足三级综合医院基本设备，同时还配备有医用直线加速器、体外循环机、大型 C 臂血管造影机（DSA）、中型可移动 C 臂血管造影机（DSA）、美国进口核磁共振（MRI）、德国进口大型数字 X 光机（DR）、日本进口十六排全身螺旋 CT、荷兰进口飞利浦实时三维心脏超声影像系统、全自动生化流水线、血细胞流水线、血培养系统等一大批与学科发展相配套的价值 2.28 亿元的医疗设备，形成了门类齐全、功能先进的设备群。

依靠技术力量，桂平市人民医院成功完成了一大批高难度手术及救治大批危重病人。生殖医学科从 2010 年 10 月准入开展，在该院施行试管婴儿技术达到了 1200 多个周期，妊娠率达 50%。已有 700 多个“试管婴儿”出生。妇产科开展的新技术有腹腔镜下子宫悬吊术、腹腔镜下巨大子宫肌瘤剔除术、闭孔窝肿瘤切除术、高龄合并多种内科疾病的巨大卵巢肿瘤切除术、重度盆底脏器脱垂重建术、凶险性子宫瘢痕妊娠囊穿刺术 6 项在贵港市领先。骨科开展的新技术有应用椎体形成术或椎体后凸形成术、治疗老年性骨质疏松性椎体压缩性骨折，应用椎体形成术治疗血管瘤，采用尺骨鹰嘴截骨入路治疗肱骨髁 C3 型骨折等 3 项在区内领先。此外，骨科还收住了一位因车祸致骨盆多发性骨折、右髋臼粉碎性开放性骨折、右胫腓骨开放性骨折、腰椎体爆裂性压缩性骨折并脊髓压迫症、尿道损伤的极危重症伤者，通过历时 10 小时手术，术中出血 4000 毫升，血液回收 1200 毫升，手术顺利，术后无并发症，骨折端对位、对线良好、伤口甲级愈合。一例下肢断成 3 段、离体达 3 个多小时、合并有重度休克的伤员，在骨科获得成功救活的，肢体再植也获得圆满成功。心胸外科开展的新技术有全胸腔镜下行肺叶切除术、经股动脉置管主动脉覆膜支架置入术、腹主动脉瘤覆膜支架置入术、胸腔镜下行贲门失弛症贲门括约肌肌层切开术、胸腔镜下单孔操作行肺修补术 5 项在贵港领先。泌尿外科开展的根治性膀胱癌手术、肾上腺疾病诊治、输尿管镜下尿道会师术、经皮肾镜碎石取石术 4 项新技术在贵港市领先，输尿管下段结石行输尿管镜气压弹道碎石取石术已作为常规手术。肝胆、腺体外科的微创手术已在各专业层面全面展开：消化道恶性肿瘤，2011 年仅局限于直肠癌，从 2013 年开始已拓展到了胃底贲门癌、结肠癌、小肠肿瘤手术，而且手术熟练程度大幅度提升，如一台直肠癌根治术时间 2011 年用 3 个半小时，从 2013 年开始缩短到 1 个半时就完成；肝胆外科，微创手术从局限于胆囊切除和肝囊肿开窗引流术，拓展到 2013 年开始开展了肝血管瘤切除和巨脾切除术；腺体外科的甲状腺微创手术，从单侧拓展到双侧，吴千富的甲亢次全切演示手术获得区内同行的广泛认可，以及广西医科大学肿瘤医院和平南县人民医院参观团的高度评价及刘建伦教授的高度赞赏。神经外科开展的技术攻关项目有：宽颈动脉瘤；应用 Omaya 泵技术解决脑积水外引流拔管后积水再发又未到内引流指征的难题；多点多针定位血肿穿刺术治疗脑挫伤减压后迟发多发性血肿；大面积脑梗塞溶栓及内科治疗无效采取去标准大骨瓣减压颞肌敷贴技术成功缓解脑疝。烧伤整形外科的技术攻关项目有拓展美容外科业务，进一步拓展褥疮及糖尿病足的治疗技术，开展烫伤早期创面削痂 + 生物皮覆盖治疗技术攻关，门诊开展隆鼻术、重睑术、睑裂开大术、去眼袋术等美容术已有数十例。肾内科开展的新项目有动—静脉造瘘术1项在贵港市领先。重症医学科成功救治了1例罕见的病例——肺泡蛋白沉积症重型（双肺纤维化达90%、死亡率达95%以上）的患者；1例蛇伤致心跳停止3个小时的病员；1例心跳呼吸反复停止17次的极危重症手足口病患儿。检验科成为广西唯一一家参与北京协和医院的全国耐药菌株研究，并承担国家五大症候群监测项目。输血科开展了微柱凝胶技术血液相溶性检测1个新项目。超声科的PACS系统与医院的HIS系统实行了对接，使临床医师在科室能随时调阅超声检查图文资料。

该院是广西医科大学一附院技术协作医院，国内知名的北京协和医院、北京人民医院、北京朝阳医院、上海东方肝胆医院、广州中山大学附属医院、南方医院、珠江医院等是该院继续教育的培训基地。近五年来，主办、协办地级、省级学术会30多次，邀请国内外专家学者来院讲学56次，外出进修学习人员174人次，其中2014年选派的进修人员中有4人分别获得自治区卫计委项目赴英国、德国、意大利等国家参加国际专科医生培训，此外，还选派了23名优秀业务骨干参加赴国外研修国际专科医生培训的英语培训班，考试合格后也将送往国外进修学习。共开展82项新技术，获得广西壮族自治区科技进步三等奖3项、自治区卫生厅适宜技术推广奖三等奖3项，获得地市级科技进步奖二等奖及三等奖共9项，现有完成及在研科研课题共27项，在省级以上刊物发表论文362篇，在省级以上医学会兼任常委的有20多人、任委员的有100多人。

2015年，医院编制床位736张，开放床位1200张。全年门诊人数达52.3万人次，出院人数达5.66万人次、住院手术达到了1.2万台、急诊人数5.82万人次，分别比上年增加了7.9%、5.0%、7.9%和0.9%。

桂平市中医医院。该院是桂平市中医医疗、科研、教学、预防保健中心及骨伤科急救治疗中心。1995年通过国家中医药管理局评审，成为全国首批二级甲等中医医院。曾获得“广西十佳医院”等荣誉。2008年和2014年，桂平市中医医院作为全市中医工作的龙头单位，为桂平市获得“全国农村中医工作先进县（市）”并通过复审做出了贡献。该医院坚持中医为主的发展方向，发挥中医药特色优势，为全市人民提供优质高效的中医药服务。

现有在职职工855人，卫生技术人员占全院总人数88.2%。其中高级职称25人，中级职称200多人。医院服务功能完善，设立临床、医技、公共卫生服务、行政职能、后勤保障5类共48个科室，其中有内科（脾胃病科、肾病、内分泌科、脑病科、心肺病科）、外科（乳腺科、中医肿瘤科）、耳鼻咽喉科、肛肠科、门诊部、急诊科、重症监护病房、麻醉科、口腔科、皮肤科、针灸推拿科、治未病科等25个临床科室，以及检验、医学影像、药剂等6个医技科室。拥有骨伤科、中医妇科、脑病科、中医肿瘤科4个自治区中医重点专科。

医院设备先进齐全，拥有德国西门子16层螺旋CT、西门子DR、日本奥林巴斯CV-260SL电子胃肠镜、钬激光手术系统、瑞士EMS混合动力清石碎石系统、美国史赛克膝关节镜及手术动力系统等先进设备，医疗设备总值8000多万元。引进了中医四诊合参仪、智能肛肠综合检查治疗仪、红外宫颈治疗仪、肝病（低频脉冲）治疗仪、智能通络治疗仪、骨质疏松治疗康复系统等12类共53种中医诊疗设备，开展的中医治疗技术项目达到61项。开放病床638张，病床使用率达90%以上。

中医药科研先后荣获省级和地（市）级科技成果奖共9项，主编或参与主编的中医专著7本。在保持中医特色的同时，开展常规开展腹腔镜、宫腔镜、关节镜、钬激光、经皮肾镜等微创手术，以及骨伤、关节置换、植皮、普外、胸腹、颅脑、泌尿、妇科、产科、肛肠、眼科、耳鼻咽喉科等多种手术，术前术后中西医结合治疗预后效果好。

2015年，该院主要医疗质量指标均达到或超过标准要求，门急诊人数353529人次，健康检查人数14757人次，出院人数19570人次，手术台数4387台。入出院诊断符合率99.9%；手术前后诊断符合率100%；临床主要诊断、病理诊断符合率68%；CT检查阳性率80%；大型X光机检查阳性率73%；清洁手术切口甲级愈合率99.2%。住院分娩产妇总数2715人，活产婴儿2732人。其中，农业户籍住院分娩产妇数2504人，获得补助2395人，住院分娩补助率达95.65%。所有产妇均为新法接生，无新生儿破伤风发生和孕产妇死亡事件。全年共发放叶酸410份。孕妇叶酸服用率100%，叶酸发放录入率100%，随访率100%。所有在该院进行孕检的孕妇和住院分娩的产妇均100%进行了艾滋病、梅毒、乙肝检测。显示为阳性的孕产妇数均为0例。乙肝HBsAg检测显示为阳性的产妇分娩活产婴儿数为365例，均按要求注射了乙肝免疫球蛋白，乙肝免疫球蛋白接种率达100%。全年在该院建卡的农村户籍孕妇数为547例，其中455例进行了产前筛查并获得补助，产前筛查率为83.18%。

该院还承担原皮肤病防治院的麻风病防治工作，年内麻风病调查总人数507人，可疑病例7人，确诊0人。全市累计发现麻风病患者456例，患病率为0.0052(单位1/10万人)，新发病人0例。做好中医药防治艾滋病试点基地建设项目有关工作，项目开始以来艾滋病病人累计入院治疗人数为89人。

桂平市妇幼保健院。该院亦称桂平市妇女儿童医院，是一所集保健、医疗、预防、教学于一体，具有一定规模的妇幼保健机构，1995年通过全国首批“爱婴医院”评估，2009年通过“二级甲等妇幼保健院”评审，是桂平市新农合、城市居民医保定点单位，妇幼保健技术指导中心和业务培训中心。2015年，该院有职工380多人，专业技术人员有中高级职称5人，中级职称95人。

该院开设的临床科室有妇产科、儿内科、新生儿科、急诊科、健康生殖科、手术麻醉科。保健科室有保健部、妇保科、儿保科、康复科。医技科室有检验科、血液科、放射科、功能科、供应室、理疗科等科室。职能科室有医务科、护理部、质控科、感控科等。

主要设备有DR数字化X线成像系统、西门子S–2000三维彩色B超、全自动生化分析仪等万元以上先进的医疗器械设备120多件（台）。完成了全院计算机网络化管理，固定资产总值3400万元。

2015年，开放病床200张，门诊223730人次，住院病人14941人次，住院分娩4510人，完成各类手术2168例，抢救危重孕产妇10例均获成功。

【妇幼保健】 2015年，全市孕产妇住院分娩率99.996%，农村孕产妇住院分娩补助率98.5%，孕产妇死亡率10.80/10万人，婴儿死亡率4.72‰，5周岁以下儿童死亡率6.77‰。婚前医学检查率99.29%，产前筛查率74.4%。新生儿疾病筛查率97.99%，新生儿听力筛查率92.28%。孕产妇系统管理率98.65%，7周岁以下儿童健康管理率88%，新生儿破伤风发病率为0。做好《出生医学证明》实名登记管理，

当年全市出生发证率为93.06%，废证率0.28%，两率均符合自治区的管理要求。加强危重孕产妇和新生儿救治工作，提高产科质量管理。进一步推进地中海贫血防治计划的实施，明确地中海贫血防治计划工作目标。继续推进全市婚育综合服务平台的建设。开展爱婴医院复核评估工作，2015年市级爱婴医院复核评估工作全部完成，合格率达100%。举行全市“妇幼健康服

务年”系列活动启动仪式暨大型妇幼健康服务宣传义诊活动。出台《桂平市妇幼卫生信息管理实施方案》，全市30所助产机构及3个社区卫生服务中心全部使用信息管理软件。并创建了妇幼卫生信息管理Q群，各单位的信息员可以通过信息群进行数据交换、上报及经验交流。

【重大公共卫生服务项目】

“降消”项目。2015年，上级分配给桂平市农村孕产妇住院分娩指标26440例，农业户籍住院分娩活产数24871人，住院分娩率99.996%，住院分娩补助24499人，补助率98.5%，年度任务完成率92.66%。孕产妇死亡率10.80/10万人，新生儿破伤风1例，发生率0.036‰，产后访视率99.59%，孕产妇系统管理98.65%。

增补叶酸预防神经管理缺陷项目。2015年，自治区分配给桂平市增补叶酸任务32500人，1—12月份共发放32820人，年度任务完成率100.98%。录入32242条发放信息，录入率98.24%。

农村妇女“两癌”检查项目。2015年，上级分配给桂平市宫颈癌检查指标30000例，乳腺癌检查指标50000例。桂平市宫颈癌检查完成30469例，占任务总数的101.56%；发现宫颈癌87人，其中原位腺癌18人，微小浸润癌9人，浸润癌8人。乳腺癌检查完成50969例，占任务总数的101.94%，发现乳腺癌8例。并按项目要求对可疑病例进行追踪随访，随访率达100%，确诊病例均得到有效治疗。

预防艾滋病、梅毒及乙肝母婴传播项目。2015年，桂平市孕产妇艾滋病病毒抗体检测率100%。艾滋病病毒感染孕产妇11人，全部为产妇。11名产妇均服用抗艾滋病病毒药物，药物应用率100%；艾滋病病毒感染孕产妇所生婴儿11人，服用抗艾滋病病毒药物11人，药物应用率100%，艾滋病病毒感染孕产妇所生婴儿人工喂养率100%。乙肝筛查率100%，乙肝表面抗原阳性母亲所生婴儿3074例，进行免疫球蛋白注射3060例，注射率99.54%。2015年艾滋病感染孕产妇所生满18月龄儿童5人，其中4人艾滋病病毒抗体检测阴性，1人死亡，儿童感染率为0。

广西医改妇幼项目。（一）免费婚前医学检查项目。2015年桂平市参加免费婚检24357人，婚检率99.29%，达到了自治区要求婚检率达85%的目标要求。婚检机构及时录入婚检信息，信息录入率100%。（二）新生儿疾病筛查及产前筛查补助项目。2015年桂平市产前筛查20581人，产前筛查率74.4%。新生儿疾病筛查27214人，新生儿疾病筛查率97.99%。新生儿听力筛查25630人，听力筛查率92.28%。产筛、新筛及听筛率达到了项目绩效要求。（三）地中海贫血防治计划项目：①利用婚检平台把预防重度地贫儿出生的关口前移。2015年桂平市参加婚检24357人，其中男性婚检12194人，初筛阳性1915人，阳性率15.70%。女性12166人，初筛阳性2917人，阳性率23.98%，双方阳性490对。②结合孕期保健平台推进地贫防治工作。桂平市各医疗保健机构在孕妇进行第一次孕检时查验婚检地贫初筛情况，有检测条件的医疗保健机构对未进行婚检地贫初筛的夫妇进行地贫初筛。2015年桂平市孕期进行地贫初筛共31788人，其中男性5939人，初筛阳性643人，阳性率10.83%。孕妇25849人，初筛阳性6432人，阳性率24.88%，双方阳性643对。③做好双阳病例追踪随访工作。桂平市双阳病例追踪随访由市妇幼保健院地贫防治计划管理办公室及首诊的医疗保健机构共同完成，主要采用电话随访和妇幼卫生信息软件随访两种方式进行。2015年桂平市地贫基因诊断676对，基因诊断率90.74%，产前诊断164人，产前诊断率130.16%。

【疾病预防控制】 为16.21万名儿童提供预防接种服务，其中第一类疫苗接种率在95%以上，累计接种57.64万针次。全市医疗卫生机构共审核各类传染病报告卡5628张，共报告法定管理传染病6089例，网络报告率100%，无甲类传染病报告；乙、丙类传染病死亡98例，上升16.66%；病死率1.61%。进一步加强了重性精神疾病管理、结核病防治、手足口病防控、流感防控、消除疟疾、重点地方病和麻风病防治工作。有效处置和应对了输入性风险埃博拉出血热和登革热疫情，未对社会产生不良影响。

【基本公共卫生服务项目】 2015年，市卫生计生部门继续落实基本公共卫生服务项目工作，对全市2014年度基本公共卫生服务项目实施情况进行绩效考核。在2015年基本公共服务项目中，按照人均40元服务经费筹集补助资金，累计建立城乡居民健康档案140.8万份，其中电子档案140.8万份，电子建档率91.93%。第一类疫苗预防接种率均维持在95%以上，为9.7万名老年人、7.4万名高血压患者、2万名Ⅱ型糖尿病患者、0.56万名严重精神障碍患者提供了健康管理服务。

【新型农村合作医疗】 全市3家社区卫生服务中心与联动的市直医院均签订双向转诊协议。全市412个村卫生室实施了乡村卫生服务一体化管理、基本药物制度和一般诊疗费等改革措施。全市新型农村合作医疗参合人数达160.73万人，参合率达到98.92%，各乡镇均达到自治区要求参合率96%的目标任务。推进新型农村合作医疗支付方式改革，市级新农合管理平台初步建立，实现了县、乡（镇）全覆盖，参合农民在市级定点医疗机构住院费用可即时结报。

【城乡医疗救助】 年内，26个乡镇将29类重特大疾病纳入大病保障和救助，全市普遍建立城乡医疗救助制度，基本实现县（市）域内救助经费即时结算。县级公立医院综合改革试点工作初见成效，建立协调、统一、高效的公立医院管理机制，桂平市人民医院成为市首家试点医院。

【推进中医药服务】 2015年，通过开展基层中医药民族医药服务能力提升工程，全市各基层医疗卫生机构中医药民族医药服务量逐年增加，在“十二五”期间有了明显上升。2015年年底，全市100%的社区卫生服务中心、100%的乡镇卫生院和73.7%的村卫生室能够提供中医药民族医药服务。开展中医名医名家走基层行动，为全市政府举办村卫生所的210名村医传授运用中医药“十方五技”（能掌握30—50种中成药或10条常用经验方的使用，掌握应用针灸、拔罐、刮痧、推拿、敷贴5种以上技法）开展诊疗活动。完成了罗秀、社坡、蒙圩、南木卫生院中医馆项目建设。

【艾滋病攻坚工程】 2015年，市防治艾滋病工作委员会成员单位发挥部门优势，创新工作方式，通力合作，紧密配合，借助国家卫生城市复审之机，借助主题活动日、农民工返乡、新闻媒体等开展艾滋病防控宣传。扩大推广安全套防护措施，加强对各类人群的监测，提高母婴阻断成功率。全年新发现艾滋病病毒感染和病人205例，同比下降5.96%；死亡65例，艾滋病病死率3.47%，同比下降7.39%，完成了自治区提出的艾滋病新发感染数比2014年下降5%、艾滋病病死率比2014年下降5%的总体目标。在治病人数811例，全年在治病人死亡2例，在治病人病死率控制在2.65/100人·年，较好地完成了自治区下达的“两降一控”目标。

【医政管理】 印发《关于印发桂平市卫生和计划生育局开展“便民医疗服务”活动实施方案的通知》。各医院开展无假日门诊，开通绿色通道，优化各服务流程，增大投入用于优化门诊标识、配备服务设施、改善就诊环境、建设信息系统等，规范市直各医院医疗服务秩序，提高为患者服务的效率，市直各医院患者挂号、取药、交费、检查等排队等候时间均明显减少。加强医疗纠纷处置管理，与市公安局和医疗纠纷人民调解委员会沟通，促进医疗纠纷依法、快速、妥善处理，建立“五位一体”（由医院、公安、保安、医调委、医疗责任保险联动）医患纠纷调解机制。

【卫生执法】 2015年，市卫生计生行政部门加强依法行政工作，加大执法力度，依法查处违法案件。据统计，共查处无证行医案1件，没收违法所得0.05万元，没收医疗器械4件，罚金0.33万元，取缔无证行医摊点5个；查处医疗机构、计划生育技术服务机构违法违规行为案件4件；查处未取得母婴保健技术服务许可证擅自开展人工终止妊娠手术的违法医疗机构2个，没收违法所得0.61万元，罚款3万元。全年共出动人员820人次，车辆189台次，检查医疗机构562个次，罚没金额3.28万元。在全市各类医疗机构特别是公立医疗机构推行医疗责任保险工作。

【卫生科技与教育项目】 2015年，市卫生计生部门组织申报完成科研项目25项，获准立项17项。完成科研成果鉴定4项。组织申报自治区级医学继续教育项目2项，获批准2项。

【医学考试考务】 2015年，市卫生计生系统完成桂平考点卫生专业技术资格考试工作，全市报考917人，考试合格人数452人，合格率49.29%。完成全国护士资格考试考务工作，报考人数173人，合格人数35人，合格率20.23%。完成全国医师资格考试桂平考点考务工作，共692人符合报考条件参加实践技能考试，213人考试合格，通过率30.78%。完成桂平市传统医学师承人员出师考核及确有专长人员考核报名和准考证发放等考试考务工作，共有25人报名参考。完成广西住院医师规范化培训考核考试工作，桂平考点共有78人报名，考试合格55人，合格率70.51%。完成孕产期保健助产技术资格考试工作，共有48名考生报名参加考试，考试合格48人，合格率100%。完成卫生系列高级专业技术资格专业能力考试考务工作，共有158人报名，考试合格65人，合格率41.13%。

爱国卫生

【概　况】 2015年，桂平市创建自治区卫生村3个、卫生乡（镇)1个，有1个自治区卫生村（屯）和市2015年自治区卫生城市通过自治区爱国卫生运动委员会办公室的复审获得重新命名。至年末，桂平市共有自治区卫生乡（镇）3个，卫生村（屯）18个，爱国卫生先进单位26个；农村改水累计受益率131.30%，受益人口223.3217万人；农村卫生厕所普及率83.2%，无害化卫生厕所普及率83.2%。

【爱国卫生工作】 2015年，市爱国卫生运动委员会办公室以自治区卫生城市复审工作及新一轮全国城乡卫生整洁行动为契机，结合第二十七个爱国卫生月活动，利用电视、广播、报纸、板报、传单等多种形式开展爱国卫生宣传。开展“三清一绿”活动期间，出版板报50多幅，发放宣传资料1.5万张。

【病媒生物防控】 彻底清除背街小巷、城中村、城乡结合部和铁路公路沿线的卫生死角，重点对学校、机场、车站、港口等人员聚集场所和农贸市场、建筑工地、“五小行业”（小餐饮店、小浴室、小网吧、小歌舞厅、小旅馆）等区域进行集中环境卫生治理，清除卫生死角980多处，清理积水820多处，填平低洼230余处，疏通沟渠5500多万米。

计划生育

【概　况】 2015年，桂平市卫生和计划生育局抓好诚信计生巩固提升、实现惠民政策与计划生育有效衔接，重点抓好群众最关心的为民办实事项目和依法行政、便民服务、奖励扶助等工作，不断改革创新，培育新亮点。全年全市出生人口25392人，比上年减少427人，人口自然增长率8.4‰，出生人口性别比（女为100）100∶108.4。市本级人口计生财政投入高于财政经常性收入增幅，预算执行100%。诚信计划生育奖励扶助政策落实率100%；贫困计划生育家庭扶贫项目覆盖率40.1%。2015年，桂平市被自治区党委、自治区人民政府表彰为人口和计划生育工作先进单位。

【为民办实事项目】 2015年，全市为民办实事项目全部完成。办理农村计划生育小额贴息贷款343户，完成自治区下达的任务。办理自治区级爱心保险对象7000户，支付保费32.55万元，完成投保率100%。完成孕优检查6540对，目标人群覆盖率达109%。

【诚信计生巩固提质工作】 2015年，桂平市将诚信计生工作列入2015年人口计划生育工作的重要内容。加强业务培训，深入推进诚信计划生育纳入村民自治章程和村规民约。加强对诚信计划生育的检查和指导，召开诚信计划生育巩固提质现场推进会，开展争当优秀诚信计划生育小组和优秀诚信计划生育小组长活动，打造诚信计划生育升级版。抓好政策衔接，单独二孩政策稳妥扎实推进。2015年，全市共受理申请单独二孩450例，发放二孩生育证450个，发证率100%；全市未出现扎堆集中申请二孩生育证的情况，没有出现因为实施单独二孩政策而上访的案件，没有出现负面信息和舆论。

【计划生育救助扶助机制】 一是抓好一个数据库建设，准确掌握特殊家庭信息，建立了39户“失独”家庭、8户“残独”家庭、2户其子女不足18周岁患有重大疾病的计划生育家庭的基本信息数据库，并对信息及时更新。二是抓好一套制度建设，为特殊帮扶提供基础保障，出台了《桂平市计划生育家庭特别扶助暂行办法》，对独生子女和农村双女家庭中因子女死亡或残疾或患重大疾病的计划生育家庭，分6种情形给予扶助。三是抓好一支志愿者队伍建设，为特殊帮扶提供人员保证，为计生特殊家庭提供心理、健康、生育、生活、生产等方面服务。四是抓好一支爱心队伍建设，为特殊帮扶对象提标扩面提供资金保障。

【流动人口计生基本公共服务均等化工作】 2015年，推进流动人口卫生计生基本公共服务均等化工作，提高流动人口服务管理水平。全市流动育龄人口总数为141487人；流动成年育龄妇女68274人，其中流入成年育龄妇女1182人，流出成年育龄妇女67092人；已婚育龄妇女51017人，流入已婚育龄妇女886人，流出已婚育龄妇女50131人；流动人口总出生496人，其中男孩265人，女孩231人；政策外出生人口19人，符合政策生育率96.17%，免费技术服务覆盖率100%。

人力资源和社会保障

【概　况】 桂平市人力资源和社会保障局（简称市人社局）内设机构 11 个。下辖参照公务员法管理事业单位 5 个，分别为桂平市社会保险事业局、桂平市人才交流服务中心、桂平市劳动保障监察大队、桂平市就业服务中心、桂平市劳动人事争议仲裁院，事业单位 1 个：桂平市职业技能鉴定中心；局机关编制 27 名，实有在职人数 24 人。

2015 年，为加强社会保险经办机构建设，成立市社会保险事业局。全面建立居民大病保险制度，落实困难企业职工医疗保障政策。健全社保基金预算管理和基金监督机制，全市社会保险扩面征缴工作和各项社会保险任务超额完成。

年内，全市稳步推进人事和工资收入分配制度改革，体制机制进一步健全。开展机关事业单位超职数配备清理专项行动。推进依法科学公平考录，全市招录公务员 121 人；加强公务员职业道德建设和各类培训，积极探索公务员平时考核工作。全面完成军队转业干部安置任务，1 名军队转业干部得到妥善安置。

进一步推进工资集体协商和严格执行最低工资标准制度。全市 26 个乡（镇）全部成立了基层劳动人事争议调解组织，在 18 家大中型企业中建立了调解组织。开设农民工维权“绿色通道”，建立 24 小时值班制度，设立 24 小时农民工欠薪维权热线电话，为 96 名劳动者追回工资 33.56 万元。

人事管理

【公务员考录】 2015 年，市人社局通过科学设置职位条件，做好资格审查工作，规范考试操作规程，严密组织体测体检，注重德的考察，开展基层考录调研，公务员考录工作取得新成绩。全市行政机关计划录用公务员 123 个，职位 114 人，报考人数 1767 人，参加笔试 1669 人，面试人数 321 人，录用公务员 121 人。

【公务员管理】 2015 年，进一步规范公务员和参照公务员法管理人员的调任、调动等交流工作和辞职、辞退、退休备案工作，全年共办理公务员流动 92 人次。

【公务员考核】 2015 年，市人社局按照职务层次进行科级及以下人员的年度考核。全年完成公务员及参照《公务员法》管理单位人员考核 2389 人，其中优秀 365 人、职称 1903 人、不称职 1 人，不定等次 120 人。

【公务员培训】 2015 年，市人社局全面推进各类公务员培训，提升公务员履职能力和业务素质。开展公务员网络全员培训、参照《公务员法》管理单位工作人员网络培训、“党的十八届三中全会精神解读”网络培训，全市有 170 个单位、3249 人参加网络在线培训；对 2015 年新录用公务员开展初任培训，参训人员 121 人。

【事业单位公开招聘工作】 2015 年，全年计划公开招聘事业单位工作人员 177 人，实际招聘 123 人，组织 1613 名考生笔试、117 名考生公共面试、226 名考生专业面试。

【事业单位岗位设置管理】 2015 年，桂平市本级纳入岗位设置的事业单位有 873 个，全部完成岗位设置核准工作，完成率 100%。完成岗位设置认定工作的事业单位有 855 个，完成率 97.94%。

【职称评审】 2015 年，全市获得专业技术职称的人员共有 1261 人。桂平市 2015 年度有 661 人申报副高级，经审核共推荐 661 人到自治区各系列高级评审委员会评审高级专业技术资格，评审通过 244 人，通过率约 36.91%（其中教师系列 620 人，评审通过 226 人；卫生系列 31 人，评审通过 17 人；文化系列 3 人；工程系列 1 人；农业系列 6 人，评审通过 1 人）。全市共有 704 人申报中级专业技术资格，通过 454 人，通过率约 64.5%；共有 563 人申报初级专业技术资格，通过 563 人，通过率 100%。对全市评审取得的初级、中级、高级职称证书进行年检注册 3938 本。

【转业干部安置】 2015 年，全年计划分配军队转业干部 1 人，随军家属 8 人，均妥善安置到位。年内，为 198 名企业军队转业干部发放困难补助 274 余万元，为企业军队转业干部缴纳医疗保险费 30 余万元。春节、建军节共为企业军队转业干部发放慰问金共计 20 万元。

【机关事业单位工资管理】 2015 年，市人社局做好机关事业单位工资管理工作。一是办理年度滚动调资，完成公务员（含参照公务员法管理人员）521 人次晋升级别档次工资，事业单位 20857 人次的薪级工资晋升。二是做好各类新进人员查档定资，办理新进机关事业单位 731 人的核档调资工作。三是审核各类晋升工资，机关和参照公务员法管理单位 1131 人次职务晋升调资，事业单位 2078 人次岗位晋升调资，机关单位工人 25 人次晋升工人技术等级调资。

【人才服务管理】 2015 年，桂平市人才交流服务中心举办 1 场综合类现场招聘会，共组织 56 个招聘单位为各类求职者提供就业岗位 400 个，帮助 225 名求职者实现就业。

劳动就业与培训

【完成就业工作目标】 2015 年，全市城镇新增就业人数 4439 人，完成自治区下达任务数的 103.23%。其中：安置城镇失业人员再就业 1305 人，完成任务数的 104.40%；就业困难对象实现再就业 160 人，完成任务数的 123.08%。农村劳动力转移就业新增 14914 人，完成任务数的 100.77%。全市城镇登记失业率为 1.4%，控制在任务指标的 2.9% 之内。

【开展公共就业服务活动】 2015 年，市人社局开展各项专项公共就业服务活动。以开展“春风行动”“民营企业招聘周”和“高校毕业生就业服务月”等系列就业服务活动为契机，共举办大小招聘会 9 场次，其中广场招聘会 5 场次，园区招聘会 4 场次，参加招聘会的大中专（技）校毕业生、城乡社会青年、下岗失业人员、返乡务工人员达 1 万多人，进场招聘的各类企业、用人单位达 284 家次，累计提供就业岗位 5900 个，求职登记 3344 人，初步达成就业意向 1488 人。为帮助桂平市园区企业解决用工需求，着重解决市内重点企业的招工难问题，桂平市下发了《全市 2015 年各乡镇协助企业招工指导性计划》要求各乡镇层层落实责任，完成协助企业招工计划。长安工业园区招聘会期间，乡镇就组织了 2567 人到园区企业应聘，初步与企业达成就业意向 732 人。

【职业技能培训与鉴定】 2015 年，市人社局发挥职业技能培训和职业技能鉴定平台作用，提升劳动者技能和素质。全年职业技能培训 1544 人，其中就业技能培训 1097 人，创业培训 447 人。全年参加职业技能鉴定并取得初级职业资格证书 1097

人。完成机关事业单位工人职业资格鉴定 2440 人；完成专业技术人员公需科目继续教育网络培训报名 19657 人，19657 人参加网络在线学习考试。

社会保险

【城乡基本养老保险】 2015 年，全市城乡居民基本养老保险参保人数 65.61 万人（城镇居民 1.13 万人、农村居民 64.48 万人），参保率 90%；城乡居民基本养老保险发放养老待遇人数 19.44 万人，发放率 100%；城乡居民基本养老保险待遇人均月调整 15 元。全年发放城乡居民养老金 2.32 亿元。全市企业职工基本养老保险参保人数 2.81 万人，全年企业职工基本养老保险发放养老待遇人数 2.45 万人，人均调整基本养老金 190 元，人均养老金每月 1841 元，全年发放企业职工基本养老金 5.39 亿元。全市企业职工基本养老保险基金征缴 1.978 亿元。

【城镇基本医疗保险】 2015 年，市人社局完善落实各项医疗保险政策，推进医疗保险工作。全市城镇基本医疗保险参保扩面 13.5 万人，其中城镇职工医疗保险参保人数 6 万人，城镇居民医保参保人数 7.5 万人。征缴职工医疗保险基金 0.99 亿元。全年职工医疗保险基金支出 0.86 亿元。

【工伤和生育保险】 2015 年，全市参加工伤保险人数 4.47 万人，征缴工伤保险基金 705 万元，工伤保险基金支出 461 万元。全市生育保险参保人数 3.33 万人，征缴生育保险基金 423 万元，生育保险基金支出 240 万元。

【失业保险】 2015 年，市人社局采取有效措施，推动失业保险工作的开展。全市失业保险参保人数 3.3 万人，失业保险费征缴收入 0.12 亿元，全市失业保险基金累计结余 120 万元。全年共为 0.29 万名失业人员足额发放不同期限的失业保险金 284.93 万元，为领取失业保险金期间的失业人员缴纳职工医疗保险费 60.1 万元。

【桂平市社会保险事业局挂牌成立】 2015 年 12 月 30 日，桂平市社会保险事业局挂牌成立，将原来的市机关事业单位养老保险基金管理所、市社会劳动保险事业管理所、市农村社会养老保险事业管理处、市职工失业保险基金管理中心、市城镇职工基本医疗保险基金管理中心、市城乡居民社会养老保险中心 6 个社会保险经办机构进行了机构整合和资源优化，5 个险种实现同一办公点、同一业务系统、同一服务标准，市民办理“五险”（养老、医疗、失业、工伤和生育保险）可以享受到“一站式”服务。

劳动关系协调

【积极推进工资集体协商和集体合同签订】 桂平市推进工资集体协商，促进企业劳动关系和谐发展。2015 年，累计有效集体合同 250 份，覆盖企业 1728 家、职工 39602 人。其中：企业单独签订工资集体协议 210 份，覆盖企业 210 家、职工 30741 人；签订区域性工资集体协议 26 份，覆盖企业 1208 家、职工 6881 人；签订行业性工资集体协议 14 份，覆盖企业 310 家、职工 1980 人。

【规范企业劳动用工】 2015 年，市人社局督促企业规范用工、合法用工，以提高劳动合同签订率为重点，推进全市劳动合同制度建设。至年末，全市企业单位 865 家，在岗职工总人数 27134 人，已签劳动合同人数 25291 人，劳动合同签订率 93.21%。其中：内资企业（含国有及国有控股企业）857 家，职工人数 26409 人，劳动合同签订人数 24589 人，合同签订率 93.11%；港澳台商及外商投资企业 8 家，职工人数 725 人，劳动合同签订人数 702 人，合同签订率 96.83%。在岗职工中有农民工 8706 人，已签劳动合同 8098 人，劳动合同签订率 93.02%。桂平市已有 600 个用人单位进行了劳动用工备案，备案 1045 人次。

【劳动人事争议处理】 2015年，市人社局继续完善劳动人事争议仲裁制度，规范仲裁文书材料，及时化解农民工等弱势群体的劳动人事纠纷，落实调解仲裁与审判工作联席会议制度。全年全市共受理劳动人事争议案件53件，先后开具66份不予受理决定书。立案处理的案件中，当期审结案件（扣减上期未结案件数）51件，结案率96.23%，涉案金额214.55万元。案外调解争议案51件。

【劳动人事争议调解组织建设】 2015年，市人社局推进乡（镇）劳动争议调解组织建设，全市26个乡（镇）均已挂牌成立劳动争议调解组织，组建率100%。全市有18家企业设立劳动争议调解委员会，其中包括8家大中型企业设立劳动争议调解委员会。

【劳动监察执法】 2015年，全市劳动监察机构检查用人单位744个，涉及劳动者3.91万人，接待劳动者来电、来访共计0.23万人次；受理投诉举报案件19件，办结19件，结案率100%；审查用人单位报送的书面材料118份，涉及劳动者0.27万人；为城镇职工和农民工追发被拖欠、克扣的工资198.04万元，涉及0.03万人；规范劳动用工行为，责令用人单位补签劳动合同4300份。

【劳动监察“两网化”建设】 2015年，桂平市推进劳动监察“两网化”（网络化、网格化）的应用与服务，实现监管和服务协调发展，促进劳动关系和谐发展。全市共划分网格数3个，其中二级网格1个（市本级），三级网格2个（乡镇、城区级），基本实现了网络化监管全覆盖。2015年共对600家用人单位采集劳动保障监察管理信息，录入并复核通过单位信息600份。

社会生活

民　政

【概　况】 桂平市民政局是市人民政府的正科级职能部门，内设办公室、救灾股、优抚安置股、社会福利和事务股、基层政权和区划地名股、最低生活保障股、规划财务股、婚姻登记股8个股室。编制18人，实有18人，其中公务员16人，工勤2人。下属单位有参照公务员管理单位2个：市低收入家庭经济状况核对中心、市军队离退休干部休养所；事业单位4个：市殡葬管理所、市社会福利院、市救灾物资储备中心、市救助管理站。民政部门的职责是，开展社会救助、双拥优抚、社会福利、基层组织和社区建设、专项社会事务管理等工作，落实"保障民生、扩展民权、服务社会"职责。

【城乡低保】 根据《贵港市人民政府办公室关于调整我市城乡居民最低生活保障农村五保分散供养标准的通知》，2015年9月15日，桂平市人民政府办公室作出了《关于调整我市城乡居民最低生活保障和农村五保分散供养标准的通知》，从2015年6月1日起，桂平市的城市居民最低生活保障标准由原来的月人均350元提高到400元，农村居民最低生活保障标准由原来的月人均195元提高到230元，农村五保分散供养标准由原来的月人均225元提高到250元。

2015年11月4日出台了《桂平市城乡居民临时救助实施办法》，临时救助属一次性救助，原则上一个家庭或个人同一事由一年内只能申请享受一次救助。

2015年度全市城乡低保新增批11948人，退保27378人；2015年城镇低保实保118271人次、发放低保金3200.92万元；农村低保实保1084001人次，发放低保资金12316.56万元；农村五保供养对象157843人次，发放五保金3848.32多万元。

【大病医疗救助】 2015年度救助大病住院困难群众9467人，发放大病救助金2731万元；临时救助312户768人，发放临时生活救助资金69.4万元。

【减灾防灾】 2015年5月12日是我国第七个防灾减灾日。根据国家减灾委员会下发的《关于做好2015年防灾减灾日有关工作的通知》（国减电〔2015〕1号）要求，桂平市于5月11日到5月17日开展了2015年"5·12"防灾减灾日宣传周活动，并发放2015—2016年灾民冬春生活救助物资大米232吨，发放救助金239.16万元，棉被5500床，冬春已救助25226人。

根据自治区民政厅《关于做好2015年农村住房政策性保险理赔工作的函》，2015年7月，桂平市本级投入农房统保资金124.45万元，由人保财险桂平支公司承担全市43万多户农户房屋政策性保险工作，2015年度有413户得到农房保险理赔326.49万元。2015年12月3日出台了《2015

年桂平市农村居民因灾倒损住房恢复重建实施方案》，对重建对象实行分类分档补助，五保、低保重建户每户补助 1.8 万元，其他困难户每户补助 1.5 万元，全年跟投入 170.6 万元，帮扶因灾倒房 109 户重建（维修）农房。

【优抚安置】 桂平市 2015 年度在册优抚对象 9209 人，分别是伤残人员 259 人、烈士遗属 37 人、因公牺牲军人遗属 16 人、病故军人遗属 27 人、在乡老复员军人 613 人、带病回乡退伍军人 123 人、参战参试军队退役人员 4624 人，农村籍 60 周岁以上退役人员 3456 人、60 周岁以上烈士子女 54 人。全年共发放优抚金 3516 万多元。

2015 年秋、冬季，桂平市共接收退伍士兵 442 人，发放义务兵家属优待金 6659225 元，共有 159 名退役士兵参加了职业教育和技能培训工作。

2015 年 9 月 3 日是抗日战争胜利 70 周年纪念日，中央要求，对抗日战争时期的在乡老复员军人和残疾军人；移交政府安置的抗日战争时期军队离休干部、无军籍职工；抗日战争时期在国民党军队服役，后在解放战争中起义、投诚编入解放军序列的在乡复员军人；参加过抗日战争，后回乡务农的原国民党抗战老兵 4 类人员，发放纪念章、慰问金和一次性生活补助金。自治区提供核批的贵港市人数为 117 人，其中桂平市为 30 人。发放标准：中国人民抗日战争胜利 70 周年纪念章 1 枚 / 人；慰问金 2000 元 / 人；一次性生活补助金 5000 元 / 人。共计发放纪念章 30 枚、资金 210000 元。

9 月 30 日烈士纪念日，桂平市于西山覆船岭烈士纪念碑下举行烈士公祭仪式，全市党政军民共 320 人参加了活动，深切缅怀为民族独立、人民解放而英勇牺牲的革命英烈。

投入 120 多万元重新维修西山烈士纪念碑，包括硬化上山道路、新建凉亭 1 个、扩建停车场等工程任务。

【双拥工作】 2015 年，全市共有双拥共建单位 30 个。市双拥办协调驻地部队参加了“3 · 5”学雷锋、“美丽桂平 · 生态乡村”、修水利、植树等活动。春节、“八一”建军节期间，市四家班子领导组成慰问团，走访慰问了驻军部队，送上慰问金 32 万元。7 月 30 日至 8 月 2 日，双拥办联合市书协、美协市在桂平市文化广场举办了纪念抗战胜利 70 周年双拥书画展，展出了驻地官兵和本市书画家创作的 90 余幅双拥作品。

【社会福利】 全市在册孤儿 1014 人，其中集中供养 63 人，分散家庭寄养 951 人，2015 年需发放孤儿基本生活保障费 746 多万元。

根据《贵港市人民政府办公室关于扩大高龄老人生活津贴发放范围的通知》（贵政办发〔2015〕33 号），为 80—89 周岁段的老人发放高龄津贴，发放标准为 30 元 / 人 · 月。2015 年，桂平市 80 周岁以上高龄老人有 3.3 万多人都获得了高龄津贴。

年内，救助流浪乞讨人员 121 人，给他们提供了返乡车票。在城区街上救助了流浪乞讨人员 680 多人次。

2015 年清明节，围绕“文明祭祀、生态殡葬”的主题，利用电视、横幅标语、宣传车等方式，广泛开展倡导文明祭祀，引导广大市民摒弃旧的丧葬陋习，提倡健康向上的文明治丧及祭祀方式。市殡仪馆共接待祭祀的人数约 28500 人次，车流量为 2560 多辆次。全年共火化遗体 3220 具。

【社团组织】 2015 年，办理社团民非企业成立登记 54 件，其中社团成立登记 16 件、民非企业成立登记 38 件；完成社团民非企业年度检查 92 件。根据自治区民政厅《广西四类社会组织直接登记管理暂行办法》，对商会类、科技类、公益慈善类、城乡社区服务类等四类社会组织给予直接登记，2015 年，市民政局为 1 家符合直接登记的社团进行了直接登记注册。

【婚姻登记】 2015 年，共办理结婚登记 13145 对，补领结婚登记 1688 对，离婚登记 1840 对，补领离婚登记 105 例，出具无婚姻登记记录证明 3122 例，出具婚姻登记记录证明 492 例。

按照民政部《关于进一步规范（无）婚姻登记记录证明相关工作的通知》和《婚姻登记条例》的规定，从 2015 年 8 月 27 日起不再出具无婚姻记录证明，改革为需要证明的单位部门通过公文办理。

【基层政权】 7 月 1 日，桂平城区三千城社区支部委员会和社区居委会举行挂牌仪式，参加挂牌仪式的有市委组织部、纪委、民政局、文广局、卫生计生局、公安局、总工会、团市委、妇联、西山镇等单位负责人。

三千城社区是新开发的住宅区，社区内建有三个住宅群共 19 幢楼，2100 多套房，2015 年已入住 236 户约 1000 多人，面积 0.1 平方公里。三千城社区“两委”干部共 6 人，居委会下设综治办、调委会、居务监督委员会等机构。社区办公场所设有党群服务大厅、社区支部、居委会成员办公室、综合办公室、警务室、会议室、文化书屋、网格化管理办公室和社区监控平台。有文体活动中心和儿童成长中心。社区党群服务大厅面向全体社区居民实行一站式服务，服务内容有医疗、社保、教育、人口管理、民政等社会管理和公共服务事项。

【区划地名】 2015 年，共调查收集各类地名 8228 条，其中，行政区域类 31 条，群众自治组织类 430 条，非行政区域类 58 条，居民点类 5175 条，交通运输设施类 634 条，水利、电力、通信设施类 365 条，纪念地、旅游景点类 43 条，建筑物类 32 条，单位类 1060 条，陆地水系类 31 条，陆地地形类 369 条。

【项目建设】 2015 年，桂平市建设农村幸福院项目 20 个，每个项目上级补助 6 万元，共 120 万元，具体是：罗播乡承棠村农村幸福院、罗播乡陈岭村农村幸福院、罗播乡陈岭村（长塘屯）农村幸福院、罗播乡罗北村农村幸福院、大洋镇大洋村（罗排屯）农村幸福院、大洋镇大洋村农村幸福院、下湾镇新庄村农村幸福院、社步镇清石村农村幸福院、麻垌镇莲山村农村幸福院、石龙镇铜山村农村幸福院、石龙镇石山村农村幸福院、蒙圩镇新合村农村幸福院、蒙圩镇棉宠村农村幸福院、白沙镇思建村农村幸福院、白沙镇白沙村农村幸福院、大湾镇揽塘村农村幸福院、大湾镇天堂上村村农村幸福院、社坡镇宝土村农村幸福院、厚禄乡镇良村（上塘屯）农村幸福院、南木镇三鼎村农村幸福。

年内，建设社区服务站 6 个，其中 1 个投资 55 万元，其余 5 个每个投资 40 万元，总投资 255 万元，分别是石龙镇上黄村社区服务站、社步镇乌竹村社区服务站、大湾镇硬塘村社区服务站、社坡镇维新村社区服务站、罗播乡承棠村社区服务站、厚禄乡双寨村泽地屯社区服务站。

老龄工作

【概　况】 桂平市老龄工作委员会办公室是市老龄工作委员会下设的办公室，是议事协调机构，属参公事业正科级单位。核定编制 3 名，2015 年实在职 3 人。

2015 年年末，桂平市有人口 196 多万人，其中 60 周岁以上老年人 26 多万人，占总人口的 13.4%。桂平市落实新修订《中华人民共和国老年人权益保障法》（以下简称《老年法》），使老年人老有所养、老有所医、老有所为、老有所学、老有所乐，老龄事业健康发展。

【落实老年政策法规】 一年来，大力宣传新修订的《老年法》，使《老年法》家喻户晓，深入人心，宣传人口老龄化严峻形势、党和政府的老龄工作方针、老龄事业发展成就、尊老敬老助老先进典型等。认真落实《广西壮族自治区老年人优待规定》等政策。实行本市出台的《桂平市老年人优待规定》：老年人可以免费进入公园、西山风景区、太平天国起义营盘等。全年，市老龄办为本市70周岁以上老人办理了广西壮族自治区老年人优待证15136本。70周岁以上老年人凭红色老年人优待证可以免费乘坐城区内公共汽车。司法部门为老年人提供法律服务，法律援助，接待老年人咨询9起，调查解决6起。对经济困难的老年人实行免收或减收诉讼费等优惠政策。涉老组织也及时办理涉老纠纷，把涉老纠纷化解、处理在基层，切实保障了老年人的合法权益。医疗卫生部门，普遍实行了老年人门诊免挂号费，老年人看病、取药优先，老年人住院有老年病室、老年人病床，在市人民医院和市中医院还设有老年人专科门诊。

【基层老年协会规范化建设】 2015年，桂平市有14个农村老年协会列入自治区示范性农村老年协会规范化建设。14个基层老年协会按要求填写了广西基层老年协会登记表，经审核，全部符合条件，并由民政局发放基层老年协会社会团体法人登记证书。各示范性农村老年协会都设立名誉会长、会长各1名、副会长3名、理事5名、秘书长1名。名誉会长由村支书或主任担任，理事会成员分工明确，团结协作，热心服务，凝聚力强，能带领老年人围绕“五个老有”的目标正常开展各项活动，发挥老年人应有的作用。桂平市14个自治区示范性农村老年协会规范化建设顺利通过自治区老龄办验收。

【老年文娱活动】 2015年，各乡镇积极为老年人开辟学习、活动场所。26个乡镇431个行政村（社区），已成立有老年学校、老年活动室等431个，学员3万多人。老年协会组织广大老年人因地制宜开展生动活泼、形式多样、健康有益的文化娱乐活动。一支支老年文体队伍活跃在公园、广场、街道、乡村。市老年大学开设有诗词、书书法、国画、器乐、粤曲、音乐、舞蹈、保健学习班，聘请老师上课辅导，成立至今都正常开展活动；其音乐、舞蹈班学员还组成文艺队，经常深入到敬老院、镇、村、社区演出。

【“敬老月”活动】 2015年10月，在全市范围内开展了以“培育敬老家风，建设和睦家庭”为主题的“敬老月”系列活动。10月8日开始，组织开展了“敬老月”走访慰问活动，市老龄办深入寻旺乡、蒙圩镇、西山镇、南木镇，慰问特困老人和高龄老人。10月20—21日，自治区老龄办、贵港市两级领导会同桂平市老龄办，一起到大湾镇、西山镇、江口镇慰问老年协会、五保村和特困老人和高龄老人，贵港市民政局、桂平市老龄办的领导还参加了江口镇盘石村的敬老餐活动。各单位、各乡镇也开展了慰问活动。敬老月共走访慰问了老龄机构和老年人1000多人次，举办文体活动50多场。

【第四次中国城乡老年人生活状况抽样调查】 2015年，桂平市被抽中为第四次中国城乡老年人生活状况抽样调查的县市，市老龄办按要求认真进行各项抽样调查，顺利完成了第四次中国城乡老年人生活状况抽样调查工作，进一步摸清了本市城乡老年人状况和养老服务需求，为各级党委、政府制定应对人口老龄化战略、规划、政策提供基础数据支持。

乡镇概况

西山镇

【概　况】位于桂平市中部，黔江、郁江、浔江三江交汇，干线公路、乡村公路四通八达，南梧二级公路、玉桂二级公路穿境而过，南广高铁、贵梧高速在镇内有站和出入口。行政区域面积301平方公里。辖23个村和社区，其中，13个村，263个村民小组；10个社区，59个居民小组，总人口约23万人。镇人民政府驻地桂平城区，同时也是桂平市人民政府驻地，是全市的政治、经济、文化中心。经济以企业、商贸、农业为支柱产业。农作物主要种植优质水稻、甘蔗、蔬菜、花生、玉米等，养殖业主要有猪、鸡、鸭、牛、鱼等。长安、西长、福山、永培等村是西山镇主要产粮区，是优质水稻种植基地和猪禽鱼养殖基地。企业以药业、餐饮、旅业、房地产、针织、交通运输、修理为主，此外，还有床上用品、印刷、皮鞋、食品、建材、电子等生产加工项目。华联铝型材厂、华联商厦、华联商务大酒店、华联床上用品有限公司、广西中和兽药厂等代表企业，产品畅销国内外市场。商品交易以机械、建材、汽车、摩托车、五金、电器、家电、服装、家具、日用品、农产品及其他农副产品为大宗，形成第一、二、三农贸市场，大起水果批发市场，大起贸易市场、新岗建材市场，以及商厦、超市等商业区。

2015年，该镇完成规模以上工业总产值89.59亿元；完成农业总产值4.72亿元；完成全社会固定资产投资32亿元；完成财政税收5.09亿元，增长6%。

【年度要闻】农林产业喜获丰收。该镇耕地面积2035.62公顷，其中水田面积1749.19公顷。宜林山地2000多公顷。从事农林业的有9个村和西山、新岗、大起、岭头4个村的部分村民小组，主要种植水稻。南部丘陵地带的长安、西长、福山、永培等村是西山镇主要产粮区，是优质水稻种植基地和猪禽鱼养殖基地。全镇种植水稻3.78万亩，其中优质稻面积达85%以上，在种植技术上推广免耕抛秧新技术。进一步加大农村产业结构调整工作力度，着力抓好蔬菜、优质稻、茶叶、花卉、中药材等产业的生产发展，组织建立了一批产业基地，全镇农业专业合作社达47家，福山村“菜篮子”工程和前进村、佛荔村的石斛基地得到了巩固发展，其中福山村被列为市“菜篮子”工程示范点。着力发展种植珍贵树种，全镇种植珍贵树种0.4万株。加强对畜牧业的防疫和品种改良工作，促进畜牧业向良种化、高效化发展。全年家禽出栏24.63万羽，肉猪出栏3.82万头。全年完成农林牧渔业总产值4.72亿元，占年任务104.5%，比上年增长6.78%。

项目建设扎实推进。自治区及贵港层面统筹

推进的重大项目大藤峡水利枢纽工程完成丈量土地3500亩，占任务的43.2%。全面完成城南综合市场、城市燃气管道项目征地拆迁工作。完成郁江小区项目征地200亩；国贸中心征地200多亩；西山泉国际养生旅游文化综合区一期项目征地680亩，占征地任务的90.67%；公安训练基地项目征地400多亩；新中源国际贸易市场项目征地50多亩；岭头村4、5队遗留三产用地30亩全部得到落实；旧城区堤路园一期项目如期开工建设。印尼城、玉桂大道、蒙圩大道西山段和石头田回建区等项目的工作都在扎实推进。

招商引资工作取得新突破。该镇成立了招商引资专门的工作组，落实责任制，实行激励措施，促进了招商引资工作取得了新突破。2015年，全镇新上投资项目5个，计划投资5亿元，实际完成投资2.2亿元；全社会固定投资完成32亿元；财政税收完成5.09亿元，比上年增收0.29万元，增长6%。

社会综治工作成效凸现。认真贯彻落实社会治安"一票否决"制度和"谁主管，谁负责"的原则，深入开展"大排查、大接访、大调解、大防控"，严厉打击各种违法犯罪活动。全镇共接待群众来信来访235人次；发生各种纠纷案件127件，调解成功123件；共立刑事案件1011件，破318件；受理治安案件913起，查处651起；实现了上级"两会"和春节期间"零"上访的目标，维护了全镇的社会稳定和人民群众的生命财产安全。镇群众工作中心被贵港市评为"五星级"群众工作中心。大力实施"六五普法"工作，以各种方式进行宣传教育，加强了广大干部群众的法治观念。

安全生产工作无事故。该镇着力抓好安全生产"打非治违"专项行动，组织开展8次以整治水上交通、渡口码头安全和"三合一"场所消防安全隐患为重点的地毯式安全生产大排查，共排查和整改各类安全隐患150起，全镇全年无重大安全生产伤亡事故。继续巩固西山、前进、岭头等村半专业森林消防队建设，全镇全年没有发生大的森林火灾。

教育事业发展良好。该镇继续深入开展"义务教育巩固率提高年活动"，全年适龄儿童、少年入学率达到99%以上，小学年巩固率达99%以上。西山一中、二中2015年中考再创新高，取得A^+成绩共65人，A成绩388人。投资918万元建成西山一中、二中学生宿舍楼。

各项社会事业全面完成。该镇着力抓好优抚对象、特困和五保人员的社会保障工作，全镇325人的五保供养政策全面落实，按时发放各种救灾救济物资，共发放衣服1500件，大米13吨。抓好城乡居民最低生活保障，发放低保金2138万元。全面落实优抚政策，全镇优抚对象753人，共发放抚恤定补金162万元。投入80万元建设城东、城南等社区老年人日间照料中心。新增建10个村（社区）政务服务中心，至此，全镇22个村（社区）建设的建成了政务服务中心。抓好精准识别贫困户贫困村工作，共抽调89人进村入户开展，完成贫困村入户登记1497户，建档立卡贫困户633户共2355人。加强食品药品监督管理，共立案24件，结案24件。完成新增就业人员和农村劳动力转移就业1554人，占任务的100%。完成居民养老保险参续保缴费人数19690人，占任务的68.56%；完成三方协议签订人数20953人，占任务的72.96%。加强土地管理工作，完成442宗地的地籍调查和登记，查处违法占地45宗，拆除违法建筑物18宗，拆除无证砖厂1间。发放各项惠农资金330万元。投入资金100万元，铺设西长村村级水泥路3.2公里。投入资金122万元，硬化永培、前进、长安、佛荔、碧滩村屯级水泥路4.6公里，受益人口1.8万人。永培村、新岗村人饮工程和白兰水库除险加固工作都在推进当中。超额完成征兵任务。

木圭镇

【概　况】木圭镇位于桂平市东区。行政区域面积110.54平方公里，辖12个行政村，114个屯。2015年年末人口8.1万人，其中壮族约1万人。镇人民政府驻地木圭圩。粮食播种面积63985亩，粮食总产量24890吨。植树造林0.03万亩，全民义务植树8.8万株。该镇矿产资源丰富，主要有锰、铁、铜、磷、重晶石等，其中锰矿储量约2000万吨，是广西锰矿主要产区之一。土特产品有银捻（水果，腌制后用于佐餐）。有地市级文物保护点楚臣公墓，县市级文物保护点新兴桥、楚润公祠。

2015年，木圭镇完成税收482万元，其中地税完成242万元，国税完成240万元；固定投资完成4.5亿元，地区生产总值21.1亿元，农民人均纯收入8970元。城镇新增就业600人，农村劳动力转移就业新增4200人；新农合参合率98%，城镇职工、居民养老保险缴费完成率84.20%；签订三方协议完成率92.39%。

【年度要闻】稳步推进项目建设。木圭镇农副产品综合市场项目坐落于木圭街南边（狗肠塘处），占地约300亩，计划投资23300万元，分三期建设。第一期建筑面积49500平方米，计划投资3143万元，2015年底已投资3000万元，完成商住楼土建施工部分楼装修工程。

着力改善镇容村貌。全镇12个村114个屯，均成立有“一组两会”，每个村选派1—3名乡村建设工作队员。2015年，收上保洁费83.14万元，配备专职保洁员共48人，确保各村垃圾能日产日清。进行田园技术培训3763人次，技术推广近2.5万亩；清捡田园面积3.5万多亩，占总面积的86.94%。建设“村屯绿化”示范点53个，种植绿化树共5500多株，修建村屯道路24条。建成一中、二中和上冲村3个农村饮水安全工程，解决7000人饮水安全问题。

棚户区改造项目起步。木圭锰矿棚户区改造项目，占地40亩，总投资8000万元。目前已完成项目建议书编制、项目可行性研究报告编制及土地地质勘探施工图审图等工作，并取得建设项目选址意见书、建设用地规划许可证。

着力提高民生福祉。2015年，该镇全面开展精准扶贫工作，共发放17000多册宣传资料，派出36支共78名的工作队开展精准识别。已识别贫困户8092户，其中贫困村总户数6967户，面上村贫困户579户，面上村新申请546户，识别完成率100%。建档立卡1597户，7512人。并完成精准识别评议、公示以及信息录入。

该镇义务教育人口覆盖率达100%。医疗卫生覆盖面进一步拓宽，初级卫生保健、防疫、医疗等基础卫生设施建设迅速推进，各村均建有卫生室，达标率达100%。

木乐镇

【概　况】木乐镇位于桂平市东区，总面积87平方公里，城镇建成面积3.5平方公里。南梧二级公路、南广高速铁路横贯其中，与平南高铁站、梧州至贵港高速公路平南镇隆出口距离不足10公里，为桂平市和平南县之间陆路交通咽喉。辖12个行政村、1个社区、162个自然屯、220个村民小组，2015年年末总人口7.2万人。

2015年，全镇完成工业总产值56.04亿元；完成社会固定资产投资9.67亿元；完成财政税收3260万元；完成粮食总产19230吨；农民人均纯收入8400元。

【年度要闻】支柱产业大发展。运动休闲服装生产加工是木乐镇支柱产业，主要生产运动服装、休闲服装、针织服装，继2010年获广西二轻联社授予“广西休闲运动服装生产基地”称号之后，于2015年5月又获中国纺织工业联合会、中国服装协会授予“中国休闲运动服装名镇”称号。

21世纪初是木乐镇快速发展的时期。大批福建、浙江、江苏、上海等外地人到木乐投资办厂，全镇民营企业从过去的皮革、铸造、塑料制品等向休闲运动服生产转型，镇政府不失时机加快推动企业引进资金、先进技术、先进管理经验，把产品和设备不断升级换代，竞争力不断增强，基本形成了产业化、规模化生产，木乐镇“中国休闲运动服装名镇”初见端倪。2006年开始，木乐镇动工建设服装工业园，到2009年年底，有14家企业入园投入使用，到2011年，有35家企业入驻工业园区一期。

2010年以来，木乐人镇加大招商引资力度，企业引进应用计算机辅助设备设计、制造系统，实现了由纯手工操作向机械化流水线生产的转变，部分企业实现了电脑管理和网上促销。2010年，被命名为“广西休闲运动服装生产基地”。2015年，服装企业产值达50.44亿元，占全镇工业总产值的90%。从事服装、针织、绣花、印染的企业有280多家，从业人员1.8万人；有43个注册商标，年产运动服1亿件，畅销全国以及东南亚、中东、南非等国家。拥有“中健”“竞技神”“对克”“诚宇”等服装品牌，“中健”牌服装被评为“广西著名商标”和“广西名牌产品”。

木乐服装工业园是桂平市重点打造的三大工业园区之一，于2006年9月启动建设，规划总面积5000亩，分三期建设。目前，占地325亩的第一期已竣工投入使用，入园企业35家，厂房面积达16万平方米，解决就业8000多人。第二期规划2800亩，已完成征地1500多亩，投入3000多万元完成“三通一平”，目前已完成基础设施投入8000万元，厂房面积19.2万平方米，入住面积17.1万平方米，解决就业3000多人。木乐服装工业园区全部建成后，将形成进驻规模企业200家，提供就业岗位3万多个。

小城镇建设初见端倪。近年，木乐镇先后被列为全国农村现代化小城镇建设试验镇、自治区首批小城镇建设重点镇、自治区百镇示范工程建设乡镇。该镇充分利用这一机遇，全力加快特色名镇和工业重镇以及新农村建设，着力打造成宜居宜业宜学的特色名镇。目前，已建成区面积3.5平方公里，建成街道24条，城镇人口达3万人，各项基础设施日趋完善，圩容圩貌有了新变化，人民生活水平进一步得到提高。

马皮乡

【概　况】 马皮乡位于桂平市东部，南梧二级公路从圩镇中心经过。行政区域面积63平方公里。辖8个村，2015年年末人口50157人，其中，汉族41659人，壮族8498人。乡人民政府驻地马皮圩。全乡粮食播种面积3513公顷，粮食总产20689吨。经济作物种植面积760公顷。主要地方特产有清楞鱼、富硒稻、百香果和“马皮石”等。财政收入301万元。全社会固定资产投资完成52000万元。新型农村合作医疗参合人数44339人，参合率91.18%。新型农村社会养老保险签约率达88.8%。

【年度要闻】 重大项目建设取得新的进展。2015年，规划面积44.8亩的兴旺小区已开工建设，新城小区81亩已完成招拍挂手续，综合市场已完成84亩征地工作，农贸综合批发市场已完成80多亩征地工作，220千伏开元（木圭）送变电工程已完成26.3亩征地工作。

“三农”基础设施取得可喜成绩。投资1700多万元、涉及面积6349亩的水秀村土地综合整治工作已竣工验收。投资2090万元的西河、均福、马皮和嘉荷等村的土地综合整治项目已启动建设。加石、西河、均福和大龙等村的农村人饮工程以及坝子塘水库除险加固等水利项目加快建设。马皮、西河、大龙和雅岭等村4条共长3.85公里的村屯道路硬化项目已建成。

“生态乡村”活动扎实开展。完成3个绿化

示范点以及面上50个村屯绿化种植任务，马皮村古楞塘屯被评为2015年度广西“绿色村屯”，西河村被评为市文明村。

农村“一村一品”步伐加快。培育了水秀村富硒稻，均福村百香果，西河村养猪，大龙村火龙果、肉牛，加石村养鸡、养猪等特色种养，其中均福村700亩“百香园”现代农业暨产业扶贫基地初具规模。

精准扶贫攻坚战全面开展。共识别贫困户415户1849人，建档立卡539户2519人。

积极抓好农村电商建设。已进驻农村淘宝店5家。加快培育新型农业经营主体，有农民专业合作社25户社员176人。认真落实强农惠农政策，共发放农资综合补贴7921户、金额217.5万元，粮食直补24万元，良种补贴58万元，农机补贴42.4万元。

重点难点工作取得新的突破。建立整治圩镇乱摆乱卖、乱搭乱建、乱停乱放的长效机制，对南梧二级公路圩镇路段、马皮大街、社坡路、政府路4条严管街的“五乱”现象进行重点整治，圩容圩貌得到进一步改观。将全乡垃圾清洁、清运工作承包给专业公司，开启了政府购买市场服务的新模式。建立安全生产“党政同责、一岗双责”工作制度，对危险化学品、烟花爆竹、非煤矿山、校车安全和食品安全等重点领域进行安全大检查。大力开展打击“双违”和“三非”行动，完成2015年度土地卫片执法检查整改任务，毁闭矿点6个。调整完善《马皮乡土地利用总体规划（2010—2020）》，全乡耕地保有面积2500公顷，基本农田保护面积2194公顷。

加强矛盾纠纷排查和调处工作。妥善化解了马皮乡、社坡镇覃姓群众与马皮村潘姓群众之间的坟山纠纷和乡垃圾中转站重新选址等问题，维护了社会稳定。

加强社会治安防控体系建设。多方筹集资金40多万元，完成了“天眼工程”一期建设，建成高清治安监控摄像头43个和卡口2个，并推进二期工程建设，向村一级延伸，在全市率先实现了“天眼工程”全乡8个村全覆盖。马皮乡群众工作中心被评为贵港市2015年度五星级群众工作中心。

民生建设取得新的成绩。落实社会保障政策，全年农村劳动力转移就业新增390人，领取养老金5238人，发放养老金600多万元。兑现城镇、农村低保资金348万元，农村五保资金82.9万元。完成农村危房改造90户。抓好中小学校舍维修和农村义务教育薄弱学校改造等5个项目建设。卫生院门诊总人数4.8万人，住院3154人。做好人口计生服务工作，全乡出生人数640人，出生率12.92‰。完成马皮村村级公共服务中心和马皮乡农民体育健身项目建设。按照政策规定，提高机关事业单位职工工资，落实乡镇工作补贴。村“两委”干部补贴每人每月提高200元，村级组织办公经费提高到每年1.5万元。落实县以下机关公务员职务与职级并行制度，6人获得了职级晋升。完成征兵任务。

石咀镇

【概　况】 石咀镇位于桂平市东区，西临浔江，南梧二级公路过境。行政区域面积72平方公里，辖11个行政村，1个社区。2015年年末人口5.866万人，有壮族5006人。镇人民政府驻地石咀圩。耕地面积3297公顷，农田有效灌溉面积1910公顷，粮食播种（含复种）面积3465公顷，经济作物种植面积1032公顷。林地面积1067公顷。农业机械总动力32739千瓦。主要旅游景点有北回归线标志公园。地方特产有优质谷、富硒水稻、富硒花生、蔬菜、石斛、鱼苗、食用龟、肉猪。2015年实现地区生产总值13亿元。财政收入654万元。全社会固定资产投资完成额5.2亿元。新型农村合作医疗参合人数49997人，参合率98%。新型农村社会养老保险参保人数13795人，参保率91.5%。

【年度要闻】党建工作取得新成绩。新建14个“两新”组织党支部；下派党建指导员，整顿了软弱涣散党组织新平村党总支部，通过整顿，使该村各项工作由原来的落后状态提升到了全镇的前列；全年培养入党积极分子37名，其中20名发展为新党员。

加强安全生产工作。认真落实安全生产“党政同责”“一岗双责”制度，全年组织开展安全生产隐患大排查和整治专项活动13次，出动人员180多人次，排查出大小安全隐患共210件，其中立案整改6件。

加强食品药品安全监督管理工作。全年开展食品药品安全检查200多次，处理案件17件。

抓好维稳基石工程建设和平安创建工作。大力开展主要领导带头接访行动，扎实开展矛盾纠纷排查调处工作，全年共排查纠纷案件25件，已调结20件，2015年度获评贵港市五星级群众工作中心。狠抓社会治安综合治理，依法打击各类违法犯罪活动，有力维护了公共安全，社会公众安全感和政法队伍满意度不断提升。

民生工程有力推进。多渠道筹措资金，完成建设石咀——社坡乡镇级公路（平安村路段）4.5公里，建设村屯道路9条共12.78公里，实现了“村村通”水泥硬化道路。投入1211万元，建成榄沙村片农村饮水安全工程和治安村屋地冲屯人饮工程，解决了2.3万多人口饮水困难。推进水利项目建设，完成修建新平村防洪堤主堤400米、辅堤1公里。完成205户农村危房改造。推进新农村建设，投入400多万元，硬化街道710米，建街道排水沟1245米，安装主街道和南梧二级公路圩镇过境路段节能路灯77盏，硬化镇政府至高中路口道路300米，改善了圩镇面貌。完善“美丽乡村”建设工作长效机制，建成村屯绿化示范点1个，一般性示范点7个，种植优质名贵树木4000多株。

扶贫工作取得新成效。积引进桂平市智海农业生态养殖发展有限公司落户该镇，平治村、平安村富硒花生产业示范区建设取得初步成效；并计划在水口、新平等村建设万亩富硒水稻生产基地。

组织工作组30个、工作人员100多人，全力开展扶贫精准识别工作，历时三个月，采用“一进二看三算四比五评议”，按照“两入户两审核两公示一公告”程序，累计入户调查评分4125户，完成911户建档立卡工作，732户列入贫困户。全年减少贫困人口2700多人，如期完成“十二五”扶贫开发工作任务。

寻旺乡

【概　况】寻旺乡位于桂平市东区。西临浔江，南广铁路、南梧高速、南梧二级路过境。行政区域面积108.5平方公里，辖13个行政村。2015年年末人口6.25万人。乡人民政府驻地寻旺圩。耕地面积4287公顷，农田有效灌溉面积2410公顷，粮食播种（含复种）面积4326公顷，经济作物种植面积746公顷。林地面积2666.67公顷。农业机械总动力52301千瓦。主要旅游景点有东塔。著名地方特产有寻旺优质谷。2014年实现地区生产总值73亿元；财政收入9524万元；全社会固定资产投资完成额15.8亿元；城镇居民人均可支配收入8352元；农村居民人均纯收入7200元。新型农村合作医疗参合人数57296人，参合率95.8%。新型农村社会养老保险参保人数11344人，参保率85.2%。

【年度要闻】开展“权力制约·阳光监管”活动。2015年，该乡全开展了以“权力运行，阳光监管”为主题、以“预警+监督+制度”模式的制约村干部权力运行的试点活动，取得了良好效果。主要做法:（一）抓班子自身建设，增强廉洁勤政为民责任感，进行理想信念、宗旨观念、党纪政纪条规、法律法规教育，通过心理提防，工作预防，抓好广大党员干部的警醒教育。（二）完善监督各项监督制度，包括内部监督、外部监督、上位监督等。（三）加强制度建设，把权力关进制度的笼子里，发挥制度在制约村干部权力运行工作上的堡垒作用。使农村党员干部廉洁自律意识普遍增强，民主决策、民主管理、民主监督机制得到进一步完善，党群、干群关系更加密切，形成了风清气正的良好局面，促进了经济又好又快发展，推进了新农村建设。

社坡镇

【概　况】 社坡镇位于桂平市东区，南广高铁、贵梧高速公路、桂油公路过境。行政区域面积161平方公里，辖20个行政村。2015年年末人口8.2万人。镇人民政府驻地社坡圩。耕地面积4082.5公顷，农田有效灌溉面积2330公顷，粮食播种（含复种）面积5231公顷，经济作物种植面积1150公顷。林地面积7414公顷。地方特产有腐竹、白糖荔、砂糖橘。2015年完成社会固定资产投资8.5亿元，完成规模以上工业总产值20.1亿元，农、林、牧、渔等的总收入达6.5亿元。

【年度要闻】 基础设施建设取得新成效。继续搞好投资1490万元的社坡河人饮工程建设。完成全镇11条约20公里的通过“一事一议”、12条13公里扶贫道路、1条3公里移民道路及2条11公里通达工程道路硬化。搞好社坡高中学生公寓楼、社坡中心小学教师公租楼、禄全小学教学楼等一批校园基础设施建设。搞好富源大厦、主要街道硬化、村级文化活动中心、高铁沿线城乡风貌改造、危房改造等项目建设。

推进“维稳基石工程”建设。在投资35万元的“天网工程”基础上，继续加大投入，在社坡圩范围内的主要街道，都安装高清治安监控摄像头，实现圩镇范围监控全覆盖。

做好乡村环卫基础设施建设与涉农工作。在持续推进“清洁乡村”的基础上，启动实施“村屯绿化”“饮水净化”“道路硬化”三个专项活动，全面推进“生态乡村”建设。做好扶持弱势困难群体工作，规范对350万元综合直补等涉农惠农资金管理。做好辖区农民工和企业用工情况登记工作，重点抓好农民工的培训工作。

搞好精准扶贫识别。开展扶贫精准识别建档立卡工作，进一步摸清贫困户、贫困村的工作情况和致贫原因。派出45个工作组105人进村入户，在8个贫困村，12个面上村开展扶贫精准识别，共入户调查8127户35294人，通过村小组、村委民主评议，张榜公示等程序，确定贫困1358户5391人。

油麻镇

【概　况】 油麻镇位于桂平市东区。行政区域面积166平方公里，辖18个行政村。2015年末人口5.5万人。镇人民政府驻地油麻圩。粮食播种面积3235公顷，粮食总产15753吨。经济作物种植面积681公顷。地方特产有油茶、玉桂、荔枝。主要旅游景点有清峰山。年内实现地区生产总值38565万元；财政收入230万元；全社会固定资产投资完成额31065万元；社会消费品零售总额6800万元；城镇居民人均可支配收入7124元；农村居民人均纯收入6971元。新型农村合作医疗参合人数49682人，参合率93%。新型农村社会养老保险参保人数1125人，参保率86%。

【年度要闻】 抓好基础设施建设。争取财政奖补“一事一议”项目、扶贫项目、库区移民项目，推进各村、自然屯道路建设，年内实现了油麻至有理、石罗、罗兰和油麻至上村村级路通公交车。投资600多万元，建设油麻至上运、谢余村主干道和六平村主干道。投资952万元，建设油麻至麻垌、油麻至六平村级水泥路。油麻至麻垌、油麻至社步、勒竹至平南富藏和勒竹至平南六陈水泥路的建成使用，实现了全镇村村通水泥路的工作目标。投资400多万元的北佛村水利工程和天心塘水库工程已建成并投入使用。

抓好维稳基石工程。充分发挥镇维稳信访中心的作用，分派6个工作组，深入到各村排查关系到计划生育、“三大纠纷”、下岗分流人员、核试验部队退伍军人，一、二次入伍人员，抗美援越老兵，市场服务管理所人员，水库移民问题及邪教危害活动等影响社会不稳定的因素，力求做到早发现、早处理，把矛盾化解在萌芽状态，实现了全镇社会稳定。建立完善“防、控、打”一体社会治安防控体系，投入30多万元建设“天眼工程”。

加快社会保障体系建设。抓好民政救灾工作，共发放救灾大米120吨，棉被、衣物8100件（套），发放救助金280多万元。抓好城乡居民养老保险工作，巩固城乡居民养老保险参保率。组织开展了农村劳动力状况调查，完成农民工登记9500多人，农村劳动力新增非农就业410人，就业困难人员再就业32人。

社步镇

【概　况】 社步镇位于桂平市南区，该镇北靠郁江，玉（林）桂（平）二级公路贯穿全境。地貌属丘陵小山。行政区域面积126平方公里。辖15个行政村、1个社区，120个自然屯，339个村民小组，2015年年末总人口6.3万人。镇人民政府驻地社步圩。耕地面积2224公顷，其中水田1312公顷，旱地349公顷。有林地面积4100公顷，森林覆盖率40.9%。镇内16个村全部有水泥路通达。辖区内有22万伏变电站，用电十分方便。全镇国民生产总值由2011年4.1亿元提高到2015年8亿元，财税收入由268万元提高到750万元，工业总产值由1.8亿元提高到4.7亿元，地方固定投资由1.9亿元提高到6亿元，农民人均纯收入由4647元提高到6758元。

【年度要闻】 大力发展种养业。该镇地貌属丘陵，适宜种植水果、木薯、玉米。农业以种植水稻、木薯、玉米为主，是桂平市木薯主产区。同时大力发展水果生产，有不同水果品种30多种，一年四季有鲜果上市。主要发展荔枝、龙眼、扁柑、三华李等，16个村街均种植荔枝，总面积4266亩。最高年产量2123吨；龙眼种植面积572亩，最高年产量270吨；扁柑种植面积180亩，最高年产量60吨；三华李种植面积585亩，最高年产量1250吨。大力发展养殖业。2015年年末生猪存栏24557头，三黄鸡120万羽；淡水鱼养殖2300多亩，年产鲜鱼54.8吨。

大力发展水上运输等私营企业。该镇利用水路交通的便利，大力发展水上运输业。有水运公司、河面队、桂华水运公司三大水上运输企业，拥有340多艘钢质货轮，运力达20万吨以上，上通贵港、南宁，下达珠江三角洲。大力发展造船业，年造千吨以上船船舶80多艘，总投资1.6亿元以上。三是大力发展沙砖、红砖，有沙砖厂1个，红砖厂9个，日产沙砖红砖30多万块。此外，还有水厂、针织厂、农具厂等大小企业298家。

发展科教文卫事业。全镇有16所村街小学，2个初级中学，共有40个教学点。2015年，在校小学生7401人，在校初中学生2654人，普及了九年义务教育，小学适龄儿童入学率达99.8%，适龄少年入初中率达97%以上。2011—2015年，共投入3114万元资金，建设教学楼4600平方米，教师宿舍用房3900平方米，建设学生宿舍2000平方米。投资100多万元，建成了15个村级卫生室；投资373万元，建成社步卫生院医务大楼、宿舍及添置一批医疗器械。

不断推进重点项目建设。近年，该镇建设较大的项目有：投资3亿多元的社步综合市场开发区建设；街道硬化、亮化、绿化等配套设施；建成华润水泥中转站；260亩社步深滗塘片区一期开发，已完成立项等前期工作；社步至麻垌白石山二级路已立项修建，正在进行征地工作；近三年间共投入资金300多万元，进行乡村各项建设。

【特色节日】 每年农历四月初八日，该镇清石村、良北村都举行有悠久历史的“圣炮节”抢花炮活动，内容有文化演出、舞狮表演，双龙藤舞、敲锣打鼓等，其中最精彩的是抢花炮，分为“还炮”“游炮”“抢炮”“接炮”“养炮”等几个程序。活动时，将一个花炮（直径约5厘米的铁环，用红布或彩丝缠绕，环边扎一个冲天炮）引爆冲上天空，待花炮环落地时，参加者才可奋勇争夺，抢到花炮环之后，还须过关斩将，突出重围，将其送到庙里的裁判台上才算获胜。参加抢炮的年轻小伙子，40多人分成4—5队，赤膊上身，统一着裤，参加抢炮。最终抢得圣炮者会被挂上大红布，由村民抬着神像、烧猪、花篮，敲锣打鼓，簇拥着到社公烧香敬神，祈愿风调雨顺，五谷丰登，国泰民安。“圣炮节”期间，成千上万人都来参加欢庆。近年，镇政府亦参与到活动中，协助两村开展活动。

下湾镇

【概　况】 桂平市下湾镇位于桂平市南区，行政区域面积155平方公里。境内有郁江和大洋河绕贯。属丘陵地貌，山多田少，土质多为页岩土和红壤黏土，易泥泞干旱，是桂平有名的“水火之地”。辖14个行政村，1个社区，99个自然屯，334个村民小组，2015年年末人口7.4万人。耕地总面积3284公顷，其中水田2279公顷，旱地1005公顷，林地3666.67公顷。镇人民政府驻地下湾圩。辖区内有派出所、司法所、工商所、财政所、计生所、社保中心、新农合办、药监所、农技站、信用社、卫生院、供电所、国土所、兽医站等事业单位。有小学14所，初中2所。境内团结村的石碑岭、大窝岭、树萝岭以及贝团村的大良岭、高岭等处，有广西最早发现的旧石器时代遗址，属市级重点文物保护单位。主要地方特产有久负盛名的下湾芹菜。

2015年，该镇社会生产总值达3.1亿元，比上年增长7.2%；全年粮食总产量达27800吨，增长3%；农林牧渔业总产值达31542万元，增长10%；社会固定资产投资35000万元，增长28.6%；工业总产值达606万元，增长5%；完成税收350万元；农民人均纯收入7723元，增长7%。

【年度要闻】 经济工作稳步发展。2015年，全镇种植水稻3661公顷，其中优质谷3540公顷。种植玉米550公顷；木薯1980公顷；花生1075公顷。养殖母猪2050头，生猪出栏3.8万头。镇政府融资110万元在甘井村发展优质沙糖桔190亩；并投入资金50万元，发展规模养牛项目，计划养牛100头。信用社年末存款储蓄余额突破3.49亿元，名列南区第二，比上年增加4100万元；发放贷款4600万元。邮政储蓄1.73亿元，比上年增加1200万元。全镇商品贸易活跃，供应充足。

继续推进项目建设。年内，继续推进引资5000万元建设农副产品综合市场工程项目，完成投资2300万元。两间中学共投入5450万元，建设两座教师公租房3400平方米。投入93万元，修建人饮工程，解决2000人的饮水困难。投资700万元，建设下湾至邓明十字铺10.5公里水泥公路工程，于6月全面竣工。投入资金330万元，完成11个财政补奖“一事一议”项目建设，修建新庄、下湾、旺江、双福、团结、龙岭、浪滩、邓明、福高8个村11.7公里村屯水泥路。完成扶贫项目6个，投入资金141.9万元，修建新庄、旺江、北角、竹草、甘井5个村6条4.73公里水泥道路。投资1200万元，实施千亿斤粮食增产水利项目工程，已全面竣工，改善了全镇7个村的农业生产条件。完成危房改造100户，因灾倒房重建2户。争取上级投资30万元，建设双福村公共服务中心。投入资金50万元，装修政府宿舍楼、办公楼。

民生惠民工作顺利发展。推进新型农村合作医工作，共收上新农合基金560万元，农户参合率达95%。签订新型城乡居民养老保险三方协议户数达92.7%，扣款成功率达77.6%。纳入民政低保1125户，五保444户。办理重度残疾人补贴528人；阳光家园计划项目资助19人，党员助残15人，无障碍改造5人，共发放残疾证80本。抓好人口与计划生育服务工作，完成国家免费孕前优生健康检查232对，占任务的98.72%。全年共发放《计划生育服务手册》182本，发放二孩生育证79本，发放独生子女父母光荣证12本，领取奖扶补助4户，完成爱心保险136户。

抓好惠民补贴发放，全镇补贴面积39852亩，补贴全额共504万元；农机具购置补贴141户，补贴金额28.2万元。

派出工作组45个共90人，开展精准识别贫困户、贫困村工作，完成了8个贫困村和面上5个村的8918户的入户识别工作。

抓好生态乡村建设，在村屯道路种植绿化树苗6000多株。继续推广牲畜清洁养殖，全镇圩容村貌保持整洁。

【特色节日】 一是下湾圩“元宵灯会”，从每年农历正月初十日开始，至正月十六日结束。灯会内容包括：敬神、挂灯、游神、聚餐、斗狮。正月初十，各家各户杀鸡备酒，前去三界庙、社公敬拜诸神。上年生有男孩的家庭，要去三界庙、社公的古榕树挂灯，拿上烧猪或阉鸡等祭品敬神，祈求神仙保佑孩子健康成长，合家平安。圩民将三界庙的神像抬到各条街道游神，到各家各户敬拜祝福，之后把神像摆放于彩棚里供奉，直到十六日才移回三界庙。初十晚上，全圩街坊邻里，在各条街上露天摆桌聚餐，上年生有男孩的家庭要出敬神的烧猪或阉鸡添加菜肴。夜晚时，各街均出舞狮队集中市场，互相烧鞭炮斗狮，敲锣打鼓，彻夜狂欢。该镇三界庙始建于清代，常年香火鼎盛。嘉庆年间，进士曹兆奇（蒙圩人）为庙宇题写一联：“敷国佑民，一岭神衣遮广厦；面山抱水，千秋庙貌镇清湾。”新中国成立后，该庙被捣毁，庙址扩建下湾中心小学。1990年代，圩民筹资在平石社复建三界庙，挂灯游神灯会活动随之恢复。二是该镇福高村的“禾苗社节”，每年农历八月初八，家家户户备好酒菜、包粽子、包茶果（糍粑），邀请亲戚朋友前来吃酒，俗称“吃社”。祭拜社公时，人山人海，醒狮狂舞，鼓炮齐鸣。其时最热闹的活动是“抢花炮”。每个村屯都出10个年轻力壮的后生哥，把一只拳头大的铁环绕上彩丝，并扎上一只冲天炮，把其引爆，让花环飞上天，待花环掉落地面时，方能涌上去抢，看谁先把花环拿到手。其他屯的人也可上去抢夺，同屯9人要护着抢到花环的人，让他冲出包围圈，拿回自家厅堂祖宗神台供奉一年。第二年八月初八再把花环拿去参加禾苗社节。

麻垌镇

【概　况】 麻垌镇位于桂平市南区，玉桂二级公路穿境而过。行政区域面积207.25平方公里。辖27个行政村。2015年年末人口10.47万人。有耕地面积2749公顷，农田有效灌溉面积2147公顷，经济作物种植面积384.86公顷。林地面积14533.3公顷。主要旅游景区有白石山，道书称“白石洞天”，是中国道教三十六洞天中的第二十一洞天，属典型的丹霞地貌，有寿圣寺、三清观、会仙岩等景点。主要地方特产有荔枝，是远近驰名的荔枝之乡，素有“中国荔枝之乡”之称。经济以农业为主。农作物主要种植水稻、花生、玉米等。养殖主要有猪、鸡、鸭、牛、鱼等。

2015年，全镇完成税收386万元，农林牧渔业总产值1.57亿元，工业总产值3669万元，全社会固定资产投资7.5亿元。

【年度要闻】 农林畜牧产业高效发展。全镇27个村主要从事农林业生产，主要种植水稻和荔枝。水稻种植2.4万亩，其中优质稻面积达85%以上。荔枝种植12万亩，荔枝改良0.8万亩。加强对畜牧业的防疫和品种改良工作，促进畜牧业向良种化、高效化发展。全年家禽出栏12.5万羽，肉猪出栏2.1万头；全镇林地面积21.8万亩，有杉木1.9万亩，桉树2万亩，松树8万亩，玉桂1.8万亩。

项目建设有突破。麻垌新区项目完成协议签订201户，涉地面积约290亩，占征地428亩的47%。白石山景区山门区建设项目征地面积92亩，已征地75亩，占征地任务的80%，涉地农户48户，已签协议29户，迁移坟山14座。

引进资金200多万元，扩建双成购物中心。引进资金2000多万元，建成绿洲金港页岩砖厂，使麻垌镇有了年产值2000万元以上的规模企业。

强化社会综合治理。认真贯彻落实社会治安"一票否决"制度和"谁主管，谁负责"的原则，深入开展"大排查、大接访、大调解、大防控"，严厉打击各种违法犯罪活动，处理参赌人员17人，治安拘留17人，刑事立案70起，破案13起，治安案件54件，调结10件，治安拘留42人，刑事拘留15人，逮捕12人，吸毒人员记录在册的154人，强制戒毒11人。强化特殊人群管理，按照"谁雇佣，谁负责；谁出租，谁负责"的管理制度，各村（社区）、单位全面摸清外来人口（特别越籍）、出租房屋底数，进行登记。2015年，在册登记有外籍人员15人，均为越南籍女性，嫁日本籍男人1人。刑释解教人员犯罪复发率为零，刑释解教人员的安置帮教率100%。2015年3—8月，全镇各村（社区）开展"查实情、找问题、解民困"大走访、大接访、大调研活动，活动5个月，共发放走访联系卡7800张，发放征求群众意见表7800份，召开群众恳谈会议86场，走访群众3800户，教育疏导6520人，解决困难1220人，结对帮扶460人，走访上访老户1人，走访重点对象12人，走访弱势困难户550人，走访案件当事人24人，走访地方知名人士390人，调处"小矛盾"97个，整改"小隐患"850个，有效维护了农村基层社会治安稳定。

着力抓好安全生产工作。全镇着力抓好安全生产"打非治违"专项行动，对全镇企业单位进行了全面的安全生产隐患大排查，停业整顿或者限期整改违章经营烟花爆竹店面9家、不规范烟花爆竹仓库1家、非法加油站1家、非法营运三轮车12辆、面包车6辆；完成镇级安全隐患整改2个（鹧鸪水库主坝闸口裂缝漏水及塘井塘水库主坝危情）、市级安全隐患整改1个（沙江村岑桥渡口路面流沙隐患）。

科教文体事业取得好成绩。全镇继续深入开展"义务教育巩固率提高年活动"，适龄儿童、少年入学率达到100%，小学年巩固率达100%；2015年麻垌一中、二中、三中中考再创新高，取得A+成绩19人，A成绩246人；麻垌高中高考二本上线人数283人。

惠民社会事业顺利完成。全镇着力抓好优抚对象、特困和五保人员的社会保障工作，754人的五保供养政策全面落实，按时发放各种救灾救济物资，共发放衣服1580件，毛巾被300床，棉被200床，大米15吨。抓好城乡居民最低生活保障，发放低保金600万元。全面落实优抚政策，对全镇优抚对象480人，共发放抚恤定补金188万元。共派出154人进村入户，开展精准识别贫困户贫困村工作，完成入户登记9642户，建档立卡贫困户共3907户，17238人。加强食品药品监督管理，共立案8件，结案8件。完成城镇新增就业人员101人，占任务的100%；农村新增就业人员835人，占任务的100%。完成居民养老保险参续保缴费人数16079人，占任务的62.75%；三方协议签订共完成17665人，占总任务的68.94%。全镇新农合参合人数91664人，参合率92%。加强土地管理工作，完成19宗地籍变更登记，查处违法占地66户，拆除违法建筑物360处。投入资金3.8万元，建设鹧鸪村党群服务中心和鹧鸪村政务服务中心。投资45万元，在麻垌镇圩镇街道路段、路口安装41个高清摄像头和38盏路灯。投资536万元，对全长5.5公里麻垌镇旧过境路进行水泥硬化。总投资500多万元，硬化木回村6.3公里、全安村3.95公里的村级道路。完成新兵入伍的征兵任务。全镇出生人口数1427人，出生率14.26‰。共完成征收社会抚养费80.2万元；发放二孩证88本，独生子女证32本，领取奖扶107户。免费孕前优生健康检查项目385对夫妇。为全镇独生子女家庭、双女结扎户家庭中的一个子女购买爱心保险990人次；发放小额贴息贷款19户，共38万元。出动人数12000多人次，对全镇27个村进行三次清理卫生死角专项整治活动，共清理卫生死角156处，水沟、池塘33处，共清理垃圾64吨。投入20万元，增加运输车一辆、垃圾桶120只。

罗秀镇

【概　况】 罗秀镇位于桂平市南区，行政区域面积185平方公里。属于桂平的边远山区，与周边乡镇交通状况较差。辖21个行政村，450个村民小组，总人口7.75万人，主要民族汉族，还有少数外地婚嫁到这里的黎、壮、瑶、苗、侗、仫佬、布依等少数民族妇女。有罗秀、新垌两个圩集市。镇人民政府驻地罗秀圩。全镇耕地面积3.93万亩，其中水田面积3.07万亩，旱地0.85万亩。有林面积1200公顷，森林覆盖率68%。境内有镇属地卫生院、农村信用社、派出所、计生所、食品和药品监督所、工商所、市场管理所、国土所、供电所、邮政支局、电信支局、食品站、文化站、村镇建设站、兽医站、保障站、交通站、企业站、林业站、农技站、水利站、农业服务中心等事业单位。有小学36所，高中1所，初中2所，适龄少年儿童都能够接受九年义务教育。境内有汉代、唐代、宋冶铁遗址、洞心寺、宝镇寺、宁福寺、新垌铁屎寨遗址、宁武桥、万年桥、罗秀当铺楼、罗秀佛堂、人民英雄烈士纪念碑等名胜古迹。地方特产有闻名遐迩的“中国一绝”罗秀米粉。

2015年，全镇财税收入完成322万元，财政收入411.74万元，占上一年度506万元的81.37%，全社会固定资产投资完成5.3亿元，农村居民人均纯收入比上一年度增长13%。

【年度要闻】 “中国一绝”罗秀米粉名扬天下。罗秀历来有加工制作干米粉的传统。1985年秋，罗秀米粉入选《中国一绝》系列电视中节目，因获“中国一绝”美誉而名扬天下。2007年8月，桂平市人民政府下发“浔政函〔2007〕125号”文件，同意授权罗秀镇商会向国家质检总局申报“中国一绝——罗秀米粉”地理标志产品保护。现还处在申报中。2008年，罗秀米粉的制作工艺被列入自治区“非物质文化遗产保护项目”。2015年，全镇罗秀米粉总产850万公斤，销售额9153.8万元。罗秀镇商会引进市外资金1.5亿元，建设贵港市“三百工程”之一的罗秀米粉集中生产基地一期工程，由广西安业建设工程有限责任公司承建，完成投资0.78亿元，主体工程大部分已完成。

大力做好抓好种养二篇文章。大力发展特色高效农业，多渠道增加农民收入。一是推广北海市合浦县大规模发展豆角种植基地的经验，共种豆角500亩，种植其他经济作物八角650多亩，肉桂460多亩，油茶1000多亩，木薯6510亩，改造低产果园1200多亩。二是大力抓好土鸡、生态鱼、生态猪等养殖，规模养猪场达20家，全年出栏猪达4万头。

乡村建设取得佳绩。罗秀镇地处三个县市（桂平、平南、容县）交界处，镇党委、政府以打造“三县市圩镇”区域经济中心为目标，努力做好圩镇规划和建设。一是着力改善基础设施，建设生态、美丽、宜居的幸福乡村。截至2015年，全镇21个行政村除独堆、木村2个通罗秀圩的公路未硬化之外，其余村都硬化了水泥道路，总长约109公里。投入约3000多万元建设农村安全饮水解困工程16个，完成6个饮水工程项目建设。部分工程已基本完工。共投资194万元，完成了8个村公共服务中心建设项目。加大生态环境治理，继续聘请44名保洁员，搞好21个村及重点街道清洁卫生，每个季度开展一次全面综合整治。各村按计划开展“村屯绿化”工作，至2015年年末，累计种植桂花树、木棉树7000多株，涉及60多个屯。12月2日，贵港市授予罗秀镇植棠村高仰屯为“2013—2014年度美丽贵港、清洁乡村”活动“十佳村屯”。

惠民社会事业顺利完成。全年城乡居民社会养老保险收缴工作完成14915人，参保率78%。新型农村合作医疗参加人数67499人，参合率96.8%，纳入农村低保921户，五保户860户。全面提升社会公共安全感和政法队伍满意度居全市前列。投资35万元，建成有40个高清摄像头的“天网工程”。参加容（县）平（南）桂（平）北（流）四县市九乡镇治安联防机制，调处结案率91.7%，无非正常上访的事件。元旦、春节期间，组建治安联防大队维持交通治安秩序。征收计生社会抚养费76.5万元，完成免费孕前优生健康检查251对，办理一孩证294本，二孩证75本，独生子女证21本，给15户发放计划生育家庭小额贴息贷款23万元。从10月份起至年底，抽调了150多名镇干部进村入户，开展贫困村贫困户精准识别工作，按时按质完成了10个贫困村及面上村1945户7563人的贫困户的入户识别，经屯、村二级评议，都做了建档立卡。

中沙镇

【概　况】 中沙镇位于桂平市南区，毗邻玉林市兴业县、北流市、容县，背靠桂东南第一峰——大容山。有玉林兴业县北市—新垌乡村公路过境。行政区域面积207平方公里。辖23个行政村，2015年年末人口5.96万人。是一个“八山一水一分田”之称的边远山区。耕地面积1672公顷，农田有效灌溉面积1060公顷，粮食播种（含复种）面积3105公顷，经济作物种植面积1219公顷。林地面积14000公顷。农业机械总动力27490千瓦。主要旅游景点有南乡村古宅尚德堂、上国村杜鹃花、大煌洞等。重要矿产资源有萤石矿，储量约5000吨。地方特产有玉桂、八角、椪柑、中药材等。

2015年，全镇实现工业总产值7.01亿元，增长16.62%；农业总产值3.65亿元，增长16.5%；全社会固定资产投资5.25亿元，增长25%；财税收入1449万元，增长5%；农民人均纯收入7905元，增长6.8%；人口自然增长率控制在9‰以内；城镇登记失业率控制在4%以内。上国村荣获“全国文明村”称号、“荷城十大最美乡村”称号，南乡村荣获“广西绿色村屯”称号。

【年度要闻】 源安堂安边肉桂基地项目覆盖6县市。广西肉桂已获得国家地理标志保护，开通了中华肉桂网站，荣获“国家林业局八角肉桂工程技术研究中心源安堂基地”称号。源安堂安边肉桂基地范围覆盖桂东南的桂平、平南、容县、陆川、博白、玉林县市区，种植面积10万多亩。

南乡村尚德堂古庄文化旅游开发项目顺利推进。该项目总投资3.05亿元，已完成规划、首期用地租用等事宜，项目报批和景区道路、景区大门、停车场、园林景观的规划建设和古建筑修缮等工作正在顺利推进。

清洁乡村工作建立长效机制。通过采取“政府购买服务”和“门前三包”等形式，实现了垃圾清洁转运全覆盖，建立了“户分类（三包）、村收集、镇转运”的清洁乡村长效机制。

道路建设完成维修。筹资100万元，完成中和圩过境公路维修工程。

小城镇建设起步。聘请中国人民大学专家高标准高质量完成《中沙镇城镇总体规划（2012—2030）》的修编工作。

木根镇

【概　况】 木根镇位于桂平市南区，玉桂二级公路横穿过境。行政区域面积121.08平方公里。辖17个行政村，2015年年末总人口6.5万人。其中布新、山表、上地、湴地、平合、德华6个贫困村涉及人口约1.5万人。镇人民政府驻地木根圩。辖区内水资源丰富，有平合、布新2个中型水库和4个小型水库。

2015年，全镇完成财源入库310万元，全社会固定资产投资完成额40003万元，超额完成4亿元年投资任务。

【年度要闻】 小城镇建设遗留问题得到妥善安置。2015年9月，搁置了五年之久的198块回建地通过现场抽签方式全部落实到农户手中。

招商引资实现新突破。年内，引进广东客商投资7000万元，助推中盛竹制品有限公司打造成特色农业生态观光企业；引进桂平市全照新能源照明有限公司1亿元资金，在桂平市长安工业园计划筹建LED生产线。一举完成了两年1.4亿元招商引资任务。

民生项目建设大提速。建设8条“一事一议”屯级道路共10公里，硬化行政村道路10多公里，实现全镇17个行政村“村村通”水泥路目标。布新大桥已竣工通车。争取到自治区30万元，安装62杆路灯已投入使用。农民体育健身工程已全面建成。集镇建设总体规划修编工作扎实推进。都合上村、都合下村党群服务中心建成投入使用。

政府形象大提升。投入60万元维修镇政府大院，建设“为人民服务”形象墙，政府面貌焕然一新。镇劳保大厅投入使用，已打造成一站式的政务服务中心。

计生、维稳工作成绩喜人。计生社会抚养费征收和孕检工作分别排名全市第一和第四位。镇群众工作中心连续三年被评为五星级群众工作中心。

“干部夜校”促进作风大改进。利用周一至周四晚上1小时搭建“干部夜校”平台，开展“夜访农家、一人一课、以老带新、强身健体”四大活动，不断巩固群众路线教育实践活动成果，促进干部作风大改进。

罗播乡

【概　况】 罗播乡位于桂平市南区，玉林至桂平二级公路过境。行政区域面积108平方公里。辖罗播、罗西、罗北、万寿、承禄、承棠、六凤、凤镇、西村、陈岭、山背11个村。2015年年末有人口4.8万人，主要为汉族，少部分壮族。乡人民政府驻地罗播圩。汉为柯林县地，唐为绣州柯林县地，州、县治均在今万寿村，村内有旧州、旧县地名。主要农产品有水稻、玉桂、水果等。地方特产有簕荔、百香果、油茶等。有小学教学点1所、初中1所、卫生院1所。

2015年，该乡财税收入完成118万元，完成固定资产投资3.5亿元，工业总产值6300万元，农林牧渔业总产值1.45亿元，城镇居民人均可支配收入13567元，农村居民人均收入7013元。

【年度要闻】 小城镇建设不断完善。2015年，乡人民政府发动群众筹资18万元，争取财政奖补93万元，修建完成罗西、凤镇、陈岭村和西村4

个村屯的“一事一议”道路，受益群众达 12000 多人。投入 15 万多元完成对罗播水库南北干渠、布新水库干渠（罗播段）的清淤工作。鲤鱼塘水库除险加固工程已基本完工，完成对全乡三个水库的除险加固，农业灌溉基础设施进一步完善。开工建设乡镇全民健身活动场所、西村、罗西村的文化活动中心、承棠村社区活动中心等项目。争取上级项目资金 1134.3 万元，兴建万寿等 4 个村和罗播一中人饮项目。完成农村危房改造 95 户。

“美丽罗播 · 生态乡村”活动。生态乡村工作以示范屯为重点，以点带面，以“道路硬化”“村屯绿化”“饮水净化”为抓手，按照市乡村办要求有序推进。加大保洁费收取力度，充分发挥屯级“一组两会”的作用，采取三方协议的办法由银行代购收取生态乡村保洁费，截至 2005 年 12 月，全乡共收取保洁费 57 万多元，年全年增长 11%。进一步完善基础设施建设，全年投入生态乡村资金 69.7 万元，“三化”工作有序开展。

社会事业稳定发展。2015 年，筹资 36 万元，完成“天眼工程”建设。全乡逮捕盗抢 3 人；侦破毒品案件 1 件，逮捕 1 人，强制戒毒 2 人；侦破强奸案 1 件，逮捕 1 人；查处治安案件 20 件。加大对安全隐患的排查整治工作，切实加强食品监管工作，开展酒类市场、学校食堂、食用植物油、校园及周边食品安全、农村食品市场“四打击四规范”等专项整治。进一步加大对社会公众安全感和政法队伍满意度宣传工作，社会公众安全感和政法队伍满意度不断提升。组织 11 个调查组深入到各村各屯，对 3862 户农户进行扶贫精准识别，同时做好致贫原因调查，建立贫困户致贫原因档案，做好脱贫计划。

大洋镇

【概 况】 大洋镇位于桂平市南区，行政区域面积 122 平方公里，辖 15 个村（大洋、寻欧、竹塘、里旺、鹿旺、大莫、新和、石步、石江、什字、双罗、蕉树、下村、周实、义江村），172 个自然屯，355 个村民小组，2015 年年末全镇人口 8 万人。镇人民政府驻地大洋圩。耕地面积 2914.33 公顷，其中水田面积 2003.33 公顷。有大洋河中型水库 1 座，寻欧、牛塘小一型水库 2 座，菜儿塘小型水库 1 座，总库容量 1089.68 万立方米。境内地段有卫生院、信用社、派出所、工商所、国土所、兽医站等事业单位。有小学 15 所，初中 3 所，高中 1 所；乡级图书馆 1 座，藏书 2000 册。玉桂二级公路穿境而过。北面有大洋河穿境而过，河上有一石拱桥名乐洋桥，系清同治十二年（1873）兴建，光绪二年（1876）竣工，桥长 73 米，宽 5.4 米，该桥是玉林至桂平的重要交通通道，是桂平市重点文物保护单位。

2015 年，该镇完成农、林、牧、渔业总产值 3.1 亿元；完成社会固定资产投资 5.54 亿元，占全年任务的 100%；财政收入完成 380 万元；农民人均纯收入达 5730 元。

【年度要闻】 各项经济高效发展。2015 年，推广种植“桂单 0811”优质高产杂交玉米品种，引进 y 两优 5867、y 两优 3218 高产水稻品种，全镇优质谷种植面积达水稻种植面积的 90% 以上；推广“三免”“三避”等新技术，提升生产效率；全年完成粮食总产量 25842 吨。优质大米、荔枝、龙眼等享誉区内外。通过“公司 + 农户”模式，以石步村为种桑养蚕示范区，带动农户种植桑树 3000 多亩，发展种桑养蚕业。全年生猪出栏 53315 万头，肉牛出栏 1943 万头，家禽出栏量 50 万只。全镇共有砖厂、木材加工厂等各类集体、私营企业和个体工商户 11 家，年总产值 1300 万元。

招商引资工作有新突破。大力扶持广西翔源丝业有限公司在全镇各村发展种桑养蚕业，目前与该公司合作的 6 万亩桑蚕丝深加工项目正在建设当中，一期项目4条蚕丝生产线已建成投产。

科教文体事业发展状况喜人。2015年，全镇中小学共有15个建设项目正在实施或完成，项目总计划投资2000万元。投资50万元，完成政府大院篮球场和健身路径建设项目，开展文体活动43场。

小城镇建设硕果累累。2015年，全镇继续加大力度积极完善基础设施，推进城乡一体化建设。积极配合完成了投资1.1亿元的高标准基本农田土地整治重大工程项目和预算投入1900多万元的大洋河水利整治项目测量、设计等各项前期准备工作。为蕉树、周实等村修建村屯道路共计20.6公里，总投资约570万元。随着下村至周实村硬化水泥路项目的建成通车，全镇全面实现了村村通水泥路的目标。稳步推进大洋新城镇项目建设，该项目列为桂平市“四大工程”项目，至2015年年底为止，累计完成征地420.5亩，完成投资7800多万元。投入120多万元，重新硬化铺设了圩镇过境公路（大洋桥头至玉林路口过境公路）；投入24万元建设街道亮化工程，在圩镇范围内主要街道安装了路灯65盏。投入350多万元，建设完成社保培训中心、政府大院50套公租房项目和政府大院维修项目。按上级要求完成全镇农村饮水安全工程，项目涉及石江、下村等8个村和2所中学，总投资1436.92万元。

社会事业顺利发展。2015年，贯彻落实各项惠民政策，努力做好保障和改善民生工作。完成新农合参保缴费16454人，完成全年任务的82.41%，进度排名全市第五位。农村低保、城镇低保、五保、城乡困难户大病救助等救济均按时按要求足额发放。完成13789户共39833亩耕地的综合直补工作，发放补贴资金485.9万元。完成对13789户共105.1万元的良种补贴发放工作。发放粮食直补资金112.8万元。投入资金65万元，开展“清洁乡村”“生态乡村”建设，完成垃圾中转站土地租赁和设计、规划等工作；抓好大洋、里旺、鹿旺、双罗等生态乡村示范点建设，通过以点带面、点面结合、示范带动、整体推进，使“三清”“三化”工作落到实处。深入推进维稳基石工程和平安创建活动，加强社会治安综合治理，全年共排查纠纷49起，调结49件。做好计生常规工作，征收社会抚养费56万元，孕前检查220对，办理二孩证66本，办理独生子女证8本。抽调干部职工89人组成工作队，入户调查8931户，完成贫困户精准识别1804户，其中寻欧、里旺、石步、双罗、蕉树、下村6个贫困村总户数为1076户，9个非贫困村的有728户。

大湾镇

【概　况】 大湾镇位于桂平市南区。行政区域面积134平方公里。辖17个行政村、1个社区，2015年年末人口6.5万人。镇人民政府驻地大湾圩。粮食播种面积4295公顷，粮食总产22377吨。经济作物种植面积534公顷。主要地方特产有甘蔗、木薯。

2005年，该镇实现地区生产总值2.83亿元；完成农林渔牧业总产值23716.5万元，占年任务的100.2%；完成财政收入313万元；完成社会固定资产投资31500万元；城镇居民人均可支配收入6913元；农村居民人均纯收入6254元。

【年度要闻】 种养业示范基地形势喜人。2015年，该镇种植甘蔗面积9300亩，预计总产4.6万吨。建立山塘、界岭、下山、天堂下村穿心莲种植示范基地，带动全镇种植穿心莲面积达1500亩。天堂上、里各、安担、耀团、平塘等村建立了多个温氏生猪养殖场，年出栏肉猪5100头。江北五村建立百香果示范基地，面积550亩。必祝村建立特色养殖基地，养殖黄沙鳖、鳄鱼50亩。界岭村建立金桔种植示范基地，面积约250亩。

首个项目开工建设。年内，占地81亩，投

资2000万元的大湾镇农副产品农贸综合市场项目已开工建设。

“生态乡村”建设结硕果。年内，全镇村屯绿化面积约32.7亩，种植树苗2900多棵。划定饮用水源保护区9个。生态道路硬化约1.8公里。各村均建立健全保洁制度，收上保洁费，聘用保洁员，形成长效机制。完成总投资约400万元的安担至白沙（大湾段）8.2公里道路建设，新建道路21条；并完成的饮水工程和7个村和2所中学的饮水工程。

精准扶贫识别工作圆满完成。从2015年10月至12月，抽调工作队进村入户开展扶贫精准识别工作，共确定“十三五”贫困村8个，非贫困村10个，贫困户1294户。

白沙镇

【概　况】 白沙镇位于桂平市西区，郁江穿境而过，距南广高速桂平西出口约15公里。行政区域面积160平方公里。辖14个行政村、143个自然屯，总人口8万多人，主要为汉族，插花式居住着少量壮族、苗族等少数民族。耕地面积为3906公顷，其中水田面积2483公顷，旱地面积1423公顷。境内有卫生院、信用社、派出所、工商所、国土所、林业站、农技站、兽医站等事业单位，有小学18所，初中2所，高中1所。有全国七十二洞天福地、桂平八景之一的罗从岩、明朝最后一个皇帝永历帝宫眷屈氏太后墓等名胜古迹。

2015年，财税收入完成550万元，同比增长27%；完成规模以上工业总产值2.63亿元，同比增长3%；社会固定资产投资7.25亿，占年任务的96.7%；农林牧渔总产值4.29亿元，增长8%；农民人均纯收入7606元，增长10%。

【年度要闻】 农林牧渔经济优势凸显。2015年，白沙镇充分发挥自身地理优势，因地制宜发展农林牧渔产业，确保全年农林牧渔产品产量稳中有升，促进农民增收。抓好特色农产品水稻、花生、玉米、木薯、西瓜等种植，促进农民增收。做好森林管护工作，实现全年无森林火警发生。利用林地相对集中的特点，加大经济林的种植。积极发展畜牧业，以家庭、合作社等形式进行禽类、畜牧类喂养，全年出栏肉猪55546头、肉牛5100头、家禽47.93万羽。充分发挥淡水资源丰富的优势，以白沙渔场为重点，大力发展淡水鱼经济，全年渔业总产值达5686万元。围绕精准扶贫的工作要求，鼓励贫困户以家庭或者合作社的形式发展种养业。支持贫困户种植百香果、砂糖橘、油茶、优质木薯等经济作物。以白沙镇长运种养有限公司为示范点，鼓励农民以土地、资金、人力等形式参股，以“贫困户＋合作社”方式带动贫困户脱贫致富。

招商引资工作捷报频传。年内，抓好新龙码头、旺隆开发区、综合物流园项目建设，新龙码头一期工程已完成并投入营运，二期征地工作亦如期开展。旺隆开发区已完成征地37.12亩，一楼商铺建设完毕，二楼正在建设中，已开展招拍挂程序。综合物流园选址工作正在开展前期准备工作。

旅游开发力度加大。2015年，继续加大对罗丛岩风景区建设，尽快完成罗丛岩古雅道观建设及景区配套设施，至2015年年底，已完成景区卫生间、停车场、旅客服务点等建设。对尚未开发的岩洞进行探索，符合开发旅游的列入建设项目，对存在风险的岩洞进行封堵，以保障游客安全。加大宣传、道教传统文化的宣传，每年春节期间，均有大量游客到罗丛岩游玩，寻访道教福地文化古迹，仅2015年大年初一就接待游客3万多人。年底，罗丛岩正式申报国家AAA级旅游景区。

办学条件不断改善。白沙镇中心小学、白沙一中、三中相继建设教师廉租房，并已投入使用。投资80万元建设的白沙中学饮水工程亦已完成。

小城镇建设面貌一新。年内，硬化村级道路45.7公里。硬化白沙至厚禄段公路及白沙满堂至厚禄田寮（经罗丛岩）公路，改善了白沙各主要交通要道。投入160多万元建设景乐、洋坡两个村人饮工程，受益人口达5300人。投资100多万元完善新成、思建等村基层设施扶贫项目建设。投入100多万元对新成、满堂村进行风貌改造工程试点。完成村民危房改造190户。

为了加快形成白沙镇美丽乡村建设规范化长效机制，全年全镇聘请50个保洁员正常开展保洁工作。投入5万元对乡镇街道进行划线，规范摊点经营。投入8万元增购垃圾收集设备一批，投入40多万元建设垃圾中转站。已完成4个绿化示范屯及49个屯绿化美化，全镇风貌焕然一新。

社会事业顺利发展。加强社会保障工作，年内城乡居民社会养老保险收缴工作完成12394人，占任务的60.77%；三方协议签订14350人，占任务的70.36%；新型农村合作医疗参合率达90%。做好民生工作，纳入农村低保600户，五保219户；发放救济大米9吨、救济棉被120床、救济防寒服250件、夏服280件；发放临时救助金约9万元。深入推进维稳基石工程和平安创建活动，全年排查纠纷85起，立案42起，调结40起。无越级上访和重大群体性事件发生。投资45万元建设“天眼工程”，安装高清摄像头45个。派出14个专门工作组共83人，投入30多万元，按时按质完成全镇6个贫困村及面上村6151户29568人的精准扶贫识别工作，同时做好致贫原因调查，建立贫困户致贫原因档案，做好脱贫规划。

厚禄乡

【概　况】 厚禄乡位于桂平市西区，南广高速铁路、梧贵高速公路过境。行政区域面积88平方公里。辖8个行政村，2015年年末人口5.2万人，有壮族等少数民族1800多人。乡人民政府驻地厚禄村。耕地面积2697.47公顷，农田有效灌溉面积1500公顷，粮食播种面积1800公顷，经济作物种植面积897.47公顷。林地面积800公顷。农业机械总动力59479千瓦。地方特产有水稻、甘蔗、荔枝、龙眼、铅锌矿、重晶石等。已探明铅锌矿达储量1000万吨。

2015年，该乡财政收入完成220万元；全社会固定资产投资完成4.79亿元；农村居民人均纯收9100元。新型农村合作医疗参合人数46495人，参合率92.4%。新型农村社会养老保险参保人数8687人，参保率72.01%。厚禄乡被评为是贵港市“五星级”群众工作中心、桂平市先进工会工作委员会、巾帼示范村、反邪教先进集体、信访维稳工作先进集体、人口和计划生育工作先进单位乡镇之一。

【年度要闻】 项目建设快速推进。一是“南广”高速铁路建设项目，厚禄段全长6.56公里，征地410多亩。征地、拆迁、迁坟全部完成，项目顺利竣工。二是“贵梧”高速公路建设项目，厚禄段全长12.55公里，途经5个村，征地1048多亩，房屋拆迁37宗，迁坟557座。目前厚禄段已全线开通，项目推进迅速，得到了贵港市委、市政府的高度评价。三是西气东输建设项目，厚禄段全长11.86公里，征地564亩，房屋拆迁4宗，迁坟143座，项目已进入土地复垦最后阶段。

全力推进农业现代化发展。年内，该乡通过“展示区＋示范区＋农业培训”的模式，全力推进农业现代化发展。邀请市农业技术专家、乡村干部、农业服务中心技术人员与农民在双井村建立了水稻品种展示区。加强厚禄村万亩水稻育插秧机械化示范区建设，在示范区内实行统一育秧、统一机械化插秧、统一机械化收割的管理模式，降低农业种植成本，实现农民增收。开展农业技术培训推广，重点培训农业机械化种植技术、优质水稻的选取、水稻病虫害的防治等知识。

加快推进农村土地承包经营权确权登记颁

证工作，耕地“小块并大块”土地流转试点面积6700亩，以便开展农业经营组织化、装备设施化、生产标准化、要素集成化和特色产业化。

惠民事业按时完成。年内，完成了投资500多万元的达开水库（厚禄段）饮水工程；投资10万元的厚禄二中饮水工程。

石龙镇

【概　况】 石龙镇位于桂平市西区，行政区域面积284平方公里。辖21个行政村（社区），2015年年末人口88336人，其中壮族67477人。镇人民政府驻地石龙圩。粮食播种面积5546公顷，粮食总产29437吨；经济作物种植面积1547公顷。地方特产有马蹄。

2015年，该镇完成财政收入2324万元；完成全社会固定资产投资89865万元；农村居民人均纯收入6587元。新型农村合作医疗参合人数7.94万人，参保率98%；新型农村社会养老保险参保人数2.49万人，参合人数83%。

【年度要闻】 经济社会发展取得新成绩。2015年，预计农业总产值4.71亿元，全社会固定资产投资8.93亿元，规模以上工业总产值1.73亿元。1—10月份国税完成250万元，地税420万元。全面完成上级下达的节能减排任务。

项目建设全面铺开。年内，自治区重点建设项目贵港至梧州、桂平至来宾高速公路石龙段33公里全线通车。投资2000万元，建筑面积10000平方米的石龙饮食市场升级改造完成“三通一平”建设。东干“饮水净化”项目工程已竣工。五狮村农田“石漠化”治理工程顺利推进。新村耕地“小块并大块”土地流转试点工作扎实开展。桂龙开发区建设全面铺开。大藤峡水利枢纽工程库区征地拆迁移民安置计划、达开水库人饮工程建设协调工作有序开展。

实施现代农业三年攻坚计划成效显著。年内，一是大力推广新技术新品种，建立平阳村500亩杂优水稻示范片，辐射带动周边村3000多亩，经相关部门测试产量比亩产目标450公斤每亩增产50公斤。建立福平村200亩木薯间种大豆高效栽培技术模式示范点，大豆亩产达到175公斤，预测木薯亩产量3600公斤。二是开展水稻生产全程社会化服务试点工作，完成大田集中育秧1050亩，统防统治3200亩，工厂化育秧8000亩，机耕11500亩，机插11500亩。三是实施五狮、福平、黄塘、石龙、新乐村高标准农田综合整治。五狮村4200亩“石漠化”工程，已完成修建水渠，硬化机耕道路7.5公里。新村3000亩耕地“小块并大块”已平整土地1100亩。四是大力推广农业机械化，新村永和水稻种植专业合作社社员以农业机械入股，为种粮大户和农业合作社提供“代整地、代育秧、代播秧、代收割、统一田间管理”的“四代一统一”服务，同时为周边乡镇种粮农民解决农忙劳力不足的问题。该村6000多亩水稻，机械作业率达百分之百，全程实现机械化生产。

农业专业合作社发展壮大。年内，农机专业合作社、水稻种植专业合作社、木薯种植专业合作社、养猪专业合作社、油茶专业合作社和水产养殖专业合作社得到进一步发展，农业生产组织化、专业化、集约化的生产经营得到了农民的欢迎。

水利基础设施进行除险加固。投资320多万元，对亚了冲、谭拱、野鸭塘、果粘小Ⅱ型水库进行除险加固工程建设。

“生态乡村”建设深入开展。年内，建立和完善经费投入机制，全镇21个村（社区）有10个村（社区）与村民签订垃圾清运保洁费银行代扣，有11个村自行收取，确保了经费投入。推行市场化外包服务清洁模式，山外片15个村垃圾承包给清洁乡村环卫队及时清运，每月垃圾进场量达400多吨，作为典型在全市推广。大力实施“村屯绿化”“道路硬化”“饮水净化”三个专项活动，建立村屯绿化示范点54个，种植树苗4500多棵；投资400万元的东干“饮水净化”项目工程竣工，受益人数近万人；投资240万元的新源、新隆村“人饮工程”已竣工，3500多名山区群众饮上了纯净的山泉水。争取生态乡村村屯道路硬化资金94.3万元，硬化了新乐、安旺、铜山村绕村道路2.7公里，受益人数达3000多人。强化了土地管理工作，加大打击“双违”力度，依法拆除违章建筑面积2300平方米。

民生惠民工作完成好。年内，城乡居民养老保险工作稳步推进，60周岁以上已认证8336人，达任务的100%，发放养老金100%；60周岁以下应参保任务21198人，已缴费15038人，占任务的70.94%，三方协议应签约21198人，已签约16111人，占任务76%。城镇新增就业人数100人，完成100%；农村富余劳动力转移就业新增692人，完成任务100%。1—10月份发放五保、低保金105.47万元，使3429名五保、25194名低保群众生活得到保障。灾倒重建房16户，保险公司理赔资金44000元。发放救灾大米14吨，毛巾被300床，夏装300套，保暖内衣370套，棉被300床，防寒服400件。退伍伤残8人，发放补助75493元，大病救助13人，发放救助金91094元。

参加新型农村合作医疗7.5万人，参合率为98.06%，1—10月份门诊和住院报销53029人次，金额2446万元。全镇参加新农合免费健康体检工作基本结束。国家免费孕前优生健康检查386对，占年任务103%。

农村危房改造220户全面铺开。村屯道路硬化建设全面推进。通过扶贫、“一事一议”和群众自筹资金方式，硬化上黄至新隆行政村等道路共20条，约30公里，其中包括生态乡村道路项目3条，基础设施扶贫项目5条和“一事一议”财政奖补项目12条。

发放综合直补资金26896.21元；农村公益事业“一事一议”财政奖补项目12个，补助资金327.32万元；农机购置补贴76.8万元。

投资279万元，平珍小学、新隆小学教学楼建筑面积1860平方米已完成主体工程；投资225万元，石龙中心小学、新源小学教师公租房、周转房建筑面积1500平方米正在建设中；投资425万元，石龙民族中学学生公寓楼建筑面积2500平方米已封顶。

铜山村、五狮村村级公共服务中心已完成主体工程。运用农村文化建设专项经费，开展各项体育活动200多场，文艺演出10场，电影放映236场。该镇成功承办了桂平市“壮族三月三”文艺展演。

全镇抽调180多名工作人员，组建10个工作组，于10—12月份开展精准扶贫识别工作，对5个贫困村所有住户、15个面上村的贫困户共3584户进行精准识别，建档立卡。

深入开展“双维双促”工作，共排查出各类矛盾纠纷28件（其中接待处理妇女儿童信访8件），办结24件，尚有4件正在调处之中。打击“两抢一盗”案件成效显著。“天眼工程”建设全部完成，社会保持和谐和稳定，社会公众安全感满意度不断提升。

蒙圩镇

【概　况】 蒙圩镇位于桂平市西区，南临郁江，南广高速铁路、梧贵高速公路、南梧二级公路穿境而过，梧贵高速公路“桂平西”出入口坐落在圩镇附近。面积238平方公里。下辖16个行政村（街），2015年年末人口9.2万人，有壮、瑶等少数民族2.5万人。镇人民政府驻地蒙圩。耕地面积3620公顷，其中水田2388公顷，旱地1232公顷，林地面积4300公顷。农业机械总动力15000千瓦。矿产资源有石灰石、大理石、麦饭石、花岗石、白石，其中麦饭石储量0.5亿吨。著名地方特产有茶叶、桑葚、西红柿等时令蔬菜。辖区内有公安派出所、卫生院、新农合办、信用社、司法所、财政所、地税分局、企业站、工商所、供电所、计生所、国土所、村建站、食品药品监督管理所、社保站、文化站、交通站、兽医站、水利站、农技站、农机站、林业站等单位，有小学16所，初中2所。有蒙圩、官桥2个圩集市。新德村古城屯被列入广西首批传统村落名录。

2015年，该镇实现工农业总产值10.13亿元；财税收入2499.8万元，同比增长77.4%；全社会固定资产投资13.2亿元，同比增长13%；社会消费品零售总额4.65亿元；城镇居民人均可支配收入15983元；农村人均纯收入9430元。

【年度要闻】 项目建设成绩斐然。2015年，积极做好桂平市"四大工程"项目建设，总投资2.8亿元的蒙圩商业中心项目完成投资0.8亿元，完成征地150亩。全力协助龙门工业园区企业建设发展壮大，新金盛陶瓷新增两条生产线建成并投产，兴达泡沫塑料厂建成投产。招商引资成功签约项目4个，合同投资总额37.1亿元，其中投资20亿元的玉柴桂平农光互补光伏发电站项目落户棉宠、流澜村，已完成租地2300亩，一期投资4.8亿元，已开工建设，预计2016年年底建成投产，可上缴税收1000多万元。

生态农业引领农业产业结构调整促进农民增收。全年完成粮食种植面积7.93万亩，其中优质水稻面积6.28万亩，粮食总产量3.28万吨，同比增长9.3%。加快土地流转，实现农业规模化，土地利用效益最大化，为农民提供就业岗位，扩大农民增收渠道。培育"菜篮子工程"，建立无公害蔬菜、时令蔬菜、优质无公害香米和富硒米、"双高"糖料蔗种等特色产业生产基地约3万多亩，惠及15个行政村。发展连片种植，实现土地流转3240亩，在新建、官桥、新合、流澜、曹良、棉宠、西村、新塘8个行政村成立了15个专业合作社、家庭农场、生态农业公司，规模化种植百香果、山东红枣、台湾大青枣、蔬菜、桑葚、砂糖橘、陈皮柑、青柠檬、牛大力、甘蔗等经济作物，实现土地产出效益最大化。

办学条件不断改善。投资400万元，建设镇二中学生宿舍楼面积2600平方米，已建成投入使用；投资320万元，建设镇中心小学教师公租房建设面积2000平方米；投资64万元，建设西村分校学生教室面积400平方米；投资57.6万元，建设顺东小学教师周转房面积360平方米。

小城镇建设取得佳绩。总投资2.8亿元的蒙圩商业城项目，已完成征地150亩，并已开工建设。家和新城综合市场开发项目、福满家园项目快速推进。在铁路沿线城乡风貌改造中，完成房屋立面改造任务140户，曹良村曹村屯成为乡土特色示范屯。投资45万元，占地2500平方米的新田村沙垌屯村级公共服务中心建成并投入使用。

完成了"村屯绿化"示范点建设4个，共种植绿化树1.5万株。完成村级道路硬化11条，共25公里。建立健全"一组两会""门前三包""村规民约""村校联动"和"交叉检查"等长效机制，保洁费的收取进入常态化。聘请了105名保洁员正常开展工作，并于2015年6月19日，成立了全市首个保洁员工会。垃圾清运全部实现对外发包清运。在2015年历次清洁乡村考评中，蒙圩镇连续9次获得桂平市第一名，连续9次获得贵港市"优秀乡镇"称号，荣获自治区"卫生镇"称号，在第九届广西市容"南珠杯"竞赛中荣获"优秀乡镇"称号；新合村旧官桥屯荣获自治区"绿色村屯"称号。

社会事业发展顺利。一是全镇城乡居民养老保险应参保人数22463人，已参保20218人，占应参保人数的90%；新型农村合作医疗保险参合率达98%；二是完善民生保障。全镇纳入农村低保277户874人，城市低保121户186人，五保287户。三是积极开展计生工作，成绩显著。全年征收社会抚养费88.5万元，占任务数的100.3%；孕前优生健康检查403对，占任务的104.4%；爱心保险任务数360户，战任务的105.9%；小额贴息贷款完成19户，占任务的100%，荣获贵港市计生工作先进单位称号。四是全力打赢脱贫攻坚战。全镇共识别出建档立卡贫困户715户3110人，制定脱贫户帮扶方案，落实帮扶责任人，为打赢脱贫攻坚战奠定基础。四是加强社会治安综合治理，维护社会稳定，深入推进创建无邪教乡镇示范工程以及依法行政示范点，荣获贵港市“五星级群众工作中心”称号。

南木镇

【概　况】 南木镇位于桂平市北区，东临浔江，南沿黔江，桂柳二级公路穿境而过。行政区域面积221平方公里。辖28个行政村，569个村民小组，2015年年末人口12.8万人。镇人民政府驻地南木圩。该镇有耕地面积9.9万亩，林地面积12万亩，鱼塘、水库等水面面积1.2万多亩。主要盛产优质稻谷、黑皮果蔗、淮山等，2015年粮食产量达6.9万吨，是桂平市主要产粮区之一。

2015年，镇完成财政收入2812万元，其中，国税475万元，地税2337万元（含大藤峡项目税收2100万元）；固定资产投资完成40亿元，占全年任务100%。

南木镇现有44个党（总）支部，其中农村（总）支部28个、镇直单位支部10个，“两新”组织党支部6个，共有党员2350人。南木镇致力于打造金龙村党建示范基地，建成了河西片党员培训基地，极大提高了全镇党建工作水平。

【年度要闻】 农业合作社促进农民增收。年内，该镇积极发展农业合作社，继续着力推广特色养殖和发展农村合作经济组织，走农业规模化、合作化、产业化道路。引进北京农业大学技术专家，以“小块并大块”的模式，规划500多亩种植时令蔬菜。金龙村合作社利用依山傍水的优势搞立体种养，山上养羊、养牛，林地种植经济林，水塘养鸭，水里养鱼，实现利润330多万元，平均每个社员增收约8500多元。此举辐射到高塘、龙富、联江村的村民参与进来。全镇成立了各类农业专业合作社7个，参加合作社的农民达1000多户，共投入股金5300多万元，直接带动每个农民增收500元以上。

项目建设进程加快。2015年，南木镇在建重点项目有4个：国家重点项目大藤峡水利枢纽项目、自治区重点项目乳泉液酒业易地扩建项目、江北新区、翰林花苑。

大藤峡水利枢纽项目。年内，南木镇先后抽调50多名党员干部，积极配合市大藤峡征地指挥部，参与项目征拆安置工作，大力践行“一线工作法”，以“五个不怕、五个一包到底”引领，白加黑，五加二，主动“结缘大藤峡，奋战大藤峡，奉献大藤峡”。春节前，大藤峡船闸急需用地，启动搬迁方案之后，镇党委政府组织干部与弩滩村京塘屯279户1111名群众结对联系，仅用1个月时间就顺利完成了搬迁协议签订。3月底前，全部完成了大藤峡船闸范围紧急搬迁房屋的拆除工作，及时将土地交付给工程使用。目前，涉及大藤峡坝区征收（征用）的土地，共丈量公示土地16627亩，占征地面积18222亩的89.3%；其中已签订协议10200亩，已丈量、分解、公示、待签协议的土地5400亩。已清表面积7200亩；交付土地5400亩。在工程三期急需征用的2750亩土地任务中，仅用38天就已完成土地丈量2015亩，占任务的73%，剩余部分也正顺利推进，为大藤峡水利枢纽工程施工提供了有力保障。征拆过程实现了平稳征拆、有序征拆、快速征拆，首次出现了“土地等项目”以及“和谐征拆”的好局面，成为广西推进重大项目中征拆工作的典范，得到了自治区区委书记彭清华的高度评价。

江北新区及其他重大项目。完成江北新区金田大道、龙潭大道、翰林花苑等重点项目近1000亩征地的清表工作。完成乳泉液酒业易地扩建项目征地520多亩，做好了“三通一平”。

移民安置工作。移民回建面积确认工作有序进行，10月份，在公证机关和纪检部门监督下，大成塘安置点通过抽签形式落实各队组回建地块。截至目前，四个移民安置区都已完成了招投标，三个移民安置点已进展到清表及土地平整阶段。

基础设施建设全面完成。2015年，南木圩累计投资200多万元，建设路灯40多盏，硬化面积约4000平方米，使圩容圩貌得到了较大改善。结合国债项目，发动群众筹资近100万元，建设南渌江大桥，现已通车，解决了河西片5个村约1.5万人出行难的问题。新增道路硬化14条，包括11条“一事一议”道路和3条移民新村道路，总长约23公里。村庄绿化面积共计54亩。全镇共有水塔9座，基本实现饮水净化。

各项社会事业稳步发展。年内，全镇新农合参合率达95%；新农保三方协议录入完成80.5%以上。享受低保人员9378人，全年发放低保资金1000.16万元；孤儿救助33人，资金发放23.76万元；优抚资金发放395万元；享受五保961人，发放补助资金288.3万元。完成免费孕前检查的夫妇共567对；征收计生社会抚养费105万元，占年任务79%；给计生户小额贴息贷款17万元，占全年任务的70%；完成爱心保险任务100%。2015年征兵工作启动以来，该镇通过大力宣传，鼓励适龄青年参军入伍，征兵工作顺利开展。

精准扶贫有序开展。南木镇列入“十三五”贫困村有群合、桂塘、龙门、思竹、朱凤、山塘、弩滩、黎明、洛连、龙富10个村，全镇贫困人口2787户共12148人。2015年10月份开始，该镇抽调镇干部、贫困村支书组织扶贫工作队、镇直单位工作人员等共253人，进村入户，至年底，已完成精准识别入户调查、两评议一公示、建档立卡、财产复核、数据复核等程序，全镇精准识别贫困户10836户48657人。

金田镇

【概　况】 金田镇位于桂平市北区，桂平至金田、武宣至平南两条二级公路穿境而过。是市北区片的交通枢纽、文化中心和自治区小城镇建设重点镇。行政区域面积153平方公里。辖18个行政村、1个社区、140个自然村屯、328个村民小组，2015年年末全镇18660户，人口90100人，多为汉族，有壮、瑶等少数民族杂居，操粤语方言和客家话。镇人民政府驻地新圩。全镇耕地49050亩，其中水田40819亩，旱地8231亩；森林面积7.76万亩，林木蓄积量13.9万立方米，森林覆盖率达45%。主要旅游景点有太平天国起义遗址金田营盘。地方特产有淮山、黄沙鳖。

2015年，该镇完成规模以上工业总产值7628.4万元；财税收入670万元；农民人均纯收入6434元。新型农村合作医疗参合96.68%；新型农村社会养老保险参保人数36380人。

【年度要闻】“生态乡村”建设建立长效机制。2015年，该镇各村都制定了生态乡村村规民约，落实垃圾费筹措、“门前三包”及村屯环境卫生管理制度，基本实现从村民自治层面推动生态乡村长效机制建设。并加大对公路沿线的垃圾收集点的管理，投入4万元用于公路沿线所有垃圾收集点的硬化。共投入资金183万元，购买150只自动装卸垃圾桶，3辆后驱动垃圾自动装卸车，配备环卫工32人，确保全镇辖区内环境整洁。重点推进“三化”和圩镇街道整治工作，成立金田圩镇镇容镇貌整治工作联合执法队，组织对圩镇环境卫生、摊点摆放集中整治活动，不断深化扩展生态乡村工作，争创环境优美的“宜居、宜商、宜游”的乡镇。

精准扶贫识别完满完成。10月份，该镇组织了19个工作组362人，进村入户，开展精准扶贫建档立卡工作。经核查，共建档立卡贫困户1038户4497人。

江口镇

【概　况】江口镇位于桂平市东北区，南临浔江，桂平至平南二级公路过境。行政区域面积152.8平方公里。辖区2个街委会，20个行政村，540个村民小组，16个街民小组，人口11.58万人，其中农村居民9.65万人，城镇居民1.93万多人。镇人民政府驻地江口圩。全镇耕地6.38万亩，其中水田4.2万亩。有6个有林村，有林面积林地6.5万亩，森林覆盖率27.9%。江口城镇面积2.3平方公里，是广西的一个人口大镇。江口镇自古以来就是广西三大古镇之一，素有“一戎（苍梧）二乌（平南大安）三江口（大湟江口镇）”之称，现被自治区列为59个重点小城镇建设示范镇之一。境内有卫生院、信用社、派出所、工商所、供电所、国土所、兽医站等事业单位，镇中心小学1所，村小学（含分校）27所，初中3所，高中1所。

2015年，该镇工业总产值由2010年的2.87亿元增加到4.2亿元，增长46.35%；社会固定资产投资完成6.5亿元；财税收入完成752万元，比上一年度增长7%；农林牧渔业总产值由2010年的2.3亿元增加到3.8亿元，增长65.22%；农民人均纯收入由2010年的5950元增加到7245元，增长21.76%。

【年度要闻】企业发展有活力。2015年，该镇坚持把恢复经济发展活力为工作重点，实行领导挂点联系服务企业制度，主动帮助企业排忧解难，不断增强传统企业活力，并吸引一批新企业落户。造船、运输、竹木工艺编织等传统产业逐步恢复活力，制衣制鞋、木材加工、精米加工等新产业得到有力发展。其中，台商投资的诚达鞋业公司2015年生产状况良好，创税178多万元，是2010年的5倍，成为桂平市创税最大的外资生产企业。港新砖厂、新龙中纤板厂已建成投产。澳利集团货运中转项目正在建设之中。

招商引资项目起步。江口小城镇规划修编工作正在着手组织开展。江口（西南）农林特产综合市场项目已向上级部门争取到125.9亩用地指标，已完成征地71亩，项目用地招拍挂等手续正在办理。总投资13.8亿元的江口山养生服务中心项目已达成协议，正在开展前期准备工作。由香港新都会集团投资6.2亿元占地400多亩的江口生态小城镇项目正在加快建设，预计2016年8月份第一批天地楼将全部竣工。

社会事业全面发展。2011—2015年，投资3010多万元，建设文体中心、老年活动中心、灯光球场、卫生室、村委办公楼、幸福院、敬老院和圩镇设施建设等46个项目。投入3800多万元，建设中小学校办公楼、教师周转房和教学设备。投入600多万元，开展“清洁乡村”和“生态乡村”活动，使乡村面貌焕然一新，人居环境得到较大改善。供电、电信、广电快速发展，通讯网络覆盖率达到98%。养老、失业保险及计生、扶贫等事业稳步推进。

基础设施日益完善。通过“一事一议”、扶贫、交通、水利、民政等部门政策项目资金，加快基础设施建设。2011—2015年，累计投入4589万元，建设硬化了72条共100多公里道路。累计投入6576万元，建设饮水工程、水利三面光、水库除险加固、防洪大堤加固、码头建设、河道整治和农田整治等20多个项目。

干部队伍建设进一步加强。年内，在全镇上下深入开展创先争优、党的群众路线实践、“三严三实”学习教育等一系列活动。建立“农事村办”服务站，全面加强“两新”组织党建工作，并下派了党建工作指导员。近五年，共发展党员 156 名，发展入党积极分子 356 名，上缴党费 5 万多元，按计划完成年度党员培训工作，完善记录及台账。镇党委班子认真学习贯彻中央“八项规定”和“六项禁令”，反对“四风”，积极开展整治“十风”活动，加强党风廉政建设，严格遵守领导干部廉洁自律的各项规定，健全反腐倡廉制度，增强领导干部廉政的自觉性。近年共立案查处违纪案件 11 件，结案 11 件，开除党籍 7 人。积极开展查处发生在群众身边的“四风”和腐败问题专项整治活动，在活动中有 1 名现任村干部主动向上级有关部门退出违纪款 1.82 万元，立案调查 1 人。

垌心乡

【概　况】 垌心乡位于桂平市北区，金田至蒙山二级路、柳州至梧州高速公路过境。行政区域面积 112 平方公里。辖 7 个行政村，90 个自然屯，2015 年年末人口 2.7 万人，其中农业人口 26580 多人，多为汉族，瑶、壮等少数民族 0.15 万人。乡人民政府驻地垌心圩。全乡耕地面积 776 公顷，林地面积 13.8 万公顷。主要经济作物为淮山、水稻、林木等。

2015 年，该乡完成全社会固定资产投资 2.5 亿元，完成任务 100%；财政收入有望增长 100%；农民人均纯收入 6340 元，同比增长 5%。

【年度要闻】 农林业种植如期完成。年内，农林业各项种植任务如期完成，其中淮山种植 3000 多亩，植树造林 3000 亩，均完成任务的 100%。

项目建设配合完成好。2015 年，柳州至梧州高速公路引路垌心段需征收土地 300 多亩，约 7.3 公里二级公路的建设，经工作组三个多月奋战，已顺利完成征地任务，现进入征地补偿款拨付阶段，拨付征地补偿款 662 多万元，建设用地已交给施工方全线施工。新建的连接金田和垌心的大桥竣工通车使用。新建的鸿发养殖场完成投资 700 万元，占任务的 100%。

旅游开发规划构想新。该镇坚持开放合作、招商引资策略，举全力之力发展生态休闲旅游。一是利用梧柳高速路引道、金田至蒙山二级路穿越垌心的山水自然条件，在道路两侧规划建设桃花山、桂花山等休闲观光园。二是利用五大河流穿境水资源丰富的优势，以垌心村 12 队为中心，规划建设水上游乐场、水上观光娱乐园，规划建设农村生态水乡。三是在高速路引道路段建设生态旅游度假别墅区。四是规划建设养老院，以养老产业为龙头带动其他相关产业。五是规划建设山地车环村健身锻炼区。通过发展生态旅游，拉动经济增长，改善群众生产生活条件。

“维稳基石”工作全面开展。一是维稳工作落实干部包村责任制，多次组织乡村干部职工、在校学生进行培训，在街口、村口悬挂跨街横幅 10 多条，印制 0771–12340 宣传牌 7 块到各村委会门口张贴，印发调查问卷 1.5 万份，印发应知应会知识 1.5 万份，提升群众的维稳意识。2015 年，该乡提升社会公众安全感和政法队伍满意度排在全市第 2 名。二是着力开展维稳工作。乡党委政府始终坚持把预测预防、信息收集工作作为矛盾纠纷排查调处的首要环节来抓，拓展信息网络，各村重大矛盾纠纷或突发性事件在事发后 2 小时内及时上报。全年全乡共排查出各类矛盾纠纷 30 多起，调处 25 起；接待群众信访问题 20 多个，解决 15 个。

小城镇建设初见成效。年内，建设王举、督的村屯通水泥路，两村已实现屯屯通水泥路的目标。该乡积极开展“清洁乡村”和“生态乡村”活动，通过多方面筹集资金，配备完善了各村和圩乡环卫基础设施、环卫车、保洁员，新配备垃圾桶 100 多只、后驱动自卸车 2 台，基本上做到全乡垃圾一日一清或二日一清，全乡面貌焕然一新。

社会事业发展顺利。2015 年，该乡参加新农合24284人，参合率99.23%，报销1.5万人次，报销金额900多万元，其中住院报销2660人次，补偿金额为800多万元。完成城镇新增就业25人，完成率125%；完成新增农村劳动力转移就业227人，完成率100%，新型农村养老工作应参保缴费3749人，完成率56.16%；三方协议签订4465人，完成率66.88%。年内，市里下达该乡危改指标为90户，至11月6日，该乡符合条件危改户开工65户，已竣工40户，已录入上报37户。全年乡卫生院门诊23690人次，门诊收入51万元，平均每人费用24.6元，控制在全市人均门诊医疗费平均线以下。入院人数865人，出院人数860人，额定床位38床，使用床位38床。完成孕前健康检查83例，占任务的73%。完成水稻种植1.8万多亩，涉及7个村，共获补贴资金31万多元；种植玉米600多亩，共获补贴0.6万元。通过“一折通”把补贴款全部足额发放到了农户手中，让农民真正享受到实惠。乡党委政府举全乡之力，开展精准扶贫工作，制定了精准扶贫识别工作方案，成立了领导小组，针对贫困村群众居住较为分散的特点，工作队基本做到吃住在村，采取“5+2”“白加黑”的工作方式，扎实推进精准扶贫识别工作，按时完成了全乡609户贫困户精准扶贫识别、建档立卡工作。

紫荆镇

【概　况】 紫荆镇位于桂平市北区，平南至武宣二级公路过境。行政区域面积265平方公里。全镇辖15个行政村、203个村民小组，总人口2.52万人，聚居着汉、壮、瑶、苗、侗、仫佬、土家7个民族。镇人民政府驻地象军村。该乡耕地面积0.84万亩，其中水田面积0.64万亩、旱地0.2万亩。有林面积20710公顷，森林覆盖率85.3%。境内有卫生院、信用社、派出所、工商所、供电所、国土所、兽医站等事业单位，有小学15所，初中1所。境内有明代大藤峡瑶民起义军营盘遗址、清代太平天国领导人冯云山执教书塾遗址等古迹。建有3个圩集市。

2015年，全镇完成农林牧渔总产值2.2亿元；完成工业总产值7600万元；社会固定资产投资2.7亿元，占年任务的108%；财税收入完成180万元，占上一年度的73%；农民人均纯收入达7200元。

【年度要闻】 农林特色种养成绩显著。2015年，该镇因地制宜发展林业和林下产业，积极抓好森林管护工作，实现全年无森林火警发生。充分利用31.6万亩林地和74家木材加工厂发展林业深加工产业，发展八角、沙姜、竹笋、香菇、木耳、木薯、茶叶种植和大鲵养殖，做优做大“紫荆竹笋”“紫荆香菇”等珍品。围绕精准扶贫攻坚产业扶贫的工作要求，结合紫荆山多地少的特点，鼓励贫困户大力发展百香果、沙姜、沙糖桔、番薯等经济项目，已在白云、田心、大广、蒙冲、田泗、寻蓬等村种植百香果159.5亩、杉木800亩、油茶1100株，在田泗村播种凤尾菇种3000袋，木山村种植野生香信以及野生山灵芝，撒种野生山灵芝2.6亩。

旅游开发展新容。年内，投资100多万元对紫荆天王谷生态旅游景区和十八河漂流景区的灾后修复及设施完善工作。加快创建“荆山人家”四星级农家乐。举办一年一度的紫荆盘王节庆典活动，表演瑶族传统舞蹈《盘王舞》《狩猎舞》《抓龟舞》等节目，向游客展现瑶族素有的古朴、雄健、浓郁、深厚的民族特色和母系氏族遗风。全年接待游客1万多人。

做好招商引资前期工作。2015年12月，紫荆（西南）农林特产综合市场项目已向上级部门争取到125.9亩的用地指标，已完成征地71亩，项目用地招拍挂等手续正在办理。总投资13.8亿元的紫荆山养生服务中心项目已达成协议。

办学条件不断完善。年内，立项建设小学寄

宿制办学模式，投资500万元建设镇中心小学和蒙冲小学教学楼；投资200万元建设古滩小学和合水小学教学楼；投资100万元建设白云小学教师周转房；投资50万元硬化紫荆初中主干道以及围墙的维修。

小城镇建设初见成效。年内，硬化村级道路22.4公里。投入800多万元建设9个村人饮工程，受益人口达1.3万人。完成圩镇街道硬化绿化，过境公路绿化。投资143万元，完成深水、白云等7个村基础设施扶贫项目建设，开展“一事一议”项目9个，完成小江、木山等8个村共3.2公里道路硬化及白云村太阳能灯光项目建设。完成蒙冲村旱田屯、花蕾村社公屯、大坪村6队水库移民新村建设。完成农村危房改造110户。

全年保洁费收缴率达95%以上，全镇聘请57个保洁员正常开展保洁工作。投入5万元增购垃圾收集设备一批，投入3万元对圩镇进行划线，规范摊点经营。投入10万元清理整治镇垃圾填埋场，动工建设垃圾中转站。完成8个绿化示范屯以及50个屯美化绿化，使得全镇环境焕然一新。

社会事业得到加强。年内，全镇城乡居民社会养老保险收缴工作完成4953人，占任务的84.51%；三方协议签订5472人，占任务的93.36%，均排在全市前列。新型农村合作医疗参合率达98%。纳入农村低保551户，五保119户。发放残疾证1988本。加强社会治安综合治理，全年共排查纠纷115起，立案25件，已调结25件。全面落实社会治安综合治理网格化管理制度，年内无越级上访和重大群体性事件发生。投资40万元建设“天眼工程”，安装治安卡口1个，高清摄像头42个。2015年紫荆镇安全感满意度评比获一等奖。积极做好计生的宣传、诚信计生、建设幸福家园、免费孕检等常规工作，征收社会抚养费29万元，孕前检查56对，办理二孩证31本，办理独生子女证17本，发放计划生育家庭小额贴息贷款12万元。派出15个工作组共82人，投入20多万元，按时按质完成了全镇9个贫困村及面上村3559户16671人的入户识别工作，同时做好致贫原因调查，建立贫困户致贫原因档案，做好脱贫规划。

附　录

2015 年桂平市先进人物名录

表 10

自治区劳模、先进工作者						
序　号	姓　名	性　别	出生年月	所获荣誉称号	所在单位和职务	在职 / 退休
1	王深文	男	1958 年 7 月	2015 年区劳模	桂平市自来水厂主任	在职
2	廖　科	男	1971 年 3 月	2015 年区先进工作者	桂平市财政局局长	在职
3	陈冬寒	女	1970 年 11 月	2015 年区先进工作者	桂平市逸夫实验小学校长	在职
4	程　克	男	1962 年 2 月	2015 年区劳模	广西金源生物化工实业有限公司董事长	在职
5	冼福娟	女	1968 年 12 月	2015 年区劳模	广西清隆机械制造有限公司质量部副经理	在职
6	蓝　锋	男	1968 年 6 月	2015 年区劳模	桂平市金田镇宝源黄沙酱养殖专业合作社理事长	在职
7	刘立海	男	1965 年 9 月	2015 年区劳模	桂平市南木镇朱凤村 3 队凤海养殖场负责人	在职

2015 年市委、市政府下发永久性保存人事文件标题

表 11

全宗号	保管期限	文　号	题　名
1	永久	浔委〔2015〕1 号	关于农丕泽、李汉彪、黄志军等三名同志作为中共桂平市第十三次代表大会代表候选人到下湾镇进行补选的通知
1	永久	浔委〔2015〕2 号	关于确定下湾镇补选出席中共桂平市第十三次代表大会代表候选人预备人选的批复
1	永久	浔委〔2015〕3 号	关于下湾镇补选出席中共桂平市第十三次代表大会代表的批复
1	永久	浔委〔2015〕4 号	关于桂平市旅游局更名为桂平市旅游发展委员会的通知
1	永久	浔委〔2015〕5 号	关于对 2013 年度考核为优秀等次公务员记三等功或嘉奖的决定
1	永久	浔委〔2015〕6 号	关于提名陈永逸同志免职的通知
1	永久	浔委〔2015〕7 号	关于提名徐中碧等同志免职的通知
1	永久	浔委〔2015〕8 号	关于同意召开桂平市第十五届人民代表大会第五次会议的批复
1	永久	浔委〔2015〕9 号	关于黄煖喻同志免职的通知
1	永久	浔委〔2015〕10 号	关于谭耀新等同志免职的同志
1	永久	浔委〔2015〕11 号	关于叶庆有等同志免职的通知
1	永久	浔委〔2015〕12 号	关于成立中共大藤峡水利枢纽工程桂平市库坝区移民安置临时委员会的通知
1	永久	浔委〔2015〕13 号	关于成立中共贵港市第四届人民代表大会第五次会议桂平市人大代表团临时支部委员会的通知

续表 11

全宗号	保管期限	文　号	题　名
1	永久	浔委〔2015〕14 号	关于推荐桂平市人大常委会委员候选人的通知
1	永久	浔委〔2015〕15 号	关于成立中共桂平市第十五届人民代表大会第五次会议临时委员的通知
1	永久	浔委〔2015〕16 号	关于补选贵港市第四届人民代表大会代表的批复
1	永久	浔委〔2015〕17 号	关于同意召开中国共产党桂平供电公司委员会第二次代表大会的批复
1	永久	浔委〔2015〕18 号	关于提名梁春梅等通知任免职的通知
1	永久	浔委〔2015〕19 号	关于刘勇义等同志任免职的通知
1	永久	浔委〔2015〕20 号	关于杨进等同志任免职的通知
1	永久	浔委〔2015〕21 号	关于成立中共桂平市旅游发展委员会党组及相关干部任职的通知
1	永久	浔委〔2015〕22 号	关于提名吴炳强等同志任免职的通知
1	永久	浔委〔2015〕23 号	关于陈兆仁等同志免职的通知
1	永久	浔委〔2015〕24 号	关于提名梁汉添同志任职的通知
1	永久	浔委〔2015〕25 号	关于黄达泉等同志任免职的通知
1	永久	浔委〔2015〕26 号	关于提名陈兆仁等同志任免职的通知
1	永久	浔委〔2015〕27 号	关于提名刘万海同志任职的通知
1	永久	浔委〔2015〕28 号	关于刘万海等同志任免职的通知
1	永久	浔委〔2015〕29 号	关于撤销对陈飚规同志任职提名的通知
1	永久	浔委〔2015〕30 号	关于提名周婷等同志任免职的通知
1	永久	浔委〔2015〕31 号	关于提名邓方武等同志任免职的通知
1	永久	浔委〔2015〕32 号	关于下湾镇人民代表大会副主席候选人预备人选的批复
1	永久	浔委〔2015〕33 号	关于马皮乡人民政府副乡长候选人预备人选的批复
1	永久	浔委〔2015〕34 号	关于寻旺乡人民政府副乡长候选人预备人选的批复
1	永久	浔委〔2015〕35 号	关于石龙镇人民代表大会副主席候选人预备人选的批复
1	永久	浔委〔2015〕36 号	关于黄木彰等同志挂职的通知
1	永久	浔委〔2015〕37 号	关于木乐镇人民政府副镇长候选人预备人选的批复
1	永久	浔委〔2015〕38 号	关于垌心乡人民政府乡长、副乡长候选人预备人选的批复
1	永久	浔委〔2015〕39 号	关于紫荆镇人民政府副镇长候选人预备人选的批复
1	永久	浔委〔2015〕40 号	关于木乐镇人民政府副镇长候选人预备人选的批复
1	永久	浔委〔2015〕41 号	关于大湾镇人民政府副镇长候选人预备人选的批复
1	永久	浔委〔2015〕42 号	关于木根镇人民代表大会副主席、人民政府副镇长候选人预备人选的批复
1	永久	浔委〔2015〕43 号	关于江口镇人民代表大会主席候选人预备人选的批复
1	永久	浔委〔2015〕44 号	关于社步镇人民政府副镇长候选人预备人选的批复
1	永久	浔委〔2015〕45 号	关于罗播乡人民政府副乡长候选人预备人选的批复
1	永久	浔委〔2015〕46 号	关于中沙镇人民代表大会副主席、人民政府副镇长候选人预备人选的批复
1	永久	浔委〔2015〕47 号	关于蒙圩镇人民政府副镇长候选人预备人选的批复
1	永久	浔委〔2015〕48 号	关于罗有正等同志免职的通知
1	永久	浔委〔2015〕49 号	关于提名马锐同志任职的通知
1	永久	浔委〔2015〕50 号	关于大洋镇人民代表大会副主席候选人预备人选的批复
1	永久	浔委〔2015〕51 号	关于提名林清同志任职的通知

续表 11

全宗号	保管期限	文　　号	题　　名
1	永久	浔委〔2015〕52 号	关于桂平市文学艺术界联合会第六届委员会委员、常委、主席、副主席、秘书长候选人建议人选的批复
1	永久	浔委〔2015〕53 号	关于许光良同志任免职的通知
1	永久	浔委〔2015〕54 号	关于成立桂平市社区建设工作领导小组的通知
1	永久	浔委〔2015〕55 号	关于提名陈锦秀等同志任免职的通知
1	永久	浔委〔2015〕56 号	关于陈锦秀等同志任免职的通知
1	永久	浔委〔2015〕57 号	关于补选桂平市第十五届人大代表的批复
1	永久	浔委〔2015〕58 号	关于同意召开桂平市第十五届人民代表大会第六次会议的批复
1	永久	浔委〔2015〕59 号	关于陈锦秀等同志任免职的通知
1	永久	浔委〔2015〕60 号	关于唐荣昌等同志任免职的通知
1	永久	浔委〔2015〕61 号	关于张天云等同志任免职的通知
1	永久	浔委〔2015〕62 号	关于提名张天云等同志任免职的通知
1	永久	浔委〔2015〕63 号	关于成立中共桂平市第十五届人民代表大会第六次会议临时委员会的通知
1	永久	浔委〔2015〕64 号	关于推荐桂平市人民政府市长候选人的通知
1	永久	浔委〔2015〕65 号	关于杨志强等同志任免职的通知
1	永久	浔委〔2015〕66 号	关于莫启贵等同志任免职的通知
1	永久	浔委〔2015〕67 号	关于提名蒙德等同志任免职的通知
1	永久	浔委〔2015〕68 号	关于覃政等同志任免职的通知
1	永久	浔委〔2015〕69 号	关于提名杨健军等同志任免职的通知
1	永久	浔委〔2015〕70 号	关于薛松清等同志任免职的通知
1	永久	浔委〔2015〕71 号	关于提名罗阳宁等同志任免职的通知
1	永久	浔委〔2015〕72 号	关于提名潘振成等同志任免职的通知
1	永久	浔委〔2015〕73 号	关于提名冯淋同志任职的通知
1	永久	浔委〔2015〕74 号	关于提名冯燕萍等同志任免职的通知
1	永久	浔委〔2015〕75 号	关于提名黄巧艺同志免职的通知
1	永久	浔委〔2015〕76 号	关于提名李小燕等同志任免职的通知
1	永久	浔委〔2015〕77 号	关于提名莫启贵等同志任免职的通知
1	永久	浔委〔2015〕78 号	关于提名黄佳映同志任职的通知
1	永久	浔委〔2015〕79 号	关于提名刘立源同志任免职的通知
1	永久	浔委〔2015〕80 号	关于蒙德同志任免职的通知
1	永久	浔委〔2015〕81 号	关于桂平市归国华侨联合会主席候选人预备人选的批复
1	永久	浔委〔2015〕82 号	关于社坡镇人民代表大会主席、人民政府副镇长候选人预备人选的批复
1	永久	浔委〔2015〕83 号	关于江口镇人民政府镇长候选人预备人选的批复
1	永久	浔委〔2015〕84 号	关于木乐镇人民政府镇长、人民代表大会主席候选人预备人选的批复
1	永久	浔委〔2015〕85 号	关于金田镇人民政府镇长、副镇长候选人预备人选的批复
1	永久	浔委〔2015〕86 号	关于木根镇人民代表大会主席候选人预备人选的批复
1	永久	浔委〔2015〕87 号	关于石龙镇人民政府镇长、副镇长候选人预备人选的批复
1	永久	浔委〔2015〕88 号	关于西山镇人民代表大会主席候选人预备人选的批复
1	永久	浔委〔2015〕89 号	关于调整桂平市扶贫开发领导小组成员的通知

续表 11

全宗号	保管期限	文　号	题　名
1	永久	浔委〔2015〕90 号	关于调整桂平市落实党风廉政建设责任制领导小组成员的通知
1	永久	浔委〔2015〕91 号	关于调整桂平市机构编制委员会成员的通知
1	永久	浔委〔2015〕92 号	关于甘学良等同志任免职的同志
1	永久	浔委〔2015〕93 号	关于黄禹凯等同志任免职的通知
1	永久	浔委〔2015〕94 号	关于提名黄禹凯等同志任免职的通知
1	永久	浔委〔2015〕95 号	关于提名陆永源等同志任免职的通知
1	永久	浔委〔2015〕96 号	关于提名黄永瑾等同志任免职的通知
1	永久	浔委〔2015〕97 号	关于提名徐汉铭等同志任免职的通知
1	永久	浔委〔2015〕98 号	关于提名梁叶丽同志免职的通知
1	永久	浔委〔2015〕99 号	关于提名陈丽等同志任免职的通知
1	永久	浔委〔2015〕100 号	关于提名巫寿英同志任职的通知
1	永久	浔委〔2015〕101 号	关于提名冼炯孜等同志任免职的通知
1	永久	浔委〔2015〕102 号	关于提名杨雄等同志任免职的通知
1	永久	浔委〔2015〕103 号	关于提名艾道藩等同志任免职的通知
1	永久	浔委〔2015〕104 号	关于提名蒙剑峰等同志任免职的通知
1	永久	浔委〔2015〕105 号	关于桂平市二轻城镇集体工业联合社理事会主任任职的批复
1	永久	浔委〔2015〕106 号	关于张滨等同志任免职的通知
1	永久	浔委〔2015〕107 号	关于王德健等同志任免职的通知
1	永久	浔委〔2015〕108 号	关于提名张滨等同志任免职的通知
1	永久	浔委〔2015〕109 号	关于提名梁文辉等同志的通知
1	永久	浔委〔2015〕110 号	关于提名甘学良等同志任免职的通知
1	永久	浔委〔2015〕111 号	关于提名吕高俊等同志任免职的通知
1	永久	浔委〔2015〕112 号	关于南木镇人民政府镇长、副镇长候选人预备人选的批复
1	永久	浔委〔2015〕113 号	关于杨雄等同志任职的通知
1	永久	浔委〔2015〕114 号	关于马皮乡人民政府乡长候选人预备人选的批复
1	永久	浔委〔2015〕115 号	关于黄汉锦等同志任免职的通知
1	永久	浔委〔2015〕116 号	关于提名李汉斌同志免职的通知
1	永久	浔委〔2015〕117 号	关于提名黄汉锦同志免职的通知
1	永久	浔委〔2015〕118 号	关于张拓同志挂职的通知
1	永久	浔委〔2015〕119 号	关于提名董醒民同志免职的通知
1	永久	浔委〔2015〕120 号	关于提名蒙家坤等同志任免职的通知
1	永久	浔委〔2015〕121 号	关于提名蒋益强免职的通知
1	永久	浔委〔2015〕122 号	关于蒋益强免职的通知
1	永久	浔委〔2015〕123 号	关于杨大东等同志任免职的通知
1	永久	浔委〔2015〕124 号	关于调整桂平市精准识别工作领导小组成员的通知
1	永久	浔委〔2015〕125 号	关于调整桂平市扶贫开发领导小组成员的通知
1	永久	浔委〔2015〕126 号	关于调整桂平市非公有制经济工作协调领导小组成员的通知
1	永久	浔委〔2015〕127 号	关于白沙镇人民代表大会主席、人民政府副镇长候选人预备人选的批复

续表 11

全宗号	保管期限	文 号	题 名
1	永久	浔委〔2015〕128 号	关于杨大东等同志任免职的通知
1	永久	浔委〔2015〕129 号	关于提名欧阳连坤等同志任免职的通知
1	永久	浔委〔2015〕130 号	关于提名欧阳连坤等同志免职的通知
1	永久	浔委〔2015〕131 号	关于提名陈兵同志免职的通知
1	永久	浔委〔2015〕132 号	关于黄柱丐等同志免职的通知
1	永久	浔委〔2015〕133 号	关于提名张小兰等同志任职的通知
1	永久	浔委〔2015〕134 号	关于提名杨振超等同志任任免职的通知
1	永久	浔委〔2015〕135 号	关于同意召开桂平市第十五届人民代表大会第七次会议的批复
1	永久	浔委〔2015〕136 号	关于调整桂平市开展查处发生在群众身边的“四风”和腐败问题专项工作领导小组成员的通知
1	永久	浔政干〔2015〕1 号	桂平市人民政府关于谢东等同志免职的通知
1	永久	浔政干〔2015〕2 号	桂平市人民政府关于陈兆仁等同志任免职的通知
1	永久	浔政干〔2015〕3 号	桂平市人民政府关于余文坚等同志任免职的通知
1	永久	浔政干〔2015〕4 号	桂平市人民政府关于方成波等同志任免职的通知
1	永久	浔政干〔2015〕5 号	桂平市人民政府关于许光良同志任免职的通知
1	永久	浔政干〔2015〕6 号	桂平市人民政府关于容勇贤等同志任职的通知
1	永久	浔政干〔2015〕7 号	桂平市人民政府关于叶保辉等同志任免职的通知
1	永久	浔政干〔2015〕8 号	桂平市人民政府关于李振宁等同志任职的通知
1	永久	浔政干〔2015〕9 号	桂平市人民政府关于黄汉锦等同志任职的通知
1	永久	浔政干〔2015〕10 号	桂平市人民政府关于姚倩等同志任免职的通知
1	永久	浔政干〔2015〕11 号	桂平市人民政府关于曹晓波等同志任免职的通知